# L'ESSENTIEL DES CD
# EN MUSIQUE CLASSIQUE

**Données de catalogage avant publication (Canada)**

Juteau, François, 1952-

L'essentiel des CD en musique classique

(Loisirs)

ISBN 2-7640-0319-6

1. Musique - Disques compacts - Catalogues. 2. Musique - Discographie. 3. Disques compacts - Comptes rendus. I. Amiot, Denis, 1949- . II. Titre. III. Collecton: Collection Loisirs (Outremont, Québec)

ML156.2.J96 2000 016.78026'6 C00-941305-7

LES ÉDITIONS QUEBECOR
7, chemin Bates
Outremont (Québec)
H2V 1A6
Téléphone: (514) 270-1746


Bibliothèque nationale du Québec
Bibliothèque nationale du Canada
ISBN 2-7640-0319-6

Éditeur: Jacques Simard
Coordonnatrice de la production: Dianne Rioux
Conception de la couverture: Bernard Langlois
Illustration de la couverture: Sigmud Walter Hampel/Superstock
Révision: Sylvie Massariol
Correction d'épreuves: Francine St-Jean
Infographie: Composition Monika, Québec

Nous reconnaissons l'aide financière du gouvernement du Canada par l'entremise du Programme d'Aide au Développement de l'Industrie de l'Édition pour nos activités d'édition.

Gouvernement du Québec – Programme de crédit d'impôt pour l'édition de livres – Gestion SODEC

# L'ESSENTIEL DES CD EN MUSIQUE CLASSIQUE

**François Juteau**
**en collaboration avec**
**Denis Amiot**

LES ÉDITIONS
Quebecor

# SOMMAIRE



**Les compositeurs**

# INTRODUCTION

## Pourquoi un livre sur les enregistrements de musique classique?

Pendant longtemps, les compagnies de disques ont produit annuellement des centaines de nouvelles versions des œuvres les plus populaires et même de pièces moins connues. Ces dernières années, un souci de rationalisation financière a poussé les entreprises à réduire leurs enregistrements et à rééditer leur fonds sonore existant. Ces disques, généralement offerts à une fraction du coût des versions nouvellement enregistrées, présentent pour le discophile une garantie de qualité souvent supérieure, puisqu'ils mettent en vedette des artistes reconnus et des interprétations souvent qualifiées de «classiques» par les experts. Mais, comment s'y retrouver? Comment départager le bon grain de l'ivraie?

Le choix d'un enregistrement de musique classique est une activité qui a beaucoup en commun avec la sélection d'une bonne bouteille de vin. En effet, comme un œnophile, vous devez pouvoir lire une étiquette, connaître les bons noms et les bonnes années, et apprécier une foule de détails qui pourraient sembler parfaitement inutiles aux yeux du profane. Enfin, il faut se rappeler que même si l'expert X trouve tel vin «excellent», il se peut fort bien que vous considériez ce même cru comme imbuvable... et il en va de même pour la musique. En bout de ligne, le goût individuel est facteur de bien des composantes: la culture générale, la qualité d'audition, le tempérament et l'environnement d'écoute. Il est donc tout à fait normal que des personnes, même soi-disant expertes, aient des opinions diamétralement opposées sur une même interprétation, et qu'une pièce musicale, qui est un chef-d'œuvre pour l'un, soit complètement répugnante pour l'autre. La musique n'est pas une science exacte et on ne mesure pas les interprétations musicales comme on pèserait un sac de farine...

## Le contenu de ce guide

Issu d'un site Internet maintenant connu internationalement, *L'essentiel des CD en musique classique* s'adresse à toute personne qui s'intéresse à la musique classique enregistrée et qui cherche à tirer le meilleur parti possible des investissements, parfois considérables, qu'elle consent pour satisfaire ce passe-temps. Il contient toutes les informations que le parfait discophile devrait avoir en sa possession, soit:

- une liste aussi complète que possible du répertoire «central», jugé essentiel à toute collection sérieuse de musique classique et qui couvre presque tous les horizons du répertoire;
- pour chaque œuvre identifiée, une liste de versions parmi les plus recommandables actuellement offertes sur le marché du disque, ou, le cas échéant,

la mention d'une version «supprimée», mais qu'on peut se procurer sur le marché du disque d'occasion;

- un commmentaire pour chaque œuvre suggérée qui indique les caractéristiques marquantes de l'interprétation proposée et ce qui la distingue des autres;
- une cote du prix moyen qu'on peut s'attendre à payer pour le disque;
- une note technique pour les disques les mieux enregistrés (ou l'inverse).

Le lecteur voudra bien noter qu'en aucun cas, nous ne prétendons que les versions recommandées soient les SEULES valables pour une œuvre donnée. Il s'agit de versions que nous jugeons recommandables, car nous les connaissons personnellement, soit parce qu'elles font partie de nos discothèques personnelles (dans la majeure partie des cas) ou parce que nous les avons entendues suffisamment pour porter un jugement sur elles. Nous ne sommes pas le porte-voix des critiques «officiels» des grands magazines de musique ou d'autres publications du genre; nous n'avons inscrit dans cette discographie aucun disque que nous n'avons entendu nous-mêmes, et les opinions que vous lirez dans les pages qui suivent sont basées sur notre expérience.

Autant que possible, nous avons tenté de choisir au moins une version dans chacune des trois échelles de prix pour les disques classiques (voir la section «Les symboles et les titres», à la page 13, pour plus d'explications). De plus, quand plusieurs versions d'une même œuvre pouvaient être recommandées, nous avons fait un effort pour choisir des interprétations fortement contrastées. Par ailleurs, une cote artistique est accordée aux différents disques, pour guider davantage le discophile dans son choix; il faut la voir davantage comme une échelle d'appréciation «relative» des interprétations les unes par rapport aux autres, que comme une cote «absolue».

Une dernière remarque sur les discographies: il arrive souvent qu'une pièce ne figure pas seule sur un disque, puisque sa durée permet d'insérer d'autres pièces, d'un même compositeur ou de compositeurs différents. Les compagnies de disques pratiquent l'art du rhabillage avec frénésie: une même interprétation peut être offerte avec plusieurs couplages différents et selon plusieurs échelles de prix. Nous n'avons pas indiqué les couplages des œuvres pour cette raison, mais aussi parce que ce qui devrait guider l'acheteur en dernier recours est l'interprétation précise d'une œuvre et non ses compléments de programme.

L'information sur les couplages est présentée dans des publications spécialisées, tel le catalogue américain *Schwann* (distribué chez tous les disquaires). Nous n'avons pas non plus indiqué de numéros de référence pour les disques, mais seulement l'identité de l'éditeur, puisque les rééditions et les rhabillages multiples rendent cette information rapidement caduque. De plus, les numéros peuvent varier selon le pays de vente du disque; d'ailleurs, les magasins se servent rarement de ce numéro pour identifier un disque (à moins qu'on ne désire le commander directement du distributeur). Évidemment, ces numéros sont facilement disponibles dans les publications comme le catalogue *Schwann* susmentionné. Pour l'acheteur qui se procure ses disques à l'étalage, il est évident que le numéro est une information parfaitement inutile.

En revanche, nous avons toujours indiqué la date de réalisation de l'enregistrement, qui donne une bonne idée de sa qualité technique ou encore du style d'interprétation, qui peut varier considérablement selon les époques, particulièrement dans certains genres comme la musique baroque et préclassique. Cette information est également utile pour distinguer les multiples versions d'une même œuvre réalisées par le même interprète (le cas est plus fréquent qu'on ne le pense avec certaines vedettes de la musique).

Nous espérons que ce livre vous entraînera dans de longues heures de découvertes intéressantes.

# LES SYMBOLES ET LES TITRES

Pour faciliter votre lecture, nous avons utilisé des symboles dont voici la signification:

| | |
|---|---|
| **COTES DES DISQUES** | |
| **[case vide]** | Version suggérée faute de mieux; pour connaître l'œuvre, sans plus; n'est utilisée que s'il n'existe aucun enregistrement correspondant à l'une des trois cotes suivantes. |
| ★ | Version recommandée; qualité d'interprétation acceptable et donnant une représentation honnête de l'œuvre concernée. |
| ★★ | Version hors de l'ordinaire; qualité d'interprétation exceptionnelle. |
| ★★★ | Version incontournable; achat absolument nécessaire: authentique «classique du classique». |
| **QUALITÉ SONORE** | |
| **[case vide]** | Technique sonore adéquate sans être remarquable. |
|  | Qualité sonore (technique) exceptionnelle; prise de son très réussie, conforme aux meilleurs critères de la technique d'enregistrement actuelle. |
| **H** | Enregistrement historique; prise de son inférieure au niveau technique attendu normalement; souvent monophonique ou enregistrée en public. |
| **ÉCHELLE DE PRIX** | |
| **[case vide]** | Disque supprimé; à rechercher chez les revendeurs de disques d'occasion; espérer une réédition éventuelle par son éditeur. |
| **$** | Disque à prix économique (moins de 10 $ CAN ou moins de 60 FF). |
| **$$** | Disque à prix moyen (entre 10 $ CAN et 18 $ CAN; entre 60 et 100 FF). |
| **$$$** | Disque à prix fort (plus de 18 $ CAN ou plus de 100 FF). |

## Note

Les informations sont conformes à la situation du marché au moment de la rédaction de ce livre. Il est possible que cette situation soit différente lorsque vous lirez ces lignes. Nous vous invitons à porter attention aux nouveautés du disque, et particulièrement aux rééditions, afin de payer le prix correct. Plusieurs disques passent à la catégorie «économique» après quelques années (généralement de 5 à 10 ans après la parution originale). En ce sens, la colonne «Date d'enregistrement» sera un indice de probabilité de la parution prochaine d'une réédition économique.

### *Explication des libellés des tableaux discographiques*

| | |
|---|---|
| **Prix:** | échelle de prix du disque (voir le tableau des symboles à la page précédente |
| **Son:** | qualité technique du disque (voir le tableau des symboles) |
| **Cote:** | note d'évaluation du disque (voir le tableau des symboles) |
| **Orchestre:** | identification de l'orchestre |
| **Chœur:** | identification de la formation chorale |
| **Soliste(s):** | identification du ou des solistes |
| **Chef:** | identification du chef d'orchestre |
| **Quatuor, trio, etc.:** | identification de l'ensemble de chambre |
| **Éd. ou Éditeur:** | éditeur (compagnie de disques) |
| **Enr.:** | année de *réalisation* de l'enregistrement |

Les noms des solistes vocaux sont accompagnés d'abréviations indiquant leur tessiture vocale. Ces abréviations sont:

**s:** soprano
**ms:** mezzo-soprano
**c:** contralto
**t:** ténor
**bar:** baryton
**b:** basse

En plus, les enregistrements d'opéras comprennent un tableau *dramatis personæ* qui énumère les principaux personnages de l'opéra et leur tessiture vocale.

# LES COMPOSITEURS

# JOHANN SEBASTIAN BACH

Né à Eisenach (Saxe), le 21 mars 1685; mort à Leipzig, le 28 juillet 1750.

Bach est issu d'une famille de musiciens – organistes et cantors, fixés en Thuringe depuis le XVI^e siècle. Son père, Johann Ambrosius Bach (1645-1695), était musicien de cour à Eisenach au moment de la naissance de son huitième enfant, Johann Sebastian. À la mort prématurée de ses parents, ce dernier est élevé par son frère aîné, l'organiste Johann Christoph (1671-1721), qui entame son éducation musicale. Sa belle voix lui procure une bourse pour chanter dans le chœur de Lüneburg (1700), mais, la mue arrivant vite, il doit bientôt se contenter du rôle de violoniste et d'organiste. En 1703, Johann Sebastian devient organiste à la cour d'Arnstadt, puis il obtient un congé pour aller entendre Buxtehude à Lübeck en 1705 et s'informer des possibilités de succession à l'organiste vieillissant. Mais la condition (obligation de se marier avec la pas très jeune ni très jolie fille de Buxtehude) décourage JSB, qui retourne à Arnstadt.

En 1707, Johann Sebastian part de cette ville pour Mülhausen et épouse sa cousine Maria Barbara. C'est à ce moment-là qu'il compose ses premières cantates d'église. Dès 1708, il devient musicien à la cour du duc de Weimar, où il demeure jusqu'en 1717. C'est durant cette période qu'il compose la plus grande partie de ses nombreuses pièces d'orgue. Déçu du surcroît de travail imposé par le duc et du peu de visibilité de sa position, il part pour la cour d'Anhalt-Köthen, où il obtient la direction de la chapelle de 18 musiciens du prince. À cet endroit, la musique de chambre a le pas sur les cantates et les pièces d'orgue qu'il composait jusqu'alors; il se met donc à écrire ses grandes pièces instrumentales (sonates et partitas pour violon seul, suites pour violoncelle seul, concertos pour violon) et, sur une commande du margrave de Brandebourg, les six fameux *Concertos brandebourgeois*.

Sa femme meurt en 1720, lui laissant quatre enfants dont Wilhelm Friedemann (né en 1710) et Carl Philip Emmanuel (né en 1714), qui deviendront, eux aussi, de célèbres compositeurs. En 1721, Johann Sebastian épouse Anna Magdalena Wilke (1701-1760), qui lui donnera 16 autres enfants. Durant ses dernières années à Köthen, il compose des pièces pour clavier: *Suites anglaises et françaises*, 1^er livre du *Clavier bien tempéré*. En 1723, la mort de Johann Kuhnau rend vacant le poste convoité de cantor de la Thomas-Kirche de Leipzig; JSB obtient finalement ce poste, mais après que Telemann et Graupner l'eurent refusé... Bach devient donc responsable de la musique d'église et dispose d'une chorale renommée; il doit écrire des cantates pour les dimanches et les jours de fête religieuse. Durant sa première année en poste, il écrit pas moins de 35 cantates! Il faut y ajouter les *Passions pour le Vendredi saint* (*selon saint Jean*, 1724, *selon saint Mathieu*, 1729 et *selon saint Marc*, 1731, œuvres dont l'authenticité est maintenant contestée), des motets, des cantates de mariage et de vœux, et l'*Oratorio de Noël* (1734-1735) destiné à la cour de Dresde où son fils Wilhelm Friedemann venait d'être nommé organiste.

Après une période un peu creuse, son œuvre produit ses derniers rougeoiements avec la 3e partie de la *Clavierübung* (1739), le 2e livre du *Clavier bien tempéré* (1742), les *Variations Goldberg* (1742), l'*Offrande musicale* (1747), la *Messe en si mineur*, terminée en 1748, et l'*Art de la fugue* (1748-1749), resté inachevé. Atteint d'une cataracte aux deux yeux, JSB devient progressivement aveugle à partir de 1748 et il doit bientôt cesser toute activité. Sa mort laisse sa femme avec quatre jeunes enfants et une situation financière très précaire. Après avoir sombré dans l'oubli, son œuvre ne sera progressivement ressuscitée qu'à partir de 1829 et grâce aux efforts de Felix Mendelssohn. Le XXe siècle redécouvrira véritablement ce compositeur, qui passait à son époque pour rétrograde et ennuyeux.

**Pour commencer:** *Concertos brandebourgeois*
**Un incontournable:** *Passion selon saint Mathieu*
**Pour aller plus loin:** *Sonates et Partitas pour violon seul*

## JOHANN SEBASTIAN BACH (1785-1850)

### Musique orchestrale

*Concertos brandebourgeois* (6)
*Concerto pour clavier n° 1 en ré mineur BWV 1052*
*Concertos pour violon* (2)
*Concerto pour 2 violons*
*Suites pour orchestre* (4)

### Musique vocale et sacrée

*Cantate n° 80* (*Ein' feste Burg ist unser Gott*)
*Cantate n° 140* (*Wachet auf, ruft uns die Stimme*)
*Cantate n° 208* (*De la Chasse*)
*Messe en si mineur*
*Passion selon saint Mathieu* (*Matthäeus-Passion*)

### Musique instrumentale

*Pièces pour orgue*

### *Concertos brandebourgeois* (6)
***n° 1 en fa majeur BWV 1046***
***n° 2 en fa majeur BWV 1047***
***n° 3 en sol majeur BWV 1048***
***n° 4 en sol majeur BWV 1049***
***n° 5 en ré majeur BWV 1050***
***n° 6 en si bémol majeur BWV 1051***

| Prix | Son | Cote | Orchestre | Chef | Éd. | Enr. |
|---|---|---|---|---|---|---|
| $ | | ★★ | I Musici | n/a | Philips 2 CD | 1965 |
| $ | | ★★★ | Orchestre de chambre de Cologne | Helmut Müller-Brühl | Naxos 2 CD | 1999 |
| $ | | ★★ | Orchestre de l'Opéra de Vienne | Hermann Scherchen | Millenium 2 CD | 1959 |

**Helmut Müller-Brühl**

Revenu de la vogue des instruments anciens (qu'il abandonna en 1987), le vétéran chef allemand a néanmoins gardé les meilleurs aspects (si l'on peut dire) des pratiques d'exécution des ensembles baroques: articulation du propos, tempi agrestes, bonne différenciation des timbres et animation ludique des mouvements de danse. Les solistes sont tous irréprochables; détail additionnel, Müller-Brühl réduit considérablement l'effectif orchestral dans certains concertos (nº 3, nº 5) pour en faire de véritables partitions de chambre, comme ils étaient sans doute été à l'origine. Cette spendide version moderne nous est proposée par Naxos en disques séparés, à l'intérieur d'une «intégrale de l'œuvre d'orchestre» préparée pour le 250ᵉ anniversaire de la mort du maître, et s'établit déjà comme une des meilleures réalisations de l'année 2000.

**I Musici**

Il s'agit de la première version stéréo de l'ensemble italien. Les instrumentistes solo sont remarquables de virtuosité, avec des noms comme Maxence Larrieu, Frans Brüggen, Severino Gazzelloni (flûtes), Heinz Holliger et Maurice Bourgue (hautbois). Maurice André (trompette) déçoit un peu ici, sa trompette sopranino ayant un timbre décidément agressif et perçant. De façon générale, les *Concertos* sont abordés en musique de chambre; l'équilibre des solistes et la sagesse des tempi sont ce qui caractérise cette interprétation dynamique et vivante.

**Hermann Scherchen**

Comme beaucoup de spécialistes de la musique contemporaine, Scherchen avait un faible pour Bach. Avec l'Orchestre de l'Opéra de Vienne en formation de chambre (qui semble être le vrai, cette fois-ci, puisque le violon solo qu'on annonce sur la pochette est Willy Boskovsky), il présente des *Brandebourgeois* tour à tour ludiques, tendres et savoureux, où les tempi sont parfois d'une insoutenable lenteur (finale du *Premier Concerto*), mais où les instruments fantastiques (quoique modernes, pardon aux puristes) sont toujours plaisants à écouter. Mentionnons la très belle réussite du *Quatrième Concerto* à quatre flûtes, où le jeu a juste ce qu'il faut d'expressivité sans verser dans la mièvrerie sucrée. Si vous pouvez endurer certains mouvements assez excentriques, cette intégrale magnifiquement enregistrée vous fera connaître un interprète au charisme authentique.

***Concerto nº 1 pour clavier et cordes en ré mineur BWV 1052***

| Prix | Son | Cote | Soliste | Orchestre | Chef | Éd. | Enr. |
|---|---|---|---|---|---|---|---|
| $$$ | | ★★ | Angela Hewitt (piano) | CBC Vancouver Orchestra | Mario Bernardi | CBC | 1986 |
| $$ | | ★★★ | Vladimir Ashkenazy (piano) | London Symphony Orchestra | David Zinman | Decca | 1965 |
| $$ | H | ★★ | Glenn Gould (piano) | Columbia Symphony Orchestra | Leonard Bernstein | Sony 2 CD | 1957 |
| $ | | ★★ | Robert Hill (clavecin) | Orchestre de chambre de Cologne | Helmut Müller-Brühl | Naxos | 1998 |

**Vladimir Ashkenazy**
Un vrai pianiste, un vrai orchestre et un vrai chef: voilà la recette gagnante dans ce concerto où le propos musical transcende les considérations d'ordre mécanique, qui sont trop souvent à l'ordre du jour des reconstituteurs muséologiques. Il est quand même significatif qu'une majorité de versions au catalogue utilisent le piano, et ce, en dépit du lobby très puissant des baroqueux qui monopolise la faveur des critiques officiels. Ashkenazy était alors en début de carrière; son enthousiasme communicatif et un orchestre attentif permettent à la musique de Bach de faire son effet.

**Glenn Gould**
Gould s'est créé une réputation par ses interprétations de Bach. Avec l'improbable Bernstein, dont le baroque n'était pas le répertoire de prédilection, et qui fut l'un de ses partenaires de choix jusqu'au célèbre incident du *Concerto* de Brahms de 1962, il offre un *Concerto en ré mineur* rempli de personnalité et de charisme, où le discours des cordes offre un pendant remarquable à son jeu très discipliné. La prise de son monophonique a bien été retapée par la Sony Classical.

**Angela Hewitt**
La pianiste canadienne Angela Hewitt s'est créé une réputation internationale en remportant le concours Glenn Gould d'interprétation de Bach. Son jeu perlé et limpide permet à la musique de s'exprimer librement, tout en évitant l'emphase excessive toujours possible avec un grand piano de concert, mais aussi la sécheresse du jeu de certains interprètes trop soucieux de «reconstitution» muséologique, au demeurant fort aléatoire, puisqu'on ne connaît pas de témoins vivants des pratiques musicales du XVIII^e siècle... L'orchestre offre un écrin solide et rigoureux au jeu de la soliste. La prise de son un peu sèche demeure notre seule réserve sur ce très beau disque de la CBC.

**Robert Hill**
Un preneur de son habile arrive à combler le déséquilibre ordinaire entre un clavecin et un orchestre de cordes modernes. Il est vrai que Müller-Brühl est un vieux routier, qu'il a connu les instruments anciens et qu'il sait ouvrir la voie à son soliste. Sans doute la meilleure version possible de cette combinaison instrumentale pas évidente.

### *Concertos pour violon*
### *nº 1 en la mineur BWV 1041*
### *nº 2 en mi majeur BWV 1042*

| Prix | Son | Cote | Soliste | Orchestre | Chef | Éd. | Enr. |
|---|---|---|---|---|---|---|---|
| $$$ | | ★★★ | Anne-Sophie Mutter | English Chamber Orchestra | Salvatore Accardo | EMI | 1982 |
| $$ | | ★★ | David Oistrakh | Wiener Symphoniker | David Oistrakh | DG 2 CD | 1962 |
| $ | | ★★ | Kolja Blacher | Orchestre de chambre de Cologne | Helmut Müller-Brühl | Naxos | 1998 |
| $ | | ★ | Henryk Szeryng | Academy of Saint-Martin-in-the-Fields | Sir Neville Marriner | Philips 2 CD | 1976 |

**Kolja Blacher**
Müller-Brühl s'est remis aux instruments modernes en 1987. Il a gardé toutefois de son aventure baroque un goût pour les textures allégées et les rythmes agrestes. Ces *Concertos pour violons* «dé-romantisés» ne s'en portent pas plus mal et montrent, au contraire, une parenté accrue avec les non moins célèbres *Concertos pour clavier* du maître. Le soliste est irréprochable; ajoutons qu'il est le fils du célèbre compositeur allemand Boris Blacher.

**Anne-Sophie Mutter**
La violoniste allemande dispose d'un tempérament romantique et ne fait pas ici dans la mièvrerie sèche des baroqueux. Ces concertos – ancêtres d'une longue lignée de concertos pour violon – ne présentent pas de problèmes techniques particuliers, et leurs mélodies se déroulent avec chaleur et un soutien orchestral constant et vivant. Une réussite sur toute la ligne.

**David Oistrakh**
Oistrakh provient de la filière russe, qui n'avait pas de tradition établie en ce qui concerne Bach. C'est tout à son mérite de nous présenter une version aussi bien jouée et aussi bien sentie, avec un Symphonique de Vienne bien tenu en laisse, discipliné et vivant.

**Henryk Szeryng**
Ces enregistrements datent de la fin de la carrière de Szeryng. Une prise de son fort laide amplifie le violon exagérément et donne l'impression d'une justesse approximative. Marriner suit avec vie, mais sans grande profondeur. C'est une approche qui se défend; par ailleurs, les disques de Szeryng sont maintenant trop rares pour qu'on se refuse celui-ci.

### *Concerto pour deux violons en ré mineur BWV 1043*

| Prix | Son | Cote | Soliste | Orchestre | Chef | Éd. | Enr. |
|---|---|---|---|---|---|---|---|
| $$$ | | ★★★ | Anne-Sophie Mutter | English Chamber Orchestra | Salvatore Accardo | EMI | 1982 |
| $$ | | ★★ | David Oistrakh<br>Igor Oistrakh | Royal Philharmonic Orchestra | Sir Eugene Goossens | DG<br>2 CD | 1961 |
| $ | | ★ | Henryk Szeryng<br>Maurice Hasson | Academy of Saint-Martin-in-the-Fields | Sir Neville Marriner | Philips<br>2 CD | 1976 |
| $ | | ★ | Christine Pichlmeier<br>Lisa Stewart | Orchestre de chambre de Cologne | Helmut Müller-Brühl | Naxos | 1998 |

**Salvatore Accardo**
Du deuxième violon, Accardo dirige un concerto romantique, proche des concertos doubles du XIX^e siècle. Après tout, pourquoi pas, quand on a affaire à des violonistes d'aussi haute tenue! L'aspect ludique de ce concerto sans problème ressort parfaitement ici: les cordes orchestrales ont une ampleur qui fait plaisir et tout baigne dans une atmosphère ensoleillée qui rend parfaitement justice à Bach. Notons cependant que la prise de son est exagérément rapprochée, ce qui contraint à baisser considérablement le volume pour obtenir une écoute confortable.

**Sir Eugene Goossens**

En duo avec son fils, David Oistrakh bénéficie ici de l'accompagnement vivant et attentif de Goossens qui dirige le Royal Philharmonic de la belle époque (Beecham vivait encore à ce moment-là). Il y a peu à dire sur le jeu des deux solistes, qui est rempli d'enthousiasme et d'expression (à la fois sérieuse et ludique), le propos de ce concerto n'étant pas de se prendre la tête entre les deux mains...

**Sir Neville Marriner**

La prise de son très rapprochée et plutôt sèche produit une sonorité assez désagréable, qui fait que la justesse des solistes peut être mise en doute (il semble que la faute soit davantage au preneur de son qu'à la technique des instrumentistes). C'est joué avec allant, mais on aurait aimé un peu plus de chaleur.

**Helmut Müller-Brühl**

Le chef anime ce concerto d'une belle vigueur, avec une équipe de solistes très bien accordée et sensible à sa vision épurée des choses. Car, en effet, un passage d'une douzaine d'années dans le monde baroque a enseigné au chef l'art de l'articulation et l'importance d'animer les tempi, ce qui nous donne une version très dynamique de ce célèbre concerto.

### *Suites pour orchestre* (4)
### *nº 1 en ut majeur BWV 1066*
### *nº 2 en si mineur BWV 1067*
### *nº 3 en ré majeur BWV 1068*
### *nº 4 en ré majeur BWV 1069*

| Prix | Son | Cote | Orchestre | Chef | Éd. | Enr. |
|---|---|---|---|---|---|---|
| $ | | ★ | Academy of Saint-Martin-in-the-Fields | Sir Neville Marriner | Philips 2 CD | 1978 |
| $ | | ★★★ | Orchestre de chambre de Cologne | Helmut Müller-Brühl | Naxos | 1998 |
| | | ★★ | English Chamber Orchestra | Raymond Leppard | Philips 2 CD | 1968 |

**Raymond Leppard**

Cette présentation exceptionnelle, actuellement supprimée pour crime de lèse-baroqueux, nous permet d'entendre les suites avec toute l'ampleur orchestrale que pouvait permettra la «bande» vigoureuse du prince de Cöthen pour qui elles furent écrites. Des solistes hors pair rendent compte des nombreuses parties obligées avec panache et virtuosité, à commencer par Leppard lui-même au clavecin. Les mouvements sont pleins de vie sans verser dans la précipitation effrenée de certaines interprétations de baroqueux (Reinhard Göbel, entre autres), ce qui permet à des mélodies célèbres comme l'*Air* de la *Troisième Suite* de se dérouler avec toute l'expressivité de mise. Parce qu'il connaît parfaitement son Bach, Leppard se permet évidemment quelques ornementations qui ne déparent pas l'importante ligne mélodique. Souhaitons maintenant une réédition au plus vite de ces disques magnifiques.

**Sir Neville Marriner**

Je regrette un peu qu'on ait choisi la version Marriner plutôt que la version Leppard (voir ci-dessus) pour la réédition Philips-Duo. Les tempi généralement allègres et l'humeur bondissante de l'Academy ne sont pas en cause, non plus que l'excellence de ses solistes intrumentaux. Ce serait plutôt l'approche «nouvelle cuisine» de Marriner, qui dépouille les mélodies célèbres de toute emphase et traverse, par exemple, le célèbre *Air* de la *Troisième Suite* avec bien peu d'émotivité. Quelqu'un a déjà décrété que la musique baroque devait être jouée d'une façon émotivement neutre... et ce n'est sûrement pas moi! En conclusion, faute de mieux et vu son prix très bas, la version Marriner peut être acquise, mais elle ne saurait remplacer les Ristenpart, Münchinger, Leppard et autres Richter fauchés sur l'autel de la reconstitution muséologique de rigueur de nos jours, mode sinistre dont on ne peut que souhaiter la fin prochaine.

**Helmut Müller-Brühl**
Voici que nous arrive, de chez Naxos, donc déjà à prix dérisoire et sur un seul disque en plus, une intégrale des quatre *Suites* qui fera date. Féru des enseignements baroques, le chef en a retenu l'utile et délaissé les tics si désagréables. Usant d'un ensemble d'instruments modernes, il nous donne un Bach orchestral réanimé, vivant, qui sonne véritablement comme un orgue transposé à l'orchestre. Sans sentimentalité excessive, il n'est pas dit que son interprétation ne recèle pas d'émotion, au contraire! Voici l'amorce d'un retour vers un Bach expressif et bien joué, et nous ne pouvons qu'applaudir.

### *Cantate n° 80 (Ein' feste Burg ist unser Gott – Cantate de la Réformation)*

| Prix | Son | Cote | Soliste | Chœur/Orchestre | Chef | Éd. | Enr. |
|---|---|---|---|---|---|---|---|
| $ | | ★★ | Elly Ameling (soprano)<br>Janet Baker (alto)<br>Theo Altmeyer (ténor)<br>Hans Sotin (basse) | Süddeutscher Madrigalchor<br>Consortium Musicum Stuttgart | Wolfgang Gönnenwein | EMI 2 CD | 1983 |
| $ | | ★★ | Edith Mathis (soprano)<br>Trudeliese Schmidt (alto)<br>Peter Schreier (ténor)<br>Dietrich Fischer-Dieskau (basse) | Münchener Bach-Chor<br>Münchener Bach-Orchester | Karl Richter | DG 5 CD | 1978 |

**Wolfgang Gönnenwein**
L'approche de Gönnenwein est résolument romantique, avec une chorale mixte excellente et un orchestre assez fourni qui n'hésite pas à faire sonner ses trompettes dans cette œuvre haute en couleur de Bach. Les solistes sont surtout connus à l'opéra, encore que Janet Baker ait fait une estimable carrière à l'oratorio et affiche une compréhension magistrale du chant luthérien. La chorale est rompue au style, et Gönnenwein connaît parfaitement le style de cantor requis pour réussir ces œuvres du grand répertoire choral. Belle prise de son.

**Karl Richter**
À la fin de sa courte vie, Richter a un style un peu massif et carré, qui n'est pas sans rappeler Klemperer à son summum et qui nous vaut donc une *Reformation-*

*Cantate* pleine de vigueur et d'allant, où le sérieux du propos ne fait aucun doute malgré l'allure extrovertie de l'orchestration. Les solistes font partie de cette équipe remarquable qui accompagna Richter dans son parcours de Bach; au premier chef, l'indestructible Fischer-Dieskau, qui affiche bien sûr une maîtrise supérieure. Mais que dire de Schreier, lui-même issu de l'école de chant de la Thomaskirche de Leipzig et nourri aux sources mêmes de la tradition bachienne! Le disque n'est présentement offert que dans un coffret de cinq CD de cantates.

***Cantate nº 140 (Wachet auf, ruft uns die Stimme – Cantate du Veilleur)***

| Prix | Son | Cote | Soliste | Chœur/Orchestre | Chef | Éd. | Enr. |
|---|---|---|---|---|---|---|---|
| $ | | ★ | Elly Ameling, soprano<br>Theo Altmeyer, ténor<br>Hans Sotin, basse | Süddeutscher Madrigalchor<br>Consortium Musicum Stuttgart | Wolfgang Gönnenwein | EMI<br>2 CD | 1967 |
| $ | | ★★★ | Edith Mathis, soprano<br>Peter Schreier, ténor<br>Dietrich Fischer-Dieskau, basse | Münchener Bach-Chor<br>Münchener Bach-Orchester | Karl Richter | DG<br>2 CD | 1978 |

**Wolfgang Gönnenwein**
Un ténor discutable et un orchestre un peu pesant restreignent notre enthousiasme pour cette version, qui nous permet d'entendre une chorale à la tradition solide dans la musique de Bach. Le chef maintient des tempi assez lents et les solistes sont en général plus à l'aise dans l'opéra que dans ce genre.

**Karl Richter**
C'est Peter Schreier qui a la redoutable tâche de chanter le célébrissime choral du veilleur, qui donne son nom à cette cantate. Sa longue expérience de Bach (il a été formé à la Thomaskirche de Leipzig) le sert très bien. On a accusé ces interprétations de la fin de la vie de Richter d'une rigidité rythmique et mélodique que je cherche en vain ici; j'ai l'impression que certains critiques ont laissé parler leurs préjugés et n'ont tout simplement pas écouté ce disque magnifique. Il est vrai que Richter utilise un chœur mixte de voix adultes (excellent au demeurant) et un orchestre d'instruments modernes, tirés dans une large mesure des deux grands orchestres symphoniques de Munich.

***Messe en si mineur BWV 232***

| Prix | Son | Cote | Soliste | Chœur/Orchestre | Chef | Éd. | Enr. |
|---|---|---|---|---|---|---|---|
| $$ | H | ★★★ | Elisabeth Schwarzkopf, soprano<br>Marga Höffgenr, soprano/alto<br>Nicolaï Gedda, ténor<br>Heinz Rehfuss, basse | Wiener Singverein und Orchester der Gesellschaft der Musikfreunde in Wien<br>Philharmonia Orchestra | Herbert von Karajan | EMI<br>2 CD | 1953 |

| Prix | Son | Cote | Soliste | Chœur/Orchestre | Chef | Éd. | Enr. |
|---|---|---|---|---|---|---|---|
| $$ | | ★★ | Agnes Giebel, soprano<br>Janet Baker, soprano/alto<br>Nicolaï Gedda, ténor<br>Hermann Prey, baryton<br>Franz Crass, basse | BBC Chorus<br>New Philharmonia Orchestra | Otto Klemperer | EMI<br>2 CD | 1967 |
| $ | | ★★★ | Helen Donath, soprano<br>Brigitte Fassbänder, alto<br>Claes H. Ahnsjö, ténor<br>Roland Hermann, baryton<br>Robert Holl, basse | Chor des Bayerischen Rundfunks<br>Symphonie-Orchester des Bayerischen Rundfunks | Eugen Jochum | EMI<br>2 CD | 1980 |
| $ | | ★★★ | Maria Stader, soprano<br>Hertha Töpper, alto<br>Ernst Haefliger, ténor<br>Dietrich Fischer-Dieskau, baryton<br>Kieth Engen, basse | Münchener Bach-Chor<br>Münchener Bach-Orchester | Karl Richter | Archiv<br>2 CD | 1961 |

### Eugen Jochum

Un des avantages de la vogue actuelle des instruments anciens est la disponibilité, à prix fortement réduit, de ces grandes versions du passé. Avec ses vieux complices de la Radio bavaroise, Jochum, issu de la grande tradition catholique bavaroise à laquelle il croyait profondément, vit intensément sa *Messe en si mineur* et nous transmet avec fidélité et flexibilité les moindres inflexions de cette grande musique. Son équipe de solistes est bien adaptée et intégrée. Son chœur et son orchestre, est-il besoin de le répéter, sont excellents dans ce répertoire. Comme à son habitude, Jochum joue du tempo pour obtenir des effets dramatiques. La plus-value sonore de cet enregistrement est indéniable.

### Herbert von Karajan

Il fait bon de retrouver les premières prestations de Karajan, qui avait acquis dès ses débuts, à Aachen dans les années 1930, une réputation solide de chef choral. Ses réalisations étaient marquées par l'intelligence du texte chanté et la transparence sonore. Grand amateur de Bach, il fut codirecteur (avec nul autre que le légendaire Günther Ramin, cantor de la Thomaskirche de Leipzig) du Festival Bach de 1950, qui est à l'origine de ce disque. À la recherche de l'exécution «la plus belle possible» de la musique de Bach de nos jours, la démarche artistique de Karajan n'a évidemment rien en commun avec les reconstitutions muséologiques que préconisent les baroqueux. Partisan de ce qu'on appelait la «nouvelle objectivité», qui allait déboucher éventuellement sur le mouvement baroque, son Bach ressemble en diable à celui d'un Klemperer: rythmes solides, assise solide des basses, chœur articulé et discipliné, et juste équilibre entre les passages dramatiques et les moments plus introspectifs. Ajoutons que l'inspiration philosophique (Karajan était un catholique convaincu) est très présente et permet à l'interprétation de respirer, ce qu'ont un peu oublié nos «logues» contemporains. Son équipe de chanteurs est tout à fait à son affaire, entre autres le sublime Gedda qui en était alors à ses débuts. Le disque fut réalisé en deux temps: les chœurs furent enregistrés à Vienne, avec un orchestre qui est sans doute le Wiener Symphoniquer «rebaptisé» pour raisons contractuelles; puis, les soli vocaux à Londres, avec un ensemble instrumental du Philharmonia Orchestra. La différence de lieu d'enregistrement n'est pas perceptible, et la qualité sonore est constante et tout à fait acceptable de bout en bout. En complément de programme, une surprise: quelques extraits d'une répétition de la *Messe en si mineur* de ce fameux Festival de 1950, avec Schwarzkopf et Kathleen Ferrier! Résultats d'une prise de son expérimentale et renversante, ces extraits avaient été oubliés dans le fond d'un tiroir par la EMI. Les voici enfin... Ce coffret fait partie de la série «Références» de EMI, et il mérite amplement ce qualificatif.

**Otto Klemperer**
Les tempi ne sont pas aussi lents qu'on pourrait le croire à cette période très tardive de la carrière de Klemperer. Et l'orchestre sonne merveilleusement bien. En fait, les tempi sont très rigoureusement tenus, et leur relative lenteur (que l'on constate à la lecture des durées des mouvements) ne se sent pas du tout. Les moments les plus éclatants arrivent avec une couleur brillante qui fait plaisir; notons en particulier le *Cum Spiritu Sanctu* du *Gloria* et le *Et ressurexit* du *Credo*, qui jettent littéralement l'auditeur en bas de sa chaise. Les solistes sont tous excellents, et Nicolaï Gedda prouve encore une fois à quel point il savait s'adapter à des styles de musique très diversifiés.

### *Matthäeus-Passion (Passion selon saint Mathieu) BWV 244*
### Pour soli, double chœur et orchestre

***Dramatis personæ*** **(personnages principaux pour référence des rôles des solistes dans le tableau)**

| | | |
|---|---|---|
| Evangelist, ténor (1) | Christus, baryton (2) | Airs de soprano (3) |
| Airs de mezzo-soprano (contralto) (4) | Airs de baryton (5) | Airs de basse (6) |
| Airs de ténor (7) | | |

| Prix | Son | Cote | Soliste | Chœur/Orchestre | Chef | Éd. | Enr. |
|---|---|---|---|---|---|---|---|
| $$ | | ★★★ | Peter Pears (1)<br>Dietrich Fischer-Dieskau (2)<br>Elisabeth Schwarzkopf (3)<br>Christa Ludwig (4)<br>Walter Berry (5,6)<br>Nicolai Gedda (7) | Philharmonia Choir<br>Boys of Hampstead Parish Church Choir<br>Philharmonia Orchestra | Otto Klemperer | EMI<br>3 CD | 1961 |
| $ | | ★★★ | Ersnst Haefliger (1,7)<br>Kieth Engen (2)<br>Irmgard Seefried (3)<br>Hertha Töpper (4)<br>Dietrich Fischer-Dieskau (5)<br>Max Prœbst (6) | Münchener Bach-Chor<br>Münchener Chorknaben<br>Münchener Bach-Orchester | Karl Richter | Archiv<br>3 CD | 1958 |

**Otto Klemperer**
Cet enregistrement est l'un des sommets de l'histoire du disque. Klemperer a choisi d'utiliser un orchestre aux dimensions restreintes (environ 50 musiciens), réparti en deux ensembles, et un chœur d'une centaine de voix organisées de la même façon, ce qui permet d'enregistrer parfaitement le contrepoint antiphonal de Bach. L'équipe de solistes, comme on peut le voir, ne comprend que de grands

noms, tous reconnus comme d'excellents interprètes d'oratorio en général et de Bach en particulier. La noblesse de ton et le timbre puissant de Fischer-Dieskau font de ce Christ un personnage d'autorité tranquille. L'évangéliste de Pears a un timbre assez léger pour donner à ce personnage une vie peu commune et une participation active au drame qui se joue. Car drame il y a: il suffit d'écouter les premières mesures du *Prélude*, amples, profondes et troublantes, pour savoir qu'on se dirige vers un *Parsifal* de l'ère baroque et que Klemperer ne laissera à aucun moment retomber la tension dramatique. Avec (pour l'époque) une très belle prise de son stéréophonique, il tient son auditoire en haleine pour tout près de quatre heures (c'est, et de loin, la version endisquée la plus longue); l'apparente lenteur des tempi n'est jamais ressentie comme inconfortable; au contraire, on finit par reconnaître que c'est là l'allure idéale pour transmettre le message de profonde angoisse métaphysique qu'on retrouve ici (et qui n'est pas étrangère à Mahler, pour citer un autre grand compositeur, plus près de nous, qui fut un des maîtres à penser de Klemperer). Le chœur final, abordé avec toute l'ampleur d'une conclusion tragique, vient, avec ses dissonances longuement étirées et caressées, donner le point final approprié à tant de grandeur.

**Karl Richter**
Richter a une conception très dramatique de la *Passion* qu'il joue comme un opéra avant la lettre. Les personnages sont bien différenciés, et l'équipe qui le suivra pendant près de trois décennies à Munich est déjà en place, avec en vedette le ténor Ernst Haefliger et le baryton texan Kieth Engen. Les tempi et la conception générale se rapprochent de ceux d'un Klemperer, peut-être pas d'une lenteur aussi appuyée mais avec une certaine solennité. L'orchestre est assez fourni et permet de donner la réplique à un chœur important, qui articule parfaitement son propos et qui est un chœur mixte adulte (à l'exception, bien sûr, du chœur d'enfants spécifié par Bach). Fils de pasteur luthérien et nourri à la tradition des grands cantors, Richter interprète l'oratorio pour ce qu'il est, un grand monument de la religion luthérienne et du mouvement piétiste auquel Bach souscrivait au début du XVIIIe siècle.

## Pièces d'orgue célèbres

**Répertoire (les numéros sont utilisés dans la colonne «Répertoire» du tableau discographique)**

| Nº | Titre |
|---|---|
| 1 | *Toccata et Fugue en ré mineur BWV 565* |
| 2 | *Passacaille et Fugue en ut mineur BWV 582* |
| 3 | *Toccata et Fugue en ré mineur BWV 538* (*Dorienne*) |
| 4 | *Toccata et Fugue en fa majeur BWV 540* |
| 5 | *Fantaisie et Fugue en sol mineur BWV 542 (La Grande)* |
| 6 | *Prélude et Fugue en mi mineur BWV 548* |
| 7 | *Prélude et Fugue en mi bémol majeur BWV 552* |
| 8 | *Petite fugue en sol mineur BWV 578* |
| 9 | *Prélude de Choral* (*Wachef auf, ruft uns die Stimme*) *BWV 645* |

| Prix | Son | Cote | Soliste | Instrument | Répertoire | Éd. | Enr. |
|---|---|---|---|---|---|---|---|
| $$$ | | ★ | Michael Murray | Methuen Memorial Music Hall Organ Methuen, Mass., É.-U. (Aeolian-Skinner, 1947) | 2, 4, 5 | Telarc | 1979 |
| $$ | | ★★ | Marie-Claire Alain | Grandes orgues Schwenkedel, Collégiale de St-Donat (France), 1970 | 1, 2, 5, 8 | Erato | 1982 |
| $$ | | ★★★ | Karl Richter | Orgues (facteur non spécifié) du Victoria Hall, Genève | 1, 2, 5, 6, 8, 9 | London | 1954 |
| $ | | ★★ | Helmut Walcha | Orgue Frans-Caspar Schnitger, Aalkmar Orgue Silbermann, St-Pierre-le-Jeune, Strasbourg | 1, 2, 3, 5, 7, 9 | DG 2 CD | 1956-1971 |

**Marie-Claire Alain**
Cent fois sur le métier... avec ce disque, Marie-Claire Alain inaugurait une troisième intégrale discographique de Bach. Beau son d'orgue, jeu brillant, bien articulé, assise rythmique solide; bel instrument!

**Michael Murray**
Le jeune organiste américain a une conception assez spectaculaire de l'orgue et son Bach est plus massif que réfléchi. Un de ses disques-récitals porte d'ailleurs le titre évocateur de *Bach Organ Blaster*. Dans ce disque-ci, pour des raisons obscures, il omet l'essentielle *Fugue* de la *Toccata en fa majeur* et limite le disque à une durée assez chiche de 40 minutes. Mais la technique sonore est éblouissante et le jeu de Murray ne nous ennuie jamais.

**Karl Richter**
Avant d'être chef, Richter a été un des plus grands organistes de sa génération. Spécialiste de Bach, il l'aborde avec le même sens de la mélodie et de l'expression dramatique que dans ses enregistrements des cantates et des oratorios. C'est dire que les «authenticistes» vont hurler, mais que les musiciens vont être aux anges. Si on ne retrouve pas les ornementations baroques d'un Koopman, en revanche, on n'a aucune idée ici du jeu «mécanique» des baroqueux et tout ça résonne avec puissance et souffle. Un grand disque!

**Helmut Walcha**
La première quasi-intégrale en disque de l'œuvre de Bach a été réalisée par Helmut Walcha, entre 1956 et 1971. Encore aujourd'hui, le travail de l'organiste aveugle demeure une somme, même si, pour certaines pièces comme la *Toccata BWV 565*, la prise de son a bien vieilli. Walcha a une approche très austère de Bach, qui peut ennuyer quand on écoute les intimistes préludes de choral l'un à la suite de l'autre (ce pour quoi ces œuvres n'ont pas été prévues de toute façon). Mais, dans un coffret-récital comme celui que la DG nous offre, la possibilité d'équilibrer le programme a été généreusement utilisée et nous permet d'avoir la majorité des «tubes» de Bach à très bon prix. Le jeu est toujours très probe et bien réfléchi, même si on trouvera davantage d'excitation dramatique avec des interprètes comme Richter, Rogg ou Alain, pour ne mentionner que ceux-là.

# *BÉLA BARTÓK*

Né à Nagysentmiklós, en Hongrie (aujourd'hui en Roumanie), le 25 mars 1881; mort à New York, le 26 septembre 1945.

Enfant maladif, il développe très tôt une tendance à l'introspection et à l'isolement. La mort prématurée de son père, en 1888, oblige sa mère à reprendre son métier d'institutrice et à se déplacer de ville en ville. Fixé à Pozsony à compter de 1893, il y découvre Bach, Wagner et Brahms et commence ses études musicales. Entré au Conservatoire royal de musique de Budapest en 1899, il se destine d'abord à une carrière de pianiste, mais l'audition du *Also Sprach Zarathustra* de Strauss, en 1902, le fait changer d'avis et retourner à la composition musicale. En 1903, il compose le poème symphonique *Kossuth*, puis il présente au concours Rubinstein de Paris, en 1905, sa *Rhapsodie op. 1 pour piano et orchestre*, qui n'obtient pas le succès attendu.

Son engouement pour Strauss ne dure pas; en compagnie de Kodály, Bartók s'intéresse au patrimoine du chant populaire hongrois et amasse une imposante collection de folklore. Nommé professeur de piano à l'Académie de musique de Budapest en 1907, il produit des pièces pour piano à la popularité mitigée, ainsi qu'un important corpus de musique pédagogique. Son opéra en un acte, *Le Château de Barbe Bleue* (1911) ne suscite que l'incompréhension. Déçu de l'accueil de ses contemporains, Bartók se retire de la vie musicale pendant plusieurs années, composant «dans l'ombre» des chefs-d'œuvre comme le ballet *Le Prince de bois* (1914-1916), le *Deuxième Quatuor à cordes* (1917) et le ballet *Le Mandarin merveilleux* (1919). Séparé de sa première femme, il se remarie en 1923 avec la pianiste Ditta Pastory et amorce une nouvelle période créatrice avec le *Premier Concerto pour piano* (1926), la *Cantata Profana* et le *Deuxième Concerto pour piano*. Il abandonne son poste de professeur en 1934 pour travailler sur ses recherches musicales et folkloriques; il se produit comme pianiste virtuose et effectue des voyages à l'étranger (Turquie, 1936). En 1938, Paul Sacher lui commande la *Musique pour cordes, percussion et célesta*.

Opposé au régime fasciste de son pays, il émigre aux États-Unis en 1940 et se fixe à New York comme chargé de recherches. Ces activités peu rentables le contraignent à une vie assez misérable et sa santé décline rapidement, l'obligeant à abandonner sa carrière de virtuose. Pour soutenir le couple, Koussevitzky lui passe commande du *Concerto pour orchestre* (1943) dont la création par le Boston Symphony Orchestra lui assure un succès immédiat mais trop tardif. Miné par la maladie, il n'a pas le temps de terminer son *Troisième concerto pour piano* (dédié à sa femme) avant de mourir.

D'un abord parfois ardu, l'œuvre de Bartók comprend à la fois des compositions d'inspiration folklorique plus aimables, et des pièces plus avant-gardistes, aux harmonies dissonantes et rudes, qui peuvent rebuter l'amateur non prévenu. Mais, quand on entre dans cet univers aux couleurs âpres des rudes campagnes hongroises, on ne peut que finir par être séduit. Le piano, traité en instrument à percussion, et le rythme motorique de ses meilleures pièces laissent dans la mémoire de l'auditeur une impression durable.

**Pour commencer:** *Concerto pour orchestre*
**Un incontournable:** *Musique pour cordes, percussions et célesta*
**Pour aller plus loin:** *Six Quatuors à cordes*

### Musique symphonique

*Concerto pour orchestre*
*Concerto pour piano n° 1*
*Concerto pour piano n° 2*
*Concerto pour piano n° 3*
*Concerto pour violon n° 2*
*Musique pour cordes, percussion et célesta*

### Musique de scène

*Le Mandarin merveilleux* (ballet)

***Concerto pour orchestre***

| Prix | Son | Cote | Orchestre | Chef | Éd. | Enr. |
|---|---|---|---|---|---|---|
| $$$ | 🔊 | ★★ | Chicago Symphony Orchestra | Pierre Boulez | DG | 1992 |
| $$$ | 🔊 | ★★★ | Budapest Festival Orchestra | Iván Fischer | Philips | 1997 |
| $$ | | ★★ | Boston Symphony Orchestra | Erich Leinsdorf | RCA | 1962 |
| $$ | | ★★★ | Chicago Symphony Orchestra | Fritz Reiner | RCA | 1955 |
| $ | | ★★ | Chicago Symphony Orchestra | Seiji Ozawa | EMI 2 CD | 1969 |

**Pierre Boulez**
Avec un orchestre en grande forme, la direction rigoureuse de Boulez est bien mieux servie que dans la décevante prestation de New York (Sony). Les subtilités rythmiques et instrumentales sont soulignées avec discrétion, et la prise de son époustouflante permet de ne rien manquer. Un régal d'orchestre.

**Iván Fischer**
Cette toute récente version d'une équipe entièrement hongroise permet de remettre les pendules à l'heure et d'apprécier davantage le côté national de cette œuvre, trop souvent présentée comme apatride ou antinationaliste. La verdeur des cuivres hongrois donne une tout autre dimension au finale notamment, et la prise de son très naturelle permet d'apprécier le jeu tsigane des cordes dans le quatrième mouvement. La direction précise et inspirée du chef (à ne pas confondre avec son frère Adam, chef d'orchestre lui aussi) est convaincue et convaincante. Une des plus belles réussites récentes de ce concerto.

**Erich Leinsdorf**
Je décerne réellement mon «enceinte acoustique» à cet enregistrement de 1962, qui fait partie d'une nouvelle série «audiophile» repiquée avec génie par la BMG-RCA. La dynamique est tout simplement incroyable, et, si vous n'y prenez garde, le premier tutti d'orchestre vous jettera par terre! Bien sûr, le BSO est l'orchestre pour qui l'œuvre avait été écrite; il l'avait d'ailleurs créée moins de 20 ans auparavant. Leinsdorf est passé maître dans l'art de faire sonner un grand orchestre et il a une conception assez spectaculaire du *Concerto pour orchestre*. Si l'énergie et la rigueur d'un Reiner ne sont pas entièrement présentes ici, on a quand même en main les éléments d'une très grande version, à prix économique et dans une prise de son remarquable.

**Seiji Ozawa**
Le jeune Ozawa était tout un technicien de la direction d'orchestre et il savait faire sonner son ensemble de façon spectaculaire. Cette version de 1969 le trouve en grande forme dans le *Concerto pour orchestre* qu'il a enregistré plus d'une fois. On dirait que cette pièce a été écrite spécifiquement pour l'Orchestre de Chicago, tant cet ensemble dispose de solistes virtuoses qui semblent à leur aise dans cette musique colorée (en fait, le *Concerto* est une commande du Boston Symphony Orchestra). La prise de son un peu confuse est le seul reproche qu'on peut faire à cet excellent disque.

**Fritz Reiner**
Compatriote et ami de Bartók, Reiner est un des pionniers, au disque, de ce compositeur alors moins fréquenté qu'aujourd'hui. Il mène ses instrumentistes d'une main de fer et rend les subtilités rythmiques de cette musique abstraite de main de maître. La prise de son est exemplaire pour l'époque; d'ailleurs, l'orchestre n'a jamais atteint une telle compréhension de l'œuvre du compositeur hongrois.

### *Concerto pour piano nº 1*

| Prix | Son | Cote | Soliste | Orchestre | Chef | Éd. | Enr. |
|---|---|---|---|---|---|---|---|
| $$$ | (haut-parleur) | ★★ | Peter Donohoe | City of Birmingham Symphony Orchestra | Sir Simon Rattle | EMI | 1992 |
| $$$ | | ★★★ | Maurizio Pollini | Chicago Symphony Orchestra | Claudio Abbado | DG | 1978 |
| $$ | | ★★ | Géza Anda | Radio-Symphonie-Orchester Berlin | Ferenc Fricsay | DG | 1960 |

**Géza Anda**
Le tandem Anda-Fricsay est légendaire pour ses interprétations de la musique de son compatriote hongrois Bartók. Si le *Premier Concerto* n'a pas, dans leur version, la tension qu'il donne aux deux autres, ce n'en est pas moins une interprétation remarquable de discipline et de fougue rythmique. L'orchestre est pris d'assez près, ce qui donne une dimension un peu barbare, mais sûrement très authentique à cette sonorité.

**Peter Donohoe**
Le jeune pianiste britannique réalise un Bartók plein de fougue et de sève, où les (nombreuses) dissonances prennent un aspect quasi expressif. L'orchestre est attentif et vivant sous la dynamique baguette de Rattle. Belle prise de son.

**Maurizio Pollini**

Un disque qui se maintient aussi longtemps au prix fort est un bon indice d'une interprétation hors de l'ordinaire. Pollini martèle son clavier et Abbado déchaîne son orchestre comme aucun de leurs rivaux n'arrive à le faire. L'Orchestre de Chicago est devenu un spécialiste de Bartók sous la direction de ses directeurs musicaux successifs Reiner et Solti, et cela s'entend ici. Une belle démonstration de piano du XXe siècle et de virtuosité tout court.

### *Concerto pour piano nº 2*

| Prix | Son | Cote | Soliste | Orchestre | Chef | Éd. | Enr. |
|---|---|---|---|---|---|---|---|
| $$$ | 🔊 | ★★ | Peter Donohoe | City of Birmingham Symphony Orchestra | Sir Simon Rattle | EMI | 1990 |
| $$$ | | ★★★ | Maurizio Pollini | Chicago Symphony Orchestra | Claudio Abbado | DG | 1978 |
| $$ | | ★★★ | Géza Anda | Radio-Symphonie-Orchester Berlin | Ferenc Fricsay | DG | 1960 |
| $ | | ★ | Sviatoslav Richter | Orchestre de Paris | Lorin Maazel | EMI 2 CD | 1969 |

**Géza Anda**

Le tandem Anda-Fricsay est légendaire pour ses interprétations de la musique de son compatriote hongrois Bartók. Sa version du *Deuxième Concerto*, en particulier, est demeurée fameuse par sa fougue et sa verve, sa grande discipline rythmique et sa virtuosité instrumentale. Le deuxième mouvement est un sommet de la musique entre ces mains expertes. L'orchestre est pris d'assez près, ce qui donne une dimension un peu barbare mais sûrement très authentique à cette sonorité.

**Peter Donohoe**

Le jeune pianiste britannique réalise un Bartók plein de fougue et de sève, où les (nombreuses) dissonances prennent un aspect quasi expressif. L'orchestre est attentif et vivant sous la dynamique baguette de Rattle. Belle prise de son.

**Maurizio Pollini**

Un disque qui se maintient aussi longtemps au prix fort est un bon indice d'une interprétation hors de l'ordinaire. Pollini martèle son clavier et Abbado déchaîne son orchestre comme aucun de leurs rivaux n'arrive à le faire. L'Orchestre de Chicago est devenu un spécialiste de Bartók sous la direction de ses directeurs musicaux successifs Reiner et Solti, et cela s'entend ici. Une belle démonstration de piano du XXe siècle et de virtuosité tout court.

**Sviatoslav Richter**

La version Richter est un peu perverse par ses tempi nettement plus lents que la moyenne ainsi que par la sonorité très claire et peu disciplinée de l'orchestre. Nous avons affaire à un monstre sacré du clavier accompagné par un virtuose technique de la baguette, ce qui communique un intérêt non négligeable à l'événement. À prix économique, c'est une version quand même recommandable.

### *Concerto pour piano n° 3*

| Prix | Son | Cote | Soliste | Orchestre | Chef | Éd. | Enr. |
|---|---|---|---|---|---|---|---|
| $$$ | 🔊 | ★★ | Peter Donohoe | City of Birmingham Symphony Orchestra | Sir Simon Rattle | EMI | 1992 |
| $$$ | 🔊 | ★★ | Martha Argerich | Orchestre symphonique de Montréal | Charles Dutoit | EMI | 1997 |
| $$ | | ★★★ | Géza Anda | Radio-Symphonie-Orchester Berlin | Ferenc Fricsay | DG | 1960 |

**Géza Anda**
Le tandem Anda-Fricsay est légendaire pour ses interprétations de la musique de son compatriote hongrois Bartók. Sa version du *Troisième Concerto*, à la fois introspective et virtuose, est un sommet de la musique de tous les temps. L'*Adagio religioso* du deuxième mouvement est très émouvant dans cette version.

**Martha Argerich**
C'est la première fois qu'Argerich aborde Bartók au disque et, choix surprenant, ce n'est pas le fracassant *Deuxième Concerto* mais plutôt l'introspectif *Troisième* qui retient sa faveur. Il est probable que la maladie qui l'afflige depuis quelques années lui communique une certaine affinité avec ce Bartók ultime et réfléchi. La technique, comme toujours, est époustouflante de facilité et l'accompagnement orchestral est un modèle de discrétion et de discipline. Très belle prise de son.

**Peter Donohoe**
Le jeune pianiste britannique réalise un Bartók plein de fougue et de sève, où les (nombreuses) dissonances prennent un aspect quasi expressif. L'orchestre est attentif et vivant sous la dynamique baguette de Rattle. Belle prise de son.

**Maurizio Pollini**
Un disque qui se maintient aussi longtemps au prix fort est un bon indice d'une interprétation hors de l'ordinaire. Pollini martèle son clavier et Abbado déchaîne son orchestre comme aucun de leurs rivaux n'arrive à le faire. L'Orchestre de Chicago est devenu un spécialiste de Bartók sous la direction de ses directeurs musicaux successifs Reiner et Solti, et cela s'entend ici. Une belle démonstration de piano du XXe siècle et de virtuosité tout court.

**Sviatoslav Richter**
La version Richter est un peu perverse par ses tempi nettement plus lents que la moyenne et la sonorité très claire et finalement peu disciplinée de l'orchestre. Nous avons affaire à un monstre sacré du clavier accompagné par un virtuose technique de la baguette, ce qui communique un intérêt non négligeable à l'événement. À prix économique, c'est une version quand même recommandable.

## *Concerto pour violon nº 2 (1938)*

| Prix | Son | Cote | Soliste | Orchestre | Chef | Éd. | Enr. |
|---|---|---|---|---|---|---|---|
| $$$ | 🔊 | ★★★ | Viktoria Mullova | Los Angeles Philharmonic Orchestra | Esa-Pekka Salonen | Philips | 1997 |
| $$$ | 🔊 | ★★ | Gil Shaham | Chicago Symphony Orchestra | Pierre Boulez | DG | 1997 |
| $$ | | ★★★ | Yehudi Menuhin | Minneapolis Symphony Orchestra | Antal Doráti | Mercury | 1957 |
| $ | | ★★ | György Pauk | Orchestre symphonique de la Radio nationale polonaise | Antoni Wit | Naxos | 1997 |

**Yehudi Menuhin**
Menuhin a été un spécialiste de ce concerto dont il a laissé trois enregistrements. Je n'ai pu mettre la main sur le premier – et légendaire – enregistrement avec Furtwängler, qui permettait la réhabilitation de ce chef «dénazifié» après la guerre. Mais celui-ci avec Doráti est tout aussi légendaire, réalisé au Carnegie Hall dans la nuit qui suivit un concert très réussi à cet endroit. Le langage harmonique est sans doute beaucoup plus familier à ce chef qu'il ne l'était à Furtwängler, et la compréhension du violoniste est encore plus approfondie à cette époque où il atteingnait le zénith de ses capacités d'instrumentiste. L'orchestre est bien enregistré, avec une sonorité moins sèche que ce qu'on obtenait dans la salle de concert de Minneapolis où il enregistrait habituellement.

**Viktoria Mullova**
Mullova est surtout réputée pour ses interprétations du répertoire plus moderne. Elle est ici accompagnée d'un chef lui-même spécialisé dans ce répertoire, et d'un orchestre qui a fait des progrès sensibles depuis quelques années. La lecture se joue des aspérités du texte et ne fait pas dans le sentimentalisme excessif, au contraire! Le côté un peu brutal du *Concerto pour violon nº 2* est mis en évidence et la prise de son très transparente permet de ne manquer aucune des subtilités d'orchestration. Cette version est l'une des plus convaincantes qui soit dans ce concerto, qui n'est pas un «naturel» pour bien des mélomanes.

**György Pauk**
Le violoniste hongrois est un spécialiste des concertos de Bartók. Son jeu plein, sincère et convaincu tire le meilleur parti possible de la difficile partition soliste. L'accompagnement de Wit, soucieux et attentif, n'a peut-être pas le raffinement des grands orchestres, mais il demeure tout à fait acceptable, et le prix Naxos permettra à de nombreux mélomanes de faire connaissance avec une grande œuvre du XXe siècle.

**Gil Shaham**
Le jeu passionné et raffiné de Shaham trouve un partenaire idéal en Boulez, qui insuffle une vie intellectuelle profonde à cette partition. Le jeu du Chicago Symphony est remarquable de précision analytique et, si on peut taxer l'approche Boulez d'une certaine neutralité, l'objectivité est peut-être de mise dans cette

œuvre charnière qui expérimente avec un dodécaphonisme (tonal!) dans le premier mouvement. Shaham se joue de toutes les embûches et la réponse de l'orchestre est fantastique.

***Musique pour cordes, percussion et célesta***

| Prix | Son | Cote | Orchestre | Chef | Éd. | Enr. |
|---|---|---|---|---|---|---|
| $$$ | 🔊 | ★★ | Chicago Symphony Orchestra | Pierre Boulez | DG | 1994 |
| $$ | H | ★★★ | Chicago Symphony Orchestra | Rafael Kubelík | Mercury | 1951 |
| $$ | | ★★★ | Chicago Symphony Orchestra | Fritz Reiner | RCA | 1958 |

**Pierre Boulez**

Boulez joue des timbres comme un alchimiste et la rigueur de sa direction permet aux complexités rythmiques de cette partition faussement simple de se révéler. La séparation des deux orchestres est bien réalisée et la netteté de la prise de son différencie les timbres des instruments en cause. Belle vigueur du Chicago Symphony dont les instrumentistes poursuivent la tradition de leurs devanciers avec bonheur.

**Rafael Kubelík**

Le chef tchèque a dirigé Bartók à Chicago avant Reiner et il démontre que ce n'est pas ce dernier qui y a créé cette tradition Bartók encore vivace de nos jours. Ce disque légendaire de réalisme sonore (le «H» n'est là que pour le côté monophonique) permet de constater la discipline des cordes et la vigueur de l'ensemble. Le jeune Kubelík avait un «nerf» qu'il perdra plus tard et il ne reprendra plus cette partition au disque, qu'il avait déjà réussie d'une façon difficilement égalable dans cette prestation du début des années 1950.

**Fritz Reiner**

Compatriote et ami de Bartók, Reiner est un des pionniers au disque de ce compositeur, alors moins fréquenté qu'aujourd'hui. Il mène ses instrumentistes d'une main de fer et rend les subtilités rythmiques de cette musique abstraite de main de maître. La prise de son est exemplaire pour l'époque et l'orchestre n'a jamais atteint ensuite une telle compréhension de l'œuvre du compositeur hongrois.

### *Le Mandarin merveilleux op. 19*

| Prix | Son | Cote | Chœur<br>Orchestre | Chef | Éd. | Enr. |
|---|---|---|---|---|---|---|
| $$$ | | ★★ | Chicago Symphony Chorus<br>Chicago Symphony Orchestra | Pierre Boulez | DG | 1994 |
| $$$ | | ★★★ | Chœur de la Radio hongroise<br>Orchestre du Festival de Budapest | Iván Fischer | Philips | 1996 |
| $$ | | ★★★ | Ambrosian Singers<br>London Symphony Orchestra | Claudio Abbado | DG | 1982 |

**Claudio Abbado**
Abbado est l'un des rares qui sachent faire un mariage heureux entre l'érotisme incandescent et la violence barbare qui caractérisent le livret de ce ballet symboliste. L'orchestre se joue des complexités rythmiques et le chœur est bien audible à la fin (ce qui n'est pas le cas de toutes les versions). Abbado fut l'un des premiers (avec Boulez chez Sony) à proposer le ballet complet avec ses chœurs plutôt que la suite d'orchestre bien abrégée (et on se demande pourquoi, puisque le ballet complet fait à peine 30 minutes). Fort belle prise de son et disque offert à petit prix: qui s'en priverait?

**Pierre Boulez**
Assisté des cuivres puissants du Chicago Symphony, Boulez accentue le côté barbare et sanguinaire de ce ballet très particulier. La rigueur de la direction se joue des complexités rythmiques et instrumentales de la partition. Le chœur final est toutefois un peu lointain.

**Iván Fischer**
Fischer (qu'il ne faut pas confondre avec son frère Adam, lui aussi chef d'orchestre) est à poursuivre une série Bartók plus qu'honorable avec son ensemble virtuose aux sonorités vraiment hongroises. En effet, le jeu est sec, rythmé, presque brutal, et les sonorités un peu rudes ajoutent beaucoup à l'impact du drame sauvage qu'illustre *Le Mandarin merveilleux*. Excellente prise de son et participation un peu voilée mais efficace du Chœur de la Radio hongroise (le chœur doit tout de même avoir un rôle un peu mystérieux, éthéré, et cette façon de l'enregistrer est très fidèle à la partition).

# LUDWIG VAN BEETHOVEN

Né à Bonn, le 17 décembre 1770; mort à Vienne, le 26 mars 1827.

Fils d'un père alcoolique, ténor raté, et d'une mère névrosée, Beethoven vit une enfance malheureuse, tyrannisé par son père qui l'obligeait à travailler sans relâche son piano. Un ami de la famille, le comte Waldstein, lui permet un premier séjour d'études à Vienne (1787) où il a une rencontre sans lendemain avec Mozart. Il retourne à Vienne en 1792 pour étudier sporadiquement avec Haydn et d'autres maîtres comme Albrechtsberger et Salieri. En même temps, il devient le pianiste vedette de l'aristocratie viennoise, se produisant dans les salons et donnant ses premiers concerts.

À partir de 1796, son œuvre jusque-là très classique, prend une tournure beaucoup plus créatrice. Ses premières sonates, ses premiers quatuors, ses premières symphonies renouvellent considérablement ces genres abordés par Haydn et Mozart. La surdité croissante et des amours malheureuses l'amènent toutefois au bord du suicide; il écrit, en 1802, son célèbre *Testament d'Heiligenstadt*. Du fond du désespoir jaillit la révolutionnaire *Sinfonia Eroica* (*Troisième Symphonie*), achevée en 1804. Par la suite, les chefs-d'œuvre se succèdent avec *Fidelio* (première version créée en 1805), les *Quatrième* (1805), *Cinquième* et *Sixième* (1808) Symphonies, le *Quatrième Concerto pour piano*, la *Sonate pour piano Appassionata* et les *Quatuors Razoumovsky*...

Brouillé avec ses amis aristocrates, lassé des intrigues viennoises, Beethoven songe un moment à partir. Mais d'autres mécènes se manifestent, et il produit en 1812 le *Cinquième Concerto pour piano*, créé par Czerny, et la *Sonate Les Adieux*. À l'été 1812, il compose sa *Septième Symphonie* et amorce la *Huitième*. Puis, une longue crise, peut-être engendrée par une liaison amoureuse malheureuse survenue en 1812, affecte sa créativité pendant plusieurs années. C'est à partir de 1819 qu'apparaissent les derniers chefs-d'œuvre: la *Sonate Hammerklavier* (1819), d'une difficulté redoutable pour le pianiste et pour l'auditeur; les dernières sonates (1820-1822), les derniers quatuors (1823-1826), la *Neuvième Symphonie* (1823) dont la création est l'objet d'un triomphe sans précédent, et *Missa Solemnis* (1824), 33 *Variations pour piano sur un thème de Diabelli* (1823).

Alors affligé de diverses maladies et de surdité profonde, ses dernières années sont gâtées par les querelles familiales, avec ses frères et son neveu Karl dont il assumait la garde. Au sortir d'une querelle avec son frère Johann, il attrape sous la pluie une grave pneumonie et meurt le 26 mars 1827, pendant un violent orage. Seul la veille, il est accompagné à son dernier repos par une foule de 20 000 personnes.

**Pour commencer:** *Cinquième Symphonie*
**Un incontournable:** *Concerto pour piano n° 5*
**Pour aller plus loin:** *Les Quatuors à cordes*

## Musique orchestrale

*Symphonies* (9)
*Troisième Symphonie* (*Eroica*)
*Quatrième Symphonie*
*Cinquième Symphonie*
*Sixième Symphonie* (*Pastorale*)
*Septième Symphonie*
*Neuvième Symphonie* (*Chorale*)
*Concertos pour piano* (5)
*Concerto pour violon*
*Concerto pour piano, violon, violoncelle (Triple Concerto)*

## Musique de chambre

*Sonate pour piano et violon n° 5* (*Du printemps – Frühling*)
*Sonate pour piano et violon n° 9* (*À Kreutzer*)
*Quatuors à cordes* (16)

## Musique instrumentale

*Sonates pour piano* (32)

## Opéra et musique de scène

*Fidelio*

## Musique chorale

*Missa Solemnis*

### *Symphonies* (9)

| Prix | Son | Cote | Orchestre | Chef | Éd. | Enr. |
|---|---|---|---|---|---|---|
| $$$ | | ★★★ | Chamber Orchestra of Europe | Nikolaus Harnoncourt | Teldec 5 CD | 1990-1991 |
| $$ | | ★★★ | Berliner Philharmoniker | Herbert von Karajan | DG 5 CD | 1977 |
| $ | | ★★ | Berliner Philharmoniker | Herbert von Karajan | DG 5 CD | 1962 |

**Nikolaus Harnoncourt**
Harnoncourt cherche toujours à redécouvrir les grands classiques tout en nous offrant des interprétations réfléchies. Cette version enregistrée sur le vif lors de concerts en Autriche nous permet de revoir nos notions du Beethoven «à grand orchestre». L'emploi d'une masse de cordes plus modeste permet aux bois et aux cuivres de se faire entendre avec toute la vigueur dramatique qu'avait envisagée le créateur. En même temps, on fait le pont avec l'époque classique d'où Beethoven, ne l'oublions pas, est issu, et l'interprétation de Harnoncourt n'est pas sans rappeler les Haydn et Mozart très vigoureux qu'il a dirigés pour la même étiquette avec le Concertgebouw d'Amsterdam. Évidemment, Harnoncourt fait toutes les reprises, ce qui occasionne des minutages assez étirés malgré des tempi souvent très allants. Pour l'originalité de la vision et une redécouverte du chaînon manquant entre le classicisme et le romantisme, un *must*.

**Herbert von Karajan (1977)**
Le Beethoven de Karajan se remarque tout d'abord par son dynamisme et son phrasé souvent très lié. Vigueur et discipline se conjuguent pour appuyer une vision d'une rare finesse sonore. Du Beethoven «à grand orchestre» dans sa version la plus achevée. L'enregistrement réalisé à la Philharmonie est un peu sec, mais très équilibré.

**Herbert von Karajan (1962)**
Première intégrale entièrement réalisée en quelques mois et en vue d'une publication en coffret, cette version est historique à plus d'un point de vue. Deuxième de cinq intégrales que nous a laissées le grand chef autrichien, on y retrouve les éléments les plus marquants du style Karajan: lisibilité, vigueur rythmique, polissage du son orchestral et virtuosité instrumentale. La prise de son est moins sèche que dans la version 1977, puisqu'ici on est encore à la Jesus-Christus-Kirche de Berlin et son aura sonore assez réverbérée. Un certain manque de netteté de la prise de son et certaines symphonies un peu moins achevées que dans les versions ultérieures nous font préférer la version 1977. Mais cette version-ci est accessible à prix très avangateux, ce qui pourra satisfaire de nombreux mélomanes.

### *Troisième Symphonie en mi bémol majeur op. 55 (Eroica)*

| Prix | Son | Cote | Orchestre | Chef | Éd. | Enr. |
|---|---|---|---|---|---|---|
| $$ | | ★★ | Los Angeles Philharmonic Orchestra | Carlo-Maria Giulini | DG | 1979 |
| $ | | ★★★ | Tonhalle-Orchester Zurich | David Zinman | Arte Nova | 1998 |

**Carlo-Maria Giulini**
Giulini fait toutes les reprises. Sa vision sans concession ne presse jamais le pas et occupe la majeure partie d'une heure sur ce disque excellemment restauré, souvenir de son court passage aux États-Unis à la fin des années 1970. Une interprétation réfléchie où le drame est inexorable. Le sourire n'est pas de la partie, mais il n'est pas nécessairement une composante de l'attirail interprétatif de ce chef très sérieux.

**David Zinman**
Zinman dirige la «première exécution au disque sur instruments modernes» de la nouvelle édition Bärenreiter, qui se propose de retourner aux sources, c'est-à-dire au manuscrit du compositeur, et de «corriger» les «importantes corruptions et erreurs» de l'édition traditionnelle. Précisons immédiatement que là n'est pas l'intérêt premier de ce disque, puisque les corrections sont à peu près inaudibles au commun des mortels (une phrase de hautbois ici, un rythme de timbales là) et que, de toute façon, de telles corrections sont hautement arbitraires, puisque les compositeurs (Beethoven en particulier) faisaient souvent des corrections directement sur les épreuves de leurs éditeurs. Ceci dit, Zinman dirige la plus enthousiasmante *Eroica* depuis celle de Toscanini: tempi d'une vitesse extrême, tension dramatique, excellence des instruments, tout nous rappelle une interprétation aussi classique que celle du grand chef italien. Réduit aux proportions de l'époque beethovénienne (une soixantaine d'instrumentistes), l'Orchestre de Zurich démontre sa grande classe et convainc davantage que dans les symphonies

enregistrées l'année précédant celle-ci. Voilà une intégrale à suivre, d'autant qu'elle est distribuée dans le monde entier au petit prix, sauf au Québec où BMG, son distributeur, persiste à nous demander le prix fort et même super-fort.

### *Quatrième Symphonie en si bémol majeur op. 60*

| Prix | Son | Cote | Orchestre | Chef | Éd. | Enr. |
|---|---|---|---|---|---|---|
| $$$ | | ★★★ | Bayerisches Staatsorchester | Carlos Kleiber | Orfeo | 1982 |
| $$ | | ★★★ | Philharmonia Orchestra | Otto Klemperer | EMI | 1960 |
| $ | | ★★★ | Tonhalle-Orchester Zurich | David Zinman | Arte Nova | 1998 |

**Carlos Kleiber**
Autre version *live*, autre version provenant de Munich, cette interprétation dynamique de Kleiber passe à l'histoire par sa grande vitalité et son sens dramatique hors du commun. La distribution de ces disques est parfois aléatoire et il faut une bonne patience de collectionneur pour mettre la main sur cette version. Il n'y aura pas de regret!

**Otto Klemperer**
Klemperer construit patiemment une *Quatrième* mémorable, au premier mouvement mystérieux et sombre, au deuxième mouvement très chantant, et aux mouvements plus rapides emportés avec une solidité rythmique non démentie. Le Philharmonia de ces années était le plus grand orchestre du monde et il le prouve.

**David Zinman**
L'approche de Zinman est plus près du dynamisme d'un Kleiber que du poids d'un Klemperer. Avec un orchestre réduit à une cinquantaine de musiciens, il obtient une transparence de son qui permet de réévaluer la position de la *Quatrième* dans le corpus symphonique de Beethoven. Les tempi sont plutôt emportés, puisque Zinman cherche à réaliser les notations métronomiques réputées invraisemblables du compositeur. Le disque est le «premier enregistrement sur instruments modernes» de la nouvelle édition Bärenreiter, qui retourne aux sources du manuscrit du compositeur pour corriger les «erreurs» de l'édition traditionnelle. Il ne devait pas y en avoir beaucoup, puisque les différences sont inaudibles et l'intérêt de ce disque est ailleurs, comme le montre notre texte.

### *Cinquième Symphonie en ut mineur op. 67*

| Prix | Son | Cote | Orchestre | Chef | Éd. | Enr. |
|---|---|---|---|---|---|---|
| $$ | | ★★★ | Wiener Philharmoniker | Carlos Kleiber | DG | 1975 |
| $ | | ★★★ | Tonhalle-Orchester Zurich | David Zinman | Arte Nova | 1997 |

**Carlos Kleiber**
Encore une autre version de la *Cinquième*! avait-on dit en apprenant cette parution. Après écoute toutefois, il faut reconnaître qu'il s'agit là de LA parution du siècle, peut-être la plus grande *Cinquième* jamais enregistrée. Le drame est exacerbé par des tempi rapides, presque brutaux, et une tension sans égale de la première à la

dernière note. Le Philharmonique de Vienne, qui a très souvent joué et enregistré cette œuvre, joue ici comme si sa vie en dépendait et comme s'il lisait la partition pour la première fois. Une révélation, un *must*. À noter que la plus récente réédition offre une plus-value sonore par rapport aux incarnations antérieures de cette version en CD.

### David Zinman

L'édition Zinman est tout ce que l'enregistrement Harnoncourt aurait dû être: une authentique redécouverte de l'univers beethovénien à la lumière des meilleures recherches musicologiques récentes, doublée d'un souci d'interprétation musicale qui honore ce chef. Disciple de Toscanini, il prône comme celui-ci des tempi vifs à l'extrême: en fait, Zinman a tout simplement cherché à recréer, d'une manière convaincue, ces fameuses indications métronomiques du compositeur, réputées injouables ou absurdes. Cette *Cinquième*, qui n'a rien de routinier, se déroule à une allure d'enfer, accentuant cette tension dramatique imaginée par le compositeur. Réduit à une soixantaine d'instrumentistes, l'orchestre assure une bonne transparence des parties de vents et un impact maximal au grand crescendo qui ouvre le finale. Tout le contraire de l'approche Thielemann, le disque Zinman est en outre offert pour une bouchée de pain.

## *Sixième Symphonie en fa majeur op. 68 (Pastorale)*

| Prix | Son | Cote | Orchestre | Chef | Éd. | Enr. |
|---|---|---|---|---|---|---|
| $$ | | ★★★ | Wiener Philharmoniker | Karl Böhm | DG | 1971 |
| $$ | | ★★ | Philharmonia Orchestra | Otto Klemperer | EMI | 1957 |
| $$ | | ★★ | Columbia Symphony Orchestra | Bruno Walter | Sony | 1958 |
| $ | | ★★ | Tonhalle-Orchester Zurich | David Zinman | Arte Nova | 1997 |

### Karl Böhm

Böhm avait un sens inné du phrasé et des proportions. Ses rythmes ne sont jamais extrêmes, et ils ne sonnent ni bousculés ni traînants. C'est tout un art, surtout quand il se conjugue avec une Philharmonie de Vienne au mieux de sa forme et une prise de son considérablement retravaillée dans sa plus récente incarnation. Les cors viennois font merveille dans le troisième mouvement. Les cordes chantent merveilleusement chaque fois qu'elles en ont l'occasion. Lorsqu'on écoute ce disque, on se demande s'il est possible de faire mieux. Personnellement, j'en doute.

### Otto Klemperer

Le style Klemperer réussit mieux, à mon avis, les symphonies à caractère solennel ou lyrique, comme cette *Pastorale* qu'il fait chanter comme pas un. Une journée de repos à la campagne ne saurait être une journée hyperactive; les tempi langoureux sont donc tout à fait à propos, la valeur des musiciens est remarquable et la prise de son des débuts de la stéréophonie est tout à fait réussie et bien restaurée par la EMI.

**Bruno Walter**

Bruno Schlesinger alias Walter avait, comme Böhm et presque tous les chefs de cette génération-là, un sens inné des proportions. Sa *Pastorale* est un peu plus allante que celle de Böhm, mais elle n'en respecte pas moins l'esprit de l'œuvre. Rien n'est forcé, et on sent le sourire du promeneur campagnard dans le déroulement symphonique sans histoire. Le Columbia Symphony Orchestra, alias Los Angeles Philharmonic (raisons contractuelles obligent), sonne beaucoup mieux ici qu'il n'allait le faire 20 ans plus tard avec Giulini. Il est vrai que l'American Legion Hall de Hollywood où furent enregistrés presque tous les disques stéréo de Bruno Walter avait une qualité sonore qu'on ne retrouve pas dans les autres salles de la région.

**David Zinman**

L'édition Zinman est tout ce que l'enregistrement Harnoncourt aurait dû être: une authentique redécouverte de l'univers beethovénien à la lumière des meilleures recherches musicologiques récentes, doublée d'un souci d'interprétation musicale qui honore ce chef. Disciple de Toscanini, il prône comme celui-ci des tempi vifs à l'extrême: en fait, Zinman a tout simplement cherché à recréer, d'une manière convaincue, ces fameuses indications métronomiques du compositeur, réputées injouables ou absurdes. Un peu plus «relaxe» que les autres volets du cycle, cette *Pastorale* offre un ton résolument campagnard, notamment dans le *Scherzo-ländler* du troisième mouvement où l'ornementation pratiquée par Zinman dans les parties de bois ajoute une touche rustique très appréciée. On sent que Zinman a pensé chacune des mesures de l'œuvre qui, malgré tout, conserve l'impression d'une grande spontanéité, ce qui est tout à l'honneur de ce chef brillant et sous-estimé.

***Septième Symphonie en la majeur op. 92***

| Prix | Son | Cote | Orchestre | Chef | Éd. | Enr. |
|---|---|---|---|---|---|---|
| $$ | | ★★★ | Wiener Philharmoniker | Carlos Kleiber | DG | 1976 |
| $ | | ★★ | Tonhalle-Orchester Zurich | David Zinman | Arte Nova | 1997 |

**Carlos Kleiber**

Après sa réussite foudroyante dans la *Cinquième*, Kleiber nous revient avec une *Septième* non moins démentielle: la tension dramatique est maintenue de bout en bout avec un dynamisme incroyable. Les Philharmoniker jouent littéralement comme des possédés, ce qui a amené d'ailleurs autrefois certains critiques (surtout britanniques...) à dénoncer cette approche, qui leur semble un peu échevelée. *Well, my dear*, je dis bien haut que si vous cherchez l'«apothéose de la danse» (surnom que Wagner avait accolé à cette symphonie), c'est ici que vous la trouverez et pas ailleurs.

**David Zinman**

Zinman dirige la «première exécution de l'édition critique Bärenreiter sur instruments modernes». Il s'agit d'un retour aux sources manuscrites qui vise à «corriger» certaines erreurs ou plutôt disparités constatées entre l'édition traditionnelle et le manuscrit du compositeur. Bien sûr, on sait que les compositeurs corrigeaient les épreuves de l'éditeur et ainsi engendraient des disparités avec leur manuscrit; mais, enfin, le débat sur les «véritables» intentions du compositeur ne sera jamais résolu. Quoi qu'il en soit, les différences ne sont pas notables, sinon un bref passage transitoire au mouvement initial, dont l'absence me semble d'ailleurs préférable. L'approche de Zinman est centrée sur une articulation très nette de la ligne mélodique et une accentuation des tempi, qui sont rapides sans être bousculés. Il ne faut pas se fier au minutage de 37 minutes, puisque Zinman fait toutes les reprises dans chaque mouvement. Il utilise une version réduite (60 musiciens) du grand orchestre de la Tonhalle, ce qui donne un meilleur équilibre entre les cordes et les vents, que les chefs doublent souvent pour leur permettre de se faire entendre à travers la masse sonore d'un grand orchestre normal. La prise de son est un peu sèche et accentue les basses.

### *Neuvième Symphonie en ré mineur op. 125 (Chorale)*

| Prix | Son | Cote | Soliste | Orchestre | Chef | Éd. | Enr. |
|---|---|---|---|---|---|---|---|
| $$ | 🔊 | ★★★ | Jessye Norman (s)<br>Brigitte Fassbänder (ca)<br>Placido Domingo (t)<br>Walter Berry (bar) | Wiener Staatsopernchor<br>Wiener Philharmoniker | Karl Böhm | DG | 1980 |
| $$ | H | ★★ | Elisabeth Schwarzkopf (s)<br>Elisabeth Höngen (ca)<br>Hans Hopf (t)<br>Otto Edelmann (b) | Chor und Orchester der Bayreuther Festspiele 1951 | Wilhelm Furtwängler | EMI | 1951 |

**Karl Böhm**

Un des derniers enregistrements de Böhm, sinon le dernier, cette *Neuvième* est arrêtée au seuil de l'éternité. Avec une Jessye Norman qui ne se prenait pas encore au sérieux et le reste d'un quatuor vocal de rêves, Böhm construit une architecture parfaitement proportionnée, à l'image de son style de chef. La prise de son, au départ un peu dure, fut considérablement retravaillée lors d'une reparution récente. Un sommet.

**Wilhelm Furtwängler**

Ce disque est légendaire à plus d'un point de vue. D'une part, il conserve le souvenir de la réouverture du Théâtre de Bayreuth après la guerre. Ensuite, il constitue la dernière visite à cet endroit du grand chef Furtwängler, qui ne pouvait y supporter la présence de son rival Karajan. Enfin, c'est le seul témoignage «officiel» de l'interprétation de la *Neuvième* par ce chef. L'orchestre et les chœurs sont littéralement galvanisés et, selon le mot d'une des solistes, on sentait dans la salle et sur la scène que l'occasion était historique. Malheureusement, le preneur de son ne fut pas tout à fait à la hauteur, et la qualité technique de l'enregistrement laisse sérieusement à désirer, particulièrement dans le premier mouvement, congestionné, distortionné et sujet à des variations de dynamique abruptes. La situation s'améliore quelque peu dans les mouvements subséquents et, si le chœur est placé plutôt loin en arrière, il sonne quand même assez bien dans cette réédition très récente de la EMI. Le quatuor de solistes est un peu gâté par le lourd Edelmann et le pas très subtil Hopf; en Hotter et Patzak, la EMI avait fourni à Karajan un duo passablement supérieur en 1947... Furtwängler y va d'une direction très subjective, avec des écarts de tempo que seul un très grand chef de sa trempe pouvait se permettre. L'*adagio* est pris à une lenteur... sublime et la *strette* finale est emportée à une vitesse d'enfer.

***Concertos pour piano et orchestre* (5)**

| Prix | Son | Cote | Soliste | Orchestre | Chef | Éd. | Enr. |
|---|---|---|---|---|---|---|---|
| $$$ | 🔊 | ★★★ | Alfred Brendel | Wiener Philharmoniker | Sir Simon Rattle | Philips 3 CD | 1998 |
| $$$ | | ★★★ | Murray Perahia | Orchestre royal du Concertgebouw | Bernard Haitink | Sony | 1986 |
| $$ | | ★★★ | Wilhelm Kempff | Berliner Philharmoniker | Ferdinand Leitner | DG | 1961 |

**Alfred Brendel**

Dernière en date des quatre intégrales de Brendel, celle-ci est sans doute la meilleure. La conception de Brendel a relativement peu évolué au fil des ans, dénotant une intégrité artistique hors du commun: pas de débordement d'émotion, *rubato* discret, finesse du toucher, puissance au besoin mais sans démonstration spectaculaire, une grande version classique dans tous les sens du terme. L'orchestre de Rattle est subtil, suivant les jeux de rythme de Brendel avec un rare bonheur, affichant des cordes chantantes, des cuivres clairs et justes, des bois présents sans exagération. Les Wiener Philharmoniker, qui ne sont pas facilement impressionnables, ont tellement aimé la prestation de Brendel qu'ils en ont fait sur-le-champ un membre honoraire de leur association exclusive, le troisième pianiste seulement de l'histoire à recevoir un tel honneur! Pour le moment, les interprétations ne sont offertes qu'en coffret de trois CD au prix fort; on peut espérer que Philips nous les offrira en disques séparés sous peu.

**Wilhelm Kempff**

La version classique des interprétations sur disque. Leitner est un partenaire discret qui suit parfaitement son soliste et lui permet de s'exprimer à sa guise. Kempff n'a rien d'un virtuose foudroyant, et il entre dans ces architectures avec un sens classique des proportions. Tout est très bien fait, y compris la prise de son.

**Murray Perahia**

Perahia est le pianiste subtil entre tous. Sa vision mozartienne s'accorde parfaitement avec le tempérament tranquille de Haitink qui le suit à merveille et l'enrobe d'un commentaire orchestral à sa mesure. Version presque «chambriste» avant la lettre, cette approche ne conviendra pas aux amateurs de Beethoven «Foudre et Tonnerre».

***Concerto pour violon en ré majeur op. 61***

| Prix | Son | Cote | Soliste | Orchestre | Chef | Éd. | Enr. |
|---|---|---|---|---|---|---|---|
| $$$ | 🔊 | ★★★ | Hilary Hahn | Baltimore Symphony Orchestra | David Zinman | Sony | 1998 |
| $$ | H | ★★★ | Yehudi Menuhin | Philharmonia Orchestra | Wilhelm Furtwängler | EMI | 1953 |
| $$ | | ★★★ | Wolfgang Schneiderhan | Berliner Philharmoniker | Eugen Jochum | DG | 1962 |

**Hilary Hahn**
Voilà un nom à retenir. La toute jeune et menue violoniste américaine (pas tout à fait 18 printemps au moment de l'enregistrement) démontre une aisance technique confondante, une sonorité juste et puissante, jointe à un sens musical approfondi de cette partition célèbre. Les tempi sont plutôt allègres mais sans précipitation; il faut dire que l'accompagnement énergique et rigoureux de Zinman apporte une assise solide à cette interprétation et nous rappelle que le chef dans un concerto n'est pas le faire-valoir du soliste, aussi talentueux soit-il. La prise de son est splendide de transparence et de réalisme.

**Yehudi Menuhin**
La deuxième des cinq versions de Menuhin au disque est peut-être sa meilleure. Ses collaborations avec Furtwängler sont légendaires, et chacun des deux artistes inspirait l'autre à atteindre un maximum d'expression et de tension dramatique. Cette version est en effet très dramatique, tendue même, et le violon solo – d'une justesse exemplaire – s'impose sans peine au milieu d'un écrin orchestral subtil et vivant. La prise de son monophonique respecte les timbres et la dynamique, et cette version s'impose comme l'une des meilleures.

**Wolfgang Schneiderhan**
Le grand violoniste autrichien signe ici peut-être son plus grand enregistrement avec orchestre. Est-ce un hasard si le chef en est le très mésestimé Jochum? La Philharmonie de Berlin donne sa plus haute virtuosité, le discours est parfait de mesure et de proportions et tout sonne avec un naturel extraordinaire. Cette version domine de très haut toute la discographie du *Concerto pour violon*.

***Concerto en ut pour piano, violon et violoncelle op. 56***

| Prix | Son | Cote | Soliste | Orchestre | Chef | Éd. | Enr. |
|---|---|---|---|---|---|---|---|
| $$$ |  | ★★ | Kyung-Wha Chung (v) Myung-Wha Chung (vcl) Myung-Whun Chung (p) | Philharmonia Orchestra | Myung-Whun Chung | DG | 1996 |
| $$$ |  | ★★ | Beaux-Arts Trio | Gewandhausorchester Leipzig | Kurt Masur | Philips | 1992 |
| $$ | | ★ | David Oistrakh (v) Mstislav Rostropovitch (vcl) Sviatoslav Richter (p) | Berliner Philharmoniker | Herbert von Karajan | EMI | 1969 |
| $$ | | ★★★ | Isaac Stern (v) Leonard Rose (vcl) Eugene Istomin (p) | Philadelphia Orchestra | Eugene Ormandy | Sony | 1964 |

**Myung-Whun Chung**
L'interprétation du Trio Chung démontre une fois de plus combien l'expérience d'un authentique trio est supérieure à celle d'un trio de vedettes assemblées pour les fins du moment. La communauté de vision des trois solistes est sans doute exacerbée par la parenté familiale étroite; l'excellence individuelle de chaque musicien est indéniable, et on appréciera la sonorité ample et profonde de la

violoncelliste qui mène une carrière beaucoup plus discrète que les deux autres. La direction est vive et alerte, mais on sent une certaine hésitation de la part de l'orchestre, dont le chef doit en même temps assurer la partie de piano et voir à la coordination des trois solistes. Excellente prise de son.

**Herbert von Karajan**
Le *Triple Concerto* n'est pas un concerto pour trois solistes mais bien une pièce pour ensemble de chambre avec accompagnement d'orchestre. C'est là la principale faiblesse de cet enregistrement, par ailleurs fameux: nous disposons ici de trois solistes à la personnalité exceptionnelle et à la virtuosité incomparable; le chef, lui non plus, n'est pas renommé pour son humilité ni sa tendance à s'effacer devant ses solistes. Le violoncelle sonne beaucoup plus qu'il n'est coutume; on peut se demander si c'était là l'intention de Beethoven. Version très brillante donc, pour les amateurs de virtuosité instrumentale. On notera que la prise de son est assez confuse et écrasée.

**Kurt Masur**
Antithèse presque complète de la version Karajan, cette interprétation nous propose un authentique trio, et l'un des plus fameux de notre siècle. Même s'il apparaît ici dans sa mouture la plus récente (avec la violoniste Kafavian et le violoncelliste Wiley), le trio Beaux-Arts sait toujours comment faire sonner cette œuvre qu'il a jouée un nombre incalculable de fois. Le chef sait accompagner le tout sans attirer l'attention sur lui, et l'orchestre a cette sonorité germanique aux graves appuyés et à l'assise rythmique bien établie. Une excellente version.

**Eugene Ormandy**
Une autre version pour trio, cette fois le légendaire trio Stern-Rose-Istomin. Et une autre version où le chef suit admirablement bien ses solistes (devrait-on dire SON trio soliste?) et sait maintenir la tension dramatique dans une œuvre qui a tendance à s'éparpiller un peu. L'Orchestre de Philadelphie est l'un des plus brillants du continent nord-américain, alors que dire de plus? La prise de son très rapprochée n'est pas la plus naturelle qui soit mais, au moins, on ne perd rien des nuances de l'interprétation.

### *Sonate pour piano et violon nº 5 en fa majeur op. 24 (Du printemps)*

| Prix | Son | Cote | Violoniste | Pianiste | Éd. | Enr. |
|---|---|---|---|---|---|---|
| $$$ | 🔊 | ★★ | Gidon Kremer | Martha Argerich | DG | 1987 |
| $$$ | 🔊 | ★★ | Anne-Sophie Mutter | Lambert Orkis | DG 4 CD | 1997 |
| $$ | | ★★★ | Ithzak Perlman | Vladimir Ashkenazy | Decca | 1974 |

**Gidon Kremer**
La *Sonate du printemps* est une œuvre de jeunesse et nous avons ici une interprétation jeune et fantasque. Virtuosité incomparable du piano qui n'est évidemment pas un accompagnateur mais un partenaire égal du violon. Kremer est fantasque à souhait et sa partenaire Argerich fournit le feu, la fougue et la flamme nécessaires à une version mémorable. Prise de son particulièrement réussie et naturelle.

**Anne-Sophie Mutter**
Mutter est la première soliste féminine à présenter l'intégrale des sonates pour piano et violon. Le jeu, très lyrique, est particulièrement à point dans cette *Sonate du printemps*, la plus féminine des sonates du compositeur, au dire de la soliste. Le pianiste n'est pas un titan du clavier, mais il est un partenaire imaginatif et rigoureux qui soutient le discours avec chaleur et virtuosité. Pour l'heure, l'enregistrement n'est offert que dans le coffret intégral; il présente l'intérêt additionnel pour l'amateur informatisé d'offrir l'encodage «CD-PlusScore», qui permet, lorsqu'on le lit sur le lecteur CD de l'ordinateur, de suivre le déroulement de la partition à l'écran tout en écoutant la musique.

**Ithzak Perlman**
Version classique où le piano «suit» davantage le soliste (mais à peine) que dans la version Kremer. Prise de son très rapprochée. La virtuosité des deux partenaires est inégalable et le jeu est animé et souriant. Excellent enregistrement pour chasser les brumes hivernales.

***Sonate pour piano et violon nº 9 en la majeur op. 47 (À Kreutze)***

| Prix | Son | Cote | Violoniste | Pianiste | Éd. | Enr. |
|---|---|---|---|---|---|---|
| $$$ | 🔊 | ★★★ | Guidon Kremer | Martha Argerich | DG | 1994 |
| $$$ | 🔊 | ★★ | Anne-Sophie Mutter | Lambert Orkis | DG 4 CD | 1997 |
| $$ | | ★★ | Ithzak Perlman | Vladimir Ashkenazy | Decca | 1973 |

**Guidon Kremer**
La *Sonate à Kreutzer* fut composée très rapidement, à l'époque de la genèse de l'*Eroica*. La version Kremer-Argerich nous emporte dans un tourbillon de virtuosité où les mouvements extrêmes adoptent des tempi... extrêmes et où la réflexion lyrique est quand même très présente là où il le faut. Version dominée par la flamme et la virtuosité de la pianiste. Excellente prise de son très moderne. À noter que le prénom de Kremer est orthographié Gidon chez les anglo-saxons (mais se prononce Guidon).

**Anne-Sophie Mutter**
Mutter est la première soliste féminine à présenter l'intégrale des sonates pour piano et violon. La très virtuose *Sonate à Kreutzer* trouve ici une violoniste à la pleine mesure de l'exigeante partie violonistique, avec un sens très accentué du lyrisme inhérent à ces pages au romantisme débordant. Le pianiste n'est pas un titan du clavier, mais il est un partenaire imaginatif et rigoureux qui soutient le discours avec chaleur et virtuosité. Pour l'heure, l'enregistrement n'est offert que dans le coffret intégral; il présente l'intérêt additionnel pour l'amateur informatisé d'offrir l'encodage «CD-PlusScore», qui permet, lorsqu'on le lit sur le lecteur CD de l'ordinateur, de suivre le déroulement de la partition à l'écran tout en écoutant la musique.

**Ithzak Perlman**
Version classique où le piano «suit» davantage le soliste (mais à peine) que dans la version Kremer. Prise de son très rapprochée. Virtuosité très impressionnante des deux partenaires même si les tempi sont généralement plus «sages» et l'émotion plus contrôlée que chez Kremer-Argerich (ce que nous ne considérons pas, par ailleurs, comme une vertu). Le jeu est animé et souriant.

## *Quatuors à cordes* (16)

| Prix | Son | Cote | Quatuor | Éd. | Enr. |
|---|---|---|---|---|---|
| $$$ | | ★★★ | Emerson String Quartet | DG [7 CD – coffret] | 1994 |
| $$$ | | ★ | Quatuor Végh | Auvidis-Valois [8 CD offerts séparément] | 1972-1974 |

### Emerson String Quartet

Version entièrement pensée pour le disque: dans les mouvements rapides, le quatuor américain respecte les fameuses indications métronomiques de Beethoven et la vitesse quasi inhumaine qu'elles imposent (et qui sont jugées «impraticables» dans la réverbération des grandes salles de concert). Ailleurs, on ne peut que louer la subtilité et le raffinement de ces musiciens, qui respectent les moindres indications dynamiques du compositeur et qui jouent des nuances avec une virtuosité absolument renversante. À cet égard, la *Grosse Fugue* (justement rétablie comme finale authentique de l'op. 130) est particulièrement remarquable: on se sent saisi à la gorge dès les premières mesures et la tension ne se relâche jamais. La prise de son est d'un naturel remarquable. Une grande, très grande version de ces sommets de la musique de chambre de tous les temps. Malheureusement, ses sept disques requièrent un investissement considérable, mais il en vaut le coût.

### Quatuor Végh

Version classique, quelque peu austère de cette musique de chambre. Les tempi sont mesurés, et tout le sérieux du message beethovénien est transmis sans fioritures inutiles. Dans les derniers quatuors, on regarde vers Bartók: et pourquoi pas? La prise de son qui date de 25 ans est bien faite pour son époque, parfaitement équilibrée et pas trop rapprochée (La Chaux-de-Fonds, Suisse). Le prix de cette version est plutôt prohibitif au Québec (quand on arrive par hasard à la trouver dans quelque magasin d'importation), d'autant plus qu'elle s'étend généreusement sur huit disques. Qui plus est, le couplage associe parfois sur un même disque des partenaires «étranges» et ne respecte pas l'association naturelle des quatuors (op. 18, op. 59, derniers quatuors).

## *Sonates pour piano* (32)

**Remarque:** une infinité de versions de sonates individuelles est offerte sur le marché. Sans faire de commentaire sur des enregistrements précis, nous recommandons les pianistes suivants en plus des intégrales apparaissant ci-dessous: Louis Lortie (Chandos), Emil Guilels (DG), Vladimir Ashkenazy (London), Stephen Kovacevich (EMI), Wilhelm Kempff (DG), Maurizio Pollini (DG).

| Prix | Son | Cote | Pianiste | Éd. | Enr. |
|---|---|---|---|---|---|
| $ | | ★★★ | Anton Kuerti | Analekta 10 CD | 1974 |
| $ | | ★ | Jenö Jandó | Naxos 10 CD | 1988 |
| $ | | ★★ | Alfred Brendel | Philips 10 CD | 1970 |

**Anton Kuerti**
Très belle version, aux tempi toujours judicieux et à la virtuosité digitale impressionnante. Kuerti est un spécialiste de Beethoven et il connaît par cœur chacune de ces sonates, qu'il a jouées très souvent et sur tous les continents. Les nuances dynamiques et dramatiques seraient toutes à citer dans ces interprétations à la fois contrôlées et fantasques. La prise de son n'est pas très brillante, malheureusement. Cette version, offerte à très bon marché en coffret, est beaucoup plus chère en disques séparés.

**Jenö Jandó**
Le pianiste-factotum de Naxos remet ça! Version très dynamique, parfois trop (dans certaines sonates, on a la désagréable impression d'un devoir «expédié» à toute vitesse). La prise de son est un peu sèche. Pour le prix, c'est quand même une version attachante.

**Alfred Brendel**
Il ne faut pas confondre cette intégrale de Brendel avec une plus récente réalisée en numérique (et souvent en public), alors que les moyens techniques du pianiste commençaient à décliner quelque peu. La virtuosité du pianiste n'est jamais mise en doute même si le jeu se veut un peu détaché émotivement (ce qui est la marque de commerce de Brendel).

## *Fidelio*
## Opéra en deux actes

***Dramatis personæ*** **(principaux personnages pour référence des rôles des solistes dans le tableau)**

| | | | |
|---|---|---|---|
| Florestan, ténor (1) | Rocco, basse (3) | Marzelline, soprano (5) | Don Fernando (7) |
| Leonore, soprano (2) | Don Pizarro, baryton (4) | Jacquino, ténor (6) | |

| Prix | Son | Cote | Soliste | Chœur/Orchestre | Chef | Éd. | Enr. |
|---|---|---|---|---|---|---|---|
| $$$ | | ★★★ | Jon Vickers (1)<br>Christa Ludwig (2)<br>Gottlob Frick (3)<br>Walter Berry (4)<br>Ingeborg Hallstein (5)<br>Gerhard Unger (6)<br>Franz Crass (7) | Philharmonia Chorus<br>Philharmonia Orchestra | Otto Klemperer | EMI<br>2 CD | 1962 |
| $$ | | ★★★ | Jon Vickers (1)<br>Helga Dernesch (2)<br>Karl Ridderbusch (3)<br>Zoltan Kélémen (4)<br>Helen Donath (5)<br>Horst R. Laubenthal (6)<br>José Van Dam (7) | Chor der Deutschen Oper Berlin<br>Berliner Philharmoniker | Herbert von Karajan | EMI<br>2 CD | 1970 |
| $ | | ★★ | James McCraken (1)<br>Birgit Nilsson (2)<br>Kurt Böhme (3)<br>Tom Krause (4)<br>Graziella Sciutti (5)<br>Donald Grobe (6)<br>Hermann Prey (7) | Wiener Staatsopernchor<br>Wiener Philharmoniker | Lorin Maazel | Decca<br>2 CD | 1964 |

**Herbert von Karajan**

On a ici une deuxième occasion de goûter au Florestan très particulier de Vickers (qui tient aussi le rôle chez Klemperer). En 1970, Dernesch tenait (avec effort) les rôles de grand soprano dramatique; on a appris depuis qu'elle était en réalité un mezzo-soprano «zélée». Si on apprécie la voix avec sa couleur très dramatique, on peut regretter que la chanteuse soit un peu inférieure aux demandes du rôle. Le Pizarro de Kélémen est tout simplement exceptionnel; ce merveilleux chanteur-acteur, trop tôt disparu, est l'incarnation du Mal, et on y croit. Un certain José Van Dam (excusez du peu!) tient le rôle de Fernando. Karajan à l'orchestre est dynamique et dramatique à souhait; la virtuosité de Berlin fait merveille. La prise de son est toutefois un peu confuse dans les passages touffus. Une grande version.

**Otto Klemperer**

Klemperer a une conception plutôt monumentale de cet hymne à la liberté des peuples qu'est *Fidelio*. Les tempi sont mesurés et très réguliers, et l'humour (dans le premier acte) est plutôt gommé. Ça n'en reste pas moins une version extrêmement convaincante au point de vue dramatique, avec un plateau de chanteurs phénoménal. Vickers domine (comme toujours) le rôle inhumain de Florestan (qu'il reprendra plus tard avec Karajan) et c'est Christa Ludwig qui tient le rôle de Leonore; sa voix de mezzo confie au rôle une couleur dramatique qu'il n'a pas toujours et sa virtuosité vocale lui permet d'atteindre toutes les notes de la partition sans problème. Curieusement, c'est «monsieur Ludwig» (son époux à l'époque) qui est Pizarro; s'il n'a pas la noirceur démoniaque des plus grands tenants du rôle, il est très à son affaire et apporte à son air de malédiction du premier acte toute la couleur dramatique souhaitée. Le Philharmonia des beaux jours apporte le soutien orchestral. Une version de référence dans un genre tout à fait opposé à celui d'un Karajan, par exemple.

**Lorin Maazel**

Ceux qui ont connu le McCracken époumoné des dernières années de sa carrière auront une surprise en écoutant cet enregistrement de 1964. La couleur vocale de Florestan y est exceptionnelle et l'air du donjon y est donné apparemment sans effort. Leonore est Nilsson: inutile de dire que le côté héroïque du rôle passe bien davantage que son côté victime, n'est-ce pas? Tom Krause en Pizarro est peut-être le point faible de ce plateau: son timbre trop clair n'est pas assez menaçant dans ce rôle de Méchant. Le timbre aigrelet de Sciutti en Marzelline pourra en agacer quelques-uns; c'est toutefois le grand Prey qui tient le rôle de Fernando. Mais la plus grande valeur de cet enregistrement réside dans le commentaire orchestral déchaîné de Maazel (qu'on a connu plus routinier par la suite): c'est dynamique, emporté, et, quand la dernière note de l'accord final a retenti, on a le goût de se lever debout dans son salon et de hurler d'enthousiasme. Avec ça, l'enregistrement est maintenant offert en série superéconomique. La prise de son n'a pas du tout vieilli. Une très bonne valeur pour le prix et un *Fidelio* enthousiasmant au possible.

### *Missa Solemnis en ré majeur op. 123*

| Prix | Son | Cote | Soliste | Chœur/Orchestre | Chef | Éd. | Enr. |
|---|---|---|---|---|---|---|---|
| $$$ | | ★★ | Eva Mei (s)<br>Marjana Lipovsek (c)<br>Anthony<br>Rolfe-Johnson (t)<br>Robert Holl (bar) | Arnold-Schönberg<br>Chor<br>Chamber Orchestra<br>of Europe | Nikolaus<br>Harnoncourt | Teldec<br>2 CD | 1992 |
| $$ | | ★★ | Elisabeth Söderstrom<br>(s)<br>Marga Höffgen (c)<br>Waldemar Kmentt (t)<br>Martti Talvela (b) | New Philharmonia<br>Chorus<br>New Philharmonia<br>Orchestra | Otto<br>Klemperer | EMI<br>2 CD | 1965 |
| $$ | | ★★★ | Gundula Janowitz (s)<br>Christa Ludwig (c)<br>Fritz Wunderlich (t)<br>Walter Berry (b) | Wiener Singverein<br>Berliner<br>Philharmoniker | Herbert von<br>Karajan | DG<br>2 CD | 1966 |

**Nikolaus Harnoncourt**

Ceux qui ont apprécié la façon Harnoncourt dans les symphonies se trouveront ici en terrain connu. L'enregistrement (*live*) utilise un orchestre réduit et favorise une transparence du son qu'on ne retrouve pas ailleurs. Cela permet aussi des solistes à la pointure un peu plus légère. Toutes les voix sont excellentes. La prise de son n'est pas de la meilleure transparence, toutefois. Les tempi sont très dynamiques en général. Une version stimulante.

**Herbert von Karajan**

De Toscanini, Karajan a emprunté la dynamique; de la grande tradition germanique, il garde la sonorité puissante et fournie de l'orchestre et la diction incomparable du chœur (les Wiener Singverein dont il était le chef à vie). Ajoutons à cela un plateau vocal de rêve, notamment le merveilleux Wunderlich. Prise de son assez rébervérée dans le style de DG des années 1960.

**Otto Klemperer**

L'anti-Toscanini si on peut dire, Klemperer a une vision mesurée, réfléchie, contrôlée de cette grande œuvre. Son plateau vocal est un peu plus discutable que chez ses collègues, mais il sait en tirer ce qu'il y a de mieux, au service d'une vision sprituelle qui ne s'est jamais démentie (même si Klemperer, comme plusieurs de ses collègues, est d'ascendance juive). Si, en 1965, Höffgen approche la fin de son illustre carrière, le grand Talvela amorce la sienne et est égal à lui-même, c'est-à-dire supérieur à tout le reste.

# VINCENZO BELLINI

Né à Catania (Sicile), le 3 novembre 1801; mort à Puteaux (près de Paris), le 24 septembre 1835.

Fils d'un maître de chapelle, ses talents précoces de musicien l'amènent au conservatoire de Naples, où il étudie avec Zingarelli, l'adversaire de Rossini. Ses premières compositions sont influencées par le style d'église et les classiques; parmi elles, on trouve le *Concerto pour hautbois et cordes*. Son premier opéra, *Adelson et Salvini*, présenté en 1825, le fait voir comme le successeur de Rossini, alors fixé en France. Le Teatro San Carlo di Napoli lui commande *Bianca e Fernando* (1826), et la Scala de Milan, *Il Pirata* (1827). Des opéras se succèdent avec divers degrés de succès jusqu'aux triomphes de *La Sonnambula*, puis de *Norma* à Milan (1831).

La société féminine des salons milanais lui trouve des talents extra-musicaux assez prenants, ce qui commencent à le gêner sérieusement. Après *Beatrice di Tenda* créé à Venise en 1833, il quitte définitivement l'Italie et s'établit d'abord à Londres, puis à Paris où, protégé par Rossini, il se lie d'amitié avec Chopin et donne *I Puritani* au Théâtre des Italiens (1835). Il meurt peu après des suites d'une mystérieuse maladie.

Son style axé sur la beauté mélodique représente l'exemple le plus abouti de l'art du *bel canto*, où la virtuosité vocale est mise au service de l'expression dramatique. Pour mieux mettre en valeur la voix, il épurait volontairement l'harmonie de son orchestre, donnant lieu à des préjugés tenaces sur ses talents d'orchestrateur, pourtant très efficaces comme le démontre son chef-d'œuvre *Norma*, qui rendra célèbre une grande cantatrice de notre temps Maria Callas, elle aussi disparue prématurément.

**Pour commencer:** *Norma*
**Un incontournable:** *La Sonnambula*
**Pour aller plus loin:** *I Puritani*

**Opéra**

*Norma*
*I Puritani*
*La Sonnambula*

# *Norma*
# Opéra en deux actes

***Dramatis personæ* (personnages principaux pour référence des rôles des solistes dans le tableau)**

Norma, soprano (1) Pollione, ténor (2) Oroveso, basse (3)
Adalgisa, soprano (4)

| Prix | Son | Cote | Soliste | Chœur/Orchestre | Chef | Éd. | Enr. |
|---|---|---|---|---|---|---|---|
| $$ | | ★★ | Joan Sutherland (1)<br>John Alexander (2)<br>Richard Cross (3)<br>Marilyn Horne (4) | LSO Chorus<br>London Symphony Orchestra | Richard Bonynge | Decca<br>3 CD | 1964 |
| $$ | | ★★★ | Maria Callas (1)<br>Franco Corelli (2)<br>Nicola Zaccaria (3)<br>Christa Ludwig (4) | Coro e Orchestra del Teatro alla Scala, Milano | Tullio Serafin | EMI<br>3 CD | 1960 |

## Richard Bonynge

La jeune Joan Sutherland avait un timbre d'une rare beauté et, si le drame de *Norma* la laisse relativement de glace, la simple élégance vocale contribuerait à faire de cet enregistrement un authentique représentant de l'ère du *bel canto*. Il est vrai que «monsieur Sutherland» dirige, avec toute sa science de la musique de cette époque, et que le LSO est quand même un des grands orchestres du monde même s'il n'a pas beaucoup à faire ici. Le Pollione est un agréable ténor lyrique, très juste et très bien placé, et l'Oroveso, une dynamique basse pleine de noblesse comme il se doit. L'Adalgisa de Marilyn Horne démontre encore une fois l'agilité vocale incomparable de ce phénomène vocal du XXᵉ siècle; si le timbre n'est pas exempt d'une certaine vulgarité, la performance globale et le sens du drame emportent l'adhésion.

## Tullio Serafin

Oui, «six ans ont passé sur la voix de Callas» (pour citer une critique française) mais, de toute façon, la beauté du timbre de la soprano n'a jamais été un de ses attraits majeurs. Aux prises avec une voix rebelle (on ne peut le nier), Callas mène un double combat pour, à la fois, faire triompher son personnage de *Norma* et venir à bout de son instrument rétif. Cela nous vaut une lecture d'un dramatisme rarement atteint. Conscient de l'événement (Callas faisait cet automne-là un retour à La Scala après plus de deux ans d'exil involontaire), Serafin dirige comme si sa vie en dépendait et la prise de son stéréophonique un peu floue présente l'Orchestre de la Scala dans un de ses meilleurs jours. Le sous-estimé Corelli est un Pollione jeune, séduisant, puissant et point vulgaire, comme on le lui reproche trop souvent sans l'avoir vraiment entendu. L'Adalgisa de Ludwig, bien que mezzo, séduit par son timbre chaleureux et son sens dramatique. Ne pas confondre cette version avec la très inférieure prestation de 1953, mal enregistrée par surcroît.

## *I Puritani*
## Opéra en trois actes

***Dramatis personæ* (personnages principaux pour référence des rôles des solistes dans le tableau)**

| | | |
|---|---|---|
| Lord Gualtiero Valton, basse (1) | Sir Giorgio Valton, basse (2) | Lord Arturo Talbo, ténor (3) |
| Sir Riccardo Forth, baryton (4) | Elvira Valton, soprano (5) | Enrichetta di Francia, mezzo (6) |

| Prix | Son | Cote | Soliste | Chœur/Orchestre | Chef | Éd. | Enr. |
|---|---|---|---|---|---|---|---|
| $$$ | | ★★★ | Gian Carlo Luccardi (1)<br>Nicolai Ghiaurov (2)<br>Luciano Pavarotti (3)<br>Piero Cappuccilli (4)<br>Joan Sutherland (5)<br>Anita Caminada (6) | Chorus of the Royal Opera House Covent Garden<br>London Symphony Orchestra | Richard Bonynge | Decca 3 CD | 1973 |
| $$$ | H | ★★ | Carlo Forti (1)<br>Nicola Rossi-Lemeni (2)<br>Giuseppe di Stefano (3)<br>Rolando Panerai (4)<br>Maria Callas (5)<br>Aurora Cattelani (6) | Coro e Orchestra del Teatro alla Scala, Milano | Tullio Serafin | EMI 2 CD | 1953 |

### Richard Bonynge
Un des meilleurs disques du trio Sutherland-Pavarotti-Bonynge! Si Sutherland a déjà pris cette fâcheuse tendance à la diction pâteuse, son vibrato est encore sous contrôle à ce moment et la voix est l'une des plus belles pour le *bel canto*. On peut en dire autant de Pavarotti, qui n'a pas encore 40 ans et qui est dans une forme vocale exceptionnelle, ce qui ne l'empêche toutefois pas de commettre un aigu en voix de fausset à l'occasion... La partition est donnée absolument complète, ce qui était inhabituel à l'époque. Bonynge fait avancer le drame avec chaleur et sympathie et la prise de son est fort bien faite.

### Tullio Serafin
La jeune Callas a certes les moyens vocaux de la difficile Elvira, et sa scène de la folie est très réussie. Pour une fois, le plateau est du même niveau, en particulier le Riccardo de Rolando Panerai, qui est très vivant au point de vue dramatique. Serafin est un des meilleurs chefs d'opéra italien; il fait avancer le drame avec efficacité, en mettant en valeur les voix sans oblitérer le sens dramatique. On se permet toutefois les coupures «traditionnelles» – ce qui permet de tasser l'œuvre sur deux disques, un avantage certain, puisqu'on en demande le prix fort malgré le son monophonique et la bande âgée de plus de 45 ans.

## *La Sonnambula*
## Mélodrame en deux actes

***Dramatis personæ* (personnages principaux pour référence des rôles des solistes dans le tableau)**

| | | |
|---|---|---|
| Il Conte Rodolfo, basse (1) | Teresa, mezzo-soprano (2) | Amina, soprano (3) |
| Elvino, ténor (4) | Lisa, soprano (5) | Alessio, basse (6) |

| Prix | Son | Cote | Soliste | Chœur/Orchestre | Chef | Éd. | Enr. |
|---|---|---|---|---|---|---|---|
| $$$ | H | ★★★ | Nicola Zaccaria (1)<br>Fiorenza Cossotto (2)<br>Maria Callas (3)<br>Nicola Monti (4)<br>Eugenia Ratti (5)<br>Giuseppe Morresi (6) | Coro e Orchestra del Teatro alla Scala, Milano | Antonino Votto | EMI 2 CD | 1957 |
| $ | | ★★ | Francesco Ellero d'Artegna (1)<br>Alexandra Papadjiakou (2)<br>Luba Orgonasova (3)<br>Raúl Giménez (4)<br>Dilbèr (5)<br>Nanco de Vries (6) | Chœur de la Radio néerlandaise<br>Orchestre de chambre de la Radio néerlandaise | Alberto Zedda | Naxos 2 CD | 1992 |

### Antonino Votto

Maria Callas adapte sa voix puissante à ce rôle de petite fille de village. La comédie trouve chez elle une réponse qui surprendra ceux qui l'avaient cantonnée aux rôles de grandes tragédiennes. Mais une bonne actrice sait tout aussi bien faire la comédie que la tragédie, d'autant plus que cet opéra a ses passages mélos. Le plateau, honnête, fait bien ce qu'il a à faire, et la direction de Votto n'attire pas l'attention sur elle. La prise de son monophonique respecte les timbres et l'équilibre voix-orchestre.

### Alberto Zedda

La petite maison Naxos a souvent le chic de nous présenter des références surprenantes en opéra. On dispose ici de l'immense soprano Luba Orgonasova et de l'excellent ténor Raúl Giménez. Ils campent un couple de jeunes amants crédible; vocalement, il n'y a aucun reproche à faire, le style est là, de même que la justesse et la vigueur. Le reste du plateau, composé d'inconnus aux noms occasionnellement imprononçables, est très à son affaire et contribue à faire de cet enregistrement public une réussite à tous égards. Le musicologue Zedda anime tout cela avec dynamisme et vigueur; son orchestre présente les proportions et l'agilité requises pour rendre justice à la partition bellinienne.

# HECTOR BERLIOZ

Né à La Côte-Saint-André, le 11 décembre 1803; mort à Paris, le 8 mars 1869.

Archétype du compositeur romantique, Berlioz est le fils d'un médecin de province qui le destine à la même profession. Initié à la musique comme moyen de culture «sociale», il apprend la flûte et, surtout, la guitare, dont il devient un virtuose. Envoyé à Paris en 1821 pour y faire sa médecine, il abandonne cette voie dès l'année suivante pour se consacrer à la musique, ce qui le brouille pour huit ans avec sa famille. Après trois tentatives ratées, il remporte, en 1830, le Premier Grand Prix de Rome, ce qui le réconcilie avec ses parents. La même année, il tombe amoureux de l'actrice irlandaise Harriet Smithson, en tournée à Paris pour présenter des pièces de Shakespeare. Afin d'attirer l'attention de la belle, il compose la *Symphonie fantastique*, sous-titrée *Épisodes de la vie d'un jeune artiste*. L'œuvre lui assure un succès retentissant: Liszt est dans la salle et se souviendra du jeune musicien, dont il deviendra un ami.

Trahi par son caractère bouillant, Berlioz mène désormais une carrière faite de hauts et de bas. Pour arrondir ses fins de mois, il devient critique musical au *Journal des Débats* et y développe sa plume naturellement acérée; il publiera plus tard un recueil de ses meilleurs textes sous le titre *Les Soirées de l'orchestre* (1852).

Son style, fait de mélodisme généreux et d'orchestration brillante et efficace, est à son summum dans les œuvres chorales et vocales; et il obtiendra d'ailleurs un grand succès avec le monumental *Requiem*. Mais ses œuvres lyriques, où l'orchestre joue un rôle beaucoup plus actif qu'il n'était coutume à l'époque, seront rejetées par les scènes officielles. La *Damnation de Faust*, mi-opéra, mi-cantate, sera incomprise du public de son temps; le rejet de son œuvre majeure, le gigantesque opéra *Les Troyens*, assombrira ses dernières années. Miné par la maladie, endeuillé par la mort de son fils en 1865, il meurt en mars 1869. Héros romantique jusqu'à la fin, on raconte que le cheval qui menait son cercueil au cimetière s'emballa en route...

**Pour commencer:** *Symphonie fantastique*
**Un incontournable:** *Grande Messe des morts* (*Requiem*)
**Pour aller plus loin:** *Damnation de Faust*

## Musique orchestrale

*Symphonie fantastique*
*Harold en Italie*
*Roméo et Juliette* (symphonie dramatique)

## Opéra et musique de scène

*Damnation de Faust*

## Musique chorale et vocale

*Grande Messe des morts* (*Requiem*)

### *Symphonie fantastique op. 14*

| Prix | Son | Cote | Orchestre | Chef | Éd. | Enr. |
|---|---|---|---|---|---|---|
| $$$ | 🔊 | ★★★ | Orchestre de l'Opéra-Bastille | Myung-Whun Chung | DG | 1993 |
| $$$ | 🔊 | ★★ | Orchestre symphonique de Montréal | Charles Dutoit | Decca | 1984 |
| $$ | | ★★ | Boston Symphony Orchestra | Charles Münch | RCA | 1954 |
| $ | | ★★ | London Symphony Orchestra | Sir Colin Davis | Philips 2 CD | 1963 |

**Myung-Whun Chung**
Attention, chef-d'œuvre! diraient les critiques français. J'ai été tout simplement renversé par cette version toute récente. Le timbre de l'orchestre est parfaitement français, avec ses cuivres et ses bois si clairs; on a droit au fameux solo de cornet dans le deuxième mouvement; les cloches du Sabbat sonnent comme des cloches de chapelle de cimetière et non comme des tubes d'orchestre ou des bourdons de cathédrale; la prise de son est d'ailleurs remarquable de clarté et de naturel. Mentionnons par exemple le crescendo foudroyant des dernières mesures du finale, qui passe presque toujours inaperçu au disque et qui surprend toujours l'auditeur non prévenu qui écoute la *Fantastique* en concert: eh bien, ici, il ne manquera rien, car la fin est tout simplement foudroyante! Joignons à cela une vision déchaînée: la vision délirante de Berlioz est prise pour ce qu'elle est, un des sommets du romantisme français; et nous avons là la meilleure version des 20 dernières années, au moins.

**Sir Colin Davis**
La première des trois versions discographiques de Davis est peut-être la plus spontanée du lot. Comme à son habitude, il favorise des tempi plutôt larges, particulièrement dans le troisième mouvement. Sa marche à l'échafaud en acquiert un côté sinistre beaucoup plus marqué que dans certaines versions «galopantes». Le dernier repiquage est très réussi et fait honneur à la qualité des cuivres du LSO du début des années 1960. De plus, l'enthousiasme du jeune (36 ans) chef est communicatif.

**Charles Dutoit**
Ma version préférée... après celle, toute récente, du Coréen Chung (voir ci-dessus). Des rythmes parfaitement jugés, un son d'orchestre très séduisant, un sens du spectaculaire dans les mouvements rapides et du sentiment dans les moments plus lents, une prise de son très réussie et très naturelle: un des meilleurs disques de Dutoit et de son orchestre.

**Charles Münch**
À Boston, le chef alsacien avait recréé ce fameux son français d'orchestre, aidé en cela par de nombreux compatriotes qui avaient accepté son invitation à joindre les

rangs de l'orchestre, dont le célèbre trompettiste Roger Voisin. La vigueur dramatique de l'ensemble et le beau son français suscitent notre adhésion. Dans cette version, la «passion» l'emporte certes sur les «rêveries» avec des tempi parmi les plus rapides de la discographie, maintenant ainsi une tension dramatique. Impressionnante vision par un grand maître français de la baguette.

***Harold en Italie op. 16***
**Symphonie en quatre parties avec alto principal**

| Prix | Son | Cote | Soliste | Orchestre | Chef | Éd. | Enr. |
|---|---|---|---|---|---|---|---|
| $$$ | | ★★★ | Laurent Verney | Orchestre de l'Opéra-Bastille | Myung-Whun Chung | DG | 1994 |
| $ | | ★★ | Donald McInnes | Orchestre National de France | Leonard Bernstein | EMI 2 CD | 1976 |
| $ | | ★★ | Nobuko Imai | London Symphony Orchestra | Sir Colin Davis | Philips 2 CD | 1977 |

**Leonard Bernstein**
Après une absence inexpliquée de 17 ans, voici que la spendide version McInnes-Bernstein refait son apparition en CD. Bernstein a saisi comme pas un l'ampleur romantique du quasi-poème symphonique qu'est *Harold*. L'orgie des brigands est bien ce qu'elle doit être, les couleurs de l'orchestre conviennent parfaitement à l'œuvre et la vigueur de la direction est maintenue de bout en bout. EMI a la gachette facile, aussi précipitez-vous pendant que le disque est toujours sur le marché!

**Myung-Whun Chung**
Après une exceptionnelle *Fantastique*, Chung récidive avec un non moins remarquable *Harold*. À la tête du virtuose Orchestre de l'Opéra de Paris, il traverse cette partition avec tonnerre et éclairs là où il le faut, moments lyriques non oubliés. Prise de son à l'envi. Un moment exceptionnel.

**Sir Colin Davis**
Davis a toujours eu un sens aigu de la couleur propre à chacune des pièces d'orchestre de Berlioz. Dans *Harold*, il fait bien ressortir le contraste des mouvements, du paysage pastoral paisible à l'orgie de brigands finale. La soliste est remarquable de pureté sonore et d'engagement. Ce disque est maintenant offert à très bon prix.

### *Roméo et Juliette op. 17*
### Symphonie dramatique d'après la tragédie de Shakespeare

| Prix | Son | Cote | Soliste | Chœur/Orchestre | Chef | Éd. | Enr. |
|---|---|---|---|---|---|---|---|
| $$$ | 🔊 | ★★★ | Olga Borodina, mezzo-soprano<br>Thomas Moser, ténor<br>Alastair Miles, basse | Chor des Bayerischen Rundfunks<br>Wiener Philharmoniker | Sir Colin Davis | Philips 2 CD | 1993 |
| | | ★★ | Patricia Kern, contralto<br>Robert Tear, ténor<br>John Shirley-Quirk, basse | John Alldis Choir<br>LSO Chorus<br>London Symphony Orchestra | Sir Colin Davis | Philips 2 CD | 1968 |

**Sir Colin Davis (1968)**
Davis est plus à l'aise dans ces musiques dramatiques et quasi opératiques que dans les déchaînements du *Requiem*. Si on peut regretter la piètre qualité du français des solistes, on ne peut, en revanche, rien leur reprocher côté vocal et engagement envers le texte. La redoutable basse Shirley-Quirk réussit à faire passer le sermon paterne du frère Laurence, c'est dire! L'orchestre est au sommet de sa forme et il y a une nette différenciation entre le petit chœur (chanté par la chorale John Alldis) et le grand chœur (chanté par le London Symphony Orchestra Chorus). Ce disque est actuellement supprimé (à ma connaissance), mais on ne devrait pas se surprendre de le voir reparaître dans une des anthologies à prix modique de Philips.

**Sir Colin Davis (1993)**
Vingt-cinq ans après, Davis joue son Roméo avec une durée identique, à quelques secondes près, à celle de 1968. C'est dire à quel point la conception est arrêtée dans sa perfection. La différence réside d'abord dans la plus-value sonore de l'enregistrement numérique, qui permet de réaliser enfin l'effet du chœur en sourdine de la fête chez Capulet. Le chœur de la Radio bavaroise (qui est un chœur entièrement professionnel, soulignons-le) est vocalement irréprochable; même son articulation française est très acceptable, supérieure à celle de ses confrères britanniques de 1968. Car le français est toujours un peu le problème des solistes: en particulier de Borodina, qui a tendance à mâcher ses syllabes. L'excellence vocale est toutefois impressionnante chez tous, en particulier la puissante basse Alastair Miles, qui fait un tabac en frère Laurence et dont la voix de stentor domine sans peine l'orchestre et les chœurs déchaînés avant le «sermon» final.

## *Damnation de Faust*

***Dramatis personæ* (personnages principaux pour référence des rôles des solistes dans le tableau)**

| | |
|---|---|
| Marguerite, soprano (1) | Faust, ténor (2) |
| Méphistophélès, baryton-basse (3) | Brander, basse (4) |

| Prix | Son | Cote | Soliste | Chœur/Orchestre | Chef | Éd. | Enr. |
|---|---|---|---|---|---|---|---|
| $$$ | | ★★ | Josephine Veasey (1)<br>Nicolai Gedda (2)<br>Jules Bastin (3)<br>Richard Van Allan (4) | London Symphony Orchestra Chorus<br>Ambrosian Singers<br>Wandsworth School Boys' Choir<br>London Symphony Orchestra | Sir Colin Davis | Philips | 1973 |
| $ | | ★★★ | Consuelo Rubio (1)<br>Richard Verreau (2)<br>Michel Roux (3)<br>Pierre Mollet (4) | Chœur Elisabeth Brasseur<br>Chœur des Enfants de la RTF<br>Orchestre Lamoureux, Paris | Igor Markévitch | DG | 1958 |

### Sir Colin Davis

Depuis sa parution, cette version a sans cesse dominé les discographies de la *Damnation*. Pourtant, sa Marguerite n'est pas idéale: Veasey chante le rôle avec sensibilité et musicalité, mais ce timbre de mezzo manque un peu de pureté. Rien à dire sur le Faust de Gedda, aérien et tourmenté, mais le Méphisto de Bastin est davantage «acté» que «chanté» et le personnage n'est pas aussi sinistre qu'il le devrait. Toutefois, la direction d'ensemble emporte le tout et fait de cette interprétation un total supérieur à la somme de ses parties.

### Igor Markévitch

Cette version obtint le Grand Prix de l'Académie du disque lyrique en 1960. Avec un plateau très français (exception faite de la mezzo espagnole mais à la diction irréprochable), un orchestre et des chœurs français, on a ici la version sans doute la plus idiomatique du catalogue. Le brillant ténor québécois Richard Verreau amorçait alors sa brève période de gloire internationale et nous offrait un Faust vibrant et suave, à la voix en pleine santé. Madame Rubio était une Marguerite très sensible, très lyrique et le Méphistophélès était rendu avec la vérité de ce personnage quasi burlesque (chez Berlioz), mais aristocratique et désabusé. Le grand Pierre Mollet rend justice au petit rôle de Brander. Et la direction objective, précise et allègre de Markévitch suscite l'adhésion. L'édition superéconomique ne fournit cependant pas les textes, qu'il faudra se procurer autrement.

## *Requiem op. 5 (Grande Messe des morts)*
## Pour ténor, chœurs et orchestre

| Prix | Son | Cote | Soliste | Chœur/Orchestre | Chef | Éd. | Enr. |
|---|---|---|---|---|---|---|---|
| $$$ | | ★★ | John Mark Ainsley | Chœur de l'OSM Orchestre symphonique de Montréal | Charles Dutoit | Decca 2 CD | 1997 |
| $ | 🔊 | ★★ | Robert Tear | London Philharmonic Choir London Philharmonic Orchestra | André Previn | EMI 2 CD | 1980 |
| | | ★★★ | Léopold Simoneau | New England Conservatory Chorus Boston Symphony Orchestra | Charles Münch | RCA 2 CD | 1959 |

### Charles Dutoit

Enregistrée en 1997, cette belle version a été diffusée en 2000 seulement en raison de difficultés contractuelles; étrangement, c'est la deuxième version canadienne à paraître en quelques mois, après le disque Naxos de Noel Edison. Nous n'avons rien perdu pour attendre, puisque Dutoit, comme toujours dans le répertoire choral, donne sa pleine mesure. Le ténor est enregistré de très loin et nous perdons quelque peu son solo éthéré dans le *Sanctus*. Cependant, partout ailleurs, les excellents choristes articulent avec passion leur texte et communiquent cette «horrible grandeur» dont parlait Berlioz dans ses mémoires. La manière Dutoit ressemble davantage à celle d'un Colin Davis: plutôt introspective, elle ne pousse pas l'effet dans les passages dynamiques, mais rend à merveille les mouvements de réflexion, qui sont finalement plus importants et musicalement plus satisfaisants. Si, personnellement, je préfère une approche «toutes voiles dehors» à la Bernstein ou à la Münch, il n'en demeure pas moins que la vision plus intérieure de Dutoit en séduira plusieurs.

### Charles Münch

Je n'ai pu retrouver trace de ce disque dans les catalogues actuels, ce qui est dommage. C'est une version légendaire du *Requiem*, parfaitement conforme à cette description que fit Berlioz lors de la première: «Terrifiant... c'était d'une horrible grandeur.» C'est bien ici de Jugement dernier dont il est question, et la tension dramatique ne se relâche jamais. Les moments plus tranquilles sont clairement angoissés et non pas des instants de repos ou de réflexion. On a droit à un chœur excellent et à l'Orchestre de Boston de la grande époque. On espère une réédition prochaine dans la série «Living Stereo», à qui ce disque ferait certes honneur. En effet, on y retrouve le grand Léopold Simoneau dans le grand solo du *Sanctus;* c'est – et de loin – le plus parfait des solistes que nous connaissions dans cette œuvre. Le style, la voix, le sentiment, tout y est. Il est à noter que Münch nous a laissé une deuxième version du *Requiem*, enregistrée pour la DG en 1967 en concert avec la Radio bavaroise à Ottobeuren en 1967. Cette autre version est très inférieure à la prestation bostonnaise, surtout du côté du soliste (Peter Schreier).

**André Previn**

Le Jugement dernier est bien ici, tout comme chez Münch. Le London Philharmonic est déchaîné comme à ses beaux jours avec Beecham. Le chœur est assez *british* dans son articulation toutefois, et le soliste est bien vaillant, mais il sonne quand même au bout de ses possibilités. La prise de son est fracassante. Ce coffret est offert à très vil prix.

# GEORGES BIZET

(Nom véritable Alexandre César Léopold Bizet)
Né à Paris, le 25 octobre 1838; mort à Bougival, le 3 juin 1875.

Doté d'un talent à l'éclosion précoce, Bizet est l'élève de Halévy et de Gounod au Conservatoire. Il obtient le Grand Prix de Rome en 1857. Après son séjour dans la capitale italienne, il mène une vie tranquille à Paris, entre le théâtre, les leçons de musique et la répétition d'opéras. Ses premiers opéras, *Les Pêcheurs de perles* (1863), *La Jolie Fille de Perth* (1866) et *Djamileh* (1867) ont très peu de succès. Après son mariage avec la fille de son maître Halévy, il écrit une monumentale symphonie, *Roma* (1871), sa deuxième, puisqu'on retrouvera plus tard une symphonie en *ut*, écrite en 1855, soit durant ses études, et qui est très célèbre de nos jours. Après une musique de scène pour la pièce de Daudet, *L'Arlésienne*, en 1872, il aborde son chef-d'œuvre, l'opéra-comique *Carmen* (1873-1874). La création de cette sanglante tragédie à l'Opéra-Comique en 1875 suscitera les protestations indignées des fidèles de l'institution, scandalisés par les audaces du compositeur et ses transgressions des conventions du genre (par exemple, l'assassinat «en scène» de l'héroïne). Mais la légende du décès prématuré de Bizet, désespéré de l'insuccès de son œuvre, n'est qu'une légende: en juin 1875, trois mois après la création, l'œuvre est un succès foudroyant auprès du public depuis de nombreuses semaines. Toujours affligé d'un tempérament maladif, Bizet tente de se soigner par des bains dans l'eau glacée de la Seine, et il succombe à une congestion de poitrine causée par le brusque refroidissement.

Son style mélodique généreux, son orchestration raffinée et son tempérament théâtral mettent Bizet au tout premier rang des compositeurs français de son temps.

**Pour commencer:** *Carmen*
**Un incontournable:** *L'Arlésienne* (suites de concert 1 et 2)
**Pour aller plus loin:** *Première Symphonie en ut majeur*

---

### Musique orchestrale

*Première Symphonie en ut majeur*

---

### Opéra et musique de scène

*Carmen*
*L'Arlésienne* (suites de concert 1 et 2)

### *Première Symphonie en ut majeur*

| Prix | Son | Cote | Orchestre | Chef | Éd. | Enr. |
|---|---|---|---|---|---|---|
| $$$ | 🔊 | ★ | Orchestre symphonique de Montréal | Charles Dutoit | Decca | 1995 |
| $$ | | ★★★ | Orchestre national de la R.D.F. | Sir Thomas Beecham | EMI | 1958 |
| $ | | ★★ | Orchestre national de l'O.R.T.F. | Jean Martinon | DG | 1971 |

**Sir Thomas Beecham**
Une version vive, enjouée et alerte de cette très schubertienne symphonie, par un chef qui justement réussissait si bien Schubert. Avec l'Orchestre national de cette bonne vieille R.D.F. et ses couleurs si typiquement françaises (bois plutôt perçants, cuivres légers, cordes agiles), il donne ce qui fut (et sera encore) longtemps la meilleure version de cette symphonie au ton plutôt ludique. Cette version vient d'être rééditée dans la série «Great Recordings of the 20th Century».

**Charles Dutoit**
Le son est fort beau, la discipline de l'orchestre remarquable; bref, tout est parfaitement en place. La prise de son est très belle et rend le timbre naturel des instruments. Mais tout ça est fort lourd, peu enjoué, et finalement assez gris. Toutefois, un Dutoit pas tout à fait à son summum vaut quand même mieux que bien d'autres.

**Jean Martinon**
Le compositeur-chef français était porté sur les tempi rapides, et cela réussit parfaitement à la *Symphonie en ut* dont le caractère enjoué et jeune est parfaitement rendu ici par l'Orchestre national de l'O.R.T.F. (un autre des avatars de Radio-France à travers les âges). Si l'Orchestre n'a pas le vernis brillant que lui conférait Beecham 13 ans plus tôt, il n'en est pas moins brillant et souple. Ce disque est offert dans la série DG «Double», surtout distribuée en France. On y trouve aussi les *Scènes bohémiennes* de *La Jolie Fille de Perth* et *Jeux d'enfants*, alors que le deuxième disque est consacré à *Lalo*.

### *Carmen*
### Opéra-comique en quatre actes

***Dramatis personæ* (personnages principaux pour référence des rôles des solistes dans le tableau)**

Carmen, mezzo-soprano (1) — Don José, ténor (2) — Micaëla, soprano (3)
Escamillo, baryton (4) — Zuniga, basse (5)

| Prix | Son | Cote | Soliste | Chœur/Orchestre | Chef | Éd. | Enr. |
|---|---|---|---|---|---|---|---|
| $$$ | | ★★ | Victoria de Los Angeles (1)<br>Nicolai Gedda (2)<br>Janine Micheau (3)<br>Ernest Blanc (4)<br>Xavier Depraz (5) | Chœurs de la R.D.F.<br>Maîtrise de la R.D.F.<br>Orchestre national de la R.D.F. | Sir Thomas Beecham | EMI 3 CD | 1958 |

| Prix | Son | Cote | Soliste | Chœur/Orchestre | Chef | Éd. | Enr. |
|---|---|---|---|---|---|---|---|
| $$$ | | ★★ | Tatiana Troyanos (1)<br>Plácido Domingo (2)<br>Kiri Te Kanawa (3)<br>José Van Dam (4)<br>Pierre Thau (5) | John Alldis Choir<br>Boys Chorus from Haberdashers'Aske's School, Elstree<br>London Philharmonic Orchestra | Sir Georg Solti | Decca<br>3 CD | 1975 |
| $$ | H | ★★★ | Solange Michel (1)<br>Raoul Jobin (2)<br>Martha Angelici (3)<br>Michel Dens (4)<br>Xavier Smati (5) | Chœur et Orchestre du Théâtre national de l'Opéra-Comique | André Cluytens | EMI<br>2 CD | 1950 |

**Sir Thomas Beecham**

Voici une version légendaire de *Carmen*, gâtée par la malheureuse idée de faire chanter le rôle éponyme par un soprano. De Los Angeles a toujours sa voix si élégante et racée, mais des passages comme l'*Air des cartes* pâtissent énormément du choix vocal. Les autres chanteurs, y compris ceux qui ont des petits rôles, sont francophones ou parlent un excellent français (Gedda). C'est évidemment la version avec les récitatifs traditionnels de Guiraud. L'orchestre a la couleur parfaite; le chœur d'enfants est un vrai chœur français, ce qui permet d'apprécier *La Garde montante*. Beecham mène évidemment tout ça avec la verve dramatique et lyrique qu'on lui connaît.

**André Cluytens**

Prise de son de 1950, donc mono un peu «boîte» et distorsions dans les passages touffus. Pour le reste, cette authentique exécution dans le vrai style de l'opéra-comique* d'antan en remontrera sur les champions de l'«authenticité» qui sévissent dans le monde baroque d'aujourd'hui. Au premier rang, le grand Don José que fut le Québécois Raoul Jobin met dans sa petite poche d'en arrière tous les Domingo et Carreras de ce monde. La justesse et la solidité de la voix se doublent d'un sens dramatique et d'une subtilité que peu ont eus. Le mezzo de Solange Michel lui donne la réplique, une réplique vraie et dramatique dans le style opéra-comique (qui n'est pas le style bouffon, précisons-le). Et que dire de l'époustouflant Escamillo du grand baryton Michel Dens, un autre spécialiste de l'opéra-comique! La direction de Cluytens est rapide et endiablée; elle surprendra les habitués des représentations BCBG du Met de New York, entre autres. Et, pour une fois, on comprend toutes les paroles (chantées ou parlées) et tous les protagonistes ont un français impeccable. Quant au son des instruments, on ne saurait demander mieux.

**Sir Georg Solti**

C'est un soulagement de tomber sur un chef qui sait tenir un tempo et qui a une autorité indéniable sur sa troupe, qu'il anime avec vigueur, rigueur et sens dramatique. Cette exceptionnelle troupe – en fait, la meilleure des 20 dernières années – offre Domingo en Don José. Ce rôle est un des meilleurs de Domingo, qui l'a enregistré à trois reprises. La Carmen de Troyanos nous rappelle quelle grande chanteuse et quelle grande comédienne était la mezzo new-yorkaise. L'Escamillo de Van Dam est tout à l'image de ce séducteur arrogant. Et Te Kanawa illustre parfaitement cette ganache BCBG qu'est Micaëla. Reste qu'aucun de ces vaillants chanteurs (sauf Van Dam) n'a un français bien naturel et que l'articulation des paroles demande de suivre avec le livret en main pour bien comprendre les répliques. Il s'agit de la version avec dialogues parlés.

* **Remarque sur la version «opéra-comique» de *Carmen*:** Dans l'opéra français, le terme *opéra-comique* ne réfère pas à un opéra-bouffe ni à une comédie légère. Il est plutôt appliqué au style des œuvres que l'on présentait au Théâtre de l'Opéra-Comique, et qui alternaient dialogue parlé et airs chantés. Évidemment, le meurtre de Carmen par son amant n'a rien de comique; ce fut d'ailleurs une des raisons de l'échec relatif de la création de l'opéra, les spectateurs bourgeois de l'Opéra-Comique étant davantage habitués à des fins heureuses; ils trouvaient que la promiscuité de Carmen et son meurtre sur scène constituaient un spectacle bien peu recommandable pour un public familial comme le leur. La tragédie *Manon*, de Massenet, qui utilise des dialogues parlés, est elle aussi un opéra-comique qui se termine par la mort de l'héroïne. Afin de présenter *Carmen* à l'Opéra de Paris, une version opéra fut préparée par le chef et compositeur français Ernest Guiraud qui remplaça les parties parlées par des récitatifs chantés. Jusqu'à la fin des années 1960, cette version opéra était pratiquement la seule qu'on pouvait trouver sur disque, l'enregistrement Cluytens faisant exception.

## *L'Arlésienne* (suite nº 1 arr. Georges Bizet; suite nº 2 arr. Ernest Guiraud)

| Prix | Son | Cote | Orchestre | Chef | Éd. | Enr. |
|---|---|---|---|---|---|---|
| $$$ | | ★★★ | Royal Philharmonic Orchestra | Sir Thomas Beecham | EMI | 1957 |
| $$$ | | ★★ | Orchestre symphonique de Montréal | Charles Dutoit | Decca | 1986 |

### Sir Thomas Beecham

Les tempi de Beecham sont très équilibrés: ni trop rapides ni trop lents. L'orchestre, création de Beecham, possédait à cette époque des couleurs très brillantes dont le baronet ne se prive d'ailleurs pas. Beecham prend bien soin de faire en sorte que chaque mélodie soit parfaitement rendue. Ce disque légendaire n'a jamais vraiment été enlevé des rayons depuis 40 ans.

### Charles Dutoit

Une autre belle réussite de Dutoit: tempi plutôt allègres, bois brillants, cuivres solides et cordes soyeuses. Avec tout ça, une prise de son d'une transparence exemplaire. Les amateurs de *L'Arlésienne* ne seront pas déçus.

# *JOHANNES BRAHMS*

Né à Hambourg, le 7 mai 1833; mort à Vienne, le 3 mars 1897.

Issu d'une très modeste famille, Brahms doit très tôt (13 ans) gagner sa vie comme pianiste dans des maisons de passe. À 20 ans, il entreprend des tournées musicales avec celui qui sera son ami durant toute sa vie, le violonise Joseph Joachim. Il rend une visite au couple Clara et Robert Schumann; ce dernier rend louange au jeune artiste dans un article célèbre. Une vie de pianiste virtuose, puis de chef d'orchestre, accroît progressivement sa renommée. Après plusieurs pièces pour piano et pour ensembles de chambre, il aborde la création orchestrale et obtient un vif succès avec sa *Première Symphonie* en 1876, saluée comme la «dixième symphonie de Beethoven». Il aborde tous les genres musicaux, à l'exception de l'opéra, et encourage de jeunes musiciens, tel Dvorák. Ses dernières années seront aigries par des disputes avec son ami Joachim et par une santé déclinante. Il est considéré par plusieurs comme le premier compositeur allemand quand il meurt d'un cancer en mars 1897.

Son style allie procédés classiques et créativité romantique. La musique de Brahms est immédiatement reconnaissable par son ampleur harmonique et sa noblesse d'expression. Génie de la variation et du développement, il construit des chefs-d'œuvre à partir du matériau musical le plus ténu.

**Pour commencer:** *Variations sur un thème de Haydn op. 56a*
**Un incontournable:** *Concerto pour piano n° 2*
**Pour aller plus loin:** *Ein Deutsches Requiem*

### Musique orchestrale

*Concerto pour piano n° 1*
*Concerto pour piano n° 2*
*Concerto pour violon*
*Concerto pour violon et violoncelle* (*Double concerto*)
*Danses Hongroises* (21)
*Symphonies* (4)
*Variations sur un thème de Joseph Haydn op. 56a*

### Musique chorale

*Ein Deutsches Requiem* (*Un Requiem allemand*)

### *Concerto pour piano nº 1 en ré mineur op. 15*

| Prix | Son | Cote | Soliste | Orchestre | Chef | Éd. | Enr. |
|---|---|---|---|---|---|---|---|
| $$ | | ★★ | Sir Clifford Curzon | London Symphony Orchestra | George Szell | Decca | 1962 |
| $$ | | ★★★ | Emil Gilels | Berliner Philharmoniker | Eugen Jochum | DG 2 CD | 1972 |
| $$ | | ★★ | Anton Kuerti | Orchestre Métropolitain | Joseph Rescigno | Analekta 2 CD | 1998 |

**Sir Clifford Curzon**
Il paraît que durant cette séance d'enregistrement, le climat entre Curzon et Szell était tellement tendu qu'ils faillirent en venir aux coups. Il semble aussi que la relation entre Szell et son orchestre ne valait guère mieux. Le moins qu'on puisse dire, c'est que le produit final ne montre pas du tout trace de ces tensions et que la concentration des artistes en a été améliorée. Version très bien enregistrée pour l'époque, avec un équilibre parfait entre le soliste et l'orchestre, un jeu plein d'imagination et de tension dramatique. Comme souvent hors de Cleveland, la direction de Szell est un tantinet moins sèche.

**Emil Gilels**
Gilels jouait assez peu le *Premier Concerto;* il fut même obligé de le retravailler pour cet enregistrement avec Jochum. Le résultat est exceptionnel et la maîtrise du soliste est telle qu'on est presque surpris de lire les anecdotes qui entourent l'enregistrement. Jochum est un brahmsien quasi parfait, avec ce souffle épique et ce jeu du *rubato* qui anime efficacement l'œuvre. Une exceptionnelle réussite.

**Anton Kuerti**
Le grand pianiste autrichien Anton Kuerti est moins renommé que d'autres parce qu'il a choisi de faire carrière au Canada et, surtout, d'enregistrer avec des partenaires et pour des firmes d'enregistrement moins connues. Ceux qui ne le connaissent pas découvriront ici non seulement un pianiste plein de flamme, de fougue et d'une virtuosité étincelante, mais aussi un chef dont le grand répertoire romantique est la spécialité. L'Orchestre Métropolitain (de Montréal) est une formation d'une cinquantaine de musiciens, la taille idéale donc pour la musique d'orchestre de Brahms. Et il joue ici comme les meilleures formations. L'interprétation accentue le côté dramatique de ce concerto somme toute assez sombre, et y parvient avec conviction et dynamisme.

### *Concerto pour piano nº 2 en si bémol majeur op. 83*

| Prix | Son | Cote | Soliste | Orchestre | Chef | Éd. | Enr. |
|---|---|---|---|---|---|---|---|
| $$$ | 🔊 | ★★★ | Maurizio Pollini | Berliner Philharmoniker | Claudio Abbado | DG | 1995 |
| $$ | | ★★ | Van Cliburn | Chicago Symphony Orchestra | Fritz Reiner | RCA | 1961 |
| $$ | | ★★★ | Emil Gilels | Berliner Philharmoniker | Eugen Jochum | DG 2 CD | 1972 |

**Van Cliburn**
Le jeune pianiste américain et le vétéran hongrois nous donnent une version de rêve et hyper-romantique du *Deuxième Concerto*. L'orchestre est d'une virtuosité confondante. Et que dire du jeu du soliste qui, à cette époque, dominait son clavier comme peu ont pu le faire! Cliburn est un peu l'anti-Arrau par son jeu au son très brillant, très emphatique, la caricature presque du virtuose romantique à longue chevelure telle qu'on peut se l'imagine.

**Emil Gilels**
Le *Deuxième Concerto* est l'une des œuvres préférées de Gilels, qui domine son clavier avec une force remarquable. Il est appuyé par l'exceptionnel brahmsien que fut Jochum et une prise de son très réussie pour l'époque. Poésie, abandon romantique, tempi ni trop rapides ni trop lents, c'est ici un authentique classique du classique. À marquer d'une pierre blanche, comme disent (souvent à tort et à travers) les critiques musicaux de l'*Hexagone*.

**Maurizio Pollini**
La dernière version de Pollini le trouve dans une forme splendide. Il aborde cet immense *Deuxième Concerto* non pas comme un combat avec l'orchestre ou un spectacle de pianisme débridé, mais plutôt comme une réflexion intime, sérieuse et raffinée. Son complice de toujours, Abbado, suit avec bonheur et l'orchestre est en état de grâce. Les gradations dynamiques du pianiste sont tout simplement incroyables. Du grand art. Cette version est bien mieux réussie que sa première tentative du milieu des années 1970.

### *Concerto pour violon en ré majeur op. 77*

| Prix | Son | Cote | Soliste | Orchestre | Chef | Éd. | Enr. |
|---|---|---|---|---|---|---|---|
| $$ | | ★★★ | Jascha Heifetz | Chicago Symphony Orchestra | Fritz Reiner | RCA | 1955 |
| $$ | | ★★ | Itzhak Perlman | Chicago Symphony Orchestra | Carlo-Maria Giulini | EMI | 1976 |
| $ | | ★★ | Yehudi Menuhin | Berliner Philharmoniker | Rudolf Kempe | EMI | 1957 |

**Jascha Heifetz**
Heifetz est peut-être le plus grand violoniste de ce siècle et sa virtuosité légendaire est bien en évidence ici. Avec un chef qui connaît son Brahms et un orchestre légendaire, il nous offre un *Concerto pour violon* où tout est réussi à l'extrême. Les tempi ne traînent pas, ce qui n'empêche pas l'expression de se développer et l'impact sonore de cette interprétation de se manifester sans réserve. Un sommet du disque de tous les temps.

**Yehudi Menuhin**
Une des meilleures versions de Menuhin (qui enregistra ce concerto plusieurs fois). Il est servi ici par le remarquable et mésestimé Rudolf Kempe, qui galvanise le Philharmonique de Berlin pas encore tout à fait revenu au rang des formations virtuoses de ce monde. Version très expressive où le sentiment abonde.

### Itzhak Perlman

Dans les années 1970, cette version était couramment recommandée en tête des discographies du *Concerto pour violon*. Les tempi plutôt larges de Giulini enveloppent une vision très lyrique de Perlman, qui nous offre un jeu d'une pureté incomparable. La virtuosité et la brillance de cet orchestre sont parfaitement servies par une prise de son parmi les plus réussies d'EMI qui, à l'époque, sortait à peine des miasmes techniques de la calamiteuse quadraphonie.

## *Concerto pour violon et violoncelle en la mineur op. 102*

| Prix | Son | Cote | Violon/Violoncelle | Orchestre | Chef | Éd. | Enr. |
|---|---|---|---|---|---|---|---|
| $$ | | ★★★ | Isaac Stern<br>Leonard Rose | Philadelphia Orchestra | Eugene Ormandy | Sony | 1964 |
| $$ | | ★★ | David Oistrakh<br>Mstislav Rostropovitch | Cleveland Orchestra | George Szell | EMI | 1969 |
| $ | | ★★ | David Oistrakh<br>Pierre Fournier | Philharmonia Orchestra | Alceo Galliera | EMI | 1956 |

### Alceo Galliera

Le grand Fournier, le grand Oistrakh, un orchestre virtuose, un chef attentif et discipliné, que demander de mieux? Cette version a plus de 40 ans et elle sonne encore très bien. De plus, on peut l'obtenir pour trois fois rien.

### Eugene Ormandy

Surprise, surprise! Ormandy le routinier ne l'est pas du tout ici. C'est d'ailleurs une réputation qu'on lui a faite et qu'il ne mérite guère. Même si ce chef dirigeait tout sans un succès assuré, il reste que Brahms est l'un de ses compositeurs fétiches, comme pour beaucoup de chefs hongrois. Il dispose ici de deux solistes exceptionnels en Rose et Stern, qui s'entendent comme larrons en foire. La prise de son est très rapprochée et d'une brillance un peu agressive. L'orchestre est d'une virtuosité confondante. Cette version est éditée en «demi-prix» et aussi en prix superéconomique, mais dans cette dernière incarnation le repiquage est passablement moins soigné.

### George Szell

On dit que dans les séances d'enregistrement, Szell était très préoccupé d'assurer l'équilibre de ses deux solistes, ce qui frustra quelque peu les egos plutôt géants en présence. Le résultat est certainement des plus remarquables, avec un Szell moins «objectif» qu'à son habitude et un orchestre qui semble très impressionné de ce qui se passe. La prise de son est malheureusement plutôt confuse, ce qui gâte le plaisir de l'audition.

## *21 Danses hongroises* (arr. d'après divers compositeurs)

| Prix | Son | Cote | Orchestre | Chef | Éd. | Enr. |
|---|---|---|---|---|---|---|
| $ | 🔊 | ★★★ | Budapest Festival Orchestra | Iván Fischer | Philips | 1998 |

**Iván Fischer**

Choc culturel, ce disque transforme radicalement notre conception des *Danses* de Brahms. On y apprend tout d'abord que la majeure partie des *21 Danses* ne sont pas vraiment de Brahms, qui s'est contenté d'harmoniser des compositions traditionnelles hongroises dans la majeure partie des cas, le compositeur étant parfois connu, parfois non. D'autre part, Fischer remplace plusieurs des orchestrations usuelles par les siennes propres, davantage «hongroises», utilisant les services d'un «violoneux» traditionnel hongrois et du cembalom pour obtenir une couleur encore plus nationale. Mais c'est le jeu rythmé, anguleux et endiablé, qui est la véritable révélation de ce disque: rappelant non plus Liszt, mais plutôt Bartók et Kodály, le Budapest Festival Orchestra nous entraîne dans un véritable festival folklorique hongrois à faire taper du pied. Avec cela, une prise de son remarquable qui achève de faire de ce disque un des plus fantastiques hommages à Brahms.

*Quatre Symphonies*

| Prix | Son | Cote | Orchestre | Chef | Éd. | Enr. |
|---|---|---|---|---|---|---|
| $$$ | | ★★ | Radio-Sinfonie-Orchester SWR Stuttgart | Sergiu Celibidache | DG 3 CD | 1974-1976 |
| $$ | | ★★★ | Berliner Philharmoniker | Herbert von Karajan | DG 3 CD | 1977-1978 |
| $$ | H | ★★★ | Berliner Philharmoniker | Eugen Jochum | DG 2 CD | 1951-1956 |
| $ | | ★★ | Staatskapelle Dresden | Kurt Sanderling | RCA 3 CD | 1971 |

**Sergiu Celibidache**

Ceux qui aiment détester les maniérismes de Celibidache, et notamment ses tempi ultra-lents, en seront pour leurs frais avec cette classique intégrale Brahms, prise en public avec l'Orchestre de la SWR. Même la *Deuxième* est prise dans un tempo généralement très vif, et le premier mouvement de la *Troisième* est plutôt emporté. Les mouvements qui s'y prêtent seront étirés avec poésie (deuxième de la *Quatrième*, finale de la *Troisième*) mais, en réalité, on n'a jamais l'impression d'un «jeu» ou d'un trafiquage des tempi prévus par le compositeur. L'orchestre joue splendidement, et les longues heures de répétition permettent d'entendre certains détails qui passent inaperçus chez d'autres chefs. La *Première* est la plus retenue de cette intégrale qui culmine avec une *Quatrième* dramatique, bien découpée et merveilleusement bien jouée, sans agressivité mais avec beaucoup de vigueur dramatique.

**Eugen Jochum**

Il paraît que Jochum fut (un peu) déçu de la nomination de Karajan à Berlin en 1955: ne venait-il pas de réaliser avec les Philharmoniker une mémorable intégrale Brahms dont voici la réédition longtemps attendue? Le rapport exceptionnel que Jochum a toujours eu avec cet orchestre porte ici des fruits étonnants et Jochum n'est pas loin d'égaler les réussites ultérieures de Karajan avec cette phalange. Contrairement à Karajan, Jochum joue abondamment (et subtilement) du *rubato* expressif, et la régularité n'est certes pas la caractéristique première de ses tempi, ce en quoi il respecte une tradition d'interprétation qui remonte à Brahms lui-même. La prise de son est monophonique bien sûr, et c'est la seule réserve que nous avons envers cet enregistrement. À noter qu'il existe une intégrale stéréophonique des *Symphonies* de Brahms par Jochum et le London Philharmonic, réalisée chez EMI à la fin des années 1970.

**Herbert von Karajan**
Karajan a dirigé des cycles Brahms un nombre incalculable de fois dans sa longue carrière. Il voyait d'ailleurs les *Quatre Symphonies* comme un cycle. La version que nous proposons est la deuxième des trois qu'il fit pour la DG à Berlin; c'est celle qui me semble offrir les meilleures garanties de prise de son et d'exécution, tout en préservant l'inimitable manière «Karajan», le subtil *legato* des cordes (qui allait plus tard devenir plutôt sirupeux) et la beauté sonore inégalée des cuivres et des bois. Pour écouter un grand maître dans son répertoire de prédilection.

**Kurt Sanderling**
Très belle version bien classique par un orchestre qui est l'un des meilleurs du monde dans le répertoire germanique. La prise de son est bien réussie, les tempi sont mesurés sans traîner et l'équilibre des groupes instrumentaux est parfaitement dosé. Une très belle version, à très bon prix, dans le style d'interprétation «Europe centrale» le plus pur.

### *Variations sur un thème de Joseph Haydn op. 56a*

| Prix | Son | Cote | Orchestre | Chef | Éd. | Enr. |
|---|---|---|---|---|---|---|
| $$$ | | ★★★ | Münchner Philharmoniker | Sergiu Celibidache | EMI | 1980 |
| $$$ |  | ★★ | Scottish Chamber Orchestra | Sir Charles Mackerras | Telarc | 1997 |
| $$ | | ★★★ | Berliner Philharmoniker | Herbert von Karajan | DG | 1963 |

**Sergiu Celibidache**
Celibidache avait un faible pour Brahms dont il dirigea souvent les *Quatre Symphonies*, surtout la *Quatrième*. Les *Variations* ont été absentes de sa discographie jusqu'à ces derniers temps, mais la EMI a publié ce concert de Munich qui montre le chef roumain au zénith de sa forme d'interprète. Si le tempo n'est pas plus allant, en revanche on distingue parfaitement chaque variation et la logique musicale qui l'enchaîne, avec ce qui précède et ce qui suit. Le riche son des cuivres des Philharmoniker fait merveille dans une lecture d'une rugosité et d'une spendeur sans pareilles.

**Herbert von Karajan**
Voici la meilleure des versions de Karajan au disque. Récemment republiée dans cette «édition Karajan» qui rend hommage au maître décédé en 1989, ces *Variations* présentent toutes les qualités habituelles du Brahms du chef autrichien: netteté de la ligne mélodique, *legato* des cordes, beauté plastique du son et régularité rythmique.

**Sir Charles Mackerras**
Dans une intégrale symphonique Brahms qui tente de recréer l'interprétation précise d'un chef de la fin du XIX^e siècle, Mackerras fait tout de même preuve de sa

personnalité et de sa conscience habituelles, qui animent le petit orchestre écossais. En effet, l'orchestre symphonique du temps de Brahms ne comportait qu'une cinquantaine d'instrumentistes; on peut donc penser que ce que nous entendons ici est assez voisin de ce qu'on aurait pu observer dans une ville allemande au tournant du siècle. Fort belle prise de son, naturel des timbres, bonne séparation stéréophonique, ce qui est important, puisque la disposition d'orchestre respecte la façon classique: premiers et deuxièmes violons de part et d'autre du chef; contrebasses et violoncelles à l'extrême gauche; percussions et vents clairs à droite.

***Ein Deutsches Requiem (Un Requiem allemand) op. 45***

| Prix | Son | Cote | Soliste | Chœur/Orchestre | Chef | Éd. | Enr. |
|---|---|---|---|---|---|---|---|
| $$ | | ★★★ | Elisabeth Schwarzkopf (s)<br>Dietrich Fischer-Dieskau (bar) | Philharmonia Chorus<br>Philharmonia Orchestra | Otto Klemperer | EMI | 1961 |
| $ | 🔊 | ★★ | Jessye Norman (s)<br>Jorma Hynninen (bar) | London Philharmonic Choir<br>BBC Symphony Chorus<br>London Philharmonic Orchestra | Klaus Tennstedt | EMI<br>2 CD | 1984 |

### Otto Klemperer

À juste titre, Klemperer était réputé pour la lenteur de ses tempi. Pourtant, il signe l'un des plus rapides *Deutsches Requiem* de la discographie (65 minutes). C'est dire! Il dispose lui aussi de l'exceptionnelle Schwarzkopf et du merveilleux Fischer-Dieskau. Le Philharmonia des grandes années est à son apogée et la prise de son supervisée par «monsieur Schwarzkopf» lui-même, Walter Legge, est très réussie pour l'époque. À notre avis, le meilleur *Requiem allemand* sur le marché.

### Klaus Tennstedt

Bien servi par une remarquable prise de son et une chorale composite mais très présente et imposante, Tennstedt nous propose une version très enthousiasmante du *Requiem*. Si Jessye Norman a un timbre qui ne plaira pas à tous, elle est ici exempte des maniérismes déplaisants qui entacheront plus tard ses prestations; en fait, son solo est tout simplement bouleversant de pureté et d'intelligence. Le baryton est l'excellent finlandais Hynninen, trop peu connu ici. Cette version est offerte à prix très bas avec une symphonie de Brahms dirigée par Jochum en deux disques.

# *ANTON BRUCKNER*

Né à Ansfelden (Haute-Autriche), le 4 septembre 1824; mort à Vienne, le 11 octobre 1896.

Bruckner est issu d'une vieille famille paysanne. Son grand-père et son père, musiciens de village, l'initient à la pratique de l'orgue et lui inculquent une foi religieuse inébranlable. À la mort de son père en 1837, Bruckner est recueilli comme enfant de chœur par le monastère de Saint-Florian. Il étudie ensuite à Linz et à Weimar avant de devenir petit instituteur de village près de Saint-Florian, où il continue à apprendre l'orgue et compose ses premières œuvres de musique religieuse.

Devenu organiste à Linz en 1856, il abandonne la profession d'enseignant et tente de se perfectionner dans la technique musicale. Des efforts forcenés lui permettent d'achever ses premières symphonies (*n° 00 en fa mineur*, 1863; *n° 0 en ré mineur*, 1864; *n° 1* [*Linz*], 1866). Mais ce travail mine sa santé physique et intellectuelle et l'amène au bord de la folie (1867). Après une cure, il devient professeur de musique au Conservatoire de Vienne et mène une carrière d'organiste virtuose. Doté d'un physique ingrat et de manières vestimentaires frustes, Bruckner n'a pas de succès auprès des femmes qu'il courtise, et il mourra célibataire. Il est un admirateur inconditionnel de Wagner, auquel il dédie sa *Troisième Symphonie*, et compose le mouvement lent de sa *Septième Symphonie* en hommage au compositeur dont il vient d'apprendre le décès. Le succès sera très lent à venir dans la profession de compositeur, et ce n'est qu'avec la création de sa *Septième Symphonie* en 1885 (à 61 ans) qu'il obtient le triomphe.

Ses nombreuses compositions religieuses sont totalement écrasées sous le poids des 11 grandes symphonies qui constituent l'essentiel de son œuvre. À son époque, l'ampleur de ses mouvements symphoniques et l'audace de son orchestration lui vaudront une certaine incompréhension.

**Pour commencer:** *Symphonie n° 4 (Romantique)*
**Un incontournable:** *Symphonie n° 7*
**Pour aller plus loin:** *Symphonie n° 8*

## Musique orchestrale

*Symphonie n° 4 (Romantique)*
*Symphonie n° 7*
*Symphonie n° 8*
*Symphonie n° 9*

### *Symphonie nº 4 en mi bémol majeur (Romantique)*

| Prix | Son | Cote | Orchestre | Chef | Éd. | Enr. |
|---|---|---|---|---|---|---|
| $$$ | 🔊 | ★★★ | Philadelphia Orchestra | Wolfgang Sawallisch | EMI | 1993 |
| $$ | | ★★ | Berliner Philharmoniker | Eugen Jochum | DG | 1965 |
| $$ | | ★★★ | Philharmonia Orchestra | Otto Klemperer | EMI | 1963 |
| $ | | ★★ | Royal Scottish National Orchestra | Georg Tintner | Naxos | 1996 |

**Eugen Jochum**
Voici un des meilleurs volets de l'intégrale Bruckner réalisée par Jochum dans les années 1960 pour la DG. Le Philharmonique de Berlin en grande forme retrouve ici l'un de ses chefs favoris, dont on se demande constamment pourquoi ce n'est pas lui (plutôt que le narcissique Karajan) qui en a obtenu la direction musicale en 1955. Jochum joue du tempo pour accentuer certains effets dramatiques ou expressifs, ce qui est dans ses habitudes de direction. Rarement des cuivres aussi brillants auront fait honneur à ce sommet de la littérature symphonique de la fin du XIX$^{e}$ siècle.

**Otto Klemperer**
Ceux qui croient que Klemperer étire continuellement les tempi en seront pour leurs frais ici, puisqu'il nous offre une *Quatrième* parmi les plus courtes sur le marché. Pourtant, rien ne sonne précipité, et la solidité rythmique si particulière à sa direction convient particulièrement à cette œuvre et à ses rythmes brucknériens typiques 2-3-2-3. Ajoutons que le Philharmonia est le meilleur orchestre du monde à cette époque et que la prise de son fait honneur à ses instrumentistes brillants.

**Wolfgang Sawallisch**
Sawallisch, on le sait, est un redoutable brucknérien. Voici son premier disque réalisé outre-Atlantique (ses autres prestations proviennent toutes de Munich où il fut directeur musical pendant plusieurs années). L'Orchestre de Philadelphie offre des cordes chatoyantes (héritées de Stokowski et d'Ormandy) et des cuivres brillants (développés par Muti), mais surtout un ensemble remarquable et un respect de l'écriture brucknérienne que l'on retrouve par ailleurs dans toutes les prestations de Sawallisch. Un chef sans prétention et un orchestre virtuose à son apogée, le tout enregistré par un preneur de son au sommet de sa technique, voici les ingrédients réunis pour un autre de nos «classiques du classique».

**Georg Tintner**
L'orchestre n'est pas le plus puissant ni le plus brillant, mais la direction mûre et réfléchie de Tintner sauve le tout. Les tempi sont plutôt lents et l'atmosphère très solennelle qui s'en dégage est parfaitement convaincante. Le chef réussit à maintenir la tension dramatique malgré ses tempi très lents, ce qui est un hommage à la science brucknérienne de Tintner.

### *Symphonie nº 7 en mi majeur*

| Prix | Son | Cote | Orchestre | Chef | Éd. | Enr. |
|---|---|---|---|---|---|---|
| $$$ | | ★★★ | Wiener Philharmoniker | Herbert von Karajan | DG | 1989 |
| $$ | | ★★ | Berliner Philharmoniker | Eugen Jochum | DG | 1964 |
| $$ | | ★★★ | Philharmonia Orchestra | Otto Klemperer | EMI | 1960 |

**Eugen Jochum**
Jochum a toute la mesure du discours brucknérien. Il dispose ici d'un orchestre virtuose, qui sait répondre à ses moindres inflexions rythmiques et expressives. Le *Scherzo* est particulièrement bien réussi.

**Herbert von Karajan**
Le dernier disque d'une longue et fructueuse carrière permet à Karajan de retrouver une sérénité qu'il avait quelque peu perdue et de renouer avec l'essence spirituelle du message brucknérien. Avec un tempo un tantinet plus allant que dans la version 1971 et un orchestre moins brillant mais plus solide, il présente une *Septième* littéralement pour l'éternité.

**Otto Klemperer**
Fidèle à ses habitudes dans Bruckner, Klemperer nous offre une lecture dramatique, aux tempi plutôt rapides et à la rythmique solide et inexorable. L'orchestre est l'un des meilleurs du monde à l'époque et Klemperer profite des cuivres tout à fait éblouissants du Philharmonia. Belle prise de son.

### *Symphonie nº 8 en ut mineur*

| Prix | Son | Cote | Orchestre | Chef | Éd. | Enr. |
|---|---|---|---|---|---|---|
| $$$ | 🔊 | ★★ | Wiener Philharmoniker | Bernard Haitink | Philips 2 CD | 1995 |
| $$$ | | ★★★ | Wiener Philharmoniker | Herbert von Karajan | DG 2 CD | 1988 |
| $$ | | ★★★ | Wiener Philharmoniker | Carlo-Maria Giulini | DG 2 CD | 1984 |
| $ | | ★★★ | Radio-Sinfonieorchester Saarbrücken | Stanislaw Skrowacewski | Arte Nova 2 CD | 1993 |

**Carlo-Maria Giulini**
Le côté sérieux et religieux de Giulini trouve son expression suprême dans l'œuvre brucknérienne, dont le chef italien a une vision mesurée et sereine. Cette *Huitième* représente sans doute Giulini au sommet de son art; point de lourdeur compassée ici ni de *legati* discutables; tout simplement un argument symphonique martelé avec une énergie et une rigueur proprement hallucinantes. L'orchestre est au sommet de sa forme. Les tempi plutôt larges adoptés par le chef demandent deux disques et 90 bonnes minutes pour s'épanouir. Giulini utilise l'édition Nowak de la version 1890, un peu plus contestable que l'édition Haas; je me dois cependant de mentionner (car certaines revues françaises en font tout un plat) qu'il est à peu près impossible de percevoir la différence à moins de suivre l'exécution partition en main. Quand la direction a une telle qualité et une telle ampleur spirituelle, on ne chipote pas sur deux ou trois mesures de hautbois ou de trombone.

**Bernard Haitink**
Il semble que tous les Bruckner réalisés avec la Philharmonie de Vienne doivent être remarquables... Orchestre de la création en 1892, cet ensemble semble comprendre la *Huitième* mieux que n'importe quel autre orchestre. La sonorité puissante des cuivres, le lyrisme profond des cordes, l'assise solide des graves et la présence moelleuse de la percussion contribuent à créer cet atmosphère d'*angst* germanique si particulière à ce compositeur. Haitink aborde l'œuvre avec des tempi très larges, qui accentuent justement cette espèce d'angoisse métaphysique ainsi que le ton solennel et péremptoire de cette grande fresque post-romantique. Seuls Karajan et, peut-être, Giulini sont allés encore plus loin dans la profondeur du discours avec ce même orchestre. Une autre prise de son miraculeuse de l'ingénieur du son Volker Straus achève de rendre ce coffret indispensable au brucknérien fervent.

**Herbert von Karajan**
La troisième et dernière version de la *Huitième* par Karajan trouve le chef dans une humeur sombre et pessimiste, qui est précisément celle qu'inspire souvent cette œuvre tragique et angoissée. L'orchestre est littéralement déchaîné et les hurlements désespérés des cuivres à la fin du premier mouvement emporteront l'enthousiasme des plus sceptiques à l'égard de l'œuvre brucknérienne, encore si mal comprise. Moins brillante, certes, et moins axée sur la virtuosité orchestrale que les prestations précédentes, cette *Huitième* va au cœur du message philosophique et métaphysique du compositeur devant lequel, pour une fois, Karajan sait s'incliner.

**Stanislaw Skrowacewski**
J'ai eu l'occasion à plusieurs reprises d'entendre les interprétations brucknériennes de Skrowacewski, chef polonais davantage réputé pour le répertoire du XX^e^ siècle, mais tout simplement exceptionnel dans l'œuvre symphonique du maître de Saint-Florian. Cette *Huitième* en est la preuve vivante: tous les tempi sont jugés avec un parfait équilibre, les différentes sections de l'orchestre jouent leur rôle et le tempo d'ensemble, sans être précipité, réalise cette «cathédrale sonore» imaginée par le compositeur. Passons sur ce surnom entièrement apocryphe d'«Apocalyptique» que l'éditeur accole à la symphonie pour mousser les ventes... Il eut mieux fait de nous indiquer l'édition utilisée, qui me semble être la version Haas 1890. Le disque est offert au petit prix et aucun brucknérien sérieux ne saurait s'en passer.

### *Symphonie n^o^ 9 en ré mineur*

| Prix | Son | Cote | Orchestre | Chef | Éd. | Enr. |
|---|---|---|---|---|---|---|
| $$$ | | ★★★ | Wiener Philharmoniker | Leonard Bernstein | DG | 1990 |
| $$$ | 🔊 | ★★ | Orchestre royal du Concertgebouw | Riccardo Chailly | Decca | 1996 |
| $$$ | | ★★★ | Wiener Philharmoniker | Carlo-Maria Giulini | DG | 1988 |
| $ | | ★★ | Royal Scottish National Orchestra | Georg Tintner | Naxos | 1997 |

**Leonard Bernstein**
À l'aube de l'éternité, Bernstein (dans un de ses derniers enregistrements) atteint une profondeur d'expression qu'on ne lui connaissait pas dans Bruckner qu'il a, à la vérité, assez peu fréquenté, et même assez mal. Les grandes traditions d'orchestre ont ce don de se faire entendre même à travers des chefs de personnalités très différentes et on peut dire que la vision du Philharmonique de Vienne et sa sonorité très particulière contribuent singulièrement à la réussite de cette prestation mémorable aux tempi très mesurés mais point traînants.

**Riccardo Chailly**
Chailly a enregistré plusieurs Bruckner très estimables qui ne sont pas mentionnés dans nos pages tout simplement parce qu'ils sont supprimés! Voici une très belle *Neuvième*, où la couleur sombre du Concertgebouw rend à merveille l'esprit de tragédie tout en se mariant avec un certain lyrisme méditerranéen insufflé par le chef. Une très belle version sur laquelle je vous conseille de vite sauter, car Decca-London ne conserve pas ce genre de répertoire longtemps au catalogue.

**Carlo-Maria Giulini**
Les tempi sont très lents mais l'approche est nettement dramatique et anguleuse. Il est vrai que Vienne «chante dans son arbre généalogique» (pour reprendre une expression chère aux critiques musicaux de l'*Hexagone*). Nul doute que la sonorité un peu âcre des cuivres viennois correspond davantage à l'inspiration brucknérienne que les fanfares brillantes et moelleuses qu'on retrouve outre-Atlantique.

**Georg Tintner**
Voici un autre volet de cette excellente série. Tintner ne force pas l'effet, laissant la musique parler par elle-même. Le RSNO, dont ce n'est pas le répertoire de prédilection, est tout à fait convaincant. Belle version à petit prix.

# FRÉDÉRIC FRANÇOIS [Fryderyk] CHOPIN

Né à Zelazowa Wola (près de Varsovie), le 22 février 1810; mort à Paris, le 17 octobre 1849.

Son père, Nicolas Chopin, un Français, émigre à Varsovie en 1787 pour y enseigner le français. Pianiste au talent précoce, Frédéric suit des études musicales très complètes au Conservatoire de Varsovie, de 1826 à 1829. Après avoir mené une carrière de virtuose partout en Europe, il arrive à Paris en 1831. D'abord apprécié comme pianiste de concert, il se fait rapidement connaître comme compositeur et abandonne peu à peu cette carrière de virtuose qu'il exècre, étant affligé d'un trac étouffant. Il se lie avec de nombreux artistes de son temps, dont Berlioz, Liszt, Bellini, Rossini, Mendelssohn, Balzac et Delacroix. En 1836, il fait la connaissance de la romancière George Sand dont il partagera l'existence pendant de nombreuses années. Il produit nombre de pièces pour piano, au style raffiné, qui font avancer l'art du pianiste et créent de nouvelles formes. Maître de la pièce courte, il compose également trois grandes sonates, qui montrent une maîtrise de la grande forme. La fin de sa liaison amoureuse, en 1847, atteint sa santé déjà fragile; être souffreteux au caractère aigri par la maladie, il meurt de la tuberculose en octobre 1849. Selon ses vœux, ses restes seront transportés à Varsovie.

Le style de Chopin, ce maître de la littérature pianistique, se caractérise par une recherche harmonique et rythmique intense, et une influence du folklore de son pays natal; il réalise la synthèse stylisée de nombreuses danses comme la *Polonaise* et la *Mazurka*, dans lesquelles il développe une expression lancinante avec une étonnante économie de moyens.

**Pour commencer:** *Concerto pour piano n° 1*
**Un incontournable:** *14 Valses*
**Pour aller plus loin:** *Sonate pour piano n° 3*

## Musique orchestrale

*Concerto pour piano n° 1*
*Concerto pour piano n° 2*

## Musique instrumentale – voir remarque

*Études pour piano* (24)
*Nocturnes* (21)
*Sonate pour piano n° 2 (Marche funèbre)*
*Valses* (14)

### *Concerto pour piano nº 1 en mi mineur op. 11*

| Prix | Son | Cote | Soliste | Orchestre | Chef | Éd. | Enr. |
|---|---|---|---|---|---|---|---|
| $$$ | 🔊 | ★★★ | Martha Argerich | Orchestre symphonique de Montréal | Charles Dutoit | EMI | 1998 |
| $$$ | 🔊 | ★★★ | Krystian Zimerman | Polish Festival Orchestra | Krystian Zimerman | DG | 1999 |
| $$ | | ★★★ | Maurizio Pollini | Philharmonia Orchestra | Paul Kletzki | EMI | 1960 |
| $ | | ★★ | Claudio Arrau | London Philharmonic Orchestra | Eliahu Inbal | Philips 2 CD | 1970 |

**Martha Argerich**
Trente ans après sa première version (Abbado, 1968, DG), Argerich nous démontre ce qui manquait à sa version de jeunesse: poésie et virtuosité sont toujours là, certes, mais on a ici une profondeur d'expression et une liberté qu'on n'entendait pas en 1968. Dutoit encourage les intentions de sa soliste et les devance même par moments, donnant le témoignage d'une rare entente entre chef et soliste dans ce concerto qui privilégie nettement le second. L'orchestre est d'une tenue sensiblement supérieure, et la prise de son très transparente favorise le piano, mais pas de façon indue. Tous les timbres sont parfaitement naturels et clairs; l'exécution témoigne d'un art consommé et d'un sens musical hors du commun. Cette version de l'OSM rend bien davantage justice à l'orchestre que la soporifique version Decca-London commise avec Bolet il y a une dizaine d'années.

**Claudio Arrau**
En son temps, Arrau était un spécialiste du piano fort et rapide. Passé la soixantaine, il devient plus réfléchi et nous offre son intégrale Chopin pour piano et orchestre avec une lucidité et une sérénité que seule une grande expérience peut apporter. La technique pianistique est toujours brillante et sans faille, mais la pensée musicale a une tout autre ampleur ici. Inbal fait ce qu'il peut avec le maigre commentaire orchestral. Un disque très représentatif de l'art de ce grand interprète de Chopin que fut Arrau.

**Maurizio Pollini**
À 18 ans lauréat du concours Chopin de Varsovie, le jeune Pollini étonnait le monde musical avec ce disque où, en compagnie du vétéran chef polonais Kletzki, il présentait un concerto puissant, poétique, sans emphase mais très expressif. Déjà, le «style Pollini», à la fois ascétique et brillant, faisait sa marque. Après cet enregistrement, Pollini quittait la scène musicale pour huit ans, histoire d'aller mûrir ses interprétations et sa compréhension musicale. C'est ce qui a fait de ce disque un événement légendaire qui le mérite bien, il faut le dire. Excellente prise de son des débuts de la stéréophonie.

**Krystian Zimerman**
On peut se demander à bon droit ce que Zimerman pouvait nous apporter de plus que son légendaire disque de 1978 avec Giulini. La réponse: énormément! Se dirigeant lui-même, Zimerman a approndi l'œuvre à un degré considérable,

réhabilitant cette orchestration jugée comme pauvre par nombre de commentateurs qui ne se sont pas donné la peine de l'écouter... Le *Concerto n° 1* est pris à un tempo infiniment lent, pas globalement toutefois mais par épisodes, ce qui permet de pousser l'expressivité à un degré qu'aucun autre interprète n'avait osé atteindre jusqu'à présent; cela nous rapproche de cette époque «romantique» où vivait le compositeur. L'orchestre, composé de jeunes musiciens polonais, partage entièrement la vision de son chef-soliste et joue comme si sa vie en dépendait. Ajoutons à cela une prise de son magnifique, naturelle et transparente (les premiers accords du piano au premier mouvement vous jetteront en bas de votre fauteuil!) et nous avons entre les mains une autre interprétation légendaire. Bravo Zimerman!

***Concerto pour piano n° 2 en fa mineur op. 21***

| Prix | Son | Cote | Soliste | Orchestre | Chef | Éd. | Enr. |
|---|---|---|---|---|---|---|---|
| $$$ | 🔊 | ★★★ | Martha Argerich | Orchestre symphonique de Montréal | Charles Dutoit | EMI | 1998 |
| $$$ | 🔊 | ★★★ | Krystian Zimerman | Polish Festival Orchestra | Krystian Zimerman | DG | 1999 |
| $ | | ★★ | Claudio Arrau | London Philharmonic Orchestra | Eliahu Inbal | Philips 2 CD | 1970 |

**Martha Argerich**
Vingt ans après une version plus ou moins réussie avec Rostropovitch (DG), Argerich récidive cette fois avec son partenaire de prédilection. Le résultat est à la hauteur des attentes, et la poésie du clavier est exprimée avec une science musicale et une virtuosité hors du commun qui laissent pantois. L'accompagnement orchestral est au diapason et le preneur de son, en grande forme, permet aux timbres du piano de s'épanouir avec naturel et profondeur. Cette version de l'OSM rend bien davantage justice à l'orchestre que la soporifique version Decca-London commise avec Bolet il y a une dizaine d'années.

**Claudio Arrau**
En son temps, Arrau était un spécialiste du piano fort et rapide. Passé la soixantaine, il devient plus réfléchi et nous offre son intégrale Chopin pour piano et orchestre avec une lucidité et une sérénité que seule une grande expérience peut apporter. La technique pianistique est toujours brillante et sans faille, mais la pensée musicale a une tout autre ampleur ici. Inbal fait ce qu'il peut avec le maigre commentaire orchestral. Un disque très représentatif de l'art de ce grand interprète de Chopin que fut Arrau.

**Krystian Zimerman**
Peut-être encore davantage que dans le *Premier Concerto*, cette réalisation du 150ᵉ anniversaire de la mort du compositeur nous montre ce qu'un très grand interprète peut faire de ce concerto. Tout d'abord, et contrairement à nombre de ses collègues, Zimerman prend très au sérieux l'orchestration chopinienne, qu'il dirige avec une sensibilité rare et une lisibilité parfaite. Ensuite, et surtout, c'est la

partie soliste qui est jouée avec une grandeur, un emportement romantique qui sont transmis avec un bonheur rare par une des meilleures réalisations techniques de la DG. Les tempi sont un peu moins excentriques que dans le *Premier Concerto* qui accompagne ce disque; ils n'en sont pas moins parfaitement jugés et tout à fait à propos. Un grand disque!

### *24 Études pour piano op. 10 et op. 25*

| Prix | Son | Cote | Pianiste | Éd. | Enr. |
|---|---|---|---|---|---|
| $$$ | 🔊 | ★★ | Louis Lortie | Chandos | 1985 |

**Louis Lortie**
Le pianiste québécois dispose de tous les moyens techniques pour rendre justice à ces pièces d'une difficulté légendaire. Son sens artistique aigu lui permet de nous livrer avec justesse l'esprit de chaque pièce. La prise de son Chandos est toutefois exagérément réverbérée.

### *21 Nocturnes pour piano*

| Prix | Son | Cote | Pianiste | Éd. | Enr. |
|---|---|---|---|---|---|
| $$$ | 🔊 | ★★★ | Maria Joao Pires | DG 2 CD | 1996 |
| $ | | ★★ | Claudio Arrau | Philips 2 CD | 1977 |

**Claudio Arrau**
Le pianiste chilien a une vision mesurée de ces pièces méditatives. Le jeu est parfaitement contrôlé, et l'atmosphère de chacune de ces miniatures est rendue à la perfection.

**Maria Joao Pires**
La pianiste portugaise a un tempérament assez fougueux, qui se montre ici et là dans ces miniatures au calme apparent mais à la passion sous-jacente. Une prise de son exceptionnelle achève de nous convaincre totalement. Espérons que ce coffret aura une vie commerciale plus longue que les récentes incursions de la DG dans Chopin, presque toutes supprimées.

### *Sonate pour piano n° 2 en si bémol majeur op. 35 (Marche funèbre)*

| Prix | Son | Cote | Pianiste | Éd. | Enr. |
|---|---|---|---|---|---|
| $$$ | | ★★★ | Maurizio Pollini | DG | 1984 |

**Maurizio Pollini**
Le «feu contrôlé» de Pollini (qui n'est pas sans rappeler l'approche musicale d'un Igor Markévitch à l'orchestre) fait merveille dans cette sonate archi-rebattue. La célébrissime *Marche funèbre* se déroule tout naturellement: n'est ni trop sucrée ni trop poussée, elle est simplement correcte. Les difficultés techniques sont

franchies sans l'ombre d'un effort apparent. On a conscience d'écouter une grande œuvre, ce qui n'est pas le cas pour nombre de collègues de Pollini.

***14 Valses***

| Prix | Son | Cote | Pianiste | Éd. | Enr. |
|---|---|---|---|---|---|
| $$$ | | ★★★ | Claudio Arrau | Philips | 1979 |
| $$ | H | ★★ | Dinu Lipatti | EMI | 1950 |
| $ | | ★ | Idil Biret | Naxos | 1991 |

## Claudio Arrau

Le pianiste chilien a une vision mesurée et poétique des *14 Valses*. Les tempi sont plutôt relâchés en général, ce qui permet aux mélodies de se développer et à l'expression de se faire sentir, par exemple dans la *Valse des Adieux op. 69 nº 1*. La prise de son est très transparente et rend le piano avec naturel et ampleur.

### Idil Biret

La pianiste turque a tendance à presser les tempi dans certaines valses qui lui semblent peut-être moins importantes. C'est dommage, car l'ensemble aurait dû avoir une note plus haute, d'autant plus que Biret offre les *Cinq Valses posthumes*, contrairement aux deux autres pianistes de notre discographie. La prise de son est très réussie, ce qui n'est pas fréquent pour les disques de piano de Naxos.

### Dinu Lipatti

Ce disque légendaire a été enregistré quatre mois avant la mort prématurée du pianiste, à l'âge de 33 ans. Une certaine fièvre sentimentale a poussé des critiques à s'extasier peut-être exagérément devant cette prestation mémorable, certes, mais pas inégalable. Dans certaines valses très connues, Lipatti se permet une accélération du tempo qui me semble un peu mal venue. D'autre part, la prise de son monophonique est fort bien faite, mais elle accuse néanmoins son âge dans les passages les plus touffus. Les *Valses* ne sont pas jouées dans l'ordre numérique, mais dans une séquence équilibrée comme dans un récital. L'atmosphère particulière de chaque valse est magnifiquement rendue, et le sens musical du soliste n'est pas à remettre en question. Ce disque ne s'est pas maintenu au catalogue pour rien depuis près de 50 ans et il ne décevra personne. Toutefois, personnellement, je préfère des tempi plus larges dans plusieurs de ces valses.

# DIMITRI CHOSTAKOVITCH

Né à Saint-Pétersbourg, le 25 septembre 1906; mort à Moscou, le 9 août 1975.

Issu de parents d'origine sibérienne, il commence le piano à l'âge de neuf ans. Entré au Conservatoire de Petrograd en 1919, il obtient un succès foudroyant avec la création de sa *Première Symphonie*, en 1925. Dès lors identifié comme premier compositeur «officiel» du tout nouveau régime soviétique, il connaît la notoriété avec ses partitions de ballet et de cinéma. Il reçoit des commandes officielles du régime (*Deuxième Symphonie* [*Révolution d'Octobre*], 1927). Son audacieux opéra *Lady Macbeth du district de Mzensk* (1934) lui vaut les remontrances officielles du pouvoir (1936). Il revient en grâce avec sa *Cinquième Symphonie* (*Réplique d'un artiste soviétique à une juste critique*) (1937), et obtient le prix Staline pour son *Quintette avec piano* (1940), puis sa *Septième Symphonie* (*Leningrad*) (1941). Mais il est à nouveau frappé par le blâme officiel de Jdanov en 1948 pour atteinte à la théorie du «réalisme socialiste» dans sa *Neuvième Symphonie* de 1945. Après un autre retour en grâce, il est à nouveau mis à l'index en 1962 pour sa *Treizième Symphonie* (*Babi Yar*), dénonciation subtile de l'antisémitisme russe. Marquées par la maladie et la crainte de l'oppression, ses dernières années voient la production d'œuvres au ton de plus en plus pessimiste et désespéré (*Quatorzième* [1969] et *Quinzième Symphonies* [1971]).

Au départ influencé par le jazz et les outrances de la musique des années 1920, le style de Chostakovitch subira une grande influence des symphonies de Mahler à compter de 1930. On peut oublier ses réalisations de commandes «officielles» au profit des partitions plus personnelles que sont les *Cinquième, Huitième, Dixième* et *Treizième Symphonies*. Dans sa musique de chambre, il se permet souvent une expression plus audacieuse que dans ses œuvres orchestrales qui subissent l'attention des «observateurs» du régime.

**Pour commencer:** *Symphonie nº 5*
**Un incontournable:** *Symphonie nº 10*
**Pour aller plus loin:** *Lady Macbeth du district de Mzensk* (opéra)

**Musique orchestrale**

*Concerto pour piano, trompette et orchestre à cordes nº 1*
*Concerto pour violon nº 1*
*Concerto pour violon nº 2*
*Concerto pour violoncelle nº 1*
*Symphonie nº 5*
*Symphonie nº 7 (Leningrad)*
*Symphonie nº 8*
*Symphonie nº 10 en mi mineur*
*Symphonie nº 13 (Babi Yar)*
*Symphonie nº 14 pour soprano, baryton, cordes et percussion*

### *Concerto pour piano, trompette et orchestre à cordes n° 1 en ut mineur op. 35*

| Prix | Son | Cote | Soliste | Orchestre | Chef | Éd. | Enr. |
|---|---|---|---|---|---|---|---|
| $$$ | 🔊 | ★ | Martha Argerich | Württembergisches Kammerorchester | Jörg Faerber | DG | 1993 |
| $$$ | | ★★ | Yevguéni Kissine | Moscow Virtuosi | Vladimir Spivakov | RCA | 1988 |
| $$ | | ★★★ | André Previn | New York Philharmonic | Leonard Bernstein | Sony | 1962 |

**Martha Argerich**
Argerich n'est pas un choix évident dans ce répertoire, et le chef est davantage un habitué des partitions galantes du XVIII^e siècle que de cette musique acerbe et vibrante. Néanmoins, on a là un beau numéro de virtuosité instrumentale, magnifiquement enregistré au demeurant, mais dont le minutage total de 40 minutes est décidément chiche.

**Yevguéni Kissine**
Le jeune prodige russe a la pleine mesure de cette œuvre de jeunesse, révolutionnaire et classique à la fois. L'orchestre n'est pas très fourni, mais il donne une réplique vibrante à son soliste qui se joue des aspérités rythmiques et harmoniques du jeune Chostakovitch.

**André Previn**
Le *darling* des compositeurs d'Hollywood au piano, le chouchou de Broadway à la direction, tout est en place pour une exécution mémorable, et c'est ce que nous avons. Le jeune (33 ans) Previn démontre qu'à l'époque, on n'aurait pu douter de la justification de sa présence parmi les *Great Pianists of the XXth Century* de la Philips... Bernstein accentue le côté jazzé de cette partition révolutionnaire pour son époque et en joue pleinement la verve acerbe et sans concession. Ce disque est offert sous plusieurs habillages, selon le pays.

### *Concerto n° 1 pour violon et orchestre en la mineur op. 99*

| Prix | Son | Cote | Soliste | Orchestre | Chef | Éd. | Enr. |
|---|---|---|---|---|---|---|---|
| $$$ | | ★★ | Lydia Mordkovitch | Royal Scottish National Orchestra | Neeme Järvi | Chandos | 1989 |
| $$$ | 🔊 | ★★★ | Maxime Vengerov | London Symphony Orchestra | Mstislav Rostropovitch | Teldec | 1994 |
| $$ | H | | David Oistrakh | New York Philharmonic | Dimitri Mitropoulos | Sony | 1956 |
| $ | | ★ | Ilya Kaler | Orchestre symphonique de la Radio nationale polonaise (Katowice) | Antoni Wit | Naxos | 1996 |

**Ilya Kaler**
Le vétéran violoniste russe n'est pas le plus flamboyant, et son orchestre n'est pas le plus brillant non plus, mais toute la musique est là... fort bien jouée, avec sérieux et application. Les mélomanes désargentés pourront découvrir Chostakovitch dans une interprétation très honorable.

**Lydia Mordkovitch**
La violoniste russe fut l'élève d'Oistrakh et cela paraît. L'humour grinçant, la colère rentrée et l'application technique sont tous présents dans cette version accompagnée spectaculairement par Järvi.

**David Oistrakh**
À l'occasion d'une tournée américaine, Oistrakh grava ce très beau *Premier Concerto*, bien mieux joué que la version réalisée l'année de sa mort avec Chostakovitch fils à Londres. Le son monophonique n'est pas vraiment gênant, car il est très bien fait et respecte tout autant les timbres orchestraux que la voix du soliste, qui est ample et lumineuse. Mitropoulos était un ardent défenseur de la musique de ce siècle et il entraîne son orchestre dans une démonstration foudroyante, dans une musique qui lui était forcément très peu familière à ce moment.

**Maxime Vengerov**
On retrouve ici le Vengerov de la meilleure eau: sonorité pleine et ample, discours concentré et vivant, plein accord avec un orchestre déchaîné par Rostropovitch. Une belle complicité unit les deux comparses et le *Premier Concerto* de Chostakovitch passe pour ce qu'il devrait être: un des chefs-d'œuvre suprêmes du violon du XX^e^ siècle.

***Concerto nº 2 pour violon et orchestre en ut dièse mineur op. 126***

| Prix | Son | Cote | Soliste | Orchestre | Chef | Éd. | Enr. |
|---|---|---|---|---|---|---|---|
| $$$ | | ★★★ | Lydia Mordkovitch | Royal Scottish National Orchestra | Neeme Järvi | Chandos | 1989 |
| $$$ | 🔊 | ★★ | Maxime Vengerov | London Symphony Orchestra | Mstislav Rostropovitch | Teldec | 1996 |
| $ | | ★ | Ilya Kaler | Orchestre symphonique de la Radio nationale polonaise (Katowice) | Antoni Wit | Naxos | 1996 |

**Ilya Kaler**
Le vétéran violoniste russe n'est pas le plus flamboyant, et son orchestre n'est pas le plus brillant non plus, mais toute la musique est là... fort bien jouée, avec sérieux et application. Les mélomanes désargentés pourront découvrir Chostakovitch dans une interprétation très honorable.

**Lydia Mordkovitch**
La violoniste russe fut l'élève d'Oistrakh et cela paraît. Le pessimisme noir qui sous-tend cette œuvre tardive est rendue avec sensibilité et authenticité par quelqu'un qui a connu le régime politique ayant inspiré cette musique. Järvi suit sa

soliste avec aplomb et sans la frénésie un peu déréglée qu'il montre parfois dans le répertoire russe.

**Maxime Vengerov**
On retrouve ici le Vengerov de la meilleure eau: sonorité pleine et ample, discours concentré et vivant, plein accord avec un orchestre mené avec subtilité par Rostropovitch. Une belle complicité unit les deux comparses et, si la réussite semble un peu moins convaincante que dans le *Premier Concerto* (le caractère énigmatique du *Deuxième Concerto* réussit moins à ces interprètes à la forte personnalité), on n'en tient pas moins une très grande version.

### *Concerto nº 1 pour violoncelle et orchestre en mi bémol majeur op. 107*

| Prix | Son | Cote | Soliste | Orchestre | Chef | Éd. | Enr. |
|---|---|---|---|---|---|---|---|
| $$$ | 🔊 | ★★ | Mischa Maisky | London Symphony Orchestra | Michael Tilson Thomas | DG | 1993 |
| $$ | | ★★★ | Mstislav Rostropovitch | Philadelphia Orchestra | Eugene Ormandy | Sony | 1959 |
| $ | | ★★ | Maria Kliegel | Orchestre symphonique de la Radio nationale polonaise | Antoni Wit | Naxos | 1995 |

**Maria Kliegel**
La violoncelliste allemande a saisi toute l'angoisse sous-jacente de cette page sardonique, suivie par l'exceptionnel Wit, fameux interprète de Chostakovitch. La sonorité d'orchestre un peu sèche est notre seule réserve face à ce splendide disque à prix dérisoire. Pourquoi se priver?

**Mischa Maisky**
Cette version récente est remplie de belles qualités: au premier plan, la belle entente entre le chef et son soliste. Il est vrai que ce dernier dispose de tout un mouvement en solo, mais les interventions de l'orchestre sont toujours bien dosées et le soliste se fait valoir sans peine. Fort belle prise de son.

**Mstislav Rostropovitch**
Ce disque a lancé la réputation du violoncelliste russe en Occident. Il fut réalisé à l'occasion d'une des premières visites de «Rostro» en terre américaine; Chostakovitch lui-même participait à la tournée et assista aux séances d'enregistrement qui portent donc le sceau d'approbation de l'auteur. Cette interprétation a soulevé l'enthousiasme et mis Chostakovitch au rang des grands classiques de ce siècle. La sonorité ample de Rostropovitch lui permet de se faire entendre et de donner une réplique aux interventions de l'orchestre. Ormandy cisèle son accompagnement comme un orfèvre et souligne les moindres inflexions du soliste avec verve et efficacité.

### *Symphonie nº 5 en ré mineur op. 47*

| Prix | Son | Cote | Orchestre | Chef | Éd. | Enr. |
|---|---|---|---|---|---|---|
| $$$ | | ★★★ | Orchestre royal du Concertgebouw | Bernard Haitink | Decca | 1981 |
| $$ | | ★★★ | New York Philharmonic | Leonard Bernstein | Sony | 1959 |

**Leonard Bernstein**

Tout d'abord, mentionnons que ce disque a été enregistré dans le Symphony Hall de Boston et non à New York: la plus-value sonore est immédiatement évidente. L'approche de Bernstein n'est pas influencée par le fameux *Testament* de Volkov et il aborde l'œuvre avec un optimisme résolu. Néanmoins, il voit à élargir le tempo dans les dernières mesures du finale, ce qui confère à celui-ci le caractère un peu sinistre voulu par le compositeur. Ce disque est l'un des meilleurs du tandem Bernstein-New York et il existe sous de multiples réincarnations.

**Bernard Haitink**

Haitink fut le premier à offrir une lecture de la *Cinquième* influencée par le *Testament* de Volkov et son explication de la réelle signification de cette symphonie, pied de nez à l'oppression stalinienne. Disposant d'un orchestre à nul autre pareil, il joue des couleurs sombres du Concertgebouw et de son vécu mahlérien pour tracer un parcours symphonique d'une logique implacable. Introuvable en Amérique du Nord (sinon dans le méga-coffret de l'intégrale des symphonies), ce disque est distribué en Europe.

### *Symphonie nº 7 en ut majeur op. 60 (Leningrad)*

| Prix | Son | Cote | Orchestre | Chef | Éd. | Enr. |
|---|---|---|---|---|---|---|
| $$$ | | ★★★ | London Philharmonic Orchestra | Bernard Haitink | London | 1979 |
| $$$ | | ★★ | Orchestre philharmonique de Leningrad | Mariss Jansons | EMI | 1988 |
| $$ | | ★★ | New York Philharmonic | Leonard Bernstein | Sony | 1962 |

**Leonard Bernstein**

Très populaire dans l'immédiat après-guerre, la *Leningrad* a été abordée par Bernstein avec vigueur et sens dramatique. En utilisant des tempi plus lents que la norme (mais il sera beaucoup plus lent en 1988), Bernstein crée une tension qui fait passer plus facilement cette musique cinématographique, qui peut facilement devenir vulgaire entre des mains moins inspirées. L'orchestre est en belle forme même si le preneur de son l'est un peu moins.

**Bernard Haitink**

Haitink prend vraiment au sérieux la *Leningrad*, et il est le seul à nous faire croire vraiment à ce drame cinématographique sans images. Les cuivres sont tenus en laisse et la discipline rigoureuse imposée à l'orchestre permet à l'œuvre de passer la rampe et même de convaincre l'auditeur.

**Mariss Jansons**
Avec la Philharmonie de Leningrad, Jansons n'allait pas rater sa *Leningrad* (enregistrée à Oslo toutefois). Son sens de la discipline orchestrale et la sonorité très particulière de cet orchestre rendent crédible ce technicolor symphonique écrit à la gloire des «combattants socialistes» de la ville assiégée.

### *Symphonie n<sup>o</sup> 8 en ut mineur op. 65*

| Prix | Son | Cote | Orchestre | Chef | Éd. | Enr. |
|---|---|---|---|---|---|---|
| $$$ | | ★★★ | Orchestre royal du Concertgebouw | Bernard Haitink | Decca | 1982 |
| $$$ | 🔊 | ★ | Dallas Symphony Orchestra | Andrew Litton | Delos | 1996 |
| $ | 🔊 | ★ | London Symphony Orchestra | André Previn | EMI | 1973 |

**Bernard Haitink**
Dès sa parution, ce disque a occupé le sommet de la discographie de la *Huitième*. Le grand mahlérien qu'est Haitink se laisse inspirer par l'angoisse métaphysique qui transpire de ces pages tragiques. Les couleurs toujours sombres du Concertgebouw ajoutent à la crédibilité de l'argument symphonique, qu'on n'a pas à forcer pour faire passer. La logique implacable de Chostakovitch se déroule avec rigueur jusqu'aux mesures finales désolées, décrivant avec un réalisme effrayant le *no man's land* d'un champ de bataille déserté.

**Andrew Litton**
Le jeune chef américain a une vision très sombre de l'univers de la *Huitième*, ce qui est conforme au propos du compositeur. S'il n'arrive pas à maintenir la tension au même degré que ses meilleurs rivaux, il n'en dispose pas moins d'un excellent orchestre qu'il entraîne avec un enthousiasme certain dans cette œuvre difficile. Il faut augmenter sensiblement le volume d'écoute pour profiter de la dynamique exceptionnelle du disque, et la prise de son très naturelle permet d'entendre l'orchestre dans une authentique perspective de salle de concerts.

**André Previn**
Cette version a, d'entrée de jeu, placé Previn très haut dans la hiérarchie des interprètes de ce haut chef-d'œuvre. Previn crée une tension dramatique à nulle autre pareille et fait revivre avec chaleur cette dénonciation des totalitarismes et de l'écrasement des humains sous une machine de guerre. L'orchestre est en grande forme; les cuivres en particulier ont beaucoup de mérite à garder leur sonorité en dépit des tempi très lents imposés à certains endroits du mouvement initial, entre autres. Ma seule réserve concerne les mesures finales, enregistrées à un niveau sonore tellement bas qu'il en devient pratiquement inaudible.

*Symphonie nº 10 en mi mineur op. 93*

| Prix | Son | Cote | Orchestre | Chef | Éd. | Enr. |
|---|---|---|---|---|---|---|
| $$$ | | ★★★ | Berliner Philharmoniker | Herbert von Karajan | DG | 1981 |
| $$ | | ★★ | London Philharmonic Orchestra | Bernard Haitink | Decca | 1977 |
| $ | | ★★ | London Symphony Orchestra | André Previn | EMI 2 CD | 1982 |

**Bernard Haitink**
L'intégrale symphonique de Haitink est une de ses plus belles réussites au disque. Grand mahlérien, il voit l'influence que le compositeur allemand a eue sur le russe et il dispose d'un orchestre en pleine forme. Si la tension dramatique n'égale pas celle des plus grandes versions, l'*angst* si particulier de cette musique ressort parfaitement. Introuvable en Amérique (sinon dans le méga-coffret de l'intégrale), ce disque est distribué couramment en Europe.

**Herbert von Karajan**
Quinze ans après sa première version au disque (1966), Karajan va encore plus loin dans l'expression dramatique. Sa récente découverte de Mahler l'avait sans doute amené à accentuer l'angoisse latente qui est la marque de commerce de cette symphonie. L'orchestre est littéralement déchaîné et les cuivres en particulier se couvrent de gloire. Un sommet du disque et une porte d'entrée obligée pour l'univers tourmenté du compositeur soviétique.

**André Previn**
Previn démontre une affinité particulière pour l'univers de Chostakovitch. Luimême victime des rigueurs du régime totalitaire nazi qu'il dut fuir tout jeune avec ses parents, Previn comprend tout à fait l'esprit de cette dénonciation de l'univers étouffant du régime soviétique stalinien. L'orchestre est splendide et le preneur de son est à l'avenant.

*Symphonie nº 13 en si bémol mineur op. 113 (Babi Yar)*
*pour basse, chœur d'hommes et orchestre*

| Prix | Son | Cote | Soliste | Chœur/Orchestre | Chef | Éd. | Enr. |
|---|---|---|---|---|---|---|---|
| $$$ | | ★★★ | Marius Rintzler | Chœur d'hommes du Concertgebouw Orchestre royal du Concertgebouw | Bernard Haitink | Decca | 1984 |
| $$$ | | ★★ | Nikita Storojev | Men of the CBSO Chorus City of Birmingham Choir University of Warwick Chorus City of Birmingham Symphony Orchestra | Okko Kamu | Chandos | 1987 |

| Prix | Son | Cote | Soliste | Chœur/Orchestre | Chef | Éd. | Enr. |
|---|---|---|---|---|---|---|---|
| $ | | ★★ | Dimiter Petkov | London Symphony Chorus London Symphony Orchestra | André Previn | EMI 2 CD | 1979 |

**Bernard Haitink**
Voici peut-être le meilleur volet de cette remarquable intégrale Chostakovitch (maintenant distribuée en Europe). La cruauté de cette musique est parfaitement mise en valeur par les couleurs sombres de l'Orchestre du Concertgebouw, et la prise de son transparente donne au chœur une bonne chance de se faire entendre clairement au milieu des nombreux déchaînements orchestraux de l'œuvre. Le soliste n'a sans doute pas la puissance des basses russes pour les notes graves, mais il a une belle compréhension du texte et il fait passer tout aussi bien le désespoir sombre du mouvement initial que les passages plus sardoniques.

**Okko Kamu**
Une voix de basse aux graves caverneux, une équipe chorale typique des îles britanniques, un orchestre déchaîné et un chef inspiré: voilà une grande version de la *Treizième*, qui fait passer le message de dénonciation de tous les fascismes du monde.

**André Previn**
La basse bulgare Dimiter Petkov a un timbre sonore et sombre, pas autant peut-être que ses meilleurs collègues, mais tout à fait acceptable pour faire passer le tragique message du texte de Yevtouchenko. On connaît l'affinité de Previn avec l'univers de Chostakovitch, et il sait tour à tour déchaîner son orchestre ou le réduire à un murmure. Le grand mouvement initial *Babi Yar* est évidemment le sommet de l'œuvre, comme il se doit; la chaleur sombre des voix du chœur d'hommes du LSO n'est pas pour peu dans ce succès, encore que la profondeur des basses des chœurs russes serait la bienvenue. Ce disque est offert à un prix dérisoire.

### *Symphonie n° 14 pour soprano, basse et orchestre de chambre op. 135*

| Prix | Son | Cote | Soliste | Orchestre | Chef | Éd. | Enr. |
|---|---|---|---|---|---|---|---|
| $$$ | | ★★ | Julia Varády, soprano Dietrich Fischer-Dieskau, baryton | Orchestre royal du Concertgebouw | Bernard Haitink | Decca | 1981 |
| $$$ | | ★★★ | Ljuba Kazarnovskaïa, soprano Sergueï Leferkus, basse | Göteborgs Symfoniker | Neeme Järvi | DG | 1992 |
| $$$ | | ★ | Elizabeth Holleque, soprano Nikita Storojev, basse | I Musici de Montréal | Yuli Turovsky | Chandos | 1987 |

**Bernard Haitink**

Haitink a eu cette étrange idée de faire chanter les poèmes dans leur langue originale plutôt que dans la traduction russe qui a servi de base à la composition de Chostakovitch. Cela donne des résultats curieux, et les poèmes de Guillaume Apollinaire sonnent bizarrement avec les accents placés sur les mauvaises syllabes... La diction des solistes n'est pas parfaite, mais leur sens du texte et leur engagement dramatique ne font aucun doute. Somme toute, on tient là une version très forte de la plus noire des symphonies du maître.

**Neeme Järvi**

Voilà qui surprendra, mais Järvi réussit une version très pensée, très réfléchie de cette sombre méditation sur la mort et l'inanité des joies terrestres. Il dispose, il faut bien le dire, d'un duo de solistes sensationnel et notamment de la basse Leferkus aux graves caverneux et au sens dramatique très présent. La prise de son flatte les cordes et les percussions importantes de cette partition aux couleurs acérées.

**Yuli Turovsky**

Avec son petit orchestre, Turovsky offre une *Quatorzième* acérée; le petit nombre de cordes rend encore plus présente l'importante percussion, mais réduit un peu l'impact des divers mouvements. Les solistes sont plus discutables, avec un Storojev bien lourd et compassé et une Holleque qui n'a pas le génie de ses concurrentes ni la voix, d'ailleurs. On peut toutefois dire que le chef (exilé soviétique, lui aussi) entre de plain-pied dans l'univers désespéré de cette musique noire, et, pour l'esprit qu'il insuffle, on peut quand même retenir cette version honorable.

# CLAUDE-Achille DEBUSSY

Né à Saint-Germain-en-Laye, le 22 août 1862; mort à Paris, le 25 mars 1918.

D'abord professeur de piano (il sera «maître de musique» des enfants de Mme Von Meck, la célèbre protectrice de Tchaïkovski), il remporte le Premier Grand Prix de Rome en 1884 avec sa cantate l'*Enfant prodigue*. Mais c'est avec la création du *Prélude à l'après-midi d'un faune*, en 1894, qu'il connaît la gloire instantanée et devient une «vedette» du mouvement artistique qui sera appelé «impressionniste». Il écrit une importante œuvre de piano, renouvelant la technique et le sens expressif du jeu de l'instrument, et donne à ses courtes pièces des titres poétiques. Subissant au début de sa carrière l'influence de Wagner (on dit qu'il avait l'habitude de jouer *Tristan* au piano dans les salons parisiens), il s'affranchit nettement des influences étrangères et cherche à développer une musique authentiquement «française». À partir de 1914, il devient très nationaliste et rejette avec passion les avancées de Schönberg; c'est alors qu'il commence à signer ses œuvres «Claude Debussy, musicien français» et est surnommé «Claude de France» par la critique. Musicien original, il développe un mode d'expression très personnel dans des œuvres comme l'opéra *Pelléas et Mélisande* (1902), basée sur la pièce de Maeterlinck, et les *Trois Nocturnes pour orchestre*.

Tout en subtilité, Debussy a su être créatif tout en intégrant les meilleurs éléments de la tradition française: transparence de l'instrumentation et netteté de la ligne mélodique. Il est mort en 1918 des suites d'un cancer de la gorge, alors que les canons allemands bombardaient la ville de Paris.

**Pour commencer:** *Prélude à l'après-midi d'un faune*
**Un incontournable:** *Le Mer*
**Pour aller plus loin:** *Nocturnes pour chœur et orchestre*

## Musique orchestrale

*Images pour orchestre*
*La Mer*
*Nocturnes pour chœur et orchestre*
*Prélude à l'après-midi d'un faune*

### *Images pour orchestre*
### *Gigues – Ibéria – Rondes de printemps*

| Prix | Son | Cote | Orchestre | Chef | Éd. | Enr. |
|---|---|---|---|---|---|---|
| $$$ | | ★★ | Cleveland Orchestra | Pierre Boulez | DG | 1991 |
| $$$ | | ★★ | Orchestre symphonique de Montréal | Charles Dutoit | Decca | 1988 |
| $$ | | ★★★ | Boston Symphony Orchestra | Michael Tilson-Thomas | DG | 1971 |
| $ | | ★★ | Orchestre national de l'O.R.T.F. | Jean Martinon | EMI 2 CD | 1973 |

**Pierre Boulez**
Boulez a toujours aimé la sonorité claire et limpide de l'Orchestre de Cleveland, qui convient particulièrement à Debussy et permet de «désembrumer» ces paysages prétendument impressionnistes. Les instrumentistes sont parfaitement à leur affaire; d'ailleurs, la technique sonore époustouflante permet d'en entendre le moindre détail. Boulez mène tout cela avec discipline et rigueur, comme il en a coutume. Les rythmes endiablés d'*Ibéria* sont menés avec discipline et rigueur, eux aussi. On aimerait un zeste de fantaisie additionnelle!

**Charles Dutoit**
Dutoit est un peu moins à l'aise dans Debussy et ses demi-teintes que dans Ravel. Néanmoins, la belle couleur «française» de l'OSM et un preneur de son sympathique rendent cette version très intéressante. Les tempi sont assez relâchés, ce qui accentue l'atmosphère un peu brumeuse qu'on associe parfois à la musique impressionniste. *Ibéria* est dynamique, vive et sans brutalité.

**Jean Martinon**
L'Orchestre National traversait alors une période un peu difficile, ce qui nous vaut quelques cuivres criards et des cordes qui ne semblent pas toujours ensemble. Toutefois, on ne peut nier que la sonorité orchestrale en général est très française: vents très clairs, cordes transparentes, mouvement général très dynamique. Martinon n'a que faire des brumes impressionnistes; c'est une approche très valable et très convaincante, surtout, comme ici, quand on l'offre à prix très avantageux.

**Michael Tilson-Thomas**
Déjà, ce disque révélait une affinité particulière de Tilson-Thomas pour l'univers debussyste, ses demi-teintes, ses rythmes chatoyants et ses couleurs orchestrales subtiles. Comme il a été l'assistant de Boulez, il a une conception toute moderne de Debussy, ne laissant pas cours aux «brumes» romantiques de certains de ses collègues. Le BSO, bien sûr, est un des meilleurs orchestres du monde dans ce répertoire, et il comportait encore en 1970 nombre de solistes de l'époque Münch. Une réédition «The Originals» vient tout juste de combler nos vœux!

## *La Mer*
## Trois esquisses symphoniques

| Prix | Son | Cote | Orchestre | Chef | Éd. | Enr. |
|---|---|---|---|---|---|---|
| $$$ | 🔊 | ★★★ | Cleveland Orchestra | Pierre Boulez | DG | 1993 |
| $$ | | ★★★ | Boston Symphony Orchestra | Charles Münch | RCA | 1956 |
| $ | | ★★ | Orchestre national de l'O.R.T.F. | Jean Martinon | EMI 2 CD | 1973 |

**Pierre Boulez**
Boulez a toujours aimé la sonorité claire et limpide de l'Orchestre de Cleveland, qui convient particulièrement à Debussy et permet de «désembrumer» ces paysages prétendument impressionnistes. Les instrumentistes sont parfaitement à leur affaire; d'ailleurs, la technique sonore époustouflante permet d'en entendre

le moindre détail. Boulez mène tout cela avec discipline et rigueur, comme il en a coutume.

### Jean Martinon

L'Orchestre National traversait alors une période un peu difficile, ce qui nous vaut quelques cuivres criards et des cordes qui ne semblent pas toujours ensemble. Toutefois, on ne peut nier que la sonorité orchestrale en général est très française: vents très clairs, cordes transparentes, mouvement général très dynamique. Martinon n'a que faire des brumes impressionnistes, et c'est une approche très valable et très convaincante, surtout, comme ici, quand on l'offre à prix très avantageux.

### Charles Münch

Münch privilégiait les tempi rapides dans toutes les musiques qu'il abordait et celle-ci, expédiée en un peu plus de 22 minutes, ne fait pas exception. La virtuosité et la sonorité très française du plus français des orchestres américains sont ici employées dans leur meilleur répertoire. La prise de son est très réussie pour l'époque et la séparation stéréophonique pourrait en remontrer à bien des réalisations contemporaines.

## *Nocturnes*
## Tryptique symphonique pour orchestre et chœurs

| Prix | Son | Cote | Chœur/Orchestre | Chef | Éd. | Enr. |
|---|---|---|---|---|---|---|
| $$$ | | ★★ | Cleveland Orchestra Chorus<br>Cleveland Orchestra | Pierre Boulez | DG | 1993 |
| $$$ | | ★★ | Ambrosian Singers<br>Philharmonia Orchestra | Michael<br>Tilson-Thomas | Sony | 1982 |
| $ | | ★★★ | Collegium Musicum<br>Amstelodamense<br>Orchestre royal<br>du Concertgebouw | Bernard Haitink | Philips<br>2 CD | 1979 |

### Pierre Boulez

On pourrait peut-être reprocher à Boulez un certain détachement émotif qui «clarifie» un peu trop cette musique d'atmosphère. Mais l'orchestre est tellement brillant et transparent, le chœur splendide et le preneur de son exceptionnel, qu'on pardonne bien des choses à cette belle démonstration de direction d'orchestre.

### Bernard Haitink

Les brumes océaniques sont peut-être plus celles de la mer du Nord que celles de la Méditerranée, mais cette version splendide est quand même recommandable à tous points de vue. La sonorité un peu plus sombre du Concertgebouw confère une aura de mystère à cette musique d'atmosphère, ce qui est parfaitement justifiable. Haitink ne presse jamais le tempo et ne cherche pas l'effet de baguette, ce qui permet justement à l'atmosphère ainsi créée de se développer et de ne point se rompre.

**Michael Tilson-Thomas**
Une prise de son très rapprochée enlève un peu de mystère à cette version quand même très belle. L'univers debussyste de demi-teintes et de brillance orchestrale a toujours souri à Tilson-Thomas, dès ses débuts de chef à Boston. Sans presser le tempo, il réussit à maintenir de bout en bout la tension dramatique nécessaire à cette vaste fresque atmosphérique. La contribution du chœur à la réussite de l'ensemble n'est pas négligeable; comme il n'y a pas de paroles à chanter, la diction des Britanniques n'est pas un problème.

***Prélude à l'après-midi d'un faune***

| Prix | Son | Cote | Orchestre | Chef | Éd. | Enr. |
|---|---|---|---|---|---|---|
| $$$ | | ★ | Cleveland Orchestra | Pierre Boulez | DG | 1991 |
| $$$ | | ★★★ | Orchestre symphonique de Montréal | Charles Dutoit | Decca | 1989 |
| $ | | ★★ | Orchestre national de l'O.R.T.F. | Jean Martinon | EMI 2 CD | 1973 |

**Pierre Boulez**
Boulez a toujours aimé la sonorité claire et limpide de l'Orchestre de Cleveland, qui convient particulièrement à Debussy et permet de «désembrumer» ces paysages prétendument impressionnistes. Les instrumentistes sont parfaitement à leur affaire; d'ailleurs, la technique sonore époustouflante permet d'en entendre le moindre détail. Boulez a toutefois décidé d'expédier la chose en moins de neuf minutes, ce qui enlève pas mal de mystère et d'évocation poétique.

**Charles Dutoit**
Dutoit est un peu moins à l'aise dans Debussy et ses demi-teintes que dans Ravel. Néanmoins, la belle couleur «française» de l'OSM et un preneur de son sympathique rendent cette version très intéressante. Le tempo est relâché, comme il se doit, et le splendide flûtiste solo de l'OSM, Timothy Hutchins, brille de tous ses feux et confère à cette version un cachet très particulier.

**Jean Martinon**
La prise de son très rapprochée enlève un peu du mystère évocateur de cette page. Néanmoins, les couleurs très françaises de l'orchestre de Martinon plairont à plusieurs.

# GAETANO DONIZETTI

Né à Bergame, le 29 novembre 1797; mort à Bergame, le 8 avril 1848.

Auteur de 70 opéras dans une vie relativement courte, Donizetti est l'un des meilleurs représentants de l'école italienne du *bel canto*, qui utilisait la beauté pure de la ligne vocale comme moyen d'expression dramatique. Après une enfance modeste, il doit s'engager dans l'armée pour subvenir aux besoins de sa famille; ses premiers succès de compositeur lui permettent de se libérer de cette obligation, dont il se souviendra dans un de ses grands chefs-d'œuvre, *L'Elisir d'Amore*... Ses 30 premiers opéras, écrits à compter de 1818, le laissent dans l'ombre de Rossini et de Bellini. Ce n'est qu'avec *Anna Bolena*, en 1830, qu'il connaît son premier véritable succès, grâce à l'interprétation du fameux ténor Rubini et de la soprano «La Pasta». Si l'opéra-bouffe lui réussit occasionnellement avec *L'Elisir d'Amore* (1832), *La Fille du régiment* (1838) et *Don Pasquale* (1843), son inspiration dramatique est beaucoup plus sollicitée avec les sombres tragédies à caractère historique comme *Anna Bolena*, *Maria Stuarda*, *Lucrezia Borgia* et, surtout, *Lucia di Lammermoor*, son chef-d'œuvre, inspiré du roman de Walter Scott, *La Mariée de Lammermoor*. Épuisé par le travail, les chagrins domestiques et une vie dissolue, il est atteint de graves désordres mentaux et doit être interné en janvier 1846. Il retourne à Bergame pour y mourir au début de 1848. Si l'ensemble de son œuvre est assez inégal, ses meilleures partitions offrent de forts livrets et des mélodies remarquables, toujours en soutien efficace de l'action dramatique.

**Pour commencer:** *Lucia di Lammermoor*
**Un incontournable:** *L'Elisir d'Amore*

## Opéra

*L'Elisir d'Amore*
*Lucia di Lammermoor*

### *L'Elisir d'Amore*
### Mélodrame en deux actes

***Dramatis personæ*** **(personnages principaux pour référence des rôles des solistes dans le tableau)**

Adina, soprano (1) — Nemorino, ténor (2) — Belcore, baryton (3)
Dulcamara, basse (4)

| Prix | Son | Cote | Soliste | Orchestre | Chef | Éd. | Enr. |
|---|---|---|---|---|---|---|---|
| $$$ | | ★★ | Angela Gheorghiu (1)<br>Roberto Alagna (2)<br>Roberto Scaltriti (3)<br>Simone Alaimo (4) | Chœur et Orchestre de l'Opéra national de Lyon | Evelino Pidó | Decca<br>2 CD | 1996 |

| Prix | Son | Cote | Soliste | Orchestre | Chef | Éd. | Enr. |
|---|---|---|---|---|---|---|---|
| $$ | | ★★★ | Mariella Devia (1) Roberto Alagna (2) Pietro Spagnoli (3) Bruno Praticó | Tallis Chamber Choir English Chamber Orchestra | Marcello Viotti | Erato 2 CD | 1992 |

## Evelino Pidó

Une prise de son de représentation nous vaut quelques bruits de scène impromptus, mais aussi une atmosphère de comédie très vivante. Alagna est un peu moins en voix que dans sa prestation précédente avec Viotti, mais Gheorghiu est une excellente Adina, racoleuse et brillante. Le charlatan et le bellâtre sont magnifiquement joués par deux splendides chanteurs-comédiens aux voix très bien placées. L'Orchestre de Lyon est mené de main de maître par un jeune chef italien à surveiller.

## Marcello Viotti

Alagna est ici en grande forme vocale et dramatique, et son Nemorino nous fait passer par toute la gamme des émotions. L'Adina de Devia est une découverte, tant la chanteuse nous offre un timbre élégant et racé et une mise en place du rôle qui fera envie à bien des rivales. Le bellâtre et le charlatan sont joués par deux excellents chanteurs-acteurs, dotés en prime de voix splendides pour leurs rôles. Mais la meilleure valeur de ce disque est la direction souple, enjouée et convaincue du jeune chef italien Marcello Viotti, que les compagnies de disques tardent à reconnaître et qui signe ici son meilleur enregistrement à ce jour.

# *Lucia di Lammermoor*
# Opéra en trois actes

***Dramatis personæ*** **(personnages principaux pour référence des rôles des solistes dans le tableau)**

Lord Enrico Ashton di Lammermoor, baryton (1)
Lucia di Lammermoor, soprano (2)
Edgardo di Ravenswood, ténor (3)
Lord Arturo Bucklaw, ténor (4)
Raimondo, basse (5)
Alisa, mezzo-soprano (6)

| Prix | Son | Cote | Soliste | Orchestre | Chef | Éd. | Enr. |
|---|---|---|---|---|---|---|---|
| $$$ | | ★★ | Piero Cappuccilli (1) Maria Callas (2) Ferruccio Tagliavini (3) Leonard del Ferro (4) Bernard Ladysz (5) Margreta Elkins (6) | Philharmonia Chorus Philharmonia Orchestra | Tullio Serafin | EMI 2 CD | 1959 |
| $$ | H | ★★★ | Rolando Panerai (1) Maria Callas (2) Giuseppe di Stefano (3) Giuseppe Zampieri (4) Nicola Zaccaria (5) Luisa Villa (6) | Coro del Teatro alla Scala, Milano RIAS Sinfonie-Orchester Berlin | Herbert von Karajan | EMI 2 CD | 1955 |

| Prix | Son | Cote | Soliste | Orchestre | Chef | Éd. | Enr. |
|---|---|---|---|---|---|---|---|
| $$ | H | ★★ | Tito Gobbi (1)<br>Maria Callas (2)<br>Giuseppe di Stefano (3)<br>Valiano Natali (4)<br>Raffaele Arié (5)<br>Anna Maria Canali (6) | Coro e Orchestra del Maggio Musicale Fiorentino | Tullio Serafin | EMI<br>2 CD | 1953 |

### Herbert von Karajan

On n'associe guère Karajan à Donizetti, mais cette représentation publique du 29 septembre 1955 est demeurée légendaire à bien des égards. À cette occasion, le sextuor est bissé dans son intégralité, le public est déchaîné et le duo Callas-Di Stefano n'a jamais été aussi dramatique. L'orchestre, sublime, accompagne les moindres inflexions de la scène de la folie et les rôles secondaires sont très bien tenus; tout, finalement, contribue à faire de cette soirée une de ces «représentations magiques» que recherchent les *afficionadi* d'opéra. La prise de son est étonnante, en mono bien sûr, mais sans ces distorsions déformantes de nombre de «pirates» de l'époque – par exemple, cette atroce *Traviata* de 1956 à Milan.

### Tullio Serafin (1953)

Serafin coupe largement la partition, ce qui nous vaut une exécution sous la barre des deux heures. On y entend une toute jeune Callas à son zénith vocal et un Di Stefano aristocratique et puissant. Le couple sera encore plus dramatique deux ans plus tard avec Karajan, mais, pour une exécution de studio, on atteint déjà un niveau très élevé. C'est Gobbi qui campe le sinistre Enrico, la composition est donc dramatiquement des plus convaincantes et la direction orchestrale de Serafin, comme toujours, est raffinée et efficace.

### Tullio Serafin (1959)

La voix n'est plus aussi fraîche, mais Callas demeure Callas et l'investissement dramatique du personnage de Lucia a rarement été à ce niveau – sinon par Callas elle-même. Comme souvent dans les enregistrements studio de la grande diva, les partenaires ont été choisis pour ne pas lui porter ombrage, et, s'ils sont corrects, on ne retrouve pas ici l'égal des distributions de rêve avec Karajan et l'ancien Serafin. Signalons tout de même l'excellente composition du grand chanteur-acteur Cappuccilli dans le rôle du méchant Enrico.

# *ANTONÍN DVORÁK*

Né à Nelahozeves (Bohême), le 8 septembre 1841; mort à Prague, le 1er mai 1904.

Fils d'un boucher, Dvorák apprend d'abord le métier de son père avant d'entreprendre – tardivement – des études musicales. Formé comme organiste et pianiste, il devient altiste dans l'orchestre de l'Opéra national de Prague en 1862. Il y fait connaissance avec les opéras nationalistes de Smetana. En 1873, il devient organiste à Prague, puis il va travailler à Vienne où il rencontre Brahms. Ce dernier le prend sous son aile et le recommande à son éditeur Simrock qui imprime, notamment, les *Danses slaves* et plusieurs symphonies. Dans le genre lyrique, il fera plusieurs tentatives, mais le succès ne lui viendra qu'en 1900 avec la création de *Rusalka*, son chef-d'œuvre.

Entre-temps, menant une carrière internationale de chef d'orchestre, il est invité à New York en 1892 pour y prendre la direction du conservatoire nouvellement fondé. Les œuvres de son séjour américain demeurent ses plus connues: *Symphonie n° 9 (Du Nouveau Monde)*, *Quatuor américain* et *Concerto pour violoncelle* (1895).

Le style de Dvorák est marqué par un sens mélodique très national, un développement brahmsien de l'harmonie et de l'orchestration, et par l'incorporation de diverses influences extérieures. Ses *Danses slaves* sont connues de tous les mélomanes, et ses grandes œuvres ont toujours beaucoup de succès, que ce soit en musique de chambre, au concert ou à l'opéra.

**Pour commencer:** *16 Danses slaves op. 46 – op. 72*
**Un incontournable:** *Symphonie n° 9 en mi mineur op. 95 (Du Nouveau Monde)*
**Pour aller plus loin:** *Symphonie n° 7*

### Musique orchestrale

*Concerto pour violoncelle*
*Danses slaves (slavoniques)*
*Symphonie n° 7*
*Symphonie n° 8*
*Symphonie n° 9 (Du Nouveau Monde)*

### *Concerto pour violoncelle en si mineur op. 104*

| Prix | Son | Cote | Soliste | Orchestre | Chef | Éd. | Enr. |
|---|---|---|---|---|---|---|---|
| $$$ | | ★★★ | Mstislav Rostropovitch | Royal Philharmonic Orchestra | Sir Adrian Boult | Testa-ment | 1957 |
| $$ | | ★★ | Gregor Piatigorsky | Boston Symphony Orchestra | Charles Münch | RCA | 1960 |
| $$ | | ★★ | Mstislav Rostropovitch | Berliner Philharmoniker | Herbert von Karajan | DG | 1968 |
| $$ | H | ★★ | Mstislav Rostropovitch | Orchestre philharmonique tchèque | Václav Talich | Supra-phon | 1952 |

**Gregor Piatigorsky**
La filière russe nous offre le père du violoncelle soviétique dans une version incandescente réalisée avec Münch. Cette grande sonorité, que développera plus tard Rostropovitch, est déjà présente ici, et l'expression slave rend parfaitement justice aux grandes mélodies que contient le *Concerto.*

**Mstislav Rostropovitch (1952)**
Parmi les neuf versions endisquées par Rostropovitch, on cite généralement celles réalisées avec Talich et Boult comme les plus accomplies. Voici la version Talich, miraculeusement ressuscitée sur les terres américaines après une longue absence. Oh, bien sûr, c'est une prise de son monophonique; 1952: instrument soliste en évidence, orchestre un peu écrasé. Tout de même, Supraphon se croit justifié, du fait du bandeau *Historical* sur la pochette, de nous donner n'importe quoi et de transférer directement sur CD le contenu d'une bande analogique qu'on ne se donne même pas la peine de numériser. Bien regrettable, car jamais sans doute «Rostro», à 25 ans, n'aura été aussi poétique et dominant dans ce concerto, qui deviendra plus tard un peu routinier sous ses doigts blasés. La direction de Talich est miraculeuse de compréhension, adoptant instinctivement les tempi corrects et suivant son soliste avec une rigueur et un aplomb indéniables. Bravo donc pour Rostro, bravo pour Talich et la Philharmonie tchèque, et un gros CHOU aux incultes bonzes qui dirigent actuellement la Supraphon!

**Mstislav Rostropovitch (1957)**
Parmi les neuf versions endisquées par Rostropovitch, on cite généralement celles réalisées avec Talich et Boult comme les plus accomplies. Celle-ci est, bien sûr, enregistrée d'une façon magistrale, très supérieure à l'autre. Boult dirige avec dynamisme et grandeur, sans emphase excessive, mais avec beaucoup de lyrisme et d'expression. L'orchestre – qui est celui de Beecham – est d'une virtuosité sans égale. Bien sûr, «Rostro» est égal à lui même; dès les premières mesures de son entrée, le son puissant et juste du violoncelle domine totalement l'exécution.

**Mstislav Rostropovitch (1968)**
La légendaire version du *Concerto pour violoncelle* par Rostropovitch et Karajan trouve les protagonistes au sommet de leur forme musicale. L'Orchestre de Berlin a du poids et de la souplesse, mais sans lourdeur. Ce son est le pendant parfait à la très riche sonorité du violoncelle et au geste ample de Rostropovitch. Ce dernier a

enregistré ce concerto plusieurs fois et cette version est l'une des meilleures, avec Karajan dans un de ses meilleurs jours.

### *16 Danses slaves (slavoniques) op. 46 – op. 72*

| Prix | Son | Cote | Orchestre | Chef | Éd. | Enr. |
|---|---|---|---|---|---|---|
| $$$ | | ★★★ | Orchestre philharmonique tchèque | Sir Charles Mackerras | Supraphon | 1999 |
| $$ | | ★★★ | Symphonie-Orchester des Bayerischen Rundfunks | Rafael Kubelík | DG | 1974 |
| $$ | | ★★★ | Orchestre philharmonique tchèque | Karel Sejna | Supraphon | 1959 |
| $$ | H | ★★ | Orchestre philharmonique tchèque | Václav Talich | Supraphon | 1950 |

**Rafael Kubelík**
On ne peut que féliciter la DG d'avoir réédité cette exceptionnelle réussite de Kubelík dans sa série «The Originals». La transparence de l'enregistrement permet d'apprécier l'habitude de Kubelík de disposer les violons de part et d'autre du chef et ainsi de mettre en valeur le contrepoint orchestral subtil de Dvorák. Les tempi semblent continuellement justes, ni trop rapides ni trop lents, et cet orchestre *echt-deutsch* sonne tout comme si nous étions dans la salle Smetana de Prague. Un moment de bonheur musical à ne pas manquer.

**Sir Charles Mackerras**
Mackerras est le plus tchèque des chefs non tchèques! Spécialiste, on le sait, de Janácek, il aborde Dvorák avec un rare bonheur et nous donne des *Danses* pas du tout routinières, finement ciselées, à peine gâtées par une prise de son très lointaine qui oblige à monter considérablement le volume. La Philharmonie tchèque pourrait jouer ces pièces dans son sommeil, et ajoute ce grain d'authenticité qui est essentiel à ces *Danses* si typiques de leur pays d'origine. De loin la meilleure version récente et numérique de ces œuvres très célèbres et fréquemment enregistrées. Avec la version Talich que je commente également ci-dessous, ce disque permet de couvrir pratiquement un demi-siècle d'histoire de la glorieuse Philharmonie tchèque!

**Karel Sejna**
Ne vous laissez pas arrêter par la relative obscurité de Karel Sejna (1896-1982): il fut l'un des grands chefs tchèques de ce siècle, même s'il n'a jamais occupé de postes prestigieux de direction musicale. Spécialisé dans la musique nationale et romantique, il offre des *Danses slaves* vivantes, bien différenciées; il tire profit des splendides sonorités orchestrales de la Philharmonie tchèque des beaux jours. Très belle version à prix d'aubaine.

**Vaclav Talich**
Le grand Talich a une manière très chantante dans Dvorák, jouant de la dynamique et de la vitesse avec un art consommé. Un tantinet plus lente que l'excellente version Sejna, sa version est handicapée par une prise de son très vieillie, monophonique. Mais l'orchestre est littéralement galvanisé par la présence de son

célèbre chef, alors en disgrâce auprès des autorités communistes du pays. Jamais sans doute l'*allegretto graziozo* de la *Danse op. 72 nº 2* n'aura chanté avec autant de conviction qu'ici!

### *Symphonie nº 7 en ré mineur op. 70*

| Prix | Son | Cote | Orchestre | Chef | Éd. | Enr. |
|---|---|---|---|---|---|---|
| $$$ | | ★★★ | Wiener Philharmoniker | Myung-Whun Chung | DG | 1995 |
| $$ | | ★★ | Cleveland Orchestra | George Szell | Sony 2 CD | 1960 |
| $ | | ★★★ | Orchestre royal du Concertgebouw d'Amsterdam | Sir Colin Davis | Philips 2 CD | 1975 |

**Myung-Whun Chung**
Décidément, Chung a bien mûri comme interprète. Une version assez superficielle réalisée dans les années 1980 avec l'Orchestre de Göteborg chez BIS n'avait pas laissé un souvenir durable. Mais ici, c'est tout autre chose. La subtilité des timbres de la Philharmonique de Vienne y est sans doute pour beaucoup, de même que la prise de son spectaculaire. Mais que dire de l'emportement dramatique «contrôlé» du chef, de sa façon de mettre en valeur chaque mélodie et de son sens de l'argument symphonique qui ne se dément jamais dans la plus «symphonique» des symphonies de Dvorák!

**Sir Colin Davis**
La pochette de ce disque (Philips Duo) donne l'impression que l'orchestre entendu est le London Symphony Orchestra. Pourtant, il s'agit bien du Concertgebouw d'Amsterdam, dans une forme glorieuse d'ailleurs. Les couleurs sombres de l'orchestre conviennent particulièrement à la plus sombre des symphonies de Dvorák. Les tempi sont assez vifs sans être précipités et la tension dramatique est maintenue constamment. Un des meilleurs disques de Colin Davis.

**George Szell**
La tradition Dvorák de l'Orchestre de Cleveland remonte à Szell, qui dirigeait dans les années 1940 ce répertoire alors assez peu fréquenté, semble-t-il. Dans cette *Septième* bondissante, rythmée, tragique et brillante, il démontre son art avec brio. Contrairement à la réputation de sécheresse qu'on a pu lui faire, il joue ici la carte du drame passionné de cette très brahmsienne symphonie.

### *Symphonie nº 8 en sol majeur op. 88*

| Prix | Son | Cote | Orchestre | Chef | Éd. | Enr. |
|---|---|---|---|---|---|---|
| $$ | | ★★★ | Berliner Philharmoniker | Rafael Kubelík | DG | 1966 |
| $$ | | ★★ | Cleveland Orchestra | George Szell | Sony 2 CD | 1958 |
| $ | | ★★ | Orchestre royal du Concertgebouw | Sir Colin Davis | Philips 2 CD | 1978 |

**Sir Colin Davis**
La pochette de ce disque (Philips Duo) donne l'impression que l'orchestre entendu est le London Symphony Orchestra. Pourtant, il s'agit bien du Concertgebouw d'Amsterdam, dans une forme glorieuse d'ailleurs. Les couleurs sombres de l'orchestre conviennent peut-être un peu moins à cette très souriante symphonie, mais l'enthousiasme de Davis est communicatif. Les tempi sont un peu plus larges que chez Kubelík. Dans l'ensemble, cette version est plus réfléchie que d'autres.

**Rafael Kubelík**
Un des meilleurs volets de l'exceptionnelle intégrale Dvorák de Kubelík, celle-ci a été enregistrée à l'Église de Jésus-Christ de Berlin et a donc une plus-value sonore que les autres symphonies, enregistrées à la difficile Philharmonie, auront moins. Le velouté des cordes en particulier fait merveille dans cette très souriante symphonie, où les tempi ne traînent jamais, mais où on ne sent pas non plus la précipitation.

**George Szell**
L'affinité du Cleveland avec Dvorák remonte à George Szell, qui commença à y diriger le compositeur (alors peu joué) dans les années 1940. La *Huitième* porte la marque des interprétations de Szell: discipline, brillance du son, vigueur du rythme et tension dramatique maintenue d'un bout à l'autre. La prise de son très rapprochée est un peu désagréable.

***Symphonie nº 9 en mi mineur op. 95 (Du Nouveau Monde)***

| Prix | Son | Cote | Orchestre | Chef | Éd. | Enr. |
|---|---|---|---|---|---|---|
| $$ | | ★★★ | Berliner Philharmoniker | Rafael Kubelík | DG | 1972 |
| $$ | | ★★ | Cleveland Orchestra | George Szell | Sony 2 CD | 1959 |
| $$ | H | ★★★ | Orchestre philharmonique tchèque | Václav Talich | Supraphon | 1954 |
| $ | | ★★★ | Orchestre royal du Concertgebouw | Sir Colin Davis | Philips 2 CD | 1978 |

**Sir Colin Davis**
La pochette de ce disque (Philips Duo) donne l'impression que l'orchestre entendu est le London Symphony Orchestra. Pourtant, il s'agit bien du Concertgebouw d'Amsterdam, dans une forme glorieuse d'ailleurs. Les couleurs sombres de l'orchestre conviennent parfaitement à l'automnale *Nouveau Monde*. La discipline de l'orchestre permet de rendre toutes les subtilités de la partition. Les tempi de Davis sont généralement plutôt rapides, ce qui n'empêche le fameux *largo* de respirer comme il se doit.

**Rafael Kubelík**
Très belle version de la *Nouveau Monde*, enregistrée au début des années 1970. La disposition classique de l'orchestre (premiers et deuxièmes violons de part et d'autre du chef) permet d'apprécier le contrepoint des cordes. Les timbales sont particulièrement en relief dans cette prise de son; il est vrai que Dvorák apportait une attention particulière à cet instrument. Le *largo* chante davantage que dans les autres versions de Kubelík.

### George Szell

Szell a dirigé la *Nouveau Monde* à sept reprises durant son passage à la direction du Cleveland. Geste quasi héroïque, car Dvorák était très peu joué dans les années 1940, semble-t-il. Son interprétation très disciplinée porte l'accent sur la vigueur du rythme et sur l'expression dramatique. Le mouvement lent est particulièrement réussi, très chantant et parfaitement joué par les solistes virtuoses (dont l'existence tenait souvent à une colère du tyrannique Szell).

### Václav Talich

Né en 1883, Talich avait un peu plus de 20 ans à la mort de Dvorák. Il a donc pu s'abreuver à la source même de la tradition d'interprétation de cette œuvre. Violoniste de formation, il obtient une belle transparence de ses cordes, que même le minable repiquage Supraphon ne parvient pas à obscurcir. Les cuivres perçants nous rappellent qu'on écoute un orchestre slave; toutefois, la splendeur sonore est généralement assez évidente dans les *tutti*, de même que le jeu soyeux des cordes. Les tempi sont tous parfaitement jugés; la reprise du premier mouvement n'est pas observée, conformément aux pratiques de cette époque.

# *Sir EDWARD ELGAR*

Né à Broadheath (près de Worcester en Angleterre), le 2 juin 1857; mort à Worcester, le 23 février 1934.

Génial amateur, Elgar apprit la musique en autodidacte, travaillant comme adjoint dans la boutique de musique de son père dès l'âge de quinze ans. Il devient célèbre du jour au lendemain en 1899, à 42 ans, avec les *Variations sur un thème original*, plus connues sous le titre *Enigma Variations*, qui dépeignent divers personnages de l'entourage du compositeur, en les identifiant seulement par des initiales. Dès lors consacré «grand maître de l'orchestre», il produit également de grands oratorios qui sont très typiques de l'époque victorienne et édouardienne avec leur connotation religieuse et leur envergure monumentale. *The Dream of Gerontius*, *The Apostles* et *The Kingdom* jalonnent les années 1900 à 1906. Les deux symphonies, composées presque simultanément, le *Concerto pour violon* (1910) et le *Concerto pour violoncelle* (1919) illustrent une production musicale «sérieuse» qui ne dédaigne pas les envois de circonstance comme les cinq fameuses marches *Pomp and Circumstance op. 39*. À la mort de sa femme, il entre dans un silence presque total qu'il s'apprête à abandonner au moment de sa mort, laissant inachevés la *Troisième Symphonie* et un opéra. L'indication *nobilmente* qu'on retrouve fréquemment sur ses partitions décrit à merveille l'ensemble de son œuvre, personnification musicale de l'Angleterre édouardienne et de son atmosphère d'empire déclinant.

**Pour commencer:** *Pompe et Circonstance* (marches)
**Un incontournable:** *Variations sur un thème original* (*Enigma*)
**Pour aller plus loin:** *Concerto pour violon*

### Musique orchestrale

*Concerto pour violon*
*Concerto pour violoncelle*
*Enigma Variations* (*Variations on an Original Theme*)
*Pomp and Circumstance* (5 marches)

## *Concerto pour violon en si mineur op. 61*

| Prix | Son | Cote | Soliste | Orchestre | Chef | Éd. | Enr. |
|---|---|---|---|---|---|---|---|
| $$$ | 🔊 | ★★ | Kyoko Takezawa | Symphonie-Orchester des Bayerischen Rundfunks | Sir Colin Davis | RCA | 1993 |
| $$ | H | ★★★ | Yehudi Menuhin | London Symphony Orchestra | Sir Edward Elgar | EMI | 1932 |
| $ | | ★★ | Dong-Suk Kang | Orchestre symphonique de la Radio nationale polonaise (Katowice) | Adrian Leaper | Naxos | 1991 |

### Dong-Suk Kang

Kang offre un jeu brillant et des tempi plus rapides que l'habitude, ce qui lui permet de convaincre dans cette œuvre qui peut sembler diffuse en d'autres mains. Il est accompagné par un jeune chef britannique bien au fait de ce répertoire, même si l'orchestre de Katowice n'a pas dû se frotter souvent à Elgar. Prise de son très réverbérée comme il est de coutume pour Naxos dans la salle de Katowice. Le prix est très économique.

### Yehudi Menuhin

La rencontre du tout jeune (16 ans) Menuhin et du vétéran compositeur allait marquer l'histoire du disque. Jamais peut-être une version du *Concerto pour violon* d'Elgar n'aura été aussi concentrée, inspirée, avec un soliste à l'unisson du chef et un orchestre attentif et rigoureux. La prise de son, presque miraculeuse, pourrait dater des années 1950. Le violon, très présent, est juste et puissant et son expressivité, dans le mouvement lent notamment, est quelque chose à entendre. Elgar observe des tempi sensiblement plus allègres que ses interprètes subséquents, ce qui donne au concerto une cohésion qu'on ne lui connaissait pas nécessairement. Ce disque n'est jamais sorti du catalogue depuis sa parution, et pour cause. Un sommet.

### Kyoko Takezawa

La violoniste nippone (ex-adepte de la méthode Suzuki) nous présente une fort belle version du *Concerto pour violon* d'Elgar. Les tempi ne traînent pas et Davis est un excellent interprète d'Elgar lui aussi, avec un accompagnement équilibré et contrasté; il a su transmettre le style elgarien à un orchestre munichois qui n'a pas dû fréquenter souvent ce répertoire. Ils sont assistés par une prise de son exceptionnelle de RCA, en la renommée Herkulessaal de la Résidence de Munich. Ajoutons que la pochette présente un livret-affiche qui nous permet d'admirer la soliste en pied.

### *Concerto pour violoncelle en mi mineur op. 85*

| Prix | Son | Cote | Soliste | Orchestre | Chef | Éd. | Enr. |
|---|---|---|---|---|---|---|---|
| $$$ | | ★★★ | Jacqueline du Pré | London Symphony Orchestra | Sir John Barbirolli | EMI | 1965 |
| $$$ | | ★★ | Yo-Yo Ma | London Symphony Orchestra | André Previn | Sony | 1984 |
| $ | 🔊 | ★★ | Maria Kliegel | Royal Philharmonic Orchestra | Michael Halász | Naxos | 1991 |

**Jacqueline du Pré**
La grande violoncelliste britannique (originaire des îles anglo-normandes, d'où son nom à consonance française) était toute jeune lorsqu'elle enregistra cette légendaire version du *Concerto pour violoncelle* d'Elgar avec Barbirolli. Tout serait à citer dans ce disque: justesse des tempi, équilibre orchestre-soliste, fantaisie, poésie; bref, c'est le monde d'Elgar raconté par des artistes convaincus et convaincants. Ce disque est rarement disparu du catalogue en plus de 30 ans (ce qui est rare chez EMI). Il existe une autre version enregistrée en concert par Jacqueline du Pré vers la fin de sa carrière, alors que la maladie commençait à faire ses ravages. Indépendamment de considérations d'ordre sentimental, je crois que la version Barbirolli est préférable.

**Maria Kliegel**
Cet enregistrement nous faisait découvrir une jeune violoncelliste allemande très dynamique et très brillante. Assistée par une des bonnes prises de son de Naxos (qui bâcle parfois ses enregistrements) et un chef très attentif, elle nous permet de goûter pleinement et à bon prix le *Concerto pour violoncelle* d'Elgar.

**Yo-Yo Ma**
Une autre belle réussite du violoncelliste sino-américain, cette fois-ci dans un programme de musique britannique. Previn est toujours à l'aise dans le monde elgarien, et le LSO présente la sonorité idéale pour cette musique. Belle prise de son équilibrée.

### *Enigma op. 36*

| Prix | Son | Cote | Orchestre | Chef | Éd. | Enr. |
|---|---|---|---|---|---|---|
| $$$ | | ★★ | London Philharmonic Orchestra | Bryden Thomson | Chandos | 1988 |
| $$$ | 🔊 | ★★ | Wiener Philharmoniker | Sir Georg Solti | Decca | 1996 |
| $$ | | ★★★ | London Symphony Orchestra | Pierre Monteux | Decca | 1958 |

**Pierre Monteux**
Un spécialiste de la musique française dans Elgar? Il faut savoir que, contrairement à la croyance populaire, Monteux se considérait plutôt comme un spécialiste de la musique allemande en général, et de Brahms en particulier. Or on sait l'influence considérable que Brahms a eu sur le style d'Elgar. La collaboration entre le

LSO et Monteux (qui signa avec eux, en 1961, un contrat d'une durée de 25 ans comme directeur musical – à l'âge de 86 ans) est légendaire et pour cause! L'orchestre est flamboyant, les tempi ne traînent pas et chaque variation est rendue avec sa personnalité propre. Le son est excellent pour l'époque.

**Sir Georg Solti**
Solti est un excellent interprète d'Elgar; si on ne le voit pas plus souvent dans ce guide, c'est que je n'ai pas eu l'occasion de mettre la main sur les versions CD des nombreux disques de ce compositeur. Voici un de ses plus récents (et même l'un de ses derniers), où le Philharmonique de Vienne prouve sa flexibilité en nous donnant une admirable version des *Enigma*. La prise de son présente une dynamique exceptionnelle, ce qui peut rendre inaudibles certaines variations écoutées à volume trop faible... Toutefois, en haussant celui-ci, vous risquez d'être écrasé par les explosions sonores de certains *tutti*. Quoi qu'il en soit, chacune des variations reçoit le traitement approprié, et l'exactitude d'exécution, marque de commerce de Solti, est ici particulièrement bienvenue.

**Bryden Thomson**
Thomson était un interprète convaincu de la musique britannique de toute provenance, et il rend ici honneur à la célébrissime partition d'Elgar. Tout est très en place et une prise de son un tant soit peu réverbérée permet de goûter pleinement la virtuosité d'orchestrateur du compositeur.

### *Pomp and Circumstance op. 39*
### Cinq marches

| Prix | Son | Cote | Orchestre | Chef | Éd. | Enr. |
|---|---|---|---|---|---|---|
| $ | 🔊 | ★★ | Royal Philharmonic Orchestra | André Previn | Philips 2 CD | 1985 |

**André Previn**
Previn est un chef elgarien fantastique. Caractérisé par une prise de son exemplaire, littéralement bradé par Philips dans la série DUO, à deux disques pour moins du prix d'un seul, et offrant les deux symphonies en complément de programme, on aurait tort de se priver d'un tel cadeau... Le panache, la noblesse, les grandes mélodies victoriennes, tout est là pour faire revivre cette «fin de siècle» impériale. Rappelons que les marches n$^{os}$ 1 et 4 sont parmi les plus célèbres des créations d'Elgar, avec leurs grandes mélodies du trio, *Land of Hope and Glory* (n$^{o}$ 1) et *All Men Must Be Free* (n$^{o}$ 4), qui ont fait les belles heures des armées britanniques dans les deux guerres mondiales.

# GEORGE GERSHWIN

Né à Brooklyn (New York), le 2 septembre 1898; mort à Beverley Hills (Californie), le 11 juillet 1937.

Gershwin refuse d'être formé à un conservatoire pour ne pas brimer sa «liberté d'inspiration». Très tôt, il est renommé pour ses mélodies populaires, dont les arrangements se multiplient, et pour ses contributions aux *shows* de Broadway. À partir de 1924, à l'instigation du chef de jazz Paul Whiteman, son œuvre prend des ambitions plus classiques (*Rhapsody in Blue, Concerto en fa, An American in Paris*) tout en intégrant dans le cadre orchestral les rythmes et tournures mélodiques du jazz et de la chanson populaire. Cette aspiration à l'idéal classique trouvera son aboutissement dans le chef-d'œuvre de Gershwin, l'opéra *Porgy and Bess*, qui ne sera toutefois pas joué au Metropolitan Opera de New York, la «scène sérieuse» de l'endroit, du vivant de Gershwin. Déçu de cette situation, il se transporte à Hollywood, où il collabore à des musiques de film. C'est là qu'il meurt prématurément des suites d'une opération ratée pour soigner une tumeur au cerveau. Il est le premier à avoir intégré de façon convaincante les idiomes populaires américains dans des compositions musicales «classiques».

**Pour commencer:** *Rhapsody in Blue*
**Un incontournable:** *An American in Paris*
**Pour aller plus loin:** *Porgy and Bess*

**Musique orchestrale**

*Rhapsody in Blue* (pour piano et orchestre ou orchestre de jazz)
*An American in Paris*

**Opéra/Musique de scène**

*Porgy and Bess*

***Rhapsody in Blue***
**Pour piano et orchestre ou orchestre de jazz**

| Prix | Son | Cote | Soliste | Orchestre | Chef | Éd. | Enr. |
|---|---|---|---|---|---|---|---|
| $$$ | | ★★★ | Andrew Litton | Royal Philharmonic Orchestra | Andrew Litton | RPO | 1987 |
| $$$ | | ★★★ | Michael Tilson Thomas | New World Symphony | Michael Tilson-Thomas | RCA | 1997 |
| $$ | | ★★ | Leonard Bernstein | Columbia Symphony Orchestra | Leonard Bernstein | Sony | 1959 |
| $$ | | ★★★ | Earl Wild | Boston Pops Orchestra | Arthur Fiedler | RCA | 1959 |

**Leonard Bernstein**
Bernstein n'avait peur de rien, et cet enregistrement le démontre. Dirigeant du clavier la version «symphonique» de la *Rhapsody*, il entraîne son *pickup* new-yorkais dans une frénésie de rythme et de couleur que peu ont surpassé depuis, excepté les utilisateurs de la version *jazzband* que je préfère, ce qui lui confère d'autant plus de mérite de suivre le soliste à une telle allure. La *Rhapsody* en perd un peu son côté «Défense et illustration du jazz symphonique» qui, de toute façon, agaçait profondément Gershwin. Le son a un peu vieilli, c'est évident, avec une priorité au soliste pas aussi importante que dans certains enregistrements de cette époque; le timbre des instruments est assez bien rendu et il n'y a pas trop de distorsion. Le tout est expédié en à peine 12 minutes, contre les 18 de la version Tritt; quelques coupures raccourcissent un peu la partition...

**Andrew Litton**
On ne penserait pas qu'un orchestre londonien puisse sonner à ce point comme un *jazzband* sorti tout droit d'une cave de Harlem. Il faut entendre les «wa-wa» des cuivres pour y croire... Litton est en verve; il joue sa partie de piano avec tout l'emportement d'un authentique *jazzman* et maintient l'allure avec certains jeux de tempo qui permettent de donner une certaine flexibilité tout à fait «jazzienne» à l'exécution. Est-il besoin de préciser que c'est l'orchestration jazz qui est employée? La prise de son très rapprochée nous donne l'impression d'être assis au milieu du *band*. La distribution de ce disque est assez confidentielle en Amérique du Nord.

**Michael Tilson-Thomas**
Après avoir dirigé le compositeur, voici que Tilson-Thomas se dirige lui-même dans cette partition mouvementée. Une version avec le Los Angeles Philharmonic l'avait déjà montré en grande forme; dans ce disque floridien, il adopte une approche un peu plus introspective, mais tout de même authentiquement jazz. Peut-être plus le jazz des boîtes enfumées que celui du Broadway clinquant? Superbe technique d'enregistrement. Les jeunes musiciens de l'Orchestre du Nouveau Monde ne connaissent pas (encore) la routine, est-il besoin de le rappeler?

**Earl Wild**
La version préférée des discophiles des années 1950 fait un retour en force grâce à une réédition revampée de RCA. Un des premiers à pratiquer la version originale *jazzband*, Wild avait en Fielder un complice disposé à faire swinguer son orchestre sans retenue. Cette version a presque toujours été présente au catalogue, et son incarnation récente la rend tout simplement irrésistible.

***An American in Paris***

| Prix | Son | Cote | Orchestre | Chef | Éd. | Enr. |
|---|---|---|---|---|---|---|
| $$ | | ★★★ | New York Philharmonic | Leonard Bernstein | Sony | 1958 |
| $$ | | ★★ | Boston Pops Orchestra | Arthur Fiedler | RCA | 1959 |

**Leonard Bernstein**
Bernstein domine cette musique aussi indiscutablement new-yorkaise que son propre *West Side Story*. Avec un enthousiasme débordant et un sens du swing que

seul un Américain peut posséder, il entraîne dans son sillon la Philharmonique de New York des meilleurs jours. Une prise de son plutôt rapprochée permet de se sentir vraiment dans l'action et de vibrer littéralement avec la grosse caisse, qui s'en donne à cœur joie.

### Arthur Fiedler

Le pape de la musique légère américaine offre une version véritablement enthousiasmante et fameusement jouée par les «patriciens» membres du Boston Symphony Orchestra en goguette (on sait que les Boston Pops sont constitués de membres du BSO, excluant les premiers pupitres).

## *Porgy and Bess*

***Dramatis personæ* (personnages principaux pour référence des rôles des solistes dans le tableau)**

| | | |
|---|---|---|
| Porgy, baryton-basse (1) | Bess, soprano (2) | Crown, baryton (3) |
| Serena, soprano (4) | Clara, soprano (5) | Sportin' Life, ténor (6) |

| Prix | Son | Cote | Soliste | Chœur/Orchestre | Chef | Éd. | Enr. |
|---|---|---|---|---|---|---|---|
| $$$ | 🔊 | ★★★ | Willard White (1)<br>Cynthia Haymon (2)<br>Gregg Baker (3)<br>Cynthia Clarey (4)<br>Harolyn Blackwell (5)<br>Damon Evans (6) | Glyndebourne Chorus<br>London Philharmonic Orchestra | Sir Simon Rattle | EMI<br>3 CD | 1988 |
| $$ | | ★★ | Willard White (1)<br>Leona Mitchell (2)<br>McHenry Boatwright (3)<br>Florence Quivar (4)<br>Barbara Hendricks (5)<br>François Clemmons (6) | Cleveland Orchestra Chorus<br>Cleveland Orchestra | Lorin Maazel | Decca<br>3 CD | 1975 |

### Lorin Maazel

À l'époque de sa parution, la version Maazel avait subi les foudres de certains critiques «fine bouche» qui lui reprochaient de faire «grand opéra» et qui lui préféraient la version façon Broadway de John DeMain chez RCA. Vingt ans plus tard, la version DeMain, son orchestre de zin-zin et ses médiocres chanteurs sont bien oubliés, alors que le disque de Maazel continue de faire carrière en série semi-économique. Il est vrai qu'on a ici des chanteurs de grand opéra, que Maazel met *Porgy* sur le même pied que *Don Giovanni* et que l'orchestre de Cleveland est un des plus grands orchestres symphoniques au monde. Mais l'intention première de Gershwin n'était-elle pas justement de créer un vrai opéra, et non un *musical*? Quoi qu'il en soit, tous les protagonistes sont parfaitement convaincants, tout particulièrement l'étonnant Sportin' Life du ténor de caractère François Clemmons. Willard White est déjà *Porgy* d'une façon très touchante, comme il le sera plus tard avec Rattle.

### Sir Simon Rattle

J'ai plaisir à imaginer les riches dames parfumées et poudrées du festival très embourgeoisé de Glyndebourne en train d'observer d'un œil attendri les misères de Catfish Row accompagnées par le son du swing américain... Mais oublions le public doré de ce festival pour grosses légumes et goûtons cette représentation exceptionnelle, qui a été rodée sur scène et convainc parfaitement, tant par le style musical, qui garde un juste équilibre entre le swing et le grand opéra, que par l'engagement dramatique des chanteurs, qui ne sont pas tous des vedettes mais qui sont tous excellents. Willard White reprend ce rôle de *Porgy* qu'il tenait déjà avec Maazel 13 ans plus tôt, avec une compréhension encore plus grande du rôle. D'ailleurs, ceux qui possèdent la version vidéo de cet enregistrement seront en mesure de juger de la valeur dramatique de ces chanteurs. Et il vaut le coup d'entendre le très sérieux London Philharmonic se déboutonner dans le meilleur style new-yorkais.

# CHARLES FRANÇOIS GOUNOD

Né à Paris, le 17 juin 1818; mort à Paris, le 17 octobre 1893.

Orphelin de père à cinq ans, Charles Gounod est élevé par sa mère seule, qui lui procure une éducation solide. Entré au Conservatoire, il obtient le Second Prix de Rome en 1837. Durant son séjour italien, il traverse une crise de mysticisme qui lui inspire plusieurs œuvres religieuses. Revenu à Paris en 1843, il obtient un poste d'organiste et de maître de chapelle aux Missions étrangères. Il porte alors soutane et signe ses lettres «abbé Gounod», mais sa famille finit par le détourner de ses projets religieux. Il se marie en 1852 et commence à produire ses premières grandes œuvres. Une crise mentale le fait interner en 1857. En 1859, la création de *Faust* lui assure un succès fulgurant et la position de premier compositeur lyrique de son temps. Il agrémentera les scènes du Second Empire de plusieurs autres succès, dont *Roméo et Juliette*, en 1867. Il se retire en Angleterre lors de la guerre de 1870, et y noue une liaison avec une dame anglaise qui empoisonnera son existence pour de longues années. Après un procès rageur, il se verra interdit de séjour en Angleterre et ne pourra ainsi assister à son dernier triomphe, la création de sa trilogie sacrée *Mors et Vita* à Birmingham, en 1885.

Le style de Gounod est d'un abord facile. Mélodiste serein, il orchestre efficacement, mais sans surcharge, et a une maîtrise exceptionnelle de l'écriture vocale. Si ses œuvres religieuses sont d'un style très conventionnel et un peu pompier, ses meilleurs opéras fusionnent avec art des trames dramatiques convaincantes et des mélodies mémorables.

## Opéra/Musique de scène

*Faust*

### *Faust*

***Dramatis personæ* (personnages principaux pour référence des rôles des solistes dans le tableau)**

| | | |
|---|---|---|
| Faust, ténor (1) | Marguerite, soprano (2) | Méphistophélès, basse (3) |
| Valentin, baryton (4) | Siébel, mezzo-soprano (5) | Dame Marthe Schwerlein, mezzo-soprano (6) |

| Prix | Son | Cote | Soliste | Chœur/Orchestre | Chef | Éd. | Enr. |
|---|---|---|---|---|---|---|---|
| $$$ | | ★★ | Richard Leech (1)<br>Cheryl Studer (2)<br>José Van Dam (3)<br>Thomas Hampson (4)<br>Martine Mahé (5)<br>Nadine Denize (6) | Chœur et Orchestre du Capitole de Toulouse | Michel Plasson | EMI 3 CD | 1991 |
| $$ | | ★★★ | Nicolai Gedda (1)<br>Victoria de Los Angeles (2)<br>Boris Christoff (3)<br>Ernest Blanc (4)<br>Liliane Berton (5)<br>Rita Gorr (6) | Chœur et Orchestre du Théâtre National de l'Opéra de Paris | André Cluytens | EMI 3 CD | 1958 |

**André Cluytens**
Le rire sinistre du Méphistophélès de Christoff est passé à l'histoire du théâtre lyrique, comme le lyrisme élégant de Gedda et comme la pureté et la légèreté vocales de De Los Angeles. C'est la grande Rita Gorr qui campe le petit rôle de la Dame Marthe, c'est donc dire la grandeur de ce plateau jamais égalé. Ajoutons encore l'excellente diction française de tous les protagonistes, en particulier celle de Gedda, et la direction dynamique de Cluytens qui, à son habitude, privilégie les tempi qui ne traînent pas, et nous avons là une version «de référence» comme aiment à les baptiser les critiques musicaux français.

**Michel Plasson**
Cet enregistrement est très complet; il nous offre en appendice non seulement le ballet (qu'un curieux snobisme contemporain semble obliger tous les producteurs à retirer de sa place pour le reléguer aux oubliettes), mais aussi quelques ensembles vocaux non joués habituellement. Plasson et ses toulousains sont à leur niveau habituel dans l'opéra français, c'est-à-dire parfaitement en place et jamais routiniers; seule la prise de son un peu «baignoire» peut décevoir. Le plateau est souverain, en particulier le Valentin de Hampson qui, pour une fois, semble un jeune homme de bonne famille et non un vieux reître en retour d'âge. Studer a une voix un peu lourde peut-être pour Marguerite, et son vibrato peut déranger à l'occasion. Leech est un excellent Faust, mais sa diction française laisse toutefois à désirer. Mais qui a déjà entendu Corelli dans ce rôle sera assez tolérant... Van Dam est un excellent Méphistophélès, pas aussi drôle que d'autres, mais tout aussi sinistre.

# EDVARD HAGERUP GRIEG

Né à Bergen (Norvège), le 15 juin 1843; mort à Bergen, le 4 septembre 1907.

Grieg développe des dons précoces de violoniste au Conservatoire de Leipzig, entre 1858 et 1862. Après un séjour au Danemark où il rencontre Niels Gade et son compatriote R. Nordraak, il revient à Christiania (aujourd'hui Oslo) en 1866. Il lutte pour un art national et se fait remarquer de Liszt en 1870. Il doit dès lors marier les exigences d'une carrière de compositeur avec celles d'organisateur de concerts et de chef d'orchestre. Pianiste médiocre mais chef renommé, il se bâtit une solide réputation et réussit à faire accepter son idée d'un art authentiquement norvégien. Il meurt, épuisé par les dernières tournées de concert.

Son style d'un mélodisme généreux s'exprime le mieux dans les courtes pièces comme celles qui constituent sa célèbre musique de scène pour *Peer Gynt* de Henryk Ibsen. Son *Concerto pour piano*, connu de tous les mélomanes, séduit immédiatement même si ce genre musical n'est pas celui dans lequel le génie de Grieg s'est le mieux exprimé.

**Pour commencer:** *Concerto pour piano*
**Un incontournable:** *Peer Gynt* (suites pour orchestre)

## Musique orchestrale

*Concerto pour piano*
*Peer Gynt* (suites pour orchestre)

### *Concerto pour piano en la mineur op. 16*

| Prix | Son | Cote | Soliste | Orchestre | Chef | Éd. | Enr. |
|---|---|---|---|---|---|---|---|
| $$ | | ★★★ | Sir Clifford Curzon | London Philharmonic Orchestra | Öivin Fjelstad | Decca | 1959 |
| $$ | | ★★ | Stephen Kovacevich | BBC Symphony Orchestra | Sir Colin Davis | Philips | 1971 |

**Sir Clifford Curzon**
Ce classique du microsillon vient de réapparaître en CD. Curzon nous apporte ses qualités de raffinement sonore et de subtilité des gradations dynamiques, tout en ne perdant pas de vue l'emportement romantique nécessaire pour bien faire passer le message de ce célébrissime concerto. L'accompagnement du chef norvégien Öivin Fjelstad est parfaitement au diapason de celui du soliste et la prise de son est fort belle.

### Stephen Kovacevich

Kovacevich (ex-Bishop) réussit très bien le *Concerto* de Grieg; netteté de l'articulation, vigueur du jeu, souplesse du rythme et accompagnement attentif de Davis: une très belle version à peine gâtée par une prise de son trop distante.

## *Peer Gynt nº 1 op. 46 et nº 2 op. 55* (suites de concert)

| Prix | Son | Cote | Orchestre | Chef | Éd. | Enr. |
|---|---|---|---|---|---|---|
| $$$ | | ★★★ | Göteborgs Symfoniker | Neeme Järvi | DG | 1992 |
| $$$ | | ★★ | Berliner Philharmoniker | Herbert von Karajan | DG | 1982 |

### Neeme Järvi

Signe des temps, les versions des suites d'orchestre sont de plus en plus rares au disque, les amateurs préférant la (préférable) musique complète., Le disque de Järvi est composé des morceaux pour orchestre extraits de sa version intégrale de 1987, et complétée par les pièces orchestrales particulières aux suites (telle la *Chanson de Solveig* pour orchestre seul) réalisées en 1992. Le même esprit que l'enregistrement intégral règne ici; c'est donc avec un enthousiasme non démenti qu'on peut recommander ce disque à ceux qui ne voudraient pas la musique de scène intégrale.

### Herbert von Karajan

Il ne faut pas confondre cette version numérique de 1982 avec la version analogique de 1971, actuellement listée dans les catalogues nord-américains. La légende de *Peer Gynt*, qui court après la fortune et la gloire et passe à côté du bonheur, semble avoir touché le septuagénaire Karajan qui se reconnaissait peut-être dans ce héros légendaire. Les timbres de l'orchestre sont merveilleux de subtilité, et notre seul regret est une prise de son un peu ratée (comme c'était le cas chez DG aux débuts du numérique).

# GEORGE FRIDERIC HÄNDEL
# (Georg Friedrich Haendel)

Né à Halle (Allemagne), le 23 février 1685; mort à Londres, le 14 avril 1759.

Après des études sans histoire, Händel devient organiste à Halle en 1702. Soucieux d'élargir ses horizons, il se met très tôt à voyager. Arrivé à Rome en 1707, il produit des œuvres religieuses; ses premiers opéras qui obtiennent un grand succès. Devenu *kapellmeister* de l'électeur de Hanovre en 1712, il voyage à Londres pour y faire représenter son opéra *Rinaldo*. L'électeur de Hanovre devient roi d'Angleterre en 1714, ce qui favorise la carrière de Händel. Malgré l'écriture occasionnelle de musiques de célébration ou de circonstance, comme la *Water Music* de 1717, Händel produit essentiellement des opéras et n'est intéressé par aucun autre genre musical. Il fonde diverses organisations de représentations lyriques qui connaissent des difficultés financières. En 1740, ruiné financièrement et abattu physiquement, il se résout à se mettre à la composition d'oratorios; ses quelques essais dans le genre avaient d'ailleurs toujours été accueillis ave chaleur par le public. Il triomphe en 1742 avec son célèbre *Messiah* et produit toute une série d'oratorios jusqu'en 1752. Sa *Music for the Royal Fireworks*, écrite pour célébrer la paix d'Aix-La-Chapelle en 1749, constitue son dernier réel succès. Il perd la vue en 1753 et ne travaille plus que sporadiquement jusqu'à sa mort, le 14 avril 1759.

Doté d'un tempérament volcanique, Händel touche à plusieurs genres, faisant sa marque avec des pièces d'orgue et de clavecin ainsi que des œuvres pour orchestre. Mais c'est par l'opéra et, surtout, par l'oratorio qu'il fait sa marque, alliant un talent certain pour la musique vocale ainsi qu'un sens mélodique et dramatique qui lui vaudront plusieurs succès.

**Pour commencer:** *Water Music*
**Un incontournable:** *Messiah*
**Pour aller plus loin:** *Music for the Royal Fireworks*

## Musique orchestrale

*Music for the Royal Fireworks*
*Water Music*

## Musique chorale

*Messiah*

### *Music for the Royal Fireworks (Musique pour les feux d'artifice royaux) HWV 351*

| Prix | Son | Cote | Orchestre | Chef | Éd. | Enr. |
|---|---|---|---|---|---|---|
| $$$ | | ★ | Orpheus Chamber Orchestra | Orpheus | DG | 1990 |
| $$ | H | ★★ | Berliner Philharmoniker | Fritz Lehmann | DG | 1952 |

**Fritz Lehmann**
En lieu et place du Kubelík tant espéré, ces petits coquins de la DG préfèrent plutôt déterrer la vieille version Archiv de Lehmann, grand spécialiste de baroque et premier à donner Händel avec un souci de reconstitution de la sonorité originale. L'orchestre est donc réduit en conséquence; les tempi, plutôt agrestes, donnent à plusieurs mouvements des allures assez ludiques; la prise de son monophonique est assez belle et plutôt exempte de distorsions.

**Orpheus**
Le petit orchestre américain de virtuoses joue sans chef, ce qui ne l'empêche pas d'adopter des tempi très vifs qui agrémentent l'atmosphère de divertissement de cette musique de fête. L'excellence des instrumentistes individuels fait oublier l'absence de réelle personnalité directrice, pas aussi problématique dans une œuvre d'ornement comme celle-ci que dans des pièces plus sérieuses. Mais on sent tout de même un certain manque de poids qui nous laisse sur notre appétit, surtout que cette musique a été conçue pour écraser littéralement l'auditeur sous les masses instrumentales destinées à se faire entendre en plein air.

### *Water Music nº 1 en fa majeur; nº 2 en ré majeur; nº 3 en sol majeur*
### Trois suites pour orchestre

| Prix | Son | Cote | Orchestre | Chef | Éd. | Enr. |
|---|---|---|---|---|---|---|
| $$$ | | ★★ | Academy of Saint-Martin-in-the-Fields | Sir Neville Marriner | EMI | 1988 |
| $$ | H | ★★★ | Berliner Philharmoniker | Fritz Lehmann | DG | 1951 |
| $ | | ★★ | Berliner Philharmoniker | Riccardo Muti | EMI | 1984 |

**Fritz Lehmann**
En lieu et place de l'exceptionnel Kubelík, les petits coquins de la DG nous restituent plutôt la version monophonique de Fritz Lehmann. Prise de son fort bien faite au demeurant, avec un minimum de distorsion. Cette version offre une des premières exécutions au disque «soucieuses de la vérité historique»: l'ensemble orchestral est réduit, les tempi sont du côté rapide (sans tomber dans les excès loufoques des baroqueux ultérieurs), mais le jeu est très précis et bien discipliné; de plus, on est dispensé des grincements et des couacs typiques des formations baroqueuses. Lehmann fut en son temps un spécialiste de Bach et de Händel, et il démontre ici sa très grande sensibilité pour ce répertoire assez peu fréquenté à l'époque.

**Sir Neville Marriner**
Marriner est à son summum dans ces musiques sans problème, où il sait équilibrer ses instruments et trouver le tempo juste dans chacune des pièces. Les vents sortent bien, vu la petite masse des cordes utilisées. Les tempi sont généralement du côté rapide, ce qui permet de dégager une impression de dynamisme davantage que de solennité. Cette approche est très convaincante.

### Riccardo Muti

Avec le même orchestre que Kubelík, Muti obtient un résultat tout autre. Point de lourdeur ici, mais une certaine recherche d'expression que les philistins des revues musicales européennes auront tôt fait de décréter «démodée». L'interprétation musicale authentique, espérons-le, ne passera jamais de mode, et, si le résultat n'est pas aussi enthousiasmant que chez Kubelík, il est tout de même fort honorable et, qui plus est, offert à petit prix. Ceux qui croient avoir entendu Händel chez Pinnock et Hogwood n'en croiront pas leurs oreilles...

## *Messiah*
## Oratorio en trois parties

| Prix | Son | Cote | Soliste | Chœur/Orchestre | Chef | Éd. | Enr. |
|---|---|---|---|---|---|---|---|
| $$$ | | ★★ | Kathleen Battle (soprano)<br>Florence Quivar (mezzo)<br>John Aler (ténor)<br>Samuel Ramey (basse) | Toronto Mendelssohn Choir<br>Toronto Symphony | Andrew Davis | EMI 2 CD | 1986 |
| $ | | ★★ | Jennifer Vyvyan (soprano)<br>Monica Sinclair (mezzo)<br>Jon Vickers (ténor)<br>Giorgio Tozzi (basse) | Royal Philharmonic Chorus<br>Royal Philharmonic Orchestra | Sir Thomas Beecham | RCA 2 CD | 1959 |
| $ | | ★★★ | Heather Harper (soprano)<br>Helen Watts (contralto)<br>John Wakefield (ténor)<br>John Shirley-Quirk (basse) | London Symphony Choir<br>London Symphony Orchestra | Sir Colin Davis | Philips 2 CD | 1966 |

### Sir Thomas Beecham

Ce disque fera hurler les puristes, puisqu'il propose l'orchestration de Sir Eugene Goossens qui y va d'ajouts parfois étonnants... Ceci dit, et nonobstant les changements d'ordre et les ajustements additionnels de Beecham, on a là un grand *Messie* de la tradition romantique, avec une chorale comme on les appréciait à l'époque victorienne et un orchestre fourni et vigoureux que n'aurait pas désavoué Händel. Le plateau vocal a lui aussi ses particularités, notamment Vickers qu'on n'attend pas dans ce répertoire et qui nous surprend par sa subtilité mais pas par son sens du texte dramatique. Les amateurs d'exécutions à l'ancienne pourront se contenter de leurs McCreesh et autres Gardiner, mais ils auront manqué un beau moment de musique.

### Andrew Davis

Davis a décidé de faire revivre la grande tradition des exécutions à grand orchestre et il ne s'en excuse pas. Händel appréciait les grandes masses chorales et instrumentales, et Davis respecte scrupuleusement l'instrumentation d'origine. Il y a dans cet enregistrement un sens de l'événement qu'on ne rencontre pas souvent sur disque, et le plateau vocal donne de la voix avec vigueur et enthousiasme. Le

Chœur Mendelssohn est un vieil habitué de ces événements et il donne, lui aussi, sa pleine mesure et une diction anglo-saxonne très en place. Ce disque est peu distribué en Europe, là où on prêche la religion de la reconstitution historique; mais on le trouve facilement en Amérique du Nord.

**Sir Colin Davis**
La première des deux versions de Colin Davis est aussi sa meilleure, principalement en raison d'un plateau vocal rompu au genre de l'oratorio. Le drame est vécu intensément par tous et l'orchestre, aux proportions réduites, est bien équilibré avec les voix; le chœur est, lui aussi, allégé. Cette distribution permet à Davis de conserver des tempi plutôt allants, ce qui accentue l'effet dramatique mais gomme un peu les effets de masse auxquels certains pourraient s'attendre. La tendance à l'allègement a depuis connu bien des excès, jusqu'à cette folkorique édition de l'orchestre The Sixteen, composé de 16 instrumentistes... Attention aux amateurs: ne confondez pas ce Davis-ci avec l'autre (réalisé avec l'orchestre de la Radio bavaroise) dont l'approche est beaucoup plus lourde).

# FRANZ JOSEF HAYDN

Né à Rorhau-an-den-Leitha (Basse-Autriche), le 31 mars 1732; mort à Vienne, le 31 mai 1809.

Haydn a cette particularité d'avoir été contemporain à la fois de Bach et de Beethoven. Après une enfance assez pauvre et mal documentée, on le retrouve à Vienne, au début des années 1750, où il vit d'expédients. Autodidacte de la musique, il entre en 1759 au service du comte Morzin en Bohême, pour qui il compose ses premières symphonies. En 1761, il devient vice-maître de chapelle du prince Esterházy, le plus riche seigneur de Hongrie; c'est au nom de cette famille et de sa propriété de Esterháza que Haydn est associé pour l'essentiel de son œuvre. L'orchestre renommé de la famille princière lui sert de véhicule pour expérimenter ses idées instrumentales et lui permet de produire des concertos pour tous les solistes de cet ensemble virtuose. Il approfondit la symphonie classique, écrivant plusieurs dizaines d'œuvres de ce genre. Il explore aussi la musique de chambre avec 77 quatuors à cordes qui ont servi de modèles à ceux de Mozart et de Beethoven; en musique instrumentale, il produit plus de 60 sonates pour piano. Pour le théâtre, il écrit 25 opéras, la plupart pour la scène du palais de Esterháza. Il devient ainsi le plus célèbre compositeur d'Europe. En 1791, le nouveau prince Esterházy est beaucoup moins amateur de musique et permet à son maître de chapelle de voyager à l'étranger. Il est reçu avec beaucoup d'égards à Londres où il produit ses 12 dernières symphonies, dites *Londoniennes*. Ses dernières années seront consacrées à la musique d'église avec six grandes messes, et à l'oratorio avec ces chefs-d'œuvre que sont *La Création* et *Les Saisons*. Honoré par les jeunes musiciens comme Beethoven et Hummel, il passe ses dernières années à Vienne dans une retraite tranquille et meurt pendant la seconde occupation napoléonienne de Vienne.

Maître de tous les genres musicaux de son époque, Haydn a été le consolidateur des acquis de la science musicale de son temps. Grand innovateur, il a inséré dans sa musique une expressivité qui est le précurseur des grandes envolées romantiques de la génération suivante.

**Pour commencer:** *Concerto pour trompette*
**Un incontournable:** *Symphonies londoniennes*
**Pour aller plus loin:** *La Création*

### Musique orchestrale

*Concerto pour piano en ré majeur*
*Concerto pour violoncelle n° 1 en ut*
*Concerto pour violoncelle n° 2 en ré*
*Concerto pour trompette*
*Symphonies londoniennes n° 93-104*

### Musique chorale

*Die Schöpfung* (*La Création*)

*Concerto pour piano en ré majeur Hob. XVIII:11*

| Prix | Son | Cote | Soliste | Orchestre | Chef | Éd. | Enr. |
|---|---|---|---|---|---|---|---|
| $$$ | 🔊 | ★★ | Martha Argerich | Württembergisches Kammerorchester Heilbronn | Jörg Faerber | DG | 1993 |
| $$$ | | ★★ | Yevguéni Kissine | Les Virtuoses de Moscou | Vladimir Spivakov | RCA | 1988 |
| $ | | ★ | Hae-Won Chang | Camerata Cassovia | Robert Stankovsky | Naxos | 1992 |

### Martha Argerich

Argerich a un répertoire désespérément mince, et la quinzaine de concertos qu'elle promène dans le monde depuis 30 ans comprend le *Concerto en ré* de Haydn. C'est une œuvre dont la facture classique et l'enthousiasme adolescent (même s'il s'agit d'une pièce de la maturité de Haydn) trouvent en elle un écho indéniable. La présente version, réalisée cette fois-ci avec un vrai chef rompu à ce répertoire, n'a que peu à céder à la précédente; peut-être manque-t-il ce soupçon de folie qui distingue les meilleures prestations d'Argerich. L'orchestre est un peu raide, mais il joue très bien et réussit à suivre les tempi démentiels de sa soliste au finale. En revanche, le minutage de 40 minutes de ce disque au prix fort est décidément chiche.

### Hae-Won Chang

La pianiste chinoise propose une belle version, assez neutre mais très en place, du *Concerto en ré*, malgré les faiblesses de l'ensemble des cordes du Philharmonique de Kosice, qui n'est pas un des grands orchestres d'Europe et qui se produit ici dans sa formation de chambre. Néanmoins, au petit prix de Naxos, cette honnête version en satisfera plusieurs.

### Yevguéni Kissine

Kissine éblouit par sa virtuosité confondante, qui lui permet de traverser ce concerto avec la vélocité de mise et sans aucun effort. Le petit orchestre le suit avec vigueur et discipline, et le tout ne manque pas de gueule. Kissine nous montre qu'il n'est pas que l'homme des grands concertos romantiques, mais qu'il peut très bien se faire valoir dans un répertoire plus classique.

*Concerto n° 1 pour violoncelle en ut majeur Hob. VIIb:1*

| Prix | Son | Cote | Soliste | Orchestre | Chef | Éd. | Enr. |
|---|---|---|---|---|---|---|---|
| $$$ | 🔊 | ★★ | Han-Na Chang | Staatskapelle Dresden | Giuseppe Sinopoli | EMI | 1997 |
| $$$ | 🔊 | ★★ | Jian Wang | Orchestre Gulbenkian | Muhai Tang | DG | 1998 |
| $$ | | ★★★ | Jacqueline du Pré | English Chamber Orchestra | Daniel Barenboïm | EMI | 1967 |

**Han-Na Chang**
En entendant cette sonorité pleine, juste et puissante du violoncelle, on croit avoir affaire à un vétéran de l'instrument, un Rostropovitch, un Schiff, un Maisky... Mais la petite Han-Na Chang n'a que 14 ans au moment de cet enregistrement remarquable. La sonorité très classique de la Staatskapelle rend pleinement justice à la partie orchestrale, et on peut compter sur Sinopoli pour extraire de la musique la moindre parcelle d'expressivité. Le son est excellent et l'instrument soliste sonne avec naturel, en bon équilibre avec un orchestre apparemment un peu fourni mais subtil.

**Jacqueline du Pré**
La regrettée violoncelliste britannique signait ici un de ses meilleurs disques avec son jeune époux Barenboïm, qui faisait lui-même ses premières armes comme chef d'orchestre. L'interprétation est jeune et enthousiaste, et elle est restée un modèle de classicisme et de bon goût. L'orchestre, point trop fourni, est bien équilibré avec l'instrument soliste et l'accord chef-soliste ne pourrait être meilleur.

**Jian Wang**
Le jeune soliste aborde sa partie avec dynamisme et confiance. Comme beaucoup de solistes orientaux, il n'insuffle peut-être pas la flamme romantique qu'une du Pré, qu'un Rostropovitch savaient trouver dans ces pages classiques, mais il nous fait profiter de sa très belle exécution. L'équilibre est parfait entre l'instrument soliste et l'orchestre aux proportions correctes, mené avec conviction par Muhai Tang. Voilà des artistes à suivre.

***Concerto nº 2 pour violoncelle en ré majeur Hob. VIIb: 2***

| Prix | Son | Cote | Soliste | Orchestre | Chef | Éd. | Enr. |
|---|---|---|---|---|---|---|---|
| $$$ | 🔊 | ★★ | Han-Na Chang | Staatskapelle Dresden | Giuseppe Sinopoli | EMI | 1997 |
| $$$ | 🔊 | ★★ | Jian Wang | Orchestre Gulbenkian | Muhai Tang | DG | 1998 |
| $$ | | ★★ | Jacqueline du Pré | London Symphony Orchestra | Sir John Barbirolli | EMI | 1967 |

**Han-Na Chang**
En entendant cette sonorité pleine, juste et puissante du violoncelle, on croit avoir affaire à un vétéran de l'instrument, un Rostropovitch, un Schiff, un Maisky... Mais la petite Han-Na Chang n'a que 14 ans au moment de cet enregistrement remarquable. La sonorité très classique de la Staatskapelle rend pleinement justice à la partie orchestrale, et on peut compter sur Sinopoli pour extraire de la musique la moindre parcelle d'expressivité. Le son est excellent et l'instrument soliste sonne avec naturel, en bon équilibre avec un orchestre apparemment un peu fourni mais subtil.

**Jacqueline du Pré**
La regrettée violoncelliste britannique est ici réunie avec le grand chef britannique Barbirolli, qui est sans doute plus à l'aise dans Elgar que dans Haydn. Le son d'orchestre est un peu lourd et caramélisé, et le *Concerto nº 2* est joué comme une de ces

grandes œuvres romantiques, ce qui est beaucoup demander à une charmante pièce galante du XVIIIe siècle. Mais le génie de la soliste est tel qu'il fait oublier bien des choses, et l'équilibre classique de sa lecture compense pour la trop-value expressive que peut apporter le chef. Un disque qui plaira à plusieurs.

**Jian Wang**
Le jeune soliste aborde sa partie avec dynamisme et confiance. Comme beaucoup de solistes orientaux, il n'insuffle peut-être pas la flamme romantique qu'une du Pré ou qu'un Rostropovitch savaient trouver dans ces pages classiques, mais il nous fait profiter de sa très belle exécution. L'équilibre est parfait entre l'instrument soliste et l'orchestre aux proportions correctes, mené avec conviction par Muhai Tang. Soulignons au passage le retour au disque, après une trop longue absence des catalogues, de l'excellent orchestre de la Fondation Gulbenkian de Lisbonne. Voilà des artistes à suivre.

### *Concerto pour trompette en mi bémol majeur Hob. VIIe:1*

| Prix | Son | Cote | Soliste | Orchestre | Chef | Éd. | Enr. |
|---|---|---|---|---|---|---|---|
| $$$ | 🔊 | ★★ | Rolf Smedvig | Scottish Chamber Orchestra | Jahja Ling | Telarc | 1989 |
| $$$ | | ★ | John Wallace | Philharmonia Orchestra | Christopher Warren-Green | Nimbus | 1983 |

**Rolf Smedvig**
Ce disque au son très brillant présente une interprétation très virtuose, avec un orchestre agreste et fin qui respecte les intonations du soliste.

**John Wallace**
L'orchestre est mené timidement par son violon-solo et toute l'interprétation est baignée dans un halo sonore (typique des prises de son Nimbus) qui empêche cela de lever vraiment. Le soliste est toutefois irréprochable.

### *Die Schöpfung Hob. XXI: 2 (La Création)*
### Oratorio pour solistes, chœur et orchestre d'après *Le Paradis Perdu* de John Milton

| Prix | Son | Cote | Soliste | Chœur/Orchestre | Chef | Éd. | Enr. |
|---|---|---|---|---|---|---|---|
| $$ | | ★★★ | Gundula Janowitz (soprano)<br>Fritz Wunderlich (ténor)<br>Werner Krenn (ténor)<br>Dietrich Fischer-Dieskau (baryton)<br>Walter Berry (basse)<br>Christa Ludwig (contralto) | Wiener Singverein<br>Berliner Philharmoniker | Herbert von Karajan | DG<br>2 CD | 1966<br>1968<br>1969 |

| Prix | Son | Cote | Soliste | Chœur/Orchestre | Chef | Éd. | Enr. |
|---|---|---|---|---|---|---|---|
| $ | | ★★ | Judith Blegen (soprano)<br>Thomas Moser (ténor)<br>Kurt Moll (basse)<br>Lucia Popp (soprano)<br>Kurt Ollmann (baryton) | Chor des Bayerischen Rundfunks<br>Symphonie-Orchester des Bayerischen Rundfunks | Leonard Bernstein | DG 2 CD | 1986 |
| $ | H | ★★ | Irmgard Seefried (soprano)<br>Richard Holm (ténor)<br>Kim Borg (basse) | Chœur de la cathédrale Saint Hedwigs<br>Berliner Philharmoniker | Igor Markévitch | DG 2 CD | 1957 |

**Leonard Bernstein**
À ce stade final de sa carrière, Bernstein a une approche extrêmement romantique dans *La Création*, qui est, après tout, une des œuvres charnières des débuts de l'ère romantique en musique. Il dispose d'un orchestre en très grande forme et d'un chœur germanophone qui rend parfaitement justice au texte. L'équipe de solistes, fournie comme chez Karajan, présente plusieurs performances remarquables, comme celle de la regrettée Lucia Popp dans Eva et du puissant Thomas Moser dans Uriel. Blegen a un vibrato un peu dérangeant et son intonation n'est plus irréprochable; c'est dommage parce que l'impression générale de cet enregistrement public est très forte. La solennité du propos de Bernstein fait prendre conscience de la grandeur de l'événement. Curieusement, ce disque est maintenant offert à bien meilleur compte que la version Sony de 20 ans plus âgée.

**Herbert von Karajan**
Cette version légendaire présente l'immortel Wunderlich dans ce qui devait être son dernier enregistrement; en effet, décédé pendant les séances d'enregistrement, Wunderlich n'avait eu le temps d'enregistrer que les airs et il dut être remplacé par le ténor Werner Krenn pour les récitatifs qui furent faits en 1968 et 1969. Dans cette musique, Wunderlich et son timbre éclatant et ensoleillé sont inégalables. Il en va de même des autres membres du plateau, plus fourni qu'à l'accoutumée puisque Karajan se paye un soliste par rôle (ou presque). L'orchestre est dramatique et romantique à souhait, montrant bien en quoi cette pièce a inspiré les grandes œuvres chorales du XIX$^{e}$ siècle. Fort belle prise de son de la DG des meilleurs jours.

**Igor Markévitch**
Markévitch a une approche diamétralement opposée à celle de Karajan. Il prône une sonorité un peu rêche, maigre, et il ne charge pas le drame plus qu'il ne le faut. Son équipe de chanteurs vit le texte avec intensité, en particulier le pur soprano d'Irmgard Seefried, dont c'est l'une des rares apparitions au disque. Holm n'est pas Wunderlich, tant s'en faut, mais il transmet son texte avec chaleur et aplomb vocal. Le fameux chœur de la cathédrale Saint Hedwigs de Berlin-Est démontre encore une fois sa valeur dans le répertoire classique allemand. L'enregistrement est malheureusement monophonique.

# GUSTAV HOLST

Né à Cheltenham, le 21 septembre 1874; mort à Londres, le 25 mai 1934.

Ce compositeur anglais doit son nom un peu étrange à son grand-père suédois. Il dirige des chœurs avant d'entrer, en 1893, au Collège royal de musique où il étudie avec Charles Viliers Stanford. Après ses études, il devient tromboniste dans divers orchestres et, à partir de 1903, professeur de musique au Collège royal. Dans les années 1920, le surmenage et une santé précaire l'obligent à réduire ses activités. Il appartient à la période «nationaliste» des compositeurs anglais, tirant profit occasionnellement de la mélodie populaire. Il écrit nombre d'œuvres chorales, mais son œuvre la plus célèbre demeure la colossale et spectaculaire suite symphonique *The Planets*, créée en 1919 et très peu typique du style généralement introverti du compositeur. Outre de nombreuses pièces pour chœur, Holst a laissé quatre opéras.

## Musique orchestrale

*The Planets*

### *The Planets op. 32*

| Prix | Son | Cote | Chœur/Orchestre | Chef | Éd. | Enr. |
|---|---|---|---|---|---|---|
| $$$ | | | Le Chœur des femmes de l'OSM<br>Orchestre symphonique de Montréal | Charles Dutoit | Decca | 1986 |
| $$$ | | ★★ | Women's Voices of the Monteverdi Choir<br>Philharmonia Orchestra | John Eliot Gardiner | DG | 1994 |

### Charles Dutoit

Un chef suisse et un orchestre réputé pour le son «français» dans le très britannique Holst? C'est oublier que le style de Holst est fortement teinté des œuvres de Ravel et de Debussy, qui lui sont contemporaines. L'éclat sonore qu'on trouve dans cette partition est parfaitement en accord avec le style de direction de Dutoit. Les tempi bien jugés laissent chanter les mélodies les plus lyriques tout en permettant aux passages plus mouvementés de se faire entendre avec toute la vaillance requise. Les discophiles qui ne connaissent pas encore l'OSM peuvent avoir confiance: ils ont ici non seulement un des meilleurs disques de cet excellent orchestre, mais une version sublime des *Planètes*. Prise de son à l'avenant.

### John Eliot Gardiner

Gardiner sort un peu de sa réserve émotive habituelle pour nous offrir des *Planètes* très mouvementées, aux tempi souvent extrêmes. C'est ainsi qu'après un *Mars* plutôt lent, menaçant et presque brutal, on a une *Venus* qui amène la paix à bonne vitesse et qui ne s'éternise pas dans les «vaps»... Quoi qu'il en soit, cette version a de la gueule et du panache; elle est magnifiquement enregistrée et dispose d'un orchestre britannique pour qui ce répertoire n'a plus de mystères.

# *LEOS JANÁCEK*

Né à Hukvaldy (Moravie), le 3 juillet 1854; mort à Ostrava (Moravie), le 12 août 1928.

Janácek connaîtra la célébrité sur le tard, vivant pour l'essentiel de ses fonctions de professeur de musique et de critique musical jusqu'en 1904. Il sera également directeur de l'École d'orgue de Brno, instrument dont il est virtuose. Il commence à composer des opéras en 1887 et est, dès lors, passionné par le côté mélodique du langage, qu'il cherche à rendre dans son style d'écriture vocale. Il étudie également le folklore et produit plusieurs œuvres inspirées des musiques populaires. Conscient des problèmes sociaux de son temps, il est entraîné dans le camp des adversaires de la monarchie austro-hongroise et écrit la *Sonate pour piano 1.X. 1905* à la mémoire d'un ouvrier tué à Brno. Son premier grand succès à l'opéra, *Jenufa*, est composé en 1904, mais il n'est présenté qu'en 1916. Une liaison amoureuse – bien que platonique – avec la jeune Kamila Stosslova, et la naissance de la république tchèque en 1918, stimulent sa créativité dans un «été indien» sans précédent. Ses plus grands chefs-d'œuvre sont datés des 10 dernières années de sa vie, dont la *Sinfonietta* et la *Messe glagolitique.*

Janácek transpose dans sa musique instrumentale le style guttural et un peu rude développé dans ses opéras; sa ligne mélodique, toujours mémorable, est enveloppée d'un tissu instrumental souvent touffu et débordant d'énergie. C'est la musique de la vitalité et de la vie tout court.

**Pour commencer:** *Sinfonietta*
**Un incontournable:** *M'sa Glagolskaja (Messe glagolitique)*
**Pour aller plus loin:** *Taras Bulba*

## Musique orchestrale

*Taras Bulba*
*Sinfonietta*

## Musique chorale

*M'sa Glagolskaja (Messe glagolitique)*

### *Taras Bulba (Rhapsodie pour orchestre)*

| Prix | Son | Cote | Orchestre | Chef | Éd. | Enr. |
|---|---|---|---|---|---|---|
| $$ | | ★★★ | Symphonie-Orchester des Bayerischen Rundfunks | Rafael Kubelík | DG | 1970 |
| $$ | | ★★ | Orchestre philharmonique tchèque | Karel Ancerl | Supraphon | 1961 |
| $ | 🔊 | ★★★ | Wiener Philharmoniker | Sir Charles Mackerras | Decca 2 CD | 1980 |

**Karel Ancerl**

Décidément, la *Rhapsodie pour orchestre* de Janácek a bien de la chance au disque! Après les excellentes versions Mackerras et Kubelík, voici que nous parvient la légendaire version Ancerl, assez bien rendue par Supraphon (dont les rééditions CD ne sont pas au diapason de la technique actuelle, tant s'en faut!). Le grand Ancerl sait rendre avec vérité la barbarie inhérente à ces pages violentes, tourmentées, inspirées de la vie du héros tragique Taras Bulba.

**Rafael Kubelík**

C'est ce disque qui m'a fait découvrir Taras Bulba; on comprendra que je lui aie gardé un attachement sentimental qui est, par ailleurs, parfaitement justifié. Si, à l'origine, je trouvais bien rugueuses les sonorités de l'Orchestre de la Radio bavaroise, par la suite j'ai compris à quel point Kubelík avait pu saisir la vérité profonde de cette œuvre, qui raconte après tout la légende d'un personnage assez brutal pour ne pas dire barbare. Une interprétation toujours jeune et vivante après plus d'un quart de siècle. Un sommet absolu.

**Sir Charles Mackerras**

Dans cette splendide version de 1980, Mackerras présente la légende avec toute la vigueur possible; grâce à une prise de son remarquable dans l'excellente et regrettée Sofiensaal de Vienne, on obtient une exécution époustouflante de vigueur et de rythme, où le Philharmonique viennois oublie sa «culture» policée pour devenir une véritable «bande» campagnarde morave. Cette version domine la discographie de haut depuis sa parution. La Decca-London a récemment repiqué ces enregistrements dans une série superéconomique qui en augmente encore l'attrait.

*Sinfonietta*

| Prix | Son | Cote | Orchestre | Chef | Éd. | Enr. |
|---|---|---|---|---|---|---|
| $$$ | | ★★ | Orchestre philharmonique tchèque | Jirí Belohlávek | Chandos | 1990 |
| $$ | | ★★★ | Orchestre philharmonique tchèque | Karel Ancerl | Supraphon | 1961 |
| $ | 🔊 | ★★★ | Wiener Philharmoniker | Sir Charles Mackerras | Decca 2 CD | 1980 |

**Karel Ancerl**

Plusieurs visiteurs de notre site Internet se sont interrogés sur l'absence quasi totale du grand chef Karel Ancerl dans nos discographies. La raison en est fort triviale: jusqu'à ces derniers mois, la firme Supraphon ignorait systématiquement le marché canadien et il nous était impossible d'auditionner les CD de ces excellentes interprétations. S'ils continuent à être rares, les disques Supraphon sont maintenant plus facilement accessibles, et l'un des meilleurs est cette sensationnelle *Sinfonietta* toute en dynamique et en couleurs instrumentales, qui bénéficie de la très bonne acoustique de la Salle Dvorák du Rudolfinum de Prague. La *Sinfonietta* y gagne sur le plan expressif et la prise de son est sensiblement moins pourrie que la norme de ces rééditions très médiocres de Supraphon, qui présentent une distorsion élevée et un souffle de bande appréciable (c'est l'élément négatif de ces disques).

**Jirí Belohlávek**
On a beau dire, il n'y a rien comme les couleurs des cuivres d'un orchestre tchèque dans cette musique. S'ils peuvent sembler à la limite du discordant, les cuivres de la Philharmonie de Prague sont très à leur affaire dans la *Sinfonietta;* le chant des cordes, quant à lui, est très idiomatique, avec cette sécheresse rugueuse qui rend bien l'esprit sauvage de la musique. Un zeste de plus grande vigueur aurait propulsé cette version très bien enregistrée au sommet.

**Sir Charles Mackerras**
Dans cette splendide version de 1980, Mackerras a réétudié la partition et rétabli certains passages orchestraux mutilés dans des éditions imparfaites (les manuscrits de Janácek sont notoires pour leur imprécision). Il en résulte une exécution époustouflante de vigueur et de rythme, où le Philharmonique de Vienne oublie sa «culture» policée pour devenir une véritable «bande» campagnarde morave. Cette version domine la discographie de haut depuis sa parution. Reportée maintenant par Decca-London en série superéconomique, elle devient un *must.*

### *M'sa Glagloskaja (Messe glagolitique)*

| Prix | Son | Cote | Soliste | Chœur/Orchestre | Chef | Éd. | Enr. |
|---|---|---|---|---|---|---|---|
| $$$ | | ★★ | Elisabeth Söderström (s)<br>Drahomira Drobková (ms)<br>Frantisek Livora (t)<br>Richard Novak (b)<br>Jan Hora (orgue) | Chœur philharmonique tchèque<br>Orchestre philharmonique tchèque | Sir Charles Mackerras | Supra-phon | 1984 |
| $$$ |  | ★★ | Tina Kiberg (s)<br>Randi Stene (alt)<br>Peter Svensson (t)<br>Ulrik Cold (b)<br>Per Salo (orgue) | Chœur de la Radio nationale danoise<br>Orchestre symphonique de la Radio nationale danoise | Sir Charles Mackerras | Chandos | 1994 |
| $$ | | ★★★ | Evelyn Lear (s)<br>Hilde Rössel-Majdan (alt)<br>Ernst Haefliger (t)<br>Franz Crass (b)<br>Bedrich Janácek (orgue) | Chor des Bayerischen Rundfunks<br>Symphonie-Orchester des Bayerischen Rundfunks | Rafael Kubelík | DG | 1964 |

**Rafael Kubelík**
Au diable le beau son! Ici, tout le monde est littéralement déchaîné, y compris – et particulièrement – un organiste qui porte le même nom que le compositeur, mais on ignore s'il y a un quelconque lien de parenté. La rugosité voulue des cuivres et la dureté des cordes conviennent parfaitement à cette partition, qui est à la musique d'église ce que le *Sacre du printemps* est au ballet. La tension dramatique est maintenue de bout en bout et les solistes – point tchèques mais parfaitement à leur aise – contribuent à la réussite d'un des très grands enregistrements de l'histoire du disque. Un *must.*

**Sir Charles Mackerras (1984)**
À Prague, Mackerras, grand spécialiste de Janácek, réussit une exceptionnelle version de la *Glagolitique*. Il est pour cela secondé par Söderström, sa partenaire dans plusieurs enregistrements d'opéra, et d'autres solistes authentiquement tchèques. Si la prise de son n'est pas la plus brillante du groupe, l'engagement des protagonistes ne fait aucun doute.

**Sir Charles Mackerras (1994)**
Mackerras nous propose ici la «version originale» de la *Glaglolitique*, avec notamment une introduction et une conclusion sensiblement différentes de ce qu'on entend habituellement, ainsi qu'un *Credi* considérablement remanié. Magnifiquement enregistrée, cette version nous offre toutefois de jeunes solistes scandinaves qui manquent un peu de coffre et d'engagement. Le chœur et l'orchestre, on le sait, sont excellents et renommés pour leur flexibilité; et la réputation de Mackerras dans Janácek n'est plus à faire. Au total donc, une belle réussite, qui aurait été encore supérieure avec des solistes un peu plus costauds.

# RUGGERO LEONCAVALLO

Né à Naples, le 8 mars 1858; mort à Montecatini (Toscane), le 9 août 1919.

Leoncavallo est connu aujourd'hui presque exclusivement pour son opéra en un acte *I Pagliacci*, un des opéras véristes les plus souvent joués. Profond admirateur de Wagner, il se destinait pourtant à la composition de grandes fresques légendaires dans la manière de son idole; mais c'est dans *I Pagliacci* qu'il trouve plutôt sa voie. Il essaiera de renouveler son succès, produisant notamment une *Bohème* inspirée de la même pièce que le célèbre opéra de Puccini; mais il ne retrouvera jamais la sincérité de ton et l'efficacité dramatique de son premier drame.

## Opéra

*I Pagliacci* (*Paillasse*)

### *I Pagliacci (Paillasse)*
### Drame en deux actes

***Dramatis personæ* (personnages principaux pour référence des rôles des solistes dans le tableau)**

Canio, ténor (1) — Nedda, soprano (2) — Tonio, baryton (3)
Beppe, ténor (4) — Silvio, baryton (5)

| Prix | Son | Cote | Soliste | Chœur/Orchestre | Chef | Éd. | Enr. |
|---|---|---|---|---|---|---|---|
| $$$ | | ★★★ | Carlo Bergonzi (1)<br>Joan Carlyle (2)<br>Giuseppe Taddei (3)<br>Ugo Benelli (4)<br>Rolando Panerai (5) | Coro e Orchestra del Teatro alla Scala | Herbert von Karajan | DG | 1965 |
| $$$ | H | ★ | Giuseppe di Stefano (1)<br>Maria Callas (2)<br>Tito Gobbi (3)<br>Nicola Monti (4)<br>Rolando Panerai (5) | Coro e Orchestra del Teatro alla Scala | Tullio Serafin | EMI<br>3 CD | 1954 |

**Herbert von Karajan**

Cette légendaire prestation de Karajan à la Scala (seule visite au studio du chef autrichien à Milan) est légendaire à plus d'un égard. La prestation splendide de Bergonzi est la pierre de touche de l'ensemble; sans histrionisme excessif, Bergonzi rend très bien la tragédie qui frappe le bouffon de théâtre. Si Carlyle n'est pas le plus séduisant des sopranos, elle fait toutefois bien ce qu'elle a à faire; Taddei incarne parfaitement le sinistre Tonio qui trahira les deux amants et qui dit ce prologue très dramatique. Mais, évidemment, la palme va à l'orchestre, somptueux et souple comme pas un, qui prouve que Karajan pouvait faire sonner n'importe quel ensemble comme ses fameux Berliner Philharmoniker. Le coffret comprend les deux opéras *Cav and Pag;* bizarrement, DG a réédité en disque simple

*I Pagliacci* mais pas *Cavalleria*. Les amateurs n'y perdront pas même s'il faut casquer pour trois CD, car le troisième disque offre un fameux récital de préludes et d'intermèdes d'opéra par Karajan et ses Berliner Philharmoniker. Ceux qui ne veulent que *Cavalleria* iront vers la réédition «The Originals», mais ils perdront quelque chose...

**Tullio Serafin**
Il y a beaucoup de drame dans cette version de l'«équipe Callas» placée sous la direction ferme et attentive du grand Serafin. Si on a peine à croire que Nedda soit la victime, on n'a nul doute quant aux capacités de Canio de mener son projet à terme. Di Stefano est un Canio vibrant, puissant, presque effrayant. Son complice Gobbi est non moins effrayant dans le rôle du sinistre Tonio, délateur des amants. La prise de son monophonique a bien vieilli, mais on ne s'attendra pas ici aux dernières trouvailles de la haute-fidélité et on pourra apprécier la différence de sonorité entre l'approche italienne de Serafin et la version Karajan.

# FERENC [FRANZ] LISZT

Né à Doborján, Hongrie (aujourd'hui Raiding, Autriche), le 22 octobre 1811; mort à Bayreuth, le 31 juillet 1886.

Son père, Adam Liszt, était intendant d'un domaine du prince Esterházy et reconnaît très tôt l'immense talent de son fils pour le piano. Il s'installe à Vienne en 1821, puis à Paris deux ans plus tard pour développer le talent de Franz. Refusé au Conservatoire par Cherubini (puisqu'il n'était pas d'origine française), Liszt étudie avec Paër et Reicha. Après la mort de son père (1827), il vit en donnant des leçons de piano, puis entreprend une vie mondaine en donnant dans les salons des récitals de piano très courus par la société bourgeoise du temps. Une liaison amoureuse avec la comtesse Marie d'Agoult (1805-1876) le force à quitter la capitale française et à mener, pour un temps, une vie de nomade du piano. De cette période datent les *Années de Pèlerinage*, pièces de piano inspirées par les divers lieux qu'il visite. C'est aussi à cette époque qu'il élabore ses fameuses *Rhapsodies hongroises*, où il incorpore les airs populaires entendus lors de ses déplacements. En 1848, il se fixe à Weimar avec sa nouvelle maîtresse, la princesse russe Caroline von Sayn-Wittgenstein, sous l'influence de laquelle il développe des préoccupations mystiques. Chef d'orchestre de la cour de Weimar, il y crée une vie musicale impressionnante, invitant et soutenant les meilleurs compositeurs de son temps (Berlioz, Wagner, Saint-Saëns). Il invente plus ou moins le genre du poème symphonique et continue sa production de littérature pour le piano solo. La liaison de sa fille Cosima (née de Marie d'Agoult) avec Wagner le brouillera avec ce dernier. Le refus du pape d'accorder une dispense pour lui permettre d'épouser la princesse Caroline le décevra et amènera une séparation. Prenant les ordres mineurs, il se fait désormais appeler «abbé Liszt», ce qui ne l'empêche pas de multiplier les conquêtes galantes jusqu'à un âge très avancé! Finalement réconcilié avec Wagner, il mourra en allant assister à une représentation de *Tristan* à Bayreuth.

Le gros de son œuvre est constitué d'un corpus sans égal de musique pour piano solo, dont il renouvelle totalement la technique et pour lequel il découvre des possibilités d'expression insoupçonnées jusque-là; son style pianistique fera école et produira une explosion de «concertos pour piano» entre 1850 et 1920. On saisit encore mal l'apport de ce génie protéiforme qui fit avancer la création musicale non seulement par ses propres œuvres, mais aussi par le soutien indéfectible qu'il accorda à d'autres créateurs, au détriment même de sa propre reconnaissance.

**Pour commencer:** *Rhapsodies hongroises*
**Un incontournable**: *Ein Faust-Sinfonie*
**Pour aller plus loin:** *Sonate pour piano en mi mineur*

## Musique orchestrale

*Concerto pour piano n° 1*
*Concerto pour piano n° 2*
*Les Préludes, poème symphonique n° 3*
*Ein Faust-Sinfonie* (*Une Symphonie de Faust*)

## Musique instrumentale

*Rhapsodies hongroises pour piano* (19)
*Sonate pour piano en si mineur*

### *Concerto pour piano n° 1 en mi bémol majeur*

| Prix | Son | Cote | Soliste | Orchestre | Chef | Éd. | Enr. |
|---|---|---|---|---|---|---|---|
| $$$ | | ★★★ | Krystian Zimerman | Boston Symphony Orchestra | Seiji Ozawa | DG | 1987 |
| $$ | | ★★ | Martha Argerich | London Symphony Orchestra | Claudio Abbado | DG | 1968 |
| $$ | | ★★★ | Sviatoslav Richter | London Symphony Orchestra | Kyrill Kondrachine | Philips | 1960 |

### Martha Argerich

Le jeu enflammé d'Argerich m'a toujours semblé idéal dans Liszt dont, curieusement, elle n'a enregistré que le *Premier Concerto* et la *Sonate en si mineur*. Dans sa prime jeunesse et avec le jeune Abbado, elle sort tout ce qu'il y a de brillant dans cette pièce, avec une technique pianistique incroyable et un sens dramatique inégalable.

### Sviatoslav Richter

Les disques de Richter ne courent pas les rues. Celui-ci est resté légendaire; à l'occasion d'une tournée en Occident avec son accompagnateur de prédilection Kondrachine, Richter livre un concerto à la fois tourmenté et spectaculaire, où son style en interrogation perpétuelle interpelle l'auditeur et l'enchaîne jusqu'à la fin.

### Krystian Zimerman

Appuyé par un orchestre de Boston en grande forme, le pianiste polonais traverse le *Premier Concerto* avec aplomb et dynamisme. Son jeu élégant, souple et racé trouve sa contrepartie dans les merveilleux instrumentistes de l'orchestre. Une belle prise de son achèvera de nous convaincre.

### *Concerto pour piano n° 2 en la majeur*

| Prix | Son | Cote | Soliste | Orchestre | Chef | Éd. | Enr. |
|---|---|---|---|---|---|---|---|
| $$$ | | ★★★ | Krystian Zimerman | Boston Symphony Orchestra | Seiji Ozawa | DG | 1987 |
| $$ | | ★★★ | Sviatoslav Richter | London Symphony Orchestra | Kyrill Kondrachine | Philips | 1960 |

**Sviatoslav Richter**
Les disques de Richter ne courent pas les rues. Celui-ci est resté légendaire; à l'occasion d'une tournée en Occident avec son accompagnateur de prédilection Kondrachine, Richter livre un concerto à la fois tourmenté et spectaculaire, où son style en interrogation perpétuelle interpelle l'auditeur et l'enchaîne jusqu'à la fin.

**Krystian Zimerman**
Appuyé par un orchestre de Boston en grande forme, le pianiste polonais traverse le *Premier Concerto* avec aplomb et dynamisme. Son jeu élégant, souple et racé trouve sa contrepartie dans les merveilleux instrumentistes de l'orchestre. Une belle prise de son achèvera de nous convaincre.

### *Les Préludes, poème symphonique nº 3* (d'après Lamartine)

| Prix | Son | Cote | Orchestre | Chef | Éd. | Enr. |
|---|---|---|---|---|---|---|
| $$ | | ★★★ | Berliner Philharmoniker | Herbert von Karajan | DG | 1967 |
| $ | | ★ | London Philharmonic Orchestra | Bernard Haitink | Philips 2 CD | 1968 |

**Bernard Haitink**
Ceux qui croient que Haitink est un chef placide n'ont qu'à écouter ces poèmes symphoniques de Liszt, remplis de flamme et de tension dramatique. En 1968, Haitink n'avait pas encore tourné la quarantaine et il s'avérait l'un des chefs les plus dynamiques qui soient. Le London Philharmonic est à la hauteur de son chef dans ce coffret de deux CD qui réunit les poèmes symphoniques les plus célèbres de leur auteur. Dans un souci de chercher à gommer le côté pompier des *Préludes lamartiniens*, Haitink presse un peu trop le tempo et ne laisse pas à la grande mélodie la chance de se développer. Une belle démonstration d'orchestre, mais qui laisse donc un peu sur sa faim.

**Herbert von Karajan**
J'ai découvert *Les Préludes* dans cette interprétation et je lui ai toujours gardé ma préférence. La brillance des cuivres, l'ampleur de la vision de Karajan, les cordes soyeuses et brillantes, la prise de son très bien réussie pour l'époque, tout concourt à faire de cette version le fin du fin de l'œuvre lisztienne. Un *must*.

## *Ein Faust-Sinfonie*
## Pour ténor, chœur et orchestre en trois personnages d'après Goethe

| Prix | Son | Cote | Soliste | Chœur/Orchestre | Chef | Éd. | Enr. |
|---|---|---|---|---|---|---|---|
| $$$ | 🔊 | ★★★ | Hans-Peter Blochwitz | Chœur de la Radio hongroise<br>Orchestre du Festival de Budapest | Iván Fischer | Philips | 1996 |
| $$ | | ★★★ | Kenneth Riegel | Tanglewood Festival Chorus<br>Boston Symphony Orchestra | Leonard Bernstein | DG | 1976 |
| $$ | | ★★ | Charles Bressler | The Choral Art Society New York Philharmonic | Leonard Bernstein | Sony | 1960 |

### Leonard Bernstein (1976)

Bernstein adopte des tempi très larges; d'ailleurs, à l'époque du microsillon, cette œuvre nécessitait deux disques. Elle est restée légendaire et à juste titre. Les moments introspectifs sont pris très lentement, bien sûr, ce qui n'empêche pas les passages plus dramatiques comme le mouvement de Faust et le début de celui de Méphistophélès, d'être envoyés avec fougue et passion. Le chœur est excellent, l'orchestre n'est plus à vanter et la brève intervention finale du ténor est faite avec bon goût et justesse de ton. Un grand disque, un des rares que Bernstein fit dans sa ville natale (car il n'était pas originaire de New York, contrairement à ce que l'on pourrait croire).

### Leonard Bernstein (1960)

Dès 1960, Bernstein avait acquis la pleine dimension du mythe de Faust traduit par Liszt. Dans des tempi sensiblement plus allants que ceux de sa version tardive, il garde les mêmes qualités, avec un effort du côté spectaculaire. La prise de son est honnête sans être époustouflante; même chose pour le soliste également, mais son intervention est si brève... Un autre grand disque, indispensable pour bien apprécier l'interprète Bernstein et le génie protéiforme de Liszt, qui annonce les grandes symphonies de Mahler.

### Iván Fischer

Cette récente version a renouvelé complètement l'approche de la *Faust-Sinfonie*. Dans des tempi nettement plus dynamiques que ceux des interprètes traditionnels, Fischer nous offre les deux versions du finale, soit la version originale pour orchestre seul, et la version définitive avec ténor et chœur, nettement plus spectaculaire – mais sujette aux critiques subséquentes d'un Wagner, par exemple, qui préférait l'autre. Les mélomanes pourront en juger en utilisant le mécanisme de programmation de leur lecteur CD. Le ténor est l'un des meilleurs de cette discographie et l'orchestre est parfaitement à l'aise dans son répertoire national. On sent que Fischer habite comme pas un la vision lisztienne du mythe de Faust.

### *Rhapsodies hongroises pour piano* (19)

| Prix | Son | Cote | Pianiste | Éd. | Enr. |
|---|---|---|---|---|---|
| $ | | ★★★ | Roberto Szidon | DG 2 CD | 1972 |

**Roberto Szidon**
Szidon cisèle chacune des *Rhapsodies* avec finesse et virtuosité. Les pièces les plus flamboyantes sortent avec panache, alors que les *Rhapsodies* «intellectuelles» de la fin sont jouées avec tout le sérieux de mise dans ce répertoire méconnu qui annonce Bartók.

### *Sonate pour piano en si mineur*

| Prix | Son | Cote | Pianiste | Éd. | Enr. |
|---|---|---|---|---|---|
| $$$ | | ★★ | Louis Lortie | Chandos | 1986 |
| $$$ | | ★★★ | Krystian Zimerman | DG | 1990 |
| $$ | | ★★★ | Martha Argerich | DG | 1971 |

**Martha Argerich**
La vision fantasque et rhapsodique de Liszt était tout à fait dans les «cordes» de madame Argerich, qui joue la difficile *Sonate pour piano* comme s'il s'agissait d'une petite valse de salon... La virtuosité est au service de la musique, et de l'instinct surtout de l'interprète, qui fait vivre avec un bonheur inégalé cet Everest de tous les pianistes.

**Louis Lortie**
Le pianiste québécois est un excellent interprète de Liszt, dont il a d'ailleurs offert l'intégrale piano-orchestre lors d'un festival d'été à Montréal, il y a quelques années. La *Sonate en si mineur* dépasse peut-être les moyens expressifs d'un artiste de 27 ans (âge auquel Lortie a fait ce disque), mais le fini brillant du jeu et le sens musical de l'artiste nous convainquent totalement. La prise de son baignoire de Chandos nous plaît un peu moins.

**Krystian Zimerman**
Le pianiste polonais joue la *Sonate en si mineur* comme pas un: les tempi sont parfois étirés au point d'immobilisme; c'est pour mieux repartir et lancer les passages brillants avec une virtuosité confondante. L'introspection occasionnelle de la pièce est fouillée pour ce qu'elle est, et les passages les plus difficiles sont rendus avec une virtuosité sans égale. Le monument pianistique de Liszt n'aura jamais été aussi bien servi au disque, malgré une pléthore de versions.

# GUSTAV MAHLER

Né à Kalischt (Bohême), le 7 juillet 1860; mort à Vienne, le 18 mai 1911.

Talent précoce issu d'une famille très pauvre, Gustav Mahler peut tout de même terminer ses études musicales au Conservatoire des amis de la musique de Vienne. Il reçoit la protection de Bruckner. À partir de 1880, il mène une carrière de chef d'orchestre de théâtre, vivant d'abord les misères de la vie musicale provinciale, puis dans des lieux plus prestigieux: Kassel, Prague, Leipzig, Budapest, puis Hambourg se succèdent de 1883 à 1891. En 1897, il obtient la direction du plus réputé théâtre du monde germanique, l'Opéra impérial de Vienne. Au cours de ses études, il avait commencé à écrire des mélodies et peut-être des symphonies, aujourd'hui perdues. Son premier essai «officiel», la *Symphonie nº 1*, reçoit un accueil plutôt glacial en 1888; son style déroute complètement le public aussi bien que les critiques. C'est le début d'une longue période d'incompréhension publique du Mahler compositeur, beaucoup plus célèbre comme chef d'orchestre. La vie trépidante de la vedette de l'estrade lui laisse peu de temps pour composer; mais l'été, dans sa retraite de campagne, il peut créer ses grandes fresques symphoniques qui se succèdent régulièrement. En 1907, lassé des intrigues incessantes de sa position à Vienne, il quitte celle-ci et devient chef du New York Philharmonic, qu'il dirigera jusqu'à sa mort. Averti dès 1907 d'un grave problème de santé, ses dernières œuvres reflètent l'amour intense pour la vie terrestre et la certitude d'un bonheur dans l'au-delà. La création triomphale de sa *Symphonie nº 8* (*Des Mille*) à Munich, en septembre 1910, sera sans lendemain: tombé malade durant la saison de concerts de New York, il est ramené précipitamment à Vienne où il s'éteint.

Son style a suscité des commentaires très divers: sa fréquente juxtaposition du sordide et du sublime ont souvent amené l'incompréhension, alors que pour lui, le passage de la joie au drame ou du sublime au ridicule était une image de la vie elle-même et de la succession kaléidoscopique des sensations qu'elle nous fait éprouver. Ses dernières œuvres (*Symphonies nº 9 et 10, Das Lied von der Erde*) amorcent un virage artistique qui annonce déjà, tout en gardant très clairement un centre tonal, les œuvres expressionnistes à venir de Berg et de Schönberg, compositeurs qu'au demeurant, il avouait ne pas comprendre du tout. Il est le chantre de l'angoisse de vivre et, à ce titre, il a trouvé une corde sensible chez les auditeurs du XXe siècle.

**Pour commencer:** *Symphonie nº 2* (*Résurrection*)
**Un incontournable:** *Symphonie* nº *5*
**Pour aller plus loin:** *Symphonie nº 9*

### Musique orchestrale

*Symphonie nº 1 (Titan)*
*Symphonie nº 2 (Résurrection)*
*Symphonie nº 3*
*Symphonie nº 4*
*Symphonie nº 5*
*Symphonie nº 6 (Tragique)*
*Symphonie nº 7 (Chant de la nuit)*
*Symphonie nº 8 (Des Mille)*
*Symphonie nº 9*

### Musique vocale

*Das Lied von der Erde (Le Chant de la Terre)*

## *Symphonie nº 1 en ré (Titan)*

| Prix | Son | Cote | Orchestre | Chef | Éd. | Enr. |
|---|---|---|---|---|---|---|
| $$$ | | ★★ | Berliner Philharmoniker | Claudio Abbado | DG | 1989 |
| $$ | | ★★★ | Symphonie-Orchester des Bayerischen Rundfunks | Rafael Kubelík | DG | 1968 |

### Claudio Abbado

Abbado a longtemps tenté de percer – sans grand succès, il faut bien le dire – l'univers mahlérien. Est-ce le fait d'enregistrer en public qui l'a «débloqué»? Cette *Titan* est pleine de vie et de sève, et rend avec bonheur l'*angst* mahlérien omniprésent. L'orchestre s'en donne à cœur joie.

### Rafael Kubelík

Il est surprenant d'apprendre que Kubelík avait très peu dirigé Mahler avant d'entreprendre sa légendaire intégrale DG des années 1960. À la vérité, Mahler était encore peu joué à cette époque; les Bernstein et Solti formaient l'exception qui confirmait la règle. L'excellente habitude de Kubelík de séparer les premiers et deuxièmes violons de part et d'autre du chef permet d'entendre beaucoup mieux le savant équilibre des masses orchestrales imaginé par Mahler. La sonorité de l'orchestre munichois est parfaite pour ce genre de musique. Le triomphe final est amené avec une logique sans faille et on a le goût de se lever quand le dernier accord s'éteint tumultueusement. Un très beau disque, à bon prix en plus et dans une réédition qui fait revivre le son avec une transparence exceptionnelle.

### *Symphonie nº 2 en ut mineur (Auferstehung – Résurrection)*

| Prix | Son | Cote | Soliste | Chœur/Orchestre | Chef | Éd. | Enr. |
|---|---|---|---|---|---|---|---|
| $$$ | | ★ | Barbara Hendricks (s)<br>Christa Ludwig (ms) | Westminster Choir<br>New York<br>Philharmonic | Leonard<br>Bernstein | DG<br>2 CD | 1987 |
| $$$ | 🔊 | ★★★ | Arleen Augér (s)<br>Janet Baker (ms) | CBSO Chorus<br>City of Birmingham<br>Symphony Orchestra | Sir Simon<br>Rattle | EMI<br>2 CD | 1986 |
| $$ | | ★★ | Elisabeth Schwarzkopf (s)<br>Hilde Rössl-Majdan (ms) | Philharmonia<br>Chorus<br>Philharmonia<br>Orchestra | Otto<br>Klemperer | EMI | 1962 |

**Leonard Bernstein**
À la fin de sa vie, Bernstein se permet des excès de lenteur dans les tempi qui peuvent gâter l'audition répétée de ce concert (il s'agit d'une prise de son en public). Pourtant, les solistes et le chœur sont très inspirés, et il est manifeste que Lenny veut nous passer un message ici. La prise de son est quand même fort belle.

**Otto Klemperer**
Non, Klemperer n'est pas lent ici, ce qui lui permet d'ailleurs de tasser l'œuvre sur un seul CD. Si la prise de son a un peu vieilli, les solistes, elles, sont exceptionnelles. Quant au chœur et à l'orchestre, ils sont à l'égal des plus grands. Sans être lents, les tempi sont solides et logiques, ce qui est la marque de commerce de ce chef. Cette version a permis à nombre de mélomanes de découvrir Mahler.

**Sir Simon Rattle**
L'interprétation de Rattle est jeune, vivante et dramatique. Les moindres moments de la partition sont soulignés avec une verve qui ne se dément jamais. Certains ritardandos inhabituels peuvent surprendre (par exemple à la fin du premier mouvement); mais on constate avec l'écoute répétée la logique de leur emploi. Les deux solistes sont excellentes et le chœur mène la charge avec une fougue écrasante dans les derniers instants de cette symphonie. La prise de son accentue d'ailleurs cette puissance écrasante de toute l'exécution, impression que l'on n'a généralement qu'en concert. On a ici une très grande *Résurrection* en deux disques, au prix fort, mais elle le vaut!

### *Symphonie nº 3 en ré mineur*

| Prix | Son | Cote | Soliste | Chœur/Orchestre | Chef | Éd. | Enr. |
|---|---|---|---|---|---|---|---|
| $$$ | | ★★ | Birgit Remmert, contralto | City of Birmingham Youth Chorus Ladies of the CBSO Chorus City of Birmingham Symphony Orchestra | Sir Simon Rattle | EMI 2 CD | 1997 |
| $$ | | ★★★ | Norma Procter, contralto | Ambrosian Singers Wandsworth School Boys' Choir London Symphony Orchestra | Jascha Horenstein | Unicorn-Kanchana 2 CD | 1970 |

## Jascha Horenstein

Ce disque a toujours constitué ma référence pour la *Troisième*. Du profond solo de trombone qui commence l'œuvre jusqu'aux fracassants coups de grosse caisse qui la terminent, Horenstein dirige une interprétation magique, constamment à l'affût des indications du compositeur. *Ohne Hast* [sans hâte] reflète précisément ce que cette expression pouvait vouloir dire à une époque qui ne connaissait pas l'automobile, le *bullet-train* et Internet. De fait, les tempi sont généralement plutôt larges mais sans exagération. L'orchestre est en pleine forme et la prise de son est très réussie. Horenstein n'a jamais été populaire auprès des grandes marques de disques, sans doute parce qu'il préférait soigner ses interprétations plutôt que ses relations publiques.

## Sir Simon Rattle

La manière Rattle commence à être bien connue dans Mahler: attention soutenue au texte, subtilité de l'expression, rejet de la surenchère sentimentale, expressivité continuelle. L'orchestre est tout à fait sensationnel, particulièrement le trombone-solo qui a le gros du travail dans l'immense premier mouvement. Mon seul regret réside dans le finale; l'immense *adagio*, si émouvant lorsque pris à une allure très large, comme chez Horenstein, est ici traversé avec une vitesse un peu exagérée; les coups de timbales de la fin sont donnés sans trop de vigueur, ce qui gomme passablement l'expressivité de cette page remarquable. Mais tout ce qui a précédé est tellement bon, qu'on pourra éventuellement accepter une telle approche!

### *Symphonie nº 4 en sol majeur pour soprano et orchestre*

| Prix | Son | Cote | Soliste | Orchestre | Chef | Éd. | Enr. |
|---|---|---|---|---|---|---|---|
| $$$ | | ★★ | Amanda Roocroft | City of Birmingham Symphony Orchestra | Sir Simon Rattle | EMI | 1997 |
| $$ | | ★★ | Reri Grist, soprano | New York Philharmonic | Leonard Bernstein | Sony | 1960 |
| $$ | | ★★★ | Elisabeth Schwarzkopf | Philharmonia Orchestra | Otto Klemperer | EMI | 1961 |

### Leonard Bernstein (1960)
Premier enregistrement mahlérien du jeune Bernstein, ce disque nous offre un orchestre en belle forme et une soprano très belle, très aérienne. Les tempi sont parfaitement jugés, point trop lents mais appuyés sans emphase. Évidemment, Bernstein a compris dès le début le message symphonique de Mahler, qu'il nous livre à cette époque avec sincérité et enthousiasme. Un beau disque.

### Otto Klemperer
Klemperer nous donne la *Quatrième* la plus rapide de notre discographie en 54 minutes. Klemperer avait une conception très établie du tempo: lent quand il le fallait, mais plutôt rapide lorsque requis. Et, une fois établi le tempo de base, il n'en dérogeait jamais. Plusieurs enregistrements nous démontrent que Klemperer préférait jouer Mahler assez vite, à l'instar sans doute du compositeur lui-même dont il fut l'un des derniers disciples. Ses interprétations sont très différentes de celles d'un Bruno Walter dont on peut penser, avec le recul, qu'il n'avait peut-être pas autant le monopole de la vérité qu'il le prétendait concernant la meilleure façon de jouer Mahler. La version Klemperer est tout à fait convaincante, tant sur le plan de l'expression dramatique que du dynamisme, du jeu orchestral et du chant de la soliste. Et, chose suprenante avec EMI, elle est toujours distribuée! Alors, dépêchez-vous pendant que ça dure...

### Sir Simon Rattle
Les interprétations de Rattle ont été travaillées avec le grand mahlérien (récemment décédé) Bertolt Goldschmidt et cela paraît. Rattle porte une attention particulière aux différents tempi apportés dans cette œuvre (on sait que Mahler indiquait très précisément ce qu'il voulait en matière de tempo et d'expression, et ce, un peu partout dans la partition). Cela donne une version extrêmement convaincante. Mais la prise de son très éloignée gâche sensiblement une audition qui aurait pu être remarquable mais qui est tout simplement hors de l'ordinaire. La soliste présente une voix fantastique, mais une compréhension peut-être pas optimale de ce poème faussement innocent.

## *Symphonie n° 5 en ut dièse mineur*

| Prix | Son | Cote | Orchestre | Chef | Éd. | Enr. |
|---|---|---|---|---|---|---|
| $$$ | 🔊 | ★★★ | Orchestre royal du Concertgebouw d'Amsterdam | Riccardo Chailly | Decca | 1997 |
| $$$ | | ★★★ | McGill Symphony Orchestra | Timothy Vernon | Fonovox | 1997 |
| $$ | | ★★ | New Philharmonia Orchestra | Sir John Barbirolli | EMI | 1969 |
| $ | | ★★ | Boston Symphony Orchestra | Erich Leinsdorf | RCA | 1963 |

### Sir John Barbirolli
Mahlérien racé, Barbirolli ne nous a laissé que trois symphonies de Mahler, mais qui sont toutes des réussites absolues du disque. Cette *Cinquième*, éclatante de sève et de vie, adopte des tempi assez larges, mais sans pousser à l'excès l'expression

dramatique. Le New Philharmonia est au summum de sa forme; la vision de son chef est contrastée et dynamique. La prise de son est un peu floue, cependant.

**Riccardo Chailly**
Chailly trace, depuis de nombreuses années, les jalons d'une intégrale Mahler dont la plupart des volets, il faut bien le dire, sont de la plus haute tenue. Si les premières moutures utilisaient l'honorable RSO Berlin, la plus-value indéniable du Concertgebouw et de sa grande tradition mahlérienne assurent à cette *Cinquième* une place de choix dans la discographie. Sans presser indûment les tempi, sans étirer démesurément les passages plus introspectifs tels que le célébrissime *adagietto* pour cordes, Chailly sait trouver l'atmosphère qui convient à chaque morceau et place justement le grand *scherzo* sardonique au centre de son interprétation. Les soli instrumentaux sont magnifiquement rendus, notamment la trompette de Peter Masseurs au premier mouvement et le cor de Jakob Slagter au *scherzo*. Magnifique prise de son, très naturelle et plutôt rapprochée, sans effets excessifs.

**Erich Leinsdorf**
Leinsdorf est un mahlérien d'exception. En adoptant des tempi relativement rapides, il donne au premier mouvement cette allure de marche à l'abîme qui était sans doute le propos du compositeur. Le deuxième mouvement est réellement *Stürmisch bewegt* et l'*adagietto* ne lambine pas dans le larmoiement sentimental. Le finale est emporté dans l'enthousiasme général. L'orchestre a depuis peu perdu son chef Charles Münch et il a encore cette couleur française, avec des cordes transparentes et des vents très clairs, en particulier une trompette solo remarquable qui a d'ailleurs fort à faire dans le premier mouvement. La prise de son est fort belle et ce disque mériterait une réédition Living Stereo, quitte à changer de catégorie de prix.

**Timothy Vernon**
Voici une réalisation qui surprendra ceux qui n'ont jamais eu l'occasion d'entendre l'excellent orchestre des étudiants de l'Université McGill de Montréal. Disposant d'une quantité de musiciens et de temps de répétitions appropriés aux exigences mahlériennes, Vernon développe une *Cinquième* magistrale, fruit d'une passion que le chef a entretenue depuis son adolescence pour ce compositeur, et qu'il a eu l'occasion de développer lors de ses études à Vienne. Les tempi sont généralement plutôt rapides, et l'*adagietto* ne lambine pas dans le sentimentalisme sucré de certains. La qualité technique des jeunes musiciens est rien moins que miraculeuse, et la performance du trompettiste solo dans le premier mouvement en laissera plusieurs pantois. La prise de son (de concert) dispose de l'excellente acoustique de l'église Saint-Jean-Baptiste de Montréal, où la réverbération accentue encore la puissance dramatique de la musique.

### *Symphonie nº 6 (Tragische – Tragique)*

| Prix | Son | Cote | Orchestre | Chef | Éd. | Enr. |
|---|---|---|---|---|---|---|
| $$$ | | ★★ | Wiener Philharmoniker | Leonard Bernstein | DG 2 CD | 1988 |
| $$ | | ★★★ | New York Philharmonic | Leonard Bernstein | Sony | 1967 |
| $ | | ★★ | Cleveland Orchestra | George Szell | Sony | 1967 |

**Leonard Bernstein (1967)**
La première version de Leonard Bernstein le trouve dans une forme exceptionnelle. La *Sixième* était l'une des dernières œuvres qu'il abordait dans sa première intégrale au disque et il avait eu le temps de mûrir son interprétation. Nul doute que l'aspect «tragique» de cette musique sans concession le troublait considérablement. L'urgence est ressentie dès la marche initiale, brutale, carrée mais non dépourvue de ces passages lyriques souvent si surprenants. Le finale martèle ses coups de marteaux avec une brutalité inouïe. Cette musique est tout simplement terrible et on sort ébranlé de cette audition. À noter que Sony a repiqué son enregistrement sur un seul disque dans l'édition «Bernstein Century» alors que la *Sixième* figurait auparavant sur trois disques, couplée avec la *Huitième*, dans la «Royal Edition».

**Leonard Bernstein (1988)**
À la toute fin de sa vie, Bernstein a une vision toujours aussi dramatique de la *Sixième*. Il y est assisté par une Philharmonie de Vienne à son sommet absolu de virtuosité instrumentale. Évidemment, la technique de prise de son a beaucoup plus d'impact qu'en 1967 et on entend presque les coups de marteaux du finale. Mais les tempi sont considérablement étirés (ce qui oblige un deuxième disque), et la tension dramatique s'en trouve relâchée d'un cran à quelques endroits critiques. Ça n'en demeure pas moins une interprétation magistrale.

**George Szell**
À quelques mois d'intervalle, Sony gravait en 1967 deux *Sixièmes* remarquables. L'exploit est d'autant plus méritoire qu'à l'époque, Mahler était loin d'avoir la popularité qu'il connaît de nos jours. Szell a évidemment une vision très tourmentée de cette «symphonie du destin», où l'*allegro energico* initial est précisément cela. Les passages plus lyriques ne sont pas gommés, même si une certaine sécheresse (attribuable en partie à une prise de son sans réverbération) peut être ressentie. L'orchestre est superbe dans cette musique où sa discipline collective permet d'éviter la dispersion du discours symphonique. Est-il besoin de préciser que Szell ne relâche la tension dramatique à aucun moment? Ce disque fait partie d'une série superéconomique intitulée «Essential Classics». Pour ce disque-là, le titre n'est pas qu'un slogan publicitaire.

### *Symphonie nº 7 (Nachtlied – Chant de la nuit)*

| Prix | Son | Cote | Orchestre | Chef | Éd. | Enr. |
|---|---|---|---|---|---|---|
| $$$ | | ★★★ | New York Philharmonic | Leonard Bernstein | DG 2 CD | 1985 |
| $$$ | | ★★ | City of Birmingham Symphony Orchestra | Sir Simon Rattle | EMI | 1991 |
| $$ | | ★★ | New York Philharmonic | Leonard Bernstein | Sony | 1965 |

**Leonard Bernstein (1985)**
Voici un des meilleurs volets de l'intégrale tardive (sa troisième!) de Bernstein au disque. Les tempi ne sont pas bousculés, ce qui est un plus dans cette symphonie qui a un peu tendance à tirer dans toutes les directions. Le jeu de l'orchestre est irréprochable, et, comme à son habitude, Bernstein a parfaitement compris ce

sentiment d'angoisse diffuse ou de douleur de vivre qui sous-tend cette symphonie, particulièrement les deux *Nachtmusiken* (*Musiques de nuit*) qui donnent son titre à l'œuvre. Les tempi larges signifient que la symphonie prend deux disques; on pardonnera au grand chef américain de vouloir rester un peu trop longtemps avec nous...

**Leonard Bernstein (1965)**
Justement, en 1965, Bernstein réussissait encore la *Septième* en 80 minutes, ce qui vaut à cette version d'être complète sur un seul CD et à demi-prix en plus... Mais la prise de son est plutôt laide et il faut augmenter considérablement le volume pour entendre les subtilités des *Nachtmusiken*. En revanche, les cloches à vache du finale sont assourdissantes. Mais l'esprit de l'interprétation est déjà là; Bernstein a choisi de prendre Mahler au pied de la lettre, ne cherchant pas à corriger ce que certains prennent pour des «erreurs» et jouant à merveille la carte de l'hystérie neurotique dans les premier et cinquième mouvements, et le sentimentalisme nostalgique des mouvements médians. Une belle réussite, gâtée par un preneur de son peu amène.

**Sir Simon Rattle**
Rattle prouve une fois de plus, avec ce disque enregistré en public, combien il est un grand mahlérien. Il réussit à tenir ensemble et à faire vivre cette grande structure diffuse et complexe qu'est la *Septième Symphonie*. Avec des tempi sensiblement plus rapides que ceux de Bernstein, il arrive à garder ce climat d'étrangeté angoissée particulièrement senti dans les trois mouvements *Nachtmusik* qui donnent son titre à l'œuvre et qui constituent, selon moi, la clé de voûte de cet édifice. La prise de son est fort belle et la *Symphonie* tient sur un seul disque.

### *Symphonie n° 8 (Sinfonie der Tausend – Symphonie des Mille)*

***Dramatis personæ* (personnages de la deuxième partie de** *Faust*, deuxième section de la *Symphonie*)

| | | |
|---|---|---|
| Magna Peccatrix, soprano (1) | Una Pœnitentium, soprano (2) | Mater Gloriosa, soprano (3) |
| Mulier Samaritana, contralto (4) | Maria Aegyptiaca, contralto (5) | Doctor Marianus, ténor (6) |
| Pater ecstaticus, baryton (7) | Pater profundus, basse (8) | |

| Prix | Son | Cote | Soliste | Chœur/Orchestre | Chef | Éd. | Enr. |
|---|---|---|---|---|---|---|---|
| $$$ | | ★★ | Cheryl Studer (1)<br>Sylvia McNair (2)<br>Andrea Rost (3)<br>Anne-Sofie von Otter (4)<br>Rosemarie Lang (5)<br>Peter Seiffert (6)<br>Bryn Terfel (7)<br>Jan-Hendrik Rootering (8) | Rundfunkchor Berlin<br>Chœur philharmonique de Prague<br>Tölzer Knabenchor<br>Berliner Philharmoniker | Claudio Abbado | DG<br>2 CD | 1994 |
| $$ | | ★★★ | Heather Harper (1)<br>Lucia Popp (2)<br>Arleen Auger (3)<br>Yvonne Minton (4)<br>Helen Watts (5)<br>René Kollo (6)<br>John Shirley-Quirk (7)<br>Martti Talvela (8) | Wiener Singverein<br>Wiener Staatsopernchor<br>Wiener Sängerknaben<br>Chicago Symphony Orchestra | Sir Georg Solti | Decca | 1971 |

**Claudio Abbado**

Abbado dispose tout d'abord d'une magnifique prise de son, ingrédient essentiel, à mon avis, pour apprécier la puissance écrasante de cette œuvre monumentale. La prise de son *live* ne le trahit pas, puisque les applaudissements (on imagine une ovation délirante à la fin) ont été gommés. L'équipe de solistes est au-dessus de tout reproche et manifeste une compréhension étonnante des textes très divers; mentionnons l'excellence de la parfois inégale Studer et, surtout, l'émotion du long monologue de Bryn Terfel dans la deuxième partie. L'orchestre est sensationnel, est-il besoin de le préciser? Abbado adopte des tempi plutôt larges; si le *Veni, Creator* n'a pas l'excitation sauvage générée par Bernstein ou Solti il est tout de même très convaincant. Mais l'approche se démarque surtout dans la deuxième partie et la «transfiguration» de Faust n'aura sans doute jamais été si grandiose. La DG a jugé bon d'offrir cette interprétation sur deux CD au prix fort, ce qui constitue un minutage assez chiche, il faut le souligner.

**Sir Georg Solti**

«L'univers entier en train de vibrer et de résonner», voilà bien ce que nous fait entendre Solti dans ce qui demeure une de ses plus belles réussites dans Mahler et au disque tout court. À l'occasion d'une tournée du Chicago Symphony en 1971, Solti en profitait pour enregistrer à Vienne cette magistrale *Huitième*, que ce soit au niveau des chœurs (viennois et non le Chicago Symphony Chorus), des huit solistes qui sont des partenaires de prédilection de toujours de Solti et d'excellents stylistes mahlériens, et de l'orchestre qui sait rendre justice à l'écriture virtuose et brillante. Non seulement le spectaculaire *Veni Creator* du premier mouvement, mais aussi le faustien et méditatif deuxième mouvement sont très réussis, bouleversants même. La Decca offre maintenant ce disque en un seul CD à demi-prix, la technique de report aidant (la première parution de cette interprétation, légendaire à juste titre, occupait deux CD, pas très remplis, il faut le dire, et au prix fort en plus).

### *Symphonie nº 9 en ré majeur*

| Prix | Son | Cote | Orchestre | Chef | Éd. | Enr. |
|---|---|---|---|---|---|---|
| $$$ | | ★★ | Berliner Philharmoniker | Leonard Bernstein | DG 2 CD | 1979 |
| $$$ | | ★★★ | Berliner Philharmoniker | Herbert von Karajan | DG 2 CD | 1982 |
| $$ | | ★★ | Chicago Symphony Orchestra | Carlo-Maria Giulini | DG 2 CD | 1976 |

**Leonard Bernstein**

Ce disque remarquable conserve le souvenir de l'unique prestation de Bernstein et du célèbre orchestre de Berlin. Enregistrée en public, cette interprétation bouleversante n'a pas pris une ride en 20 ans. Bernstein s'y montre urgent, bien sûr très respectueux de cette musique intérieure tout en nuances et soucieux de véhiculer le message métaphysique pessimiste de Mahler. L'orchestre défend avec sincérité et virtuosité cette musique qu'il ne connaît que peu et la prise de son ne révèle presque pas de bruits de salle.

### Carlo-Maria Giulini

Mahlérien racé qui n'a jamais enregistré l'intégrale des symphonies (mais seulement une solide *Première* et cette *Neuvième* troublante), Giulini nous offre une *Neuvième* introspective et méditative, où la puissance de l'Orchestre de Chicago peut se faire ressentir aux moments critiques, mais aussi sa capacité à soutenir des *pianissimi* raffinés et solides. Les tempi sont plutôt larges (sans verser dans les excès d'un Bernstein), mais la tension dramatique se maintient de bout en bout et l'impression générale demeure très positive. La réflexion est ici fondamentalement pessimiste, et les rayons de soleil prévus par Mahler dans sa partition sont martelés avec force et sans concession aucune à un quelconque espoir. L'expérience mahlérienne n'a pas pour but de plaire, mais de favoriser la réflexion intime, et c'est ce qu'on obtient ici.

### Herbert von Karajan

Après quelques prestations mahlériennes qui nous avait laissés sur notre appétit, voilà que Karajan nous surprend avec cette sombre *Neuvième*, issue d'un concert du Festival de Berlin de 1982 et durant lequel la tension est portée à un niveau incroyable, sans pour autant atteindre les extrêmes de lenteur d'un Bernstein à Amsterdam. Réflexion métaphysique sur le sens de la vie et le devenir de la mort, cette symphonie prend ici tout son sens et laisse l'auditeur singulièrement chaviré. À noter qu'il existe aussi une version studio de Karajan, réalisée en 1981, et qui n'atteint pas les mêmes sommets d'intensité que cette version *live*.

## *Das Lied von der Erde (Le Chant de la Terre)*
## Pour ténor et contralto (ou baryton)

| Prix | Son | Cote | Soliste | Chœur/Orchestre | Chef | Éd. | Enr. |
|---|---|---|---|---|---|---|---|
| $$ | | ★★ | James King (t)<br>Dietrich Fischer-Dieskau (b) | Wiener Philharmoniker | Leonard Bernstein | Decca | 1966 |
| $$ | | ★★★ | Fritz Wunderlich (t)<br>Christa Ludwig (c) | Philharmonia Orchestra<br>New Philharmonia Orchestra | Otto Klemperer | EMI | 1964<br>1965 |

### Leonard Bernstein

Bernstein adorait entre toutes cette partition de Mahler, «la plus personnelle» de l'aveu même de son auteur. Il emploie ici la version de remplacement pour baryton (en lieu et place du contralto), ce qui, malgré tout, rend l'*Abschied* final un peu moins émouvant qu'avec une voix féminine. Mais l'explosion dramatique du *Chant de la Douleur de la Terre* permet à King de déployer son ténor héroïque au travers d'un orchestre qui l'est tout autant. Splendide restauration de la Decca.

### Otto Klemperer

Cette version permet à l'excellent mahlérien qu'était Klemperer de souligner son art avec *maestria*. Les deux solistes sont les meilleures d'une discographie où les versions supprimées sont malheureusement trop nombreuses, ce qui raccourcit notre liste à notre grand dam. Wunderlich est à son sommet vocal et expressif. Et que dire de l'émotion palpable que la grande Ludwig nous transmet dans un *Abschied* bouleversant! Klemperer maintient la tension de bout en bout grâce à son sens inné du tempo juste, pas toujours facile à maintenir dans cette partition aux multiples facettes.

# PIETRO MASCAGNI

Né à Livourne (Toscane), le 7 décembre 1863; mort à Rome, le 2 août 1945.

Formé au conservatoire de Milan, Pietro Mascagni commence sa carrière comme professeur de piano et chef de la musique municipale à Cerignola. C'est là que, pour participer au concours de l'éditeur Sanzogno, il rédige en hâte son drame en un acte *Cavalleria Rusticana*, qui obtient un triomphe absolu à sa création à Rome, en 1890. Ce succès portera ombrage au reste de son œuvre, et aucun des neuf opéras subséquents n'atteindra l'émotion intense de ce drame sanglant qu'est *Cavalleria*. En fait, Mascagni ne sait pas faire évoluer son style et se laisse fréquemment attirer par la facilité mélodique. Malgré quelques tournées en Amérique pour diriger ses œuvres, il disparaît dans une relative obscurité.

## Opéra/Musique de scène

*Cavalleria Rusticana* (*Chevalerie rustique*)

### *Cavalleria Rusticana (Chevallerie rustique)*
### Drame lyrique en un acte

***Dramatis personæ*** **(personnages principaux pour référence des rôles des solistes dans le tableau)**

Santuzza, mezzo-soprano (1) — Turiddu, ténor (2) — Alfio, baryton (3)
Lola, mezzo-soprano (4) — Mamma Lucia, contralto (5)

| Prix | Son | Cote | Soliste | Chœur/Orchestre | Chef | Éd. | Enr. |
|---|---|---|---|---|---|---|---|
| $$$ | | ★★★ | Fiorenza Cossotto (1)<br>Carlo Bergonzi (2)<br>Giangiacomo Guelfi (3)<br>Adriane Martino (4)<br>Maria Gracia Allegri (5) | Coro e Orchestra del Teatro alla Scala | Herbert von Karajan | DG<br>3 CD | 1965 |
| $$$ | H | ★★ | Giuseppe di Stefano (1)<br>Maria Callas (2)<br>Rolando Panerai (3)<br>Anna Maria Canali (4)<br>Ebe Ticozzi (5) | Coro e Orchestra del Teatro alla Scala | Tullio Serafin | EMI<br>3 CD | 1954 |

**Herbert von Karajan**

Cette prestation de Karajan à la Scala est légendaire à plus d'un égard. La grande Cossotto est une Santuzza touchante, vraie et magnifiquement chantée, à laquelle le Turridu presque trop aristocratique de Bergonzi donne la réplique. Mais évidemment, la palme va à l'orchestre, somptueux et souple comme pas un, qui prouve que Karajan pouvait faire sonner n'importe quel ensemble aussi bien que ses fameux Berliner Philharmoniker.

**Tullio Serafin**

Il y a beaucoup de drame dans cette version de l'«équipe Callas» placée sous la direction ferme et attentive du grand Serafin. Santuzza, il est vrai, est un rôle de mezzo; mais Callas était probablement, en réalité, un mezzo et elle n'a évidemment aucun problème avec la tessiture de ce rôle. Elle joue de la voix pour passer le drame terrible de l'amoureuse abandonnée; Di Stefano est un Turiddu vulgaire et macho, lui aussi dramatiquement véridique. La direction de Serafin est rigoureuse et attentive. La prise de son monophonique a bien vieilli, mais on ne s'attend pas à l'éclat des enregistrements numériques récents (qui n'offrent pas un tel plateau, tant s'en faut).

## JULES Émile Frédéric MASSENET

Né à Montaud (Loire), le 12 mai 1842; mort à Paris, le 13 août 1912.

Au terme de brillantes études musicales, Massenet écrit des suites d'orchestre. Mais le théâtre l'attire et il y consacrera l'essentiel de son œuvre, produisant 24 opéras entre 1867 et 1912. S'il obtient assez tôt certains succès qui lui assurent la célébrité, ce n'est qu'avec *Manon*, en 1884, *Werther*, en 1892, et *Thaïs*, en 1894, qu'il convainc totalement par l'union d'une musique forte et efficace, et d'un livret dramatiquement crédible. À partir de 1878, Massenet est professeur au Conservatoire et a, parmi ses élèves, Gustave Charpentier, Reynaldo Hahn, Charles Koechlin, Henry Rabaud et Florent Schmitt qui auront tous des carrières réussies en composition.

Apparenté à Gounod, son art est caractérisé par une phrase mélodique souple, au déroulement alangui qui annonce certains aspects des compositeurs impressionnistes. Soucieux de satisfaire aux désirs de son public, il a su incorporer les procédés wagnériens sans jamais déplaire à ses admirateurs. Il excellait à dépeindre le côté sentimental et capricieux qu'il rattachait aux femmes.

**Pour commencer:** *Werther*
**Un incontournable:** *Manon*

**Opéra**

*Manon*
*Werther*

## *Manon*
## Opéra-comique en cinq actes et six tableaux

***Dramatis personæ***
**(personnages principaux pour référence des rôles des solistes dans le tableau)**

Manon, soprano (1)
Le comte des Grieux, basse (4)
Le Chevalier des Grieux, ténor (2)
Guillot de Morfontaine, ténor (5)
Lescaut, cousin de Manon, baryton (3)
De Brétigny, noble, baryton (6)

| Prix | Son | Cote | Soliste | Chœur/Orchestre | Chef | Éd. | Enr. |
|---|---|---|---|---|---|---|---|
| $$$ | | ★★ | Ileana Cotrubas (1)<br>Alfredo Kraus (2)<br>Gino Quilico (3)<br>José Van Dam (4)<br>Charles Burles (5)<br>Jean-Marie Frémeau (6) | Chœur et Orchestre du Capitole de Toulouse | Michel Plasson | EMI<br>3 CD | 1982 |
| $$ | | ★★ | Beverly Sills (1)<br>Nicolai Gedda (2)<br>Gérard Souzay (3)<br>Gabriel Bacquier (4)<br>Nico Castel (5)<br>Michel Trempont (6) | Ambrosian Opera Chorus<br>New Philharmonia Orchestra | Julius Rudel | EMI<br>3 CD | 1970 |

### Michel Plasson
La version Plasson vaut d'abord par sa belle direction d'orchestre, vive et enjouée, qui recrée bien l'atmosphère ludique de nombre des scènes de cet opéra. L'exceptionnel Chevalier des Grieux de Kraus est l'un des rares rôles qu'exécute ce ténor très sélectif: sa prestance et son charisme convaincront les plus irréductibles; quant à son art du chant, c'est déjà chose entendue. La Manon de Cotrubas est plus discutable, et le timbre quelque peu nasillard de même que le style larmoyant de cette soprano surévaluée dépare un plateau autrement très attrayant. Le tout jeune Gino Quilico montre déjà ses grands talents de comédien avec un Lescaut truculent.

### Julius Rudel
On ne voit guère Souzay à l'opéra et pourtant il réussit à camper ce rôle de viveur de Lescaut avec chaleur et conviction. C'est le toujours excellent Gedda qui nous offre un Grieux non seulement bien chanté, mais également fort bien prononcé par le ténor polyglotte. Sills en Manon est un goût qui s'acquiert; si le vibrato est déjà assez large et le timbre toujours un peu nasillard, la beauté vocale est encore au rendez-vous et la conviction dramatique de cette excellente comédienne ne fait aucun doute. La prononciation française, en revanche, est assez déficiente. La direction d'orchestre est sans doute ce qu'il y a de mieux dans ce disque; le très efficace Rudel, bien sous-estimé par les compagnies de disques, galvanise son plateau et ses musiciens et trouve toujours le ton juste en dépit de l'atmosphère très contrasté de nombre de tableaux.

## *Werther*
## Drame lyrique en quatre actes

***Dramatis personæ***
**(personnages principaux pour référence des rôles des solistes dans le tableau)**

| | | |
|---|---|---|
| Werther, ténor (1) | Charlotte, mezzo-soprano (2) | Sophie, soprano (3) |
| Albert, baryton (4) | Le Bailli, basse (5) | |

| Prix | Son | Cote | Soliste | Chœur/Orchestre | Chef | Éd. | Enr. |
|---|---|---|---|---|---|---|---|
| $$$ | | ★★★ | José Carreras (1)<br>Frederica von Stade (2)<br>Isobel Buchanan (3)<br>Thomas Allen (4)<br>Robert Lloyd (5) | Orchestra of the Royal Opera House, Covent Garden | Sir Colin Davis | Philips 2 CD | 1980 |
| $$$ | | ★★ | Jerry Hadley (1)<br>Anne Sofie von Otter (2)<br>Dawn Upshaw (3)<br>Gérard Théruel (4)<br>Jean-Marie Frémeau (5) | Orchestre de l'Opéra national de Lyon | Kent Nagano | Erato 2 CD | 1995 |

### Sir Colin Davis
Un bon indice de la qualité d'un disque est son maintien dans les listes «prix fort» même après de longues années. C'est le cas du *Werther* de Sir Colin Davis, une des meilleures réalisations lyriques de ce chef britannique. Vocalement, les deux protagonistes sont au sommet de leur art, et on peut apprécier la dégradation actuelle du «troisième ténor», Carreras, quand on entend sa prestation dans l'amoureux transi de Massenet. Von Stade a chanté plusieurs rôles français, et sa prestation dans Charlotte fait bien vivre le caractère à la fois mature et fantasque de l'héroïne. La Sophie de Buchanan n'est pas mémorable, mais le Albert de Allen est d'une froideur sinistre qui réalise parfaitement ce personnage. On peut regretter la prononciation française pâteuse de la majeure partie du plateau, mais rares sont les chanteurs francophones présentement aptes à rendre justice à ce sommet de l'opéra français.

### Kent Nagano
Comme Sir Colin Davis avant lui, Nagano doit affronter *Werther* avec un plateau largement non francophone. Si le français de Hadley en particulier est plutôt pénible, son engagement dramatique et la beauté de son timbre ne font aucun doute. Toujours un peu froide, la Charlotte de Von Otter est néanmoins vocalement très belle, alors que la Sophie de Dawn Upshaw donne chair à ce personnage plutôt falot. Albert et le Bailli sont chantés par des francophones à l'excellente diction, ce qui ajoute à la crédibilité dramatique de l'enregistrement. La prise de son, très rapprochée, ne flatte guère l'orchestre; mais les timbres vocaux sont respectés.

# FELIX Jakob Ludwig MENDELSSOHN-BARTHOLDY

Né à Hambourg, le 3 février 1809; mort à Leipzig, le 4 novembre 1847.

Issu d'une riche famille juive (qui se convertira au christianisme plus tard), Mendelssohn est très tôt formé à la musique et à la littérature. Ses premières compositions datent de 1820. Il produit 12 symphonies «de jeunesse», pour cordes, destinées à être exécutées dans le cercle de famille; sa *Symphonie n° 1* «de maturité» date de 1824. Deux ans plus tard, il réussit un véritable coup de génie avec sa brillante ouverture pour le *Songe d'une nuit d'été* de Shakespeare (il complétera sa musique de scène, qui inclut la très célèbre *Marche nuptiale*, en 1843). Toujours aux études, un de ses professeurs lui remet une partition de la *Passion selon saint Mathieu* de Bach, et c'est ainsi que Mendelssohn monte à Berlin, en 1829, une représentation de cette grande œuvre, qui n'avait plus été jouée depuis la mort de Bach, en 1750. Déjà lancé comme chef d'orchestre, il parcourt l'Europe et obtient un vif succès comme interprète (chef, pianiste et organiste). À Paris, il fait la connaissance de Berlioz, de Liszt et de Chopin. En 1835, il devient chef du Gewandhaus de Leipzig; en 1841, le roi de Prusse le nomme maître de chapelle à Berlin. Il fait de nombreux séjours en Angleterre, y lançant la vogue de l'oratorio victorien avec deux grandes partitions: *Paulus* et *Elijah*. Il termine en 1844 le *Concerto pour violon op. 64*, mais sa mauvaise santé l'empêche d'assister à sa création par Félicien David en 1845. La vie trépidante de vedette de la scène éprouve sa santé, déjà ébranlée par la mort de sa sœur Fanny (1805-1845). Ses activités ralentissent progressivement et il s'éteint à Leipzig, après avoir entendu pour la première fois son *Concerto pour violon* joué par un de ses nouveaux élèves, le jeune violoniste Joseph Joachim, alors âgé de 12 ans seulement.

**Pour commencer:** *Concerto pour violon, op. 64*
**Un incontournable:** *Symphonie n° 3 (Écossaise)*
**Pour aller plus loin:** *Musique de scène pour Songe d'une nuit d'été*

**Musique orchestrale**

*Concerto pour violon*
*Symphonie n° 3 (Écossaise)*
*Symphonie n° 4 (Italienne)*

**Musique de scène**

*Songe d'une nuit d'été (Ein Sommernachtstraum)*
Inclut: *Nocturne; Marche nuptiale*

### *Concerto pour violon en mi mineur op. 64*

| Prix | Son | Cote | Soliste | Orchestre | Chef | Éd. | Enr. |
|---|---|---|---|---|---|---|---|
| $$$ | 🔊 | ★★★ | Maxime Vengerov | Gewandhaus-orchester Leipzig | Kurt Masur | Teldec | 1993 |
| $$ | | ★★★ | Jascha Heifetz | Boston Symphony Orchestra | Charles Münch | RCA | 1959 |
| $$ | H | ★★★ | Yehudi Menuhin | Berliner Philharmoniker | Wilhelm Furtwängler | EMI | 1952 |
| $$ | | ★★ | Isaac Stern | Philadelphia Orchestra | Eugene Ormandy | Sony | 1958 |

**Jascha Heifetz**
Un des plus grands (certains disent même le plus grand) violonistes de notre siècle aborde ce concerto célèbre avec comme vis-à-vis un des champions de la direction d'orchestre de tous les temps et un des orchestres les plus virtuoses du continent nord-américain. La table est mise pour un disque de légende et c'est ce que nous obtenons. Le jeu très pur du violon ne se prive pas de puissance et de lyrisme, et les tempi assez risqués ne sont jamais gâtés par une intonation toujours très juste. Mais à quoi bon parler: écoutez et vous aurez compris le chemin que les successeurs du grand Jascha ont à parcourir...

**Yehudi Menuhin**
Ceux qui en ont assez des présentations mièvres et routinières du *Concerto pour violon* de Mendelssohn doivent écouter ce disque. La collaboration Menuhin-Furtwängler produisait toujours des étincelles, et chacun des artistes inspirait l'autre à atteindre le sommet absolu de son art. Les tempi ne sont pas précipités, comme il se doit avec «Furt», mais la tension dramatique incroyable qui anime cette exécution laissera l'auditeur pantois. Évidemment, il ne règlera pas notre problème avec les exécutions pâlottes qu'on nous livre souvent aujourd'hui, mais au moins il pourra servir d'antidote et nous rappeler comment ce concerto est devenu célèbre.

**Isaac Stern**
Il est arrivé à Stern de jouer ce concerto avec l'indifférence la plus routinière (je le sais pour l'avoir entendu à Montréal où le *Concerto* de Mendelssohn est joué tous les ans à l'Orchestre symphonique), mais point ici. Il est vrai que ses rencontres avec Ormandy furent toujours marquées de la plus haute inspiration, et que ce chef, lui-même ancien violoniste virtuose, sait parfaitement suivre son soliste dans ce répertoire qu'il connaît comme le fond de sa poche. L'orchestre est au-dessus de tout reproche et joue *molto appassionnato* tel qu'indiqué. La prise de son privilégie le soliste et est très rapprochée, ce qui gâtera le plaisir des amateurs de son diffus. Mais le jeu des protagonistes est tel qu'on est prêt à pardonner beaucoup pour vivre une telle perfection.

**Maxime Vengerov**
Vengerov a son *fan club*, et on comprend pourquoi: même si l'artiste n'a pas encore (en 1998) 25 ans, sa sonorité est puissante et juste, et saisit littéralement l'auditeur à bras-le-corps. Ce bon vieux Mendelssohn y prend une gueule qu'on ne lui

soupçonnait plus. À l'orchestre, le toujours fiable Masur – qui fait au disque une belle carrière d'accompagnateur de concertos – suit son soliste avec sérieux et rigueur, et la sonorité du Gewandhaus, un peu grise et sombre, est parfaite pour cette musique centrale du répertoire germanique.

### *Symphonie nº 3 en la mineur op. 56 (Écossaise)*

| Prix | Son | Cote | Orchestre | Chef | Éd. | Enr. |
|---|---|---|---|---|---|---|
| $$ | | ★★★ | London Symphony Orchestra | Claudio Abbado | DG | 1984 |
| $$ | | ★★ | Berliner Philharmoniker | Herbert von Karajan | DG | 1971 |

**Claudio Abbado**
Chez Abbado, l'élégance classique et le lyrisme méditerranéen s'allient à une science de l'expression dramatique qui permet à cette partition de déployer ses ailes. Il s'agit ici d'une des plus belles choses réussies par ce grand chef au disque. Le mouvement initial est pris très largement, ce qui contribue à en accentuer l'aspect «brumes nordiques mystérieuses».

**Herbert von Karajan**
Le style *legato* wagnérisant que Karajan a développé dans les 20 dernières années de sa carrière est fort présent ici. Mais l'élégance du discours, la virtuosité des cordes et le brio des cuivres suscitent l'adhésion. Le sens dramatique du chef permet d'apprécier le propos plus profond qu'il n'y paraît de cette symphonie très parente avec les fresques littéraires d'un Walter Scott.

### *Symphonie nº 4 en la majeur op. 90 (Italienne)*

| Prix | Son | Cote | Orchestre | Chef | Éd. | Enr. |
|---|---|---|---|---|---|---|
| $$ | | ★★★ | London Symphony Orchestra | Claudio Abbado | DG | 1984 |
| $$ | | ★★ | Berliner Philharmoniker | Herbert von Karajan | DG | 1971 |

**Claudio Abbado**
Chez Abbado, l'élégance classique et le lyrisme méditerranéen s'allient à une science de l'expression dramatique qui permet à cette partition de déployer ses ailes. Il s'agit ici d'une des plus belles choses réussies par Abbado au disque. La vivacité méditerranéenne trouve ici son emploi le meilleur et le LSO n'a jamais été aussi léger et virtuose.

**Herbert von Karajan**
Le style *legato* wagnérisant que Karajan a développé dans les 20 dernières années de sa carrière est fort présent ici. Mais l'élégance du discours, la virtuosité des cordes et le brio des cuivres suscitent l'adhésion. Le premier mouvement en particulier est pris dans un tempo très vif qui en fait ressortir la jubilation brillante et l'enthousiasme de la jeunesse.

## *Ein Sommernachtstraum op. 21/61*
## *(Musique de scène pour Songe d'une nuit d'été)*

| Prix | Son | Cote | Soliste | Chœur/Orchestre | Chef | Éd. | Enr. |
|---|---|---|---|---|---|---|---|
| $$$ | | ★★ | Kathleen Battle (soprano) Frederica von Stade (alto) Judi Dench (narrateur) | Tanglewood Festival Chorus Boston Symphony Orchestra | Seiji Ozawa | DG | 1992 |
| $$$ | | ★★★ | Lillian Watson (soprano) Delia Wallis (mezzo) | Finchley Children's Music Group London Symphony Orchestra | André Previn | EMI | 1976 |

### Seiji Ozawa
Voici une autre version très complète de la musique de scène, agrémentée d'un texte adapté pour un récitant d'Evans Mirageas et d'Ozawa lui-même. L'orchestre est en pleine forme, vif et bondissant; le chœur est sensationnel et les deux solistes ont des voix idéales pour Mendelssohn. La direction est attentive et dramatique. La narration pourra lasser à l'écoute répétée, surtout avec l'accent exagérément *british* de la narratrice. Cela demeure quand même un très beau disque.

### André Previn
Previn nous offre la musique de scène pratiquement complète, mais sans narration. Certains passages de «mélodrame» (musique prévue à l'origine pour accompagner une déclamation) sonnent un peu étranges de ce fait. Mais la direction est tellement enjouée et le jeu instrumental est tellement virtuose, qu'on oublie vite cette modeste réserve pour ne garder que l'impression d'une des meilleures versions du *Songe* sur le marché aujourd'hui. Ce disque n'est offert au Québec qu'en importation spéciale, donc au prix plus que fort.

# *WOLFGANG Chrysostomus Gottlieb dit AMADEUS MOZART*

Né à Salzbourg, le 27 janvier 1756; mort à Vienne, le 5 décembre 1791.

Son père Léopold, musicien à la cour du prince-archevêque de Salzbourg (1719-1787), décèle très tôt le talent musical de son génial fils et décide d'en tirer parti. De 1762 à 1766, il parcourt l'Europe en compagnie de Wolfgang et de sa sœur Marie-Anna (Nannerl), étonnant les cours princières par la virtuosité de ces deux jeunes enfants. Au cours d'un voyage à Londres en 1764, Wolfgang rencontre Johann-Christian Bach, qui l'initie à l'art de la symphonie. *La Finta Semplice*, son premier opéra, est produit à Vienne en 1767. Devenu musicien du prince-archevêque en 1769, Wolfgang poursuit ses voyages en compagnie de son père. De 1773 à 1777, il séjourne presque constamment à Salzbourg, remplissant plusieurs commandes de musiques religieuses et de divertissement. Il démissionne de ses fonctions pour voyager à nouveau, d'abord à Mannheim, puis à Paris (1777-1778). Il revient ensuite à Salzbourg où son père lui a obtenu le poste d'organiste de la cour. Il reçoit des commandes extérieures, lui procurant un certain succès (*Idomeneo*, Munich, 1780). Mais le service de l'autoritaire prince-archevêque Colloredo lui pèse et, en 1781, il quitte définitivement le service de celui-ci pour s'établir à Vienne. Il y vivra en produisant des opéras et en donnant des «académies» où on joue ses plus récentes compositions. Ses concertos pour piano lui valent une grande renommée. Toujours tenaillé par les soucis financiers du musicien indépendant, il n'arrive pas à s'établir dans un emploi fixe. C'est en remplissant une dernière commande (un *Requiem* commandé par un certain comte Walsegg) qu'il mourra, à la surprise générale de ses proches, d'une maladie encore mal documentée.

S'il a excellé dans tous les genres musicaux, particulièrement dans le concerto pour piano et la symphonie, c'est dans l'opéra qu'il donne la pleine mesure de son génie. Ses cinq dernières grandes partitions d'opéra (*Die Entführung aus dem Serail, Le Nozze di Figaro, Don Giovanni, Così Fan Tutte* et *Die Zauberflöte*) comptent parmi les plus grandes réalisations de l'art lyrique de tous les temps.

**Pour commencer:** *Eine Kleine Nachtmusik, KV 525*
**Un incontournable:** *Concerto pour piano n° 20 en ré mineur KV 466*
**Pour aller plus loin:** *Don Giovanni*

### Musique concertante

*Concerto pour clarinette K. 622*
*Concertos pour cor* (4)
*Concerto pour violon n° 4*
*Concerto pour violon n° 5 (Turc)*
*Concerto pour piano n° 20 K. 466*
*Concerto pour piano n° 21 (Elvira Madigan) K. 467*
*Concerto pour piano n° 23 K. 488*
*Concerto pour piano n° 24 K. 491*
*Concerto pour piano n° 25 (La Marseillaise) K. 503*
*Concerto pour piano n° 27 K. 595*
*Sinfonia Concertante pour violon et alto K. 364*

### Symphonie

*Symphonie n° 35* (*Haffner*)
*Symphonie n° 36* (*Linz*)
*Symphonie n° 38* (*Prague*)
*Symphonie n° 39*
*Symphonie n° 40* (*Grande sol mineur*)
*Symphonie n° 41* (*Jupiter*)

### Sérénade et divertissement

*Sérénade n° 13* (*Eine Kleine Nachtmusik – Une Petite Musique de nuit*) *K. 525*

### Musique chorale

*Requiem K. 626*

### Opéra

*Così Fan Tutte* (*Ainsi font-elles toutes*)
*Don Giovanni* (*Don Juan*)
*Die Entführung aus dem Serail* (*L'enlèvement au sérail*)
*Le Nozze di Figaro* (*Le Mariage de Figaro*)
*Die Zauberflöte* (*La Flûte enchantée*)

## *Concerto pour clarinette en la majeur K. 622*

| Prix | Son | Cote | Soliste | Orchestre | Chef | Éd. | Enr. |
|---|---|---|---|---|---|---|---|
| $$$ | | ★ | Thea King | English Chamber Orchestra | Jeffrey Tate | Hype-rion | 1985 |
| $$$ |  | ★★★ | Sabine Meyer | Staatskapelle Dresden | Hans Vonk | EMI | 1990 |
| $$ | | ★★ | Alfred Prinz | Wiener Philharmoniker | Karl Böhm | DG | 1973 |

**Thea King**
La direction d'orchestre un peu prosaïque nous empêche de manifester un enthousiasme excessif envers cette quand même très belle version, qui offre la partie

originale de clarinette de basset (donc avec une mélodie beaucoup plus développée dans les notes graves que la version habituelle). Le jeu de la soliste est parfaitement délié et en place. La prise de son rend justice aux interprètes.

**Sabine Meyer**
Nous avons ici une soliste qui a une forte personnalité et cela y fait. Point de brumes automnales mais un divertissement emporté où la joie de vivre transparaît bien davantage que la hantise de la mort (qui est une interprétation *a posteriori* dans le cas de ce concerto). Meyer est accompagnée par les virtuoses de la Staatskapelle dont la sonorité raffinée est parfaite dans Mozart (qui eut d'ailleurs l'occasion de les entendre quand ils portaient le nom de Chapelle royale de Saxe). Comme chez Thea King, cette version reconstruit la partie de clarinette de basset. L'assise rythmique plus solide de même que l'excellent équilibre de la soliste et de l'orchestre achèvent de susciter notre adhésion enthousiaste.

**Alfred Prinz**
Le vétéran soliste de la Philharmonie de Vienne, l'orchestre traditionaliste par excellence et un chef presque octogénaire nous livrent une version très classique, très élégante aussi. Il n'y a rien de forcé ici, tout est parfaitement en place et bien poli comme une vieille statue. La nostalgie automnale de l'œuvre transparaît bien davantage que son aspect ludique. Il s'agit bien sûr de la partie standard de clarinette et il n'y aura de surprise pour personne ici. Mais qui veut être surpris quand il écoute ce concerto?

***Concertos pour cor K. 412, 417, 447, 495***

| Prix | Son | Cote | Soliste | Orchestre | Chef | Éd. | Enr. |
|---|---|---|---|---|---|---|---|
| $$$ | H | ★★★ | Dennis Brain | Philharmonia Orchestra | Herbert von Karajan | EMI | 1953 |
| $$$ | | ★ | Peter Damm | Academy of Saint-Martin-in-the-Fields | Sir Neville Marriner | Philips | 1988 |
| $$$ | 🔊 | ★★ | David Pyatt | Academy of Saint-Martin-in-the-Fields | Sir Neville Marriner | Erato | 1996 |

**Dennis Brain**
Voici une des légendes du disque classique. L'interprétation de Brain est à la fois virtuose et parfaite du point de vue musical. Les tempi sont parfaitement jugés et jouent l'aspect nettement ludique de ces partitions sans complexes. La sonorité du corniste est de celles que l'on n'oublie pas et maintient la grande tradition britannique de cet instrument. L'accompagnement de Karajan est subtil et raffiné; il dispose des excellents virtuoses du Philharmonia qui était alors le meilleur orchestre du monde. C'est à peine si on se rend compte que la prise de son est monophonique.

**Peter Damm**
Voici une version plus régulière de ces concertos, avec un soliste virtuose, un orchestre très agile et parfaitement juste, et un chef un rien routinier dans ce répertoire. Belle prise de son.

**David Pyatt**

Voici l'«espoir blanc» des cornistes britanniques. Le jeune Pyatt a de l'abattage et une belle tradition pour l'appuyer, et il soutient la comparaison avec Brain au moins pour la sonorité et le mouvement. Mais l'orchestre est un peu routinier: c'est là une version de studio et non un concert immortel. Le jeune aura l'occasion de se reprendre; il n'a pas à avoir honte de ce disque, loin de là!

### *Concerto pour violon n° 4 en ré majeur K. 218*

| Prix | Son | Cote | Soliste | Orchestre | Chef | Éd. | Enr. |
|---|---|---|---|---|---|---|---|
| $$$ | | ★★★ | Augustin Dumay | Camerata Academica Salzburg | Augustin Dumay | DG | 1996 |
| $$$ | | ★★ | Anne-Sophie Mutter | Philharmonia Orchestra | Riccardo Muti | EMI | 1981 |
| $$ | | ★★ | Ithzak Perlman | Wiener Philharmoniker | James Levine | DG | 1985 |

**Augustin Dumay**

Spécialiste de la musique de chambre, Dumay aborde ce concerto comme une grande pièce de chambre. Avec un orchestre restreint dans les cordes, il entretient une complicité et un dialogue étonnants. Moins sèche que dans le *Troisième Concerto*, l'approche un peu musclée (inspirée des baroqueux?) est plus convaincante ici, au point où nous pouvons tenir cette version comme une des meilleures actuellement sur le marché. Une prise de son d'une transparence extraordinaire permet à l'orchestre d'être parfaitement équilibré avec son soliste-chef. Ajoutons que Dumay propose les cadences de Joachim et leur expressivité presque romantique.

**Anne-Sophie Mutter**

La toute jeune Mutter (17 ans à l'époque) joue cette œuvre de jeunesse pour ce qu'elle est et fait bien valoir son charme racoleur et sa joie de vivre. Elle est parfaitement suivie par Muti qui adapte son grand orchestre à la riche sonorité de sa soliste. L'approche est romantique, comme le prouve le choix des cadences de Joachim.

**Itzhak Perlman**

Voici une version où le son est ample et puissant, et où l'approche est plutôt «opératique» si on veut me passer cette expression. Bien sûr, Levine est davantage un habitué de la fosse d'opéra et il possède une personnalité assez extrovertie. L'orchestre a une belle sonorité classique dans Mozart. La prise de son est moins laide que pour les disques antérieurs de cette série. Les cadences sont de Perlman.

### *Concerto pour violon n° 5 en la majeur K. 219 (Turc)*

| Prix | Son | Cote | Soliste | Orchestre | Chef | Éd. | Enr. |
|---|---|---|---|---|---|---|---|
| $$$ | 🔊 | ★★ | Augustin Dumay | Camerata Academica Salzburg | Augustin Dumay | DG | 1996 |
| $$$ | | ★★ | Cho-Liang Lin | English Chamber Orchestra | Raymond Leppard | Sony | 1986 |
| $$ | | ★★★ | Wolfgang Schneiderhan | Berliner Philharmoniker | Wolfgang Schneiderhan | DG | 1967 |

**Augustin Dumay**
Spécialiste de la musique de chambre, Dumay aborde ce concerto comme une grande pièce de chambre. Avec un orchestre restreint dans les cordes, il entretient une complicité et un dialogue étonnants. Moins sèche que dans le *Troisième Concerto*, l'approche assez musclée (inspirée des baroqueux?) est plus convaincante ici, au point où nous pouvons tenir cette version comme une des meilleures actuellement sur le marché. Une prise de son d'une transparence extraordinaire permet à l'orchestre d'être parfaitement équilibré avec son soliste-chef.

**Cho-Liang Lin**
L'approche très policée de Lin est parfaitement défendable ici. Soutenu par un Leppard attentif et discret, il nous offre une belle version où pas un poil ne dépasse et où il manque peut-être un rien de personnalité. Ces Turcs-là ne feraient pas de mal à une mouche! Les cadences sont de Raymond Leppard.

**Wolfgang Schneiderhan**
Le grand violoniste autrichien a connu une certaine éclipse au disque. Mais le jeu des rééditions lui permet de se refaire et voici une de ses belles réussites: le magnifique *Concerto turc* qu'il dirige de l'archet. Les tempi sont assez allants sans être précipités et l'accord entre le soliste et son accompagnement est évidemment très à point. L'approche très élégante ne gomme pas l'expression lyrique. Un très grand moment du disque et un *must* pour les mozartiens.

### *Concerto pour piano n° 20 en ré mineur K. 466*

| Prix | Son | Cote | Soliste | Orchestre | Chef | Éd. | Enr. |
|---|---|---|---|---|---|---|---|
| $$$ | 🔊 | ★★ | Alfred Brendel | Scottish Chamber Orchestra | Sir Charles Mackerras | Philips | 1998 |
| $$ | | ★★ | Vladimir Ashkenazy | Philharmonia Orchestra | Vladimir Ashkenazy | Decca | 1983 |
| $$ | | ★★★ | Clara Haskil | Orchestre des Concerts Lamoureux | Igor Markévitch | Philips | 1960 |
| $ | H | ★★★ | Walter Gieseking | Philharmonia Orchestra | Hans Rosbaud | EMI | 1953 |

**Vladimir Ashkenazy**
Version très «panachée» si on peut dire, et à grand orchestre. Le mouvement lent est très lyrique comme il se doit et les deux mouvements rapides sonnent avec une ardeur beethovénienne peut-être peu «authentique» (encore qu'aucun contemporain de Mozart ne soit venu nous enseigner la «vraie» manière de jouer ces œuvres), mais très convaincante.

**Alfred Brendel**
J'avais un peu reproché à Brendel, dans son intégrale Philips (avec Marriner), un manque d'engagement, une neutralité certaine dans ces concertos préromantiques. Si on retrouve ici cette approche assez austère, on ne peut en dire autant de Mackerras qui dramatise le tissu orchestral autant que faire se peut, en opposition avec l'aimable Marriner qui suivait son soliste sans faire de vagues. L'orchestre est d'une tenue supérieure et le preneur de son aussi, ce qui permet de penser que ces nouveaux Mozart seront à suivre, s'il en est d'autres.

**Walter Gieseking**
Un bel exemple de la manière XIXe siècle d'aborder ce concerto. En dépit de sa taille physique colossale, Gieseking aborde ce concerto avec une grande subtilité. Joué sans pédale et sans emphase, le *Concerto no 20* est présenté avec une rigueur et une sagesse toutes classiques. Rosbaud (plus connu comme spécialiste de la musique d'avant-garde) est un accompagnateur discret et élégant.

**Clara Haskil**
En toute fin de carrière, Haskil abordait ce concerto avec Markévitch dans une optique résolument romantique. L'orchestre est presque beethovénien, et il n'est pas question d'ornementations «authentiques» dans la partie soliste. Mais quelle personnalité, quelle vigueur, quelle fougue! On ne restera pas insensible à cette vision légendaire. Mozart est joué comme un précurseur de l'ère romantique et non comme l'arrière-garde du baroque, ce qui me semble tout à fait justifié.

### *Concerto pour piano no 21 en ut majeur K. 467*

| Prix | Son | Cote | Soliste | Orchestre | Chef | Éd. | Enr. |
|---|---|---|---|---|---|---|---|
| $$ | | ★★★ | Géza Anda | Camerata Academica des Salzburger Mozarteums | Géza Anda | DG | 1961 |
| $$ | | ★★ | Murray Perahia | English Chamber Orchestra | Murray Perahia | Sony | 1976 |
| $ | | ★★★ | Robert Casadesus | Cleveland Orchestra | George Szell | Sony | 1961 |
| $ | | ★ | Jenö Jandó | Concentus Hungaricus | András Ligeti | Naxos | 1989 |

**Géza Anda**
On a bien oublié *Elvira Madigan*, ce film au sentimentalisme sirupeux qui procura ce surnom apocryphe au *Concerto no 21*, mais voici le disque qui lui servit de trame sonore et qui rendit à juste titre ce mouvement lent inoubliable pour beaucoup de cinéphiles. Cette version sobre en tous points bénéficiait du jeu aéré et brillant du

regretté Géza Anda, pianiste éminemment romantique mais suffisamment au fait de l'esthétique mozartienne pour diriger lui-même du clavier un orchestre aux dimensions restreintes. Malgré son âge, ce disque sonne toujours très bien.

**Robert Casadesus**
Un des grands classiques du disque, cette version nous présente Casadesus qui, comme Gieseking, avait beaucoup joué les impressionnistes français et en avait gardé un sens de la subtilité d'expression qui fait merveille ici. Accompagné par le rigoureux Szell, il ne nous baigne pas dans une mer de sentiments gluants, mais nous offre, tout simplement, un beau concerto classique avec une parfaite justesse de ton.

**Jenö Jandó**
Le pianiste hongrois présente une vision très différente de celle de son compatriote Anda. La présence d'un chef d'orchestre change sensiblement la dynamique de ce concerto. Les tempi sont les plus rapides de la discographie et ce sont les cadences de Casadesus qui sont employées. C'est une version donc très dynamique et pas du tout sirupeuse, gâtée par une prise de son très sèche et dure. L'orchestre n'est pas un *band* de crincrins à l'ancienne, mais plutôt la formation de chambre de l'Orchestre symphonique de Budapest.

**Murray Perahia**
Pour Perahia, un *andante* mozartien est un *andante* et non un *adagio*. Tempi très allants donc, pas question de «madiganiser» le parcours. Belle articulation des bois, qui sont mis en valeur, et belle cohérence du dialogue piano-orchestre. Une version plus récente du même Perahia a brièvement paru au début des années 1990 pour disparaître de la circulation très vite. Mais celle-ci est très représentative de l'approche intimiste du pianiste américain.

### *Concerto pour piano n° 23 en la majeur K. 488*

| Prix | Son | Cote | Soliste | Orchestre | Chef | Éd. | Enr. |
|---|---|---|---|---|---|---|---|
| $$$ | | ★★ | Richard Goode | Orpheus Chamber Orchestra | s/o | Nonesuch | 1997 |
| $$ | | ★★★ | Sir Clifford Curzon | London Symphony Orchestra | István Kertész | Decca | 1968 |
| $ | | ★★ | Wilhelm Kempff | Bamberger Symphoniker | Ferdinand Leitner | DG | 1959 |

**Sir Clifford Curzon**
Curzon adorait Mozart, qu'il jouait et enregistrait fréquemment. Malheureusement, un perfectionnisme maladif le poussait à interdire la publication de la majorité de ses interprétations mozartiennes. Ce disque-ci est l'un des rares à avoir reçu l'autorisation du pianiste. La subtilité et la poésie du discours pianistique sont parfaitement encadrées par un chef au diapason et par un orchestre rigoureux et discipliné. Très belle prise de son. Un grand moment du piano mozartien.

**Richard Goode**
Version très dynamique, où les Orpheus (qui jouent sans chef) donnent une réplique vivante à Goode articulant sa partie avec beaucoup de brio et de

transparence. On est loin des excentricités rythmiques d'un Horowitz; ce qui ne préjuge pas d'un manque de personnalité, bien au contraire! Belle prise de son.

### Wilhelm Kempff

Réputé pour son Beethoven, Kempff était aussi un excellent interprète de Mozart dans l'optique romantique. Il fait l'*adagio* plutôt rapidement si on le compare à ses confrères. L'impeccable Leitner (avec qui il enregistra peu après l'intégrale des concertos de Mozart) le suit discrètement, mais avec énergie et discipline.

***Concerto pour piano***
***nº 24 en ut mineur K. 491***

| Prix | Son | Cote | Soliste | Orchestre | Chef | Éd. | Enr. |
|---|---|---|---|---|---|---|---|
| $$$ | 🔊 | ★★ | Richard Goode | Orpheus Chamber Orchestra | s/o | Nonesuch | 1997 |
| $$ | | ★★★ | Sir Clifford Curzon | London Symphony Orchestra | István Kertész | Decca | 1968 |
| $$ | | ★★★ | Clara Haskil | Orchestre des Concerts Lamoureux | Igor Markévitch | Philips | 1960 |
| $ | | ★ | Wilhelm Kempff | Bamberger Symphoniker | Ferdinand Leitner | DG | 1959 |

### Sir Clifford Curzon

Curzon adorait Mozart, qu'il jouait et enregistrait fréquemment. Malheureusement, un perfectionnisme maladif le poussait à interdire la publication de la majorité de ses interprétations mozartiennes. Ce disque-ci est l'un des rares à avoir reçu l'autorisation du pianiste. La subtilité et la poésie du discours pianistique sont parfaitement encadrées par un chef au diapason et par un orchestre rigoureux et discipliné. Parmi les «anciens», la vision de Curzon est celle qui se rapproche le plus de la poésie d'un Perahia. Un grand moment du piano mozartien.

### Richard Goode

Les Orpheus jouent sans chef, mais leur version est plus dynamique et vivante que bien d'autres! Goode poursuit sa magnifique intégrale Nonesuch avec ce beau disque, qui regroupe le dramatique *Concerto nº 24* et le poétique *Concerto nº 23*. Fort belle prise de son, vision articulée et nette de la partie soliste qui échange dans un bonheur parfait avec son entourage orchestral.

### Clara Haskil

En 1960, Haskil, à la toute fin de sa vie, laissait un *Concerto nº 24* dramatique, plein de flamme et de verve. Suivie par un Markévitch qui fait sonner l'orchestre avec vigueur et passion, elle présente ce concerto comme un précurseur de Beethoven – ce qu'il fut, effectivement.

### Wilhelm Kempff

Réputé pour son Beethoven, Kempff était aussi un excellent interprète de Mozart. L'impeccable Leitner (avec qui il enregistra peu après l'intégrale des concertos de Beethoven) le suit discrètement, mais avec énergie et discipline. Cette interprétation très classique demeure un peu sage, cependant, à côté d'autres versions plus énergiques.

### *Concerto pour piano n° 25 en ut majeur K. 503 (La Marseillaise)*

| Prix | Son | Cote | Soliste | Orchestre | Chef | Éd. | Enr. |
|---|---|---|---|---|---|---|---|
| $$$ | | ★★ | Vladimir Ashkenazy | Philharmonia Orchestra | Vladimir Ashkenazy | Decca | 1982 |
| $$ | | ★ | Murray Perahia | English Chamber Orchestra | Murray Perahia | Sony | 1983 |
| $ | | ★★★ | Leon Fleisher | Cleveland Orchestra | George Szell | Sony | 1959 |
| $ | | ★ | Jenö Jandó | Concentus Hungaricus | Mátyás Antal | Naxos | 1990 |

**Vladimir Ashkenazy**
Ce volet tardif de l'intégrale Ashkenazy le trouve en bon contrôle de son imposant orchestre et toujours en pleine maîtrise de son clavier. Cela a de la gueule et du panache. Pour tout dire, c'est spectaculaire et j'aime ça comme ça.

**Leon Fleisher**
Fleisher et Szell: combinaison explosive et gagnante presque à tout coup. Accord parfait des deux protagonistes qui s'estimaient bien malgré l'importante différence d'âge et la réputation de tyran de Szell. Le *Concerto n° 25* est joué à la romantique, avec flamme et emportement. L'orchestre ne s'excuse pas d'être numériquement imposant. Et tout cela a une personnalité que l'on n'oublie pas et qui renvoie aux oubliettes les mièvres dentelles de certains solistes qu'on a vus depuis.

**Jenö Jandó**
Le pianiste-factotum de Naxos poursuit sa sympathique intégrale des concertos avec ce beau *n° 25*, bien fait, bien joué, sans bavure et sans bizarrerie. Prise de son assez sèche quand même, et piano assez métallique.

**Murray Perahia**
Il ne faut pas compter sur Perahia pour jouer la carte du drame préromantique. Tout est parfaitement en place néanmoins, et l'emploi d'un orchestre aux dimensions plus restreintes permet d'apprécier le jeu des bois; la gradation de la dynamique crée une dimension dramatique mais sans forcer la note. Le *Concerto n° 25* pris dans une optique intimiste donc.

### *Concerto pour piano n° 27 en si bémol majeur K. 595*

| Prix | Son | Cote | Soliste | Orchestre | Chef | Éd. | Enr. |
|---|---|---|---|---|---|---|---|
| $$ | | ★★★ | Emil Gilels | Wiener Philharmoniker | Karl Böhm | DG | 1973 |
| $$ | | ★★ | Murray Perahia | English Chamber Orchestra | Murray Perahia | Sony | 1979 |
| $ | | ★ | Jenö Jandó | Concentus Hungaricus | András Ligeti | Naxos | 1989 |

### Emil Gilels

Incomparable interprète de Beethoven et de Brahms, Gilels savait réduire son imposant volume sonore pour jouer la nostalgie automnale du *Concerto nº 27*. Accompagné par l'excellent mozartien qu'était Böhm, il réalise un miracle de perfection et d'équilibre tout en ne gommant pas l'expression lyrique, toujours si présente quand il interprète les grands romantiques.

### Jenö Jandó

Le pianiste-factotum de Naxos nous donne un très beau *Concerto nº 27*, malgré une prise de son assez sèche et dure. L'orchestre sonne un peu mince mais très en place. Les tempi sont assez enlevés, ce qui gomme le *look* nostalgique que certains pianistes donnent à ce concerto. Rappelons qu'il s'agit de la formation de chambre de l'Orchestre symphonique de Budapest (sur instruments modernes).

### Murray Perahia

Perahia est ici dans son élément et nous emporte dans une belle réflexion intime toute faite de subtilité et de délicatesse. Comme toujours, on entend parfaitement les parties de vents de l'orchestre, qui sont excellemment jouées d'ailleurs.

## *Sinfonia concertante en mi bémol majeur pour violon, alto et orchestre K. 364*

| Prix | Son | Cote | Soliste | Orchestre | Chef | Éd. | Enr. |
|---|---|---|---|---|---|---|---|
| $$$ | 🔊 | ★★ | Rainer Kussmaul (v) Wolfram Christ (a) | Berliner Philharmoniker | Claudio Abbado | Sony | 1994 |
| $$ | | ★★★ | Thomas Brandis (v) Giusto Cappone (a) | Berliner Philharmoniker | Karl Böhm | DG | 1964 |

### Claudio Abbado

La Philharmonie de Berlin de 1994 fait honneur à ses prédécesseurs de 30 ans auparavant (voir ci-dessous). Abbado offre une lecture plus neutre, évitant le *legato* et détachant certains accords, le tout en ligne avec les «enseignements» des gourous de l'interprétation «authentique». La séduction des timbres et la vigueur des rythmes rendent cette version plus sympathique qu'on pourrait le croire, et une fort belle prise de son agrémente le tout.

### Karl Böhm

Aucun chef ne fait sentir la profondeur de cette musique comme Böhm. Son art de l'équilibre, si souvent vanté dans ces pages, apparaît primordial dans cette *Concertante* à deux solistes et dont l'orchestre est quand même relativement important. Les deux solistes de la Philharmonique de Berlin sont de grands virtuoses de leur instrument. L'approche est élégante et raffinée; l'argument symphonique convainc indiscutablement. Notons la subtilité avec laquelle les instruments solistes prennent le relais de l'orchestre. Un sommet qui ornerait avec bonheur une réédition «The Originals»... et DG m'ayant entendu, c'est dans la collection «Du Centenaire» que cette réédition-là a finalement lieu.

### *Symphonie n° 35 en ré majeur K. 385 (Haffner)*

| Prix | Son | Cote | Orchestre | Chef | Éd. | Enr. |
|---|---|---|---|---|---|---|
| $$$ | 🔊 | ★★ | Berliner Philharmoniker | Claudio Abbado | Sony | 1990 |
| $$ | | ★★★ | Berliner Philharmoniker | Karl Böhm | DG 2 CD | 1959 |
| $$ | | ★★ | Symphonie-Orchester des Bayerischen Rundfunks | Rafael Kubelík | Sony | 1980 |
| $ | | ★ | Capella Istropolitana | Barry Wordsworth | Naxos | 1988 |

**Claudio Abbado**
Abbado et Mozart n'ont jamais été une combinaison évidente. Pourtant, on dirait que dans sa maturité d'interprète, le chef italien semble avoir compris l'essence du compositeur autrichien. L'ensemble est plus nerveux qu'autrefois, mieux tenu en mains et moins mollasson. Évidemment, c'est Berlin qui connaît cette musique comme le fond de sa poche. Prise de son exceptionnelle.

**Karl Böhm**
L'approche de Böhm est remarquablement cohérente à travers toutes ses prestations mozartiennes. Voici un des grands classiques du disque, ressuscité comme il se doit dans la série «The Originals». Élégance du discours, virtuosité instrumentale, équilibre des groupes, justesse des tempi, tout serait à citer dans cette mémorable exécution qui n'a pas pris une ride.

**Rafael Kubelík**
On connaît mal le Kubelík mozartien; pourtant, ces interprétations, publiées au début des années 1980, ont fait date. Toute sa vie, il a conservé la disposition d'orchestre classique; les premiers et deuxièmes violons sont placés de part et d'autre du chef, pendant que les violoncelles et les contrebasses jouent à l'extrême gauche de l'orchestre. Cette disposition permet au contrepoint des cordes de se faire entendre parfaitement. La vision du chef maintient la tension mais sans violence, dans un parfait équilibre. Et n'oublions pas que nous avons affaire ici au deuxième orchestre d'Allemagne (après Berlin, bien sûr).

**Barry Wordsworth**
Chef de ballet surtout, Wordsworth a une approche «dansante» dans cette symphonie inspirée des sérénades et des divertissements salzbourgeois. Belle prise de son, orchestre virtuose, voilà une belle version sans complication et, surtout, à très bas prix.

### *Symphonie n° 36 en ut majeur K. 425 (Linz)*

| Prix | Son | Cote | Orchestre | Chef | Éd. | Enr. |
|---|---|---|---|---|---|---|
| $$ | | ★★★ | Berliner Philharmoniker | Karl Böhm | DG | 1966 |
| $$ | | ★★ | Symphonie-Orchester des Bayerischen Rundfunks | Rafael Kubelík | Sony | 1980 |
| $$ | | ★★★ | Columbia Symphony Orchestra | Bruno Walter | Sony | 1959 |
| $ | | ★★ | Capella Istropolitana | Barry Wordsworth | Naxos | 1988 |

**Karl Böhm**
L'approche de Böhm est remarquablement cohérente à travers toutes ses prestations mozartiennes. Voici un des grands classiques du disque, ressuscité comme il se doit dans la série «The Originals». Élégance du discours, virtuosité instrumentale, équilibre des groupes, justesse des tempi, tout serait à citer dans cette mémorable exécution qui n'a pas pris une ride. En particulier, j'aimerais souligner le mouvement lent «proto-romantique», si on veut bien me passer ce néologisme. L'orchestre de Berlin n'a jamais si bien joué, pas même pour Karajan ou son successeur Abbado, avec lesquels il a refait la *Linz* au moins trois fois.

**Rafael Kubelík**
On connaît mal le Kubelík mozartien; pourtant, ces interprétations, publiées au début des années 1980, ont fait date. Toute sa vie, il a conservé la disposition d'orchestre classique; les premiers et deuxièmes violons sont placés de part et d'autre du chef, pendant que les violoncelles et les contrebasses jouent à l'extrême gauche de l'orchestre. Cette disposition permet au contrepoint des cordes de se faire entendre parfaitement. La vision du chef maintient la tension mais sans violence, dans un parfait équilibre. Et n'oublions pas que nous avons affaire ici au deuxième orchestre d'Allemagne (après Berlin, bien sûr).

**Bruno Walter**
Évidemment, aucune reprise n'est faite par Walter, qui ne vivait pas à l'époque des reconstitutions muséologiques. La subtilité du discours n'exclut pas un certain «dramatisme» caractéristique des interprétations de Walter, dans Mozart surtout, même si, à cette période tardive de sa vie, les flammes du bûcher avaient baissé quelque peu. Le Los Angeles Philharmonic (qui se cache sous ce «nom de plume») a de belles couleurs à cette époque où il recevait fréquemment des chefs tels que Leinsdorf, Steinberg et Stravinski.

**Barry Wordsworth**
L'approche «dansante» de Wordsworth est parfaitement en place dans cette symphonie et lui donne une allure un peu plus jeune que dans les autres interprétations. La prise de son est très belle et le prix Naxos... très beau aussi.

### *Symphonie nº 38 en ré majeur K. 504 (Prague)*

| Prix | Son | Cote | Orchestre | Chef | Éd. | Enr. |
|---|---|---|---|---|---|---|
| $$ | | ★★★ | Berliner Philharmoniker | Karl Böhm | DG 2 CD | 1966 |
| $$ | | ★★ | Symphonie-Orchester des Bayerischen Rundfunks | Rafael Kubelík | Sony | 1980 |
| $$ | | ★★★ | Columbia Symphony Orchestra | Bruno Walter | Sony | 1959 |
| $ | | ★★ | Capella Istropolitana | Barry Wordsworth | Naxos | 1988 |

**Karl Böhm**
L'approche de Böhm est remarquablement cohérente à travers toutes ses prestations mozartiennes. Voici un des grands classiques du disque, ressuscité comme il se doit dans la série «The Originals». Élégance du discours, virtuosité

instrumentale, équilibre des groupes, justesse des tempi, tout serait à citer dans cette mémorable exécution qui n'a pas pris une ride.

**Rafael Kubelík**
On connaît mal le Kubelík mozartien; pourtant, ces interprétations, publiées au début des années 1980, ont fait date. Toute sa vie, il a conservé la disposition d'orchestre classique; les premiers et deuxièmes violons sont placés de part et d'autre du chef, pendant que les violoncelles et les contrebasses jouent à l'extrême gauche de l'orchestre. Cette disposition permet au contrepoint des cordes de se faire entendre parfaitement. La vision du chef maintient la tension mais sans aucune violence, dans un parfait équilibre. Et n'oublions pas que nous avons affaire ici au deuxième orchestre d'Allemagne (après Berlin, bien sûr). Comme souvent dans le répertoire qu'il affectionne particulièrement, Kubelík a enregistré la *Prague* plusieurs fois.

**Bruno Walter**
Évidemment, aucune reprise n'est faite par Walter, qui ne vivait pas à l'époque des reconstitutions muséologiques et qui ne conçoit pas Mozart comme une course de formule 1. La subtilité du discours n'exclut pas un certain «dramatisme» caractéristique des interprétations de Walter, dans Mozart surtout, même si, à cette période tardive de sa vie, les flammes du bûcher avaient baissé quelque peu. Le Los Angeles Philharmonic (qui se cache sous ce «nom de plume») a de belles couleurs à cette époque où il recevait fréquemment des chefs tels que Leinsdorf, Steinberg et Stravinski.

**Barry Wordsworth**
L'approche «dansante» de Wordsworth est parfaitement en place dans cette symphonie et lui donne une allure un peu plus jeune que dans les autres interprétations. Comme dans beaucoup de versions récentes, Wordsworth allonge la durée totale de son disque en faisant toutes les reprises. La prise de son est très belle et le prix Naxos... très beau aussi.

### *Symphonie n° 39 en mi bémol majeur K. 543*

| Prix | Son | Cote | Orchestre | Chef | Éd. | Enr. |
|---|---|---|---|---|---|---|
| $$$ | | ★★★ | Bamberger Symphoniker | Eugen Jochum | Orfeo | 1982 |
| $$ | | ★★★ | Berliner Philharmoniker | Karl Böhm | DG 2 CD | 1966 |
| $$ | | ★★ | Symphonie-Orchester des Bayerischen Rundfunks | Rafael Kubelík | Sony | 1980 |
| $ | | ★ | Capella Istropolitana | Barry Wordsworth | Naxos | 1988 |

**Karl Böhm**
L'approche de Böhm est remarquablement cohérente à travers toutes ses prestations mozartiennes. Voici un des grands classiques du disque, ressuscité comme il se doit dans la série «The Originals». Élégance du discours, virtuosité instrumentale, équilibre des groupes, justesse des tempi, tout serait à citer dans cette mémorable exécution qui n'a pas pris une ride.

**Eugen Jochum**
Le grand chef bavarois nous a laissé ces témoignages mozartiens peu de temps avant sa mort. L'approche, très romantique, ne se gêne pas pour jouer du *rubato* expressif. L'orchestre est fourni et le discours, très symphonique. Avec tout le respect que je dois aux chercheurs et aux théoriciens universitaires de la musique, la tradition qu'incarne Jochum est celle qui a rendu célèbres ces symphonies. C'est ici qu'on retrouve la vibration musicale et l'authenticité du discours.

**Rafael Kubelík**
On connaît mal le Kubelík mozartien; pourtant, ces interprétations, publiées au début des années 1980, ont fait date. Toute sa vie, Kubelík a conservé la disposition d'orchestre classique; les premiers et deuxièmes violons sont placés de part et d'autre du chef, pendant que les violoncelles et les contrebasses jouent à l'extrême gauche de l'orchestre. Cette disposition permet au contrepoint des cordes de se faire entendre parfaitement. La vision du chef maintient la tension mais sans aucune violence, dans un parfait équilibre. Et n'oublions pas que nous avons affaire ici au deuxième orchestre d'Allemagne (après Berlin, bien sûr).

**Barry Wordsworth**
L'approche «dansante» de Wordsworth est très jeune (dans le bon sens du terme) et parfaitement défendable. On sent que le chef a tenté d'assimiler les «enseignements» du dogme baroque tout en conservant l'utilisation d'instruments modernes (heureusement). Ces «enseignements» impliquent l'éradication de toute expression de sentiment et l'absence de tout *rubato* expressif: c'est un peu ce que nous avons ici. Mais l'envolée dansante du discours est quand même très bien faite et on ne s'ennuie pas même s'il faut chercher la profondeur musicale chez d'autres chefs. La prise de son est très belle et le prix Naxos... très beau aussi.

***Symphonie nº 40 en sol mineur K. 550***

| Prix | Son | Cote | Orchestre | Chef | Éd. | Enr. |
|---|---|---|---|---|---|---|
| $$$ | | ★★★ | Bamberger Symphoniker | Eugen Jochum | Orfeo | 1982 |
| $$ | | ★★★ | Berliner Philharmoniker | Karl Böhm | DG 2 CD | 1961 |
| $$ | | ★★ | Symphonie-Orchester des Bayerischen Rundfunks | Rafael Kubelík | Sony | 1980 |
| $ | | ★ | Capella Istropolitana | Barry Wordsworth | Naxos | 1988 |

**Karl Böhm**
L'approche de Böhm est remarquablement cohérente à travers toutes ses prestations mozartiennes. Voici un des grands classiques du disque, ressuscité comme il se doit dans la série «The Originals». Élégance du discours, virtuosité instrumentale, équilibre des groupes, justesse des tempi, tout serait à citer dans cette mémorable exécution qui n'a pas pris une ride.

**Eugen Jochum**
Le grand chef bavarois nous a laissé ces témoignages mozartiens peu de temps avant sa mort. L'approche, très romantique, ne se gêne pas pour jouer du *rubato* expressif. L'orchestre est fourni et le discours, très symphonique. Avec tout le respect que je dois aux chercheurs et aux théoriciens universitaires de la musique, la

tradition qu'incarne Jochum est celle qui a rendu célèbres ces symphonies. C'est ici qu'on retrouve la vibration musicale et l'authenticité du discours.

**Rafael Kubelík**
On connaît mal le Kubelík mozartien; pourtant, ces interprétations, publiées au début des années 1980, ont fait date. Toute sa vie, il a conservé la disposition d'orchestre classique; les premiers et deuxièmes violons sont placés de part et d'autre du chef, pendant que les violoncelles et les contrebasses jouent à l'extrême gauche de l'orchestre. Cette disposition permet au contrepoint des cordes de se faire entendre parfaitement. La vision du chef maintient la tension mais sans aucune violence, dans un parfait équilibre. Et n'oublions pas que nous avons affaire ici au deuxième orchestre d'Allemagne (après Berlin, bien sûr).

**Barry Wordsworth**
L'approche «dansante» de Wordsworth est très jeune (dans le bon sens du terme) et parfaitement défendable. On sent que le chef a tenté d'assimiler les «enseignements» du dogme baroque tout en conservant l'utilisation d'instruments modernes (heureusement). Ces «enseignements» impliquent l'éradication de toute expression de sentiment et l'absence de tout *rubato* expressif: c'est un peu ce que nous avons ici. Mais l'envolée dansante du discours est quand même très bien faite et on ne s'ennuie pas même s'il faut chercher la profondeur musicale chez d'autres chefs. La prise de son est très belle et le prix Naxos... très beau aussi.

***Symphonie nº 41 en ut majeur K. 551 (Jupiter)***

| Prix | Son | Cote | Orchestre | Chef | Éd. | Enr. |
|---|---|---|---|---|---|---|
| $$$ | | ★★★ | Bamberger Symphoniker | Eugen Jochum | Orfeo | 1982 |
| $$ | | ★★ | Berliner Philharmoniker | Karl Böhm | DG 2 CD | 1962 |
| $$ | | ★★ | Symphonie-Orchester des Bayerischen Rundfunks | Rafael Kubelík | Sony | 1980 |

**Karl Böhm**
L'approche de Böhm est remarquablement cohérente à travers toutes ses prestations mozartiennes. Voici un des grands classiques du disque, ressuscité comme il se doit dans la série «The Originals». Élégance du discours, virtuosité instrumentale, équilibre des groupes, justesse des tempi, tout serait à citer dans cette mémorable exécution qui n'a pas pris une ride.

**Eugen Jochum**
Le grand chef bavarois nous a laissé ces témoignages mozartiens peu de temps avant sa mort. L'approche, très romantique, ne se gêne pas pour jouer du *rubato* expressif. L'orchestre est fourni et le discours, très symphonique. Avec tout le respect que je dois aux chercheurs et aux théoriciens universitaires de la musique, la tradition qu'incarne Jochum est celle qui a rendu célèbres ces symphonies. C'est ici qu'on retrouve la vibration musicale et l'authenticité du discours.

**Rafael Kubelík**
On connaît mal le Kubelík mozartien; pourtant, ces interprétations, publiées au début des années 1980, ont fait date. Toute sa vie, il a conservé la disposition

d'orchestre classique; les premiers et deuxièmes violons sont placés de part et d'autre du chef, pendant que les violoncelles et les contrebasses jouent à l'extrême gauche de l'orchestre. Cette disposition permet au contrepoint des cordes de se faire entendre parfaitement. La vision du chef maintient la tension mais sans aucune violence, dans un parfait équilibre. Et n'oublions pas que nous avons affaire ici au deuxième orchestre d'Allemagne (après Berlin, bien sûr).

***Sérénade en sol majeur (Eine Kleine Nachtmusik – Une Petite Musique de nuit) K. 525***

| Prix | Son | Cote | Orchestre | Chef | Éd. | Enr. |
|---|---|---|---|---|---|---|
| $$ | | ★★★ | Columbia Symphony Orchestra | Bruno Walter | Sony | 1960 |
| $ | | ★★ | Wiener Philharmoniker | Karl Böhm | DG 2 CD | 1974 |

### Karl Böhm

L'élégance et l'équilibre chers à Böhm nous permettent d'avoir une version parfaitement en place de cette partition archi-rebattue. L'orchestre est fourni, certes, et après? Rien n'est lourd ici, les tempi sont parfaitement jugés et l'ensemble coule de source. Un peu plus de sourire aurait sans doute convenu, cependant.

### Bruno Walter

J'ai toujours gardé un attachement sentimental à l'approche Walter de la *Petite Musique de nuit:* tempi allègres, cordes élégantes et racées, orchestre assez fourni mais sans lourdeur. Je ne dois pas être le seul d'ailleurs, puisque ce disque se maintient au catalogue depuis sa parution, envers et contre toutes les modes d'interprétations «à l'ancienne» pour lesquelles je redis, encore une fois, mon aversion la plus totale.

***Requiem en ré mineur K. 626***

| Prix | Son | Cote | Soliste | Chœur/Orchestre | Chef | Éd. | Enr. |
|---|---|---|---|---|---|---|---|
| $$$ | | ★★ | Marie McLaughlin (s)<br>Maria Ewing (s)<br>Jerry Hadley (t)<br>Cornelius Hauptmann (b) | Chor des Bayerischen Rundfunks<br>Symphonie-Orchester des Bayerischen Rundfunks | Leonard Bernstein | DG | 1988 |
| $$$ | | ★★★ | Edith Mathis (s)<br>Julia Hamari (c)<br>Wieslaw Ochman (t)<br>Karl Ridderbusch (b) | Wiener Staatsopernchor<br>Wiener Philharmoniker | Karl Böhm | DG | 1970 |
| $ | | ★★ | Helen Donath (s)<br>Yvonne Minton (c)<br>Ryland Davies (t)<br>Gerd Nienstedt (b) | John Alldis Choir<br>BBC Symphony Orchestra | Sir Colin Davis | Philips 2 CD | 1967 |

### Leonard Bernstein

Cette prise de son de concert commémore le dixième anniversaire de la mort de la femme de Bernstein, l'actrice Felicia Montealegre. C'est dire la ferveur qui anime chacun des participants (ferveur que l'on peut constater sur la version vidéo de ce concert mémorable). Le quatuor de chanteurs américains se tire admirablement bien d'affaire, même si Hadley est davantage un habitué des scènes d'opéra. L'édition utilisée (de F. Beyer) diffère en quelques points de la version traditionnelle de Süssmayr, et Bernstein se permet quelques diminuendos non écrits sur des accords finaux. Quoi qu'il en soit, voici un très beau témoignage mozartien et un bel exemple de la sincérité émotive de ce chef.

**Karl Böhm**

Cette version me fit découvrir le *Requiem*, c'est dire que je lui ai toujours gardé un attachement sentimental. Un peu lente par rapport à d'autres, l'exécution souligne ce don exceptionnel de Böhm de bien juger ses tempi et la proportion de ses mouvements. L'orchestre sonne merveilleusement dans ce répertoire, le chœur également; parmi les solistes, la contribution de la soprano Edith Mathis est particulièrement à souligner. Mais ce qui distingue ce disque, c'est l'unanimité créée par le chef.

**Sir Colin Davis**

Comme dans son *Messiah* de Händel de la même époque, Davis utilise un orchestre allégé, des tempi agrestes et une approche généralement très dramatique. L'effet est indéniable. Les excellents solistes comptent cependant pour beaucoup dans la réussite de cette interprétation. Mentionnons la basse Nienstedt dont les graves profonds et puissants donnent une autre dimension au *tuba mirum*.

## *Così Fan Tutte K. 588*

***Dramatis personæ*** **(personnages principaux pour référence des rôles des solistes dans le tableau)**

| | | |
|---|---|---|
| Fiordiligi, soprano (1) | Dorabella, mezzo-soprano (2) | Ferrando, ténor (3) |
| Guglielmo, baryton (4) | Don Alfonso, basse (5) | Despina, soprano (6) |

| Prix | Son | Cote | Soliste | Chœur/Orchestre | Chef | Éd. | Enr. |
|---|---|---|---|---|---|---|---|
| $$$ | 🔊 | ★★ | Felicity Lott (1)<br>Marie McLaughlin (2)<br>Jerry Hadley (3)<br>Alessandro Corbelli (4)<br>Gilles Cachemaille (5)<br>Nuccia Focile (6) | Edinburgh Festival Chorus<br>Scottish Chamber Orchestra | Sir Charles Mackerras | Telarc<br>3 CD | 1993 |
| $$$ | 🔊 | ★★ | Renée Fleming (1)<br>Anne Sofie von Otter (2)<br>Frank Lopardo (3)<br>Olaf Bär (4)<br>Michele Pertusi (5)<br>Adelina Scarabelli (6) | London Voices<br>Chamber Orchestra of Europe | Sir Georg Solti | Decca<br>3 CD | 1994 |
| $$ | | ★★★ | Elisabeth Schwarzkopf (1)<br>Christa Ludwig (2)<br>Alfredo Kraus (3)<br>Giuseppe Taddei (4)<br>Walter Berry (5)<br>Hanny Stefek (6) | Philharmonia Chorus<br>Philharmonia Orchestra | Karl Böhm | EMI<br>3 CD | 1962 |

| Prix | Son | Cote | Soliste | Orchestre | Chef | Éd. | Enr. |
|---|---|---|---|---|---|---|---|
| $ | 🔊 | ★★ | Joanna Borowska (1)<br>Rohangiz Yachmi (2)<br>John Dickie (3)<br>Andrea Martin (4)<br>Peter Mikulas (5)<br>Priti Coles (6) | Chœur philharmonique slovaque<br>Capella Istropolitana | Johannes Wildner | Naxos 3 CD | 1990 |

**Karl Böhm**

Voici un des sommets de l'opéra de tous les temps. Kraus est égal à lui-même: élégant, racé et vocalement parfait. Schwarzkopf et Ludwig sont un couple de sœurs merveilleusement accordé, et le mari d'alors de madame Ludwig, Walter Berry, est un Don Alfonso plein d'humour et de ruse. La direction de Böhm est très théâtrale; il profite alors d'un bien meilleur orchestre que son Philharmonique de Vienne de 1955 (pour une version Decca).

**Sir Charles Mackerras**

Sans doute la meilleure version récente de *Così*. On connaît le biais «historiographique» de Sir Charles, qui impose ici des tempi très rapides et exécute l'intégralité absolue de la partition. À lire le nom des chanteurs, on sait qu'on aura une troupe très théâtrale même si la voix de certains protagonistes n'est pas la plus séduisante qui soit. Lott a pris un peu d'âge et cela se sent. Mais la direction urgente de Mackerras est parfaitement convaincante. La prise de son exceptionnelle achève de nous séduire.

**Sir Georg Solti**

Ceux qui ont connu l'enregistrement précédent de Solti ne seront pas surpris de retrouver ici les mêmes qualités: justesse et rigueur des (nombreux) ensembles, vigueur rythmique, conviction dramatique et respect rigoureux de la partition. S'y ajouteront une exceptionnelle troupe de chanteurs, certes supérieure à ce que Solti nous offrait en 1974, et un orchestre léger et vif comme il ne s'en fait plus. Au premier rang domine l'incomparable Fioridiligi de Renée Fleming, qui se révèle le soprano *lirico-spinto* de l'heure. Von Otter reprend sa Dorabella, plus approfondie et plus vécue que chez Marriner. L'exceptionnel Ferrando de Lopardo nous fait entendre un ténor au sommet de sa forme, qui se joue d'un *Aura amorosa* comme si de rien n'était. Un splendide Guglielmo est tracé par Olaf Bär. Les deux rusés meneurs de jeu sont campés avec toute la vérité dramatique recherchée par Scarabelli et Pertusi. Une certaine raideur de Solti (très occasionnelle, il faut bien le dire) nous empêche d'accorder à ce disque la note suprême; mais, je l'avoue, c'est très difficile.

**Johannes Wildner**

Le chef est, par ailleurs, violoniste des Wiener Philharmoniker; il connaît donc parfaitement cette partition et la dirige avec une urgence dramatique très convaincante. Le plateau peut être critiqué individuellement, en particulier le lourd mezzo de la turque Rohangiz Yachmi qui n'est plus de première jeunesse et sonne comme la belle-mère de Fiordiligi. Mais dans cet enregistrement, le tout est supérieur à la somme des parties et la vigueur théâtrale de la production emporte la palme. Mis à part l'exception susmentionnée, la plupart des chanteurs tiennent bien leur partie et jouent véritablement leur rôle. Le ténor est le fils d'un autre grand chanteur mozartien, Murray Dickie.

### *Don Giovanni (Don Juan) K. 527*

***Dramatis personæ* (personnages principaux pour référence des rôles des solistes dans le tableau)**

| | | |
|---|---|---|
| Commendatore, basse (1) | Donna Anna, soprano (2) | Don Ottavio, ténor (3) |
| Don Giovanni, baryton ou basse (4) | Leporello, basse (5) | Donna Elvira, soprano (6) |
| Zerlina, soprano (7) | Masetto, baryton (8) | |

| Prix | Son | Cote | Soliste | Chœur/Orchestre | Chef | Éd. | Enr. |
|---|---|---|---|---|---|---|---|
| $$$ | | ★★★ | Dimitri Kavrakos (1)<br>Carol Vaness (2)<br>Keith Lewis (3)<br>Thomas Allen (4)<br>Richard Van Allan (5)<br>Maria Ewing (6)<br>Elizabeth Gale (7)<br>John Rawnsley (8) | Glyndebourne Chorus<br>London Philharmonic Orchestra | Bernard Haitink | EMI<br>3 CD | 1982 |
| $$$ | | ★★ | Robert Holl (1)<br>Edita Gruberova (2)<br>Hans Peter Blochwitz (3)<br>Thomas Hampson (4)<br>László Polgár (5)<br>Roberta Alexander (6)<br>Barbara Bonney (7)<br>Anton Scharinger (8) | Chœur de l'Opéra néerlandais<br>Orchestre royal du Concertgebouw, Amsterdam | Nikolaus Harnoncourt | Teldec<br>3 CD | 1988 |
| $$$ |  | ★ | Umberto Chiummo (1, 8)<br>Christine Brewer (2)<br>Jerry Hadley (3)<br>Bo Skovhus (4)<br>Alessandro Corbeli (5)<br>Felicity Lott (6)<br>Nuccia Focile (7) | Scottish Chamber Chorus<br>Scottish Chamber Orchestra | Sir Charles Mackerras | Telarc<br>3 CD | 1995 |
| $$ | | ★★ | Kurt Böhme (1)<br>Suzanne Danco (2)<br>Anton Dermota (3)<br>Cesare Siepi (4)<br>Fernando Corena (5)<br>Lisa della Casa (6)<br>Hilde Gueden (7)<br>Walter Berry (8) | Wiener Staatsopernchor<br>Wiener Philharmoniker | Josef Krips | Decca<br>3 CD | 1957 |

**Bernard Haitink**

Cet enregistrement fut réalisé conjointement avec des représentations très réussies du Festival de Glyndebourne. C'est un des exemples les plus réussis du chant mozartien récent, avec notamment une Vaness à ses débuts qui éblouit par sa présence dramatique et par sa souplesse vocale. Le Giovanni d'Allen est splendidement théâtral: son «cri de mort» à la scène finale glacera le sang de tous les auditeurs. La direction est souple et animée, et la prise de son est excellente.

### Nikolaus Harnoncourt

Harnoncourt accentue davantage le *dramma* que le *giocoso* de Don Giovanni. Son héros éponyme a le timbre beaucoup plus clair et jeune qu'il n'est coutume; mais après tout, Giovanni n'est-il pas «un jeune noble très licencieux»? Le reste de la troupe est tout aussi étudié. Mentionnons la Anna très dramatique de Gruberova, et le Ottavio souple et élégant de Blochwitz. Le «pape» des ensembles baroques utilise ici les forces du Concertgebouw pour accentuer sa conception très sombre de ce drame. Une belle version moderne, pensée en fonction du drame théâtral et moins préoccupée par l'exactitude de la reconstitution muséologique.

### Josef Krips

Il existe au disque plusieurs exemples de la prestation de la troupe de l'Opéra de Vienne des années 1950. En voici une des mieux enregistrées, avec le légendaire Siepi dans le rôle éponyme. On trouve aussi la touchante Gueden en Zerlina et le caverneux Böhme en Commandeur écrasant. Le duo Siepi-Corena s'en donne à cœur joie. La direction est attentive et subtile tout en jouant le drame; on observe toutefois les coupures standards de ces années-là même si les principaux airs sont tous là.

### Sir Charles Mackerras

La principale qualité de cette version est d'être très complète, ce qui lui fait dépasser les trois heures. La deuxième qualité est l'urgence dramatique conférée par la direction dynamique du chef. Le jeune baryton Skovhus ne me semble pas encore avoir saisi la profondeur du rôle éponyme. Felicity Lott commence à vieillir sérieusement et elle est affligée d'un *vibrato* un peu dérangeant. Hadley peine un peu dans les vocalises éprouvantes d'Ottavio, il n'est pas le dernier à le faire! Le reste de la troupe est honnête et à son affaire. Détail historiquement intéressant: le même chanteur fait le Commandeur et Masetto, comme c'était souvent le cas à l'époque de Mozart.

## *Die Entführung aus dem Serail (L'enlèvement au sérail) K. 384*

***Dramatis personæ* (personnages principaux pour référence des rôles des solistes dans le tableau)**

| | | |
|---|---|---|
| Konstanze, soprano (1) | Blonde, soprano (2) | Belmonte, ténor (3) |
| Pedrillo, ténor (4) | Osmin, basse (5) | Bassa Selim, rôle parlé (6) |

| Prix | Son | Cote | Soliste | Chœur/Orchestre | Chef | Éd. | Enr. |
|---|---|---|---|---|---|---|---|
| $$ | | ★★★ | Maria Stader (1)<br>Rita Streich (2)<br>Ernst Haefliger (3)<br>Martin Vantin (4)<br>Josef Greindl (5)<br>Walter Franck (6) | RIAS-Kammerchor<br>RIAS-Symphonie-Orchester Berlin | Ferenc Fricsay | DG | 1954 |
| | | ★★ | Arleen Auger (1)<br>Reri Grist (2)<br>Peter Schreier (3)<br>Harald Neukirch (4)<br>Kurt Moll (5)<br>Otto Mellies (6) | Rundfunkchor Leipzig<br>Staatskapelle Dresden | Karl Böhm | DG | 1973 |

### Karl Böhm

Je n'ai retrouvé trace de cette belle version dans les catalogues nord-américains et c'est dommage. Böhm montre ici une incroyable jeunesse en animant cette comédie avec toute la vigueur souhaitée. L'orchestre a une longue et estimable tradition mozartienne. La regrettée Arleen Auger nous donnait une Konstanze vibrante, très à son affaire dans le redoutable *Matern aller Arten*. Reri Grist a un soprano un peu aigre mais quand même très valable dans ce rôle de soubrette madrée. Mais c'est le grand Kurt Moll qui campe un Osmin bouffon que l'on n'oubliera pas de sitôt. La prise de son faisait bien ressortir les percussions «turques» qui émaillent cette partition colorée. Peut-être verrons-nous une réédition «The Originals» bientôt?

### Ferenc Fricsay

En fait de réédition, c'est plutôt la version monophonique de 1954 que DG nous propose dans sa série «The Originals». C'est une version estimable, qui, pour une des premières fois, abordait l'enlèvement avec un tour beaucoup plus dramatique qu'il n'est coutume. Fricsay réduisait son orchestre à une quarantaine de musiciens pour bien faire ressortir la transparence de l'orchestration. Si Haefliger n'est pas Simoneau, il n'en était pas moins un des meilleurs ténors mozartiens des années 1950. La soprano hongroise Maria Stader était une très belle Konstanze et la souriante Rita Streich campait une Blonde vocalement aérienne. Le Osmin de Greindl était comique à souhait et la prise de son monophonique a été «revampée» avec succès. En attendant Böhm, cette réédition ne dépare pas la série «The Originals». L'acronyme «RIAS» signifie «Radio In American Sector» et identifiait la Radio de Berlin-Ouest dans les années 1950.

## *Le Nozze Di Figaro (Le mariage de Figaro) K. 492*

***Dramatis personæ* (personnages principaux pour référence des rôles des solistes dans le tableau)**

Il Conte di Almaviva, baryton (1)
La Contessa di Almaviva, soprano (2)
Susanna, soprano (3)
Figaro, baryton (4)
Cherubino, mezzo-soprano (5)

| Prix | Son | Cote | Soliste | Chœur/Orchestre | Chef | Éd. | Enr. |
|---|---|---|---|---|---|---|---|
| $$$ | 🔊 | ★★ | Boje Skovhus (1)<br>Cheryl Studer (2)<br>Sylvia McNair (3)<br>Lucio Gallo (4)<br>Cecilia Bartoli (5) | Wiener Staatsopernchor<br>Wiener Philharmoniker | Claudio Abbado | DG | 1994 |
| $$ | | ★★★ | Dietrich Fischer-Dieskau (1)<br>Gundula Janowitz (2)<br>Edith Mathis (3)<br>Hermann Prey (4)<br>Tatiana Troyanos (5) | Chor der Deutschen Oper Berlin<br>Orchester der Deutschen Oper Berlin | Karl Böhm | DG | 1968 |
| $$ | | ★★★ | Alfred Poell (1)<br>Lisa Della Casa (2)<br>Hilde Gueden (3)<br>Cesare Siepi (4)<br>Suzanne Danco (5) | Wiener Staatsopernchor<br>Wiener Philharmoniker | Erich Kleiber | Decca | 1956 |

### Claudio Abbado

Excellente version moderne de la «folle journée». Abbado nous offre ce qui peut se trouver de mieux de nos jours comme plateau mozartien. Le comte est jeune et aristocratique, la comtesse est un peu «fatiguée» vocalement mais très sensible et lyrique dans son *Porgi Amor*. Il aurait fallu que Studer décide plus tôt de sa préférence entre Mozart et Wagner... Le Figaro est un bon jeune baryton et le Cherubino est l'increvable Bartoli. L'orchestre – qui a enregistré cette partition très souvent – est excellent et Abbado anime la «folle journée» d'un esprit de comédie évident.

### Karl Böhm

Voici une des meilleures prestations mozartiennes du disque. La comtesse discrète et sensible de Janowitz est dramatiquement parfaite pour ce comte hâbleur et arrogant, bien campé par Fischer-Dieskau. La Susanna était une des meilleures chanteuses mozartiennes de la deuxième moitié du XX^e siècle et le Figaro de Prey est tout aussi bon que celui qu'il campera dans le *Barbier de Séville*. La grande mezzo américaine Tatiana Troyanos nous démontre encore une fois sa voix exceptionnelle et son sens de la comédie dans Cherubino. Böhm enveloppe le tout de son sens inné des proportions et du tempo juste.

### Erich Kleiber

Si on se demandait de qui Carlos Kleiber tient son style de direction dramatique et urgent, point n'est besoin de regarder plus loin que ce disque dirigé par son célèbre père. La troupe est cette fameuse *stagione* de l'Opéra de Vienne des années 1950, avec le Figaro du grand Siepi, le comte aristocratique de Poell et la noble et touchante comtesse de Lisa Della Casa. Suzanne Danco nous présente un Cherubino soprano pour une fois, et on n'y perd pas au change. Parmi les petits rôles (non listés dans le tableau précédent), notons Murray Dickie en Basilio, Fernando Corena en Bartolo et Hilde Rössel-Majdan en Marcellina. Du chant mozartien comme il ne s'en fait plus, une direction d'orchestre unique, une prise de son stéréophonique bien réussie.

## *Die Zauberflöte (La Flûte enchantée) K. 620*

***Dramatis personæ*** **(personnages principaux pour référence des rôles des solistes dans le tableau)**

| | | |
|---|---|---|
| Sarastro, basse (1) | Königin der Nacht, soprano (2) | Pamina, soprano (3) |
| Tamino, ténor (4) | Papageno, baryton (5) | Monostatos, ténor (6) |
| Die Sprecher, basse (7) | Papagena, soprano (8) | |

| Prix | Son | Cote | Soliste | Chœur/Orchestre | Chef | Éd. | Enr. |
|---|---|---|---|---|---|---|---|
| $$$ | | ★★★ | Kurt Moll (1)<br>Sumi Jo (2)<br>Ruth Ziesak (3)<br>Uwe Heilmann (4)<br>Michael Kraus (5)<br>Heinz Zednik (6)<br>Andreas Schmidt (7)<br>Lotte Leitner (8) | Wiener Staatsopernchor<br>Wiener Sängerknaben<br>Wiener Philharmoniker | Sir Georg Solti | Decca<br>2 CD | 1990 |

| Prix | Son | Cote | Soliste | Orchestre | Chef | Éd. | Enr. |
|---|---|---|---|---|---|---|---|
| $$ | | ★★ | Franz Crass (1)<br>Roberta Peters (2)<br>Evelyn Lear (3)<br>Fritz Wunderlich (4)<br>Dietrich<br>Fischer-Dieskau (5)<br>Friedrich Lenz (6)<br>Hans Hotter (7)<br>Lisa Otto (8) | RIAS-Kammerchor<br>Berliner<br>Philharmoniker | Karl Böhm | DG<br>2 CD | 1964 |
| $ | | ★ | Kurt Rydl (1)<br>Hellen Kwon (2)<br>Elisabeth<br>Norberg-Schulz (3)<br>Herbert Lippert (4)<br>Georg Tichy (5)<br>Wilfried Gahmlich (6)<br>Robert Holzer (7)<br>Lotte Leitner (8) | Chœur du Festival<br>hongrois<br>Orchestre Failoni<br>de Budapest | Michael<br>Halász | Naxos<br>2 CD | 1993 |

**Karl Böhm**

Cette estimable version était un peu plus faible du côté des rôles féminins. En effet, Roberta Peters arrivait en fin de carrière et peinait un peu en Reine de la nuit; quant à Evelyn Lear, on se rappelle davantage sa Lulu de Berg que ses prestations mozartiennes. Sa carrière allait d'ailleurs prendre abruptement fin peu après. Mais chez les rôles masculins, nous avons au premier chef l'incomparable Wunderlich en Tamino et Fischer-Dieskau en Papageno. Franz Crass est un Sarastro très noble et c'est Hotter qui est l'Orateur. L'orchestre, fourni, accompagne le tout avec subtilité et brillance. Comme toujours, le sens du tempo juste de Böhm ne finit pas de nous surprendre.

**Michael Halász**

La version Naxos présente, sinon de grands chanteurs, du moins des interprètes convaincus et un jeu théâtral très animé. Le Papageno manque un peu de vie, mais les autres membres de la troupe sont très à leur affaire et l'orchestre suit le tout avec une belle vigueur. Sans avoir la couleur des meilleures, la prise de son est quand même moins désastreuse que ce que Naxos nous offre habituellement à Budapest. Au prix Naxos, ceci constitue une aubaine à ne pas manquer.

**Sir Georg Solti**

Il existe une autre version de Solti, enregistrée en 1969 et qui souffrait d'une Reine de la Nuit assez quelconque. Il n'y a pas de faiblesses vocales dans le présent plateau, qui fait découvrir les gloires montantes du chant mozartien des années 1990 avec Uwe Heilmann, un Tamino noble et lyrique, Ruth Ziesak, une Tamina très belle, Michael Kraus, un Papageno comique et bien rond, et Sumi Jo, qui dévoile en Reine de la Nuit une puissance qu'on ne lui soupçonnait pas. Ces jeunes sont accompagnés du vétéran Kurt Moll, propriétaire du rôle de Sarastro depuis une quinzaine d'années, et Heinz Zednik, dont le sens de la composition théâtrale permet d'obtenir un Monostatos caricatural et plus vrai que nature. Solti dirige de façon urgente comme à son habitude, ce qui permet de tasser l'exécution sur deux disques (comparativement à trois pour sa version antérieure). L'orchestre est très familiarisé avec la partition et le démontre.

# MODESTE Petrovitch MOUSSORGSKY

Né à Karevo, le 9 mars 1839; mort à Saint-Pétersbourg, le 16 mars 1881.

Issu d'une famille bourgeoise, Moussorgsky apprend la musique et le piano en amateur. Débutant dans la carrière militaire, il rencontre en 1857 Balakirev qui le convainc de se consacrer plutôt à sa vocation musicale. Dans les années 1860, il se voit forcé de prendre un emploi de fonctionnaire pour subsister. En même temps, il compose ses premières mélodies et écrit des opéras. Il veut créer un nouveau langage musical, qui «parle directement à l'homme». C'est en 1869 qu'il commence le travail sur son chef-d'œuvre, l'opéra *Boris Godounov*, qui est présenté pour la première fois en 1874. Il entreprend un autre opéra, *Khovantchina*, mais l'alcoolisme le ralentit de plus en plus. Interné au début de 1881, il succombe à une crise de *delirium tremens*: pour célébrer ce qu'il pensait être le jour de son anniversaire, il avait bu du cognac... Après sa mort, des amis bien intentionnés comme Rimsky-Korsakov publieront ses principales œuvres en «arrangeant» ce qu'ils croyaient être ses erreurs d'orchestration. Ce n'est que récemment que nous avons pu prendre connaissance des versions «originales» de *Boris* et de la *Nuit sur le mont Chauve*, qui révèlent un compositeur d'une tout autre stature, véritable précurseur de Stravinski et de Chostakovitch. Ses drames lyriques grandioses mettent en scène le peuple russe et représentent le meilleur de son œuvre.

**Pour commencer:** *Une Nuit sur le mont Chauve*
**Un incontournable:** *Tableaux d'une exposition*
**Pour aller plus loin:** *Boris Godounov*

**Musique orchestrale**

*Tableaux d'une exposition*
*Une Nuit sur le mont Chauve*
*[Nuit de la Saint-Jean sur le mont Chauve]*

**Opéra**

*Boris Godounov*

### *Tableaux d'une exposition*

| Prix | Son | Cote | Orchestre | Chef | Éd. | Enr. |
|---|---|---|---|---|---|---|
| | | | **Orchestration Maurice Ravel** | | | |
| $$$ | | ★★ | Berliner Philharmoniker | Claudio Abbado | DG | 1993 |
| $$$ | | ★★ | Orchestre symphonique de Montréal | Charles Dutoit | Decca | 1985 |
| $$ | | ★★★ | Berliner Philharmoniker | Herbert von Karajan | DG | 1965 |
| $$ | H | ★★★ | Chicago Symphony Orchestra | Rafael Kubelík | Mercury | 1951 |
| | | | **Orchestration Leopold Stokowski** | | | |
| $$$ | | ★★ | BBC Philharmonic | Matthias Bamert | Chandos | 1995 |

## Claudio Abbado

Abbado a toujours eu un flair certain pour la musique de Moussorgsky ainsi que pour celle de Ravel dont il a enregistré presque toute l'œuvre pour orchestre. Il offre des *Tableaux* chatoyants, colorés, où l'impact sonore d'une prise de son spectaculaire s'allie au sens des proportions et des couleurs du chef. L'orchestre est splendide et se montre à l'égal des grandes formations dirigées par Karajan.

## Charles Dutoit

Dutoit joue l'orchestration Ravel davantage que Moussorgsky, et sa version très française est remarquable d'élégance et d'équilibre. Les rythmes sont parfaitement jugés et l'ensemble sonne avec vigueur et conviction, sans cette once de folie qu'on retrouve chez des chefs plus subjectifs. Stravinski n'est pas loin...

## Herbert von Karajan

Les *Tableaux* de 1965 (il a réalisé une version en numérique dans les années 1980) sont demeurées une des belles réussites de Karajan au disque. À la fois inspiré des couleurs slaves et de l'orchestration ravélienne, il présente une suite brillante, où la rigueur de l'exécution est au service d'une vision grandiose et inspirée. L'orchestre dispose des ressources pour rendre justice à une telle vision. Les tempi sont un peu plus larges qu'à l'ordinaire, ce qui ajoute à l'effet de puissance sonore qu'on ressent à l'écoute de ce disque.

## Rafael Kubelík

Ce disque légendaire a amené un critique new-yorkais à affirmer qu'on était ici *in the living presence of the orchestra*, ce qui donna son nom à cette célèbre série d'enregistrements de la petite firme américaine Mercury (plus tard avalée par le géant néerlandais Philips, lui-même éventuellement amalgamé dans le conglomérat Universal). Bien que monophonique (d'où le H de notre cote technique), le disque présente une clarté et une dynamique que les firmes concurrentes ne réussiront pas avant plusieurs années, sinon plusieurs décennies. Le Chicago Symphony est déjà ce très grand orchestre à la sonorité pleine et ronde, au service d'une vision poétique et dynamique de son jeune directeur musical (alors âgé de 37 ans).

### *Une nuit sur le mont Chauve*

| Prix | Son | Cote | Orchestre | Chef | Éd. | Enr. |
|---|---|---|---|---|---|---|
| **Version originale, orchestration de Moussorgsky** | | | | | | |
| $$$ | 🔊 | ★★★ | Berliner Philharmoniker | Claudio Abbado | DG | 1993 |
| **Arrangement de Rimsky-Korsakov** | | | | | | |
| $$ | | ★ | Chicago Symphony Orchestra | Fritz Reiner | RCA | 1957 |
| **Orchestration de Leopold Stokowski** | | | | | | |
| $$$ | | ★★ | BBC Philharmonic | Matthias Bamert | Chandos | 1995 |

## Claudio Abbado

Abbado a toujours eu un flair certain pour la musique de Moussorgsky, dont il a dirigé un remarquable *Boris Godounov*. Il est le seul de la discographie actuelle à proposer la version originale de Moussorgsky. C'est en écoutant ce *Sacre du printemps* avant la lettre qu'on prend conscience du véritable assassinat de la version Rimsky-Korskakov, qui n'est pas qu'une simple orchestration mais une véritable recomposition où les thèmes sont modifiés, le déroulement mélodique changé, et où tout l'épisode de tranquillité finale est ajouté *out of the blue*. Pour retrouver l'atmosphère de sabbat authentique et l'horreur de la nuit des damnés telle qu'imaginée par l'esprit prolifique de Moussorgsky, Abbado est tout seul actuellement.

## Matthias Bamert

Ancien adjoint de Stokowski, Bamert n'a pas oublié la manière spectaculaire et la verve russe de son maître: il présente une version enthousiaste et colorée de cette très brillante orchestration. L'orchestration de Stokowski n'est pas basée sur l'original de Moussorgsky, mais plutôt sur l'arrangement, très lointain on le sait, de Rimsky-Korsakov. Il réussit néanmoins à retrouver cette couleur barbare qui animait la version originale, et sa vision pleine d'imagination est sûrement plus proche de l'esprit de l'œuvre que la recomposition commise par Rimsky.

## Fritz Reiner

Reiner était un splendide directeur et bâtisseur d'orchestre, et ce disque en est la preuve. L'orchestre est jeté à corps perdu dans cette *Nuit de Sabbat*, où les tempi frénétiques rendent l'exécution authentiquement infernale. Malheureusement, le preneur de son ne suit pas le brio des musiciens, et la sonorité étriquée et métallique de l'ensemble est sensiblement déplaisante, surtout à l'allure de course à l'abîme imposée par le chef.

## *Boris Godounov*
## Opéra en quatre actes et un prologue

***Dramatis personæ***
**(personnages principaux pour référence des rôles des solistes dans le tableau)**

| | | |
|---|---|---|
| Boris Godounov, basse (1) | Le prince Vassili Ivanovitch Chouiski, ténor (2) | Le moine Pimène, basse (3) |
| Grigori Otrepiev, alias le Prétendant, ténor (4) | Marina Mnichek, soprano (5) | Le moine errant Varlaam, basse (6) |
| L'Innocent, ténor (7) | Le Jésuite Rangoni, basse (8) | |

| Prix | Son | Cote | Soliste | Chœur/Orchestre | Chef | Éd. | Enr. |
|---|---|---|---|---|---|---|---|
| $$$ | | ★★★ | Anatoli Kotcherga (1)<br>Philip Langridge (2)<br>Samuel Ramey (3)<br>Sergueï Larine (4)<br>Marjana Lipovsek (5)<br>Gleb Nikolski (6)<br>Aleksandr Fédine (7)<br>Sergueï Leferkus (8) | Chœur philharmonique slovaque<br>Rundfunkchor Berlin<br>Tölzer Knabenchor<br>Berliner Philharmoniker | Claudio Abbado | Sony<br>3 CD | 1993 |
| $$$ | | ★ | Boris Christoff (1)<br>John Lanigan (2)<br>Boris Christoff (3)<br>Dimitr Ouzounov (4)<br>Evelyn Lear (5)<br>Boris Christoff (6)<br>Kirill Doulgerov (7)<br>Anton Diakov (8) | *Version Rimsky-Korsakov*<br>Chœur de l'Opéra national de Sofia<br>Orchestre de la Société des Concerts du Conservatoire | André Cluytens | EMI<br>3 CD | 1962 |
| $$$ | 🔊 | ★★★ | Vladimir Vaneev (1)<br>Konstantin Ploujnikov (2)<br>Nikolaï Ohotnikov (3)<br>Vladimir Galousine (4)<br>Olga Borodina (5)<br>Fyodor Kouznetzov (6)<br>Evgueni Akimov (7)<br>Evgueni Nikitine (8) | *Version 1872*<br>Chœur et Orchestre du Kirov (Théâtre Mariinsky, Saint-Pétersbourg) | Valery Gergiev | Philips<br>5 CD | 1997 |
| $$$ | 🔊 | ★★★ | Nicolai Poutiline (1)<br>Konstantin Ploujnikov (2)<br>Nikolaï Ohotnikov (3)<br>Viktor Loutsouk (4)<br>Fyodor Kouznetzov (6)<br>Evgueni Akimov (7) | *Version 1869*<br>Chœur et Orchestre du Kirov (Théâtre Mariinsky, Saint-Pétersbourg) | Valery Gergiev | Philips<br>5 CD | 1997 |

### Claudio Abbado

Prise sur le vif mais en concert (et non en représentation scénique), la version Abbado démontre la grande affinité de ce chef pour l'univers sombre de Moussorgsky. L'orchestre de Berlin rend justice à l'orchestration efficace du compositeur, moins brillante mais tellement plus dramatique que l'«arrangement» de Rimsky-Korsakov. La grande basse russe Anatoli Kotcherga est un Boris de grande classe, aristocratique et brillant mais aussi dramatique et émouvant. Langridge est ce Chouiski intrigant et enjôleur qui mène plus ou moins la trame de l'action. On regrette un peu la Marina du mezzo dramatique (en lieu et place d'un soprano) Lipovsek dont la séduction n'est pas le point fort; mais la froideur de l'intrigante ambitieuse ne fait aucun doute. Exceptionnel Innocent de Leferkus.

**André Cluytens**
Voici la version la plus traditionnelles de toutes, soit la Rimsky-Korsakov «pure» avec la mort de Boris APRÈS la scène de la forêt de Kromy. Il s'agit ici du redoutable Boris Christoff, un Boris à nul autre pareil, qui se paye la fantaisie de chanter également les deux autres grands rôles de basse de Pimène et Varlaam. On salue l'exploit, mais on ne peut s'empêcher de trouver un certain manque de différenciation dans le fameux face-à-face Pimène-Boris qui précède la mort de ce dernier. Le reste de la troupe est plus quelconque, exception faite de la jeune Evelyn Lear, excellente actrice, qui réalise une Marina très séduisante. La direction efficace de Cluytens soutire le meilleur de l'Orchestre du Conservatoire, qui n'a sans doute pas la couleur ni la profondeur requises pour bien rendre justice à cette très lourde partition et, surtout, à la brillante orchestration de Rimsky.

**Valery Gergiev (version 1869)**
Gergiev dirige bien sûr l'orchestration originale de Moussorgsky, et, pour éviter de faire le douloureux choix entre la scène de la forêt de Kromy (version 1872) et celle de la cathédrale Saint-Basile (version 1869), ou encore, de façon plus absurde, de jouer les deux dans une même représentation, il nous offre tout simplement, côte à côte, les DEUX versions complètes dans son coffret de cinq CD vendu au prix de trois. Dans la mouture première de Boris, il n'y a pas de Marina ni de Rangoni et le drame est ciblé tout entier sur l'ambition dévorante et la soif de pouvoir de Boris, qui finit par brûler tout le monde et lui-même. Nicolai Poutiline est un Boris fort, madré et très dramatique. La direction d'orchestre est vivante et spectaculaire, même dans l'orchestration réputée grise de Moussorgsky (en réalité, cette orchestration est un reflet fidèle du drame barbare qui se joue sur scène).

**Valery Gergiev (version 1872)**
D'emblée, le geste du compositeur est plus ample, et la présence de l'intrigante Marina et de son éminence grise Rangoni change complètement la dramatique de l'affaire. Cette Marina est la splendide Olga Borodina, que nous avons pu admirer en vidéo et qui apporte à son personnage ce mélange de froideur et de séduction qui caractérise l'intrigante ambitieuse qu'est la princesse polonaise. Le Boris de Vladimir Vaneev, plus retenu que celui de Poutiline dans la version 1869, présente un personnage plus tourmenté et empêtré dans ses contradictions intimes. L'orchestre est toujours aussi impressionnant; les cuivres en particulier ont cette couleur typiquement russe qui crée l'atmosphère recherchée dans une œuvre de ce genre. Belle prise de son (faite dans un studio de la radio néerlandaise, plutôt que dans une représentation publique, comme on a l'habitude avec les productions du Kirov).

# *CARL ORFF*

Né à Munich, le 10 juillet 1895; mort à Munich, en 1982.

Tout en menant une carrière de musicien et de pédagogue, Carl Orff s'intéresse à la musique ancienne dans les années 1920. Il produit des arrangements d'œuvres de Monteverdi en 1925, puis ses fameux *Schulwerke*, œuvres d'enseignement de la musique par le moyen de la mélodie simple et de la danse. Il obtient un succès fulgurant avec la création de *Carmina Burana*, à Frankfurt en 1937. Visant à mettre en musique des textes médiévaux retrouvés dans une abbaye des environs de Munich, il crée une sorte de langage archaïque qui anime la poésie par des rythmes appuyés et des mélodies simples. Toujours intéressé par le théâtre, il produira des œuvres de plus en plus austères, inspirées de la tragédie grecque, et dont le succès n'approchera jamais, même de loin, celui des *Carmina*.

## Opéra/Musique de théâtre

*Carmina Burana*

***Carmina Burana***
***Cantiones profanæ cantoribus et choris cantandæ comitantibus instrumentis atque imaginibus magicis***
***(Chants profanes pour solistes et chœur accompagnés d'instruments et d'images magiques)***

| Prix | Son | Cote | Soliste | Chœur/Orchestre | Chef | Éd. | Enr. |
|---|---|---|---|---|---|---|---|
| $$$ |  | ★★★ | Beverly Hoch (s)<br>Stanford Olsen (t)<br>Mark Oswald (bar) | F.A.C.E. Treble Choir<br>Chœur de l'OSM<br>Orchestre symphonique de Montréal | Charles Dutoit | Decca | 1996 |
| $$ | | ★★★ | Gundula Janowitz (s)<br>Gerhard Stolze (t)<br>Dietrich Fischer-Dieskau (bar) | Chor der Deutschen Oper Berlin<br>Schöneberger Sängerknaben<br>Orchester der Deutschen Oper Berlin | Eugen Jochum | DG | 1968 |
| $$$ | | ★★ | Sheila Armstrong (s)<br>Gerald English (t)<br>Thomas Allen (bar) | St. Clement Danes Grammar Schoolboys' Choir<br>LSO Chorus<br>London Symphony Orchestra | André Previn | EMI | 1974 |
| $ | | ★★ | Janice Harsanyi (s)<br>Rudolf Petrak (t)<br>Harve Presnell (bar) | The Rutgers University Choir<br>Philadelphia Orchestra | Eugene Ormandy | Sony | 1960 |

**Charles Dutoit**
Il arrive à Dutoit d'être un peu «boutonné» serré dans certaines musiques. Il n'en est rien ici! L'enthousiasme de tous les participants est communicatif. Soulignons l'excellente prestation des chœurs et en particulier leur très belle diction. La vigueur rythmique et l'excellence des instruments sont aussi à remarquer. Prise de son exceptionnelle, très moderne, très présente et naturelle sans excès. La meilleure version moderne de l'œuvre, sans contredit.

**Eugen Jochum**
*Carmina* est de la musique de paysan bavarois, ont parfois prétendu certains critiques «raffinés» à la bouche dédaigneuse. Eh bien, Jochum était précisément cela puisqu'il est né dans un petit village des Alpes bavaroises! Son enregistrement «autorisé par Carl Orff» est enthousiasmant du début à la fin. Chœurs excellents qui articulent parfaitement leur texte, y compris le chœur d'enfants. Janowitz présente un soprano aérien très pur et Fischer-Dieskau sait faire ressortir le côté caricatural de ses interventions, y compris le passage en voix de fausset. Et que dire de l'irremplaçable Stolze, merveilleux ténor de caractère s'il en fut? Tout serait à citer dans cette version qui n'a pas pris une ride depuis 30 ans.

**Eugene Ormandy**
Ne vous fiez pas au relatif anonymat des solistes, puisque ceux-ci sont tous excellents et enthousiastes. Le chœur est déchaîné et semble s'amuser au possible. Quant à l'orchestre, il n'a jamais été aussi vivant et virtuose que dans cette remarquable interprétation du début de la stéréophonie. La prise de son est très claire. À prix économique, c'est le meilleur choix.

**André Previn**
Cette première version Previn (une deuxième, moins vivante, a été réalisée récemment à Vienne) montre le chef à son summum. Il dispose non seulement d'un orchestre virtuose, mais également de chœurs remarquables et de solistes presque parfaits, en particulier le merveilleux baryton Thomas Allen alors à son sommet vocal. Prise de son assez bien faite pour l'époque (EMI était alors dans les affres de la calamiteuse quadraphonie).

# *SERGUEÏ Sergueïevitch PROKOFIEV*

Né à Sontsovka, le 11 mars 1891; mort à Moscou, le 5 mars 1953.

Virtuose précoce du piano, Prokofiev débute dès 1908 dans la carrière de pianiste de concert. En composition, il est très vite associé à l'école «moderniste», écrivant une musique motorique aux accents percussifs et à l'orchestration touffue. Il fuit la Révolution communiste en 1918 et s'installe aux États-Unis, puis à Paris. Attiré par l'opéra, il compose nombre de partitions pour la scène, mais peu sont restées au répertoire. Ses concertos pour piano sont demeurés célèbres, avec leur partie soliste d'une virtuosité qui était alors peu commune, et une écriture orchestrale originale. Le mal du pays le tenaille, et il rentre en URSS en 1932, où il sait assez rapidement s'adapter aux désirs du régime. Composant désormais une musique plus accessible, mélodique et plus sereine, il crée des ballets qui comptent parmi ses chefs-d'œuvre: *Roméo et Juliette*, *Cendrillon* et *La Fleur de Pierre* sont bien connus de tous les amateurs de danse classique. À son tour en bute aux difficultés politiques d'un régime tatillon et soupçonneux, il voit sa santé se dégrader rapidement. Sa mort passe inaperçue, puisque le même jour disparaît un certain Joseph Staline...

**Pour commencer**: *Symphonie n° 1 (Classique)*
**Un incontournable**: *Concerto pour piano n° 3*
**Pour aller plus loin**: *Roméo et Juliette*

## Musique orchestrale

*Concerto pour piano n° 3*
*Concerto pour piano n° 1*
*Concerto pour piano n° 2*
*Symphonie n° 1 «Classique»*
*Symphonie n° 5*

## Musique de scène

*Roméo et Juliette* (ballet)

### *Concerto pour piano n° 3 en ut majeur op. 26*

| Prix | Son | Cote | Soliste | Orchestre | Chef | Éd. | Enr. |
|---|---|---|---|---|---|---|---|
| $$$ | | ★★★ | Yevgueni Kissine | Berliner Philharmoniker | Claudio Abbado | DG | 1993 |
| $$$ | | ★★★ | Martha Argerich | Berliner Philharmoniker | Claudio Abbado | DG | 1967 |
| $$ | | ★★ | Byron Janis | Orchestre philharmonique de Moscou | Kyrill Kondrachine | Mercury | 1962 |
| $ | | ★ | Kun-Woo Paik | Orchestre symphonique de la Radio nationale polonaise | Antoni Wit | Naxos | 1991 |

**Martha Argerich**
L'incandescence du jeu de la soliste n'a d'égale que la puissance écrasante de l'orchestre qui est tout sauf accompagnateur ici. Le jeune Abbado communique à ses musiciens une énergie et une dynamique qui reflètent le tempérament enflammé de la pianiste. C'est avec cet enregistrement que j'ai découvert ce concerto; et je vous souhaite d'en faire autant.

**Byron Janis**
En 1962, en pleine guerre froide, le pianiste américain se payait une tournée soviétique qui allait le couvrir de gloire. Lors d'une brève pause, il en profitait pour faire quelques disques à Moscou avec la Mercury américaine – première présence d'une équipe de preneurs de son nord-américaine sur les lieux! Avec l'accompagnateur subtil et dramatique qu'était Kondrachine, il produit une version mémorable du *Troisième Concerto*. Il rend avec imagination les diverses sections du grand deuxième mouvement qui défait plus d'un soliste.

**Yevgueni Kissine**
Décidément, Abbado a la main pour ses solistes du *Troisième Concerto* de Prokofiev! Après la jeune (25 ans) Argerich, voici le jeune (21 ans) Kissine qui ne le cède en rien à son aînée pour la virtuosité. Le tempérament est peut-être un peu plus contrôlé, mais pas moins dramatique que celui de la pianiste argentine. Et la prise de son très brillante rend parfaitement l'enthousiasme de ce concert. Mon seul regret est le minutage chiche de cette production au prix fort.

**Kun-Woo Paik**
Cette sympathique version du coréen Paik réussirait à se hisser au niveau des plus grandes pour la précision et la fantaisie du jeu. Comme c'est souvent le cas pour ces productions Naxos d'Europe de l'Est, l'orchestre un peu gris et la prise de son «baignoire» de la Radio de Katowice nous amènent à tempérer un peu notre enthousiasme. Mais au prix Naxos, peu d'acheteurs seront déçus.

***Concerto pour violon n° 1***

| Prix | Son | Cote | Soliste | Orchestre | Chef | Éd. | Enr. |
|---|---|---|---|---|---|---|---|
| $$$ | | ★★ | Gil Shaham | London Symphony Orchestra | André Previn | DG | 1995 |
| $$$ | | ★★★ | Maxime Vengerov | London Symphony Orchestra | Mstislav Rostropovitch | Teldec | 1994 |
| $$ | H | ★★ | Nathan Milstein | Saint Louis Symphony Orchestra | Vladimir Golschmann | EMI | 1954 |

**Nathan Milstein**
Le violoniste natif d'Odessa en Crimée est un merveilleux interprète de la musique russe en général et de ce concerto en particulier. Curieusement, il ne joua jamais le *Deuxième Concerto*, du moins au disque. Les tempi très rapides sont bien soutenus par un orchestre de Saint Louis au sommet de sa forme sous la direction du vétéran Golschmann. La prise de son monophonique ne dérange pas vraiment, puisque les timbres sont respectés, la distorsion est virtuellement absente et les instruments sont très présents.

**Gil Shaham**
Excellente version de Shaham, pleine de fantaisie et de rythme, avec l'assistance d'un orchestre qui respecte et souligne les désirs interprétatifs du soliste. Une très bonne prise de son achève de soulever notre enthousiasme.

**Maxime Vengerov**
Rostropovitch est parfois décevant dans Prokofiev, même s'il a connu personnellement le compositeur. Il réussit à discipliner son approche généralement passionnée pour offrir une réplique de qualité aux interjections du fantastique violoniste qu'est Vengerov. Avec l'enthousiasme de la jeunesse, la virtuosité d'un maître et la musicalité d'un champion, il présente ce concerto du jeune Prokofiev dans des conditions optimales. La prise de son de Teldec est tout simplement miraculeuse.

### *Concerto pour violon n° 2*

| Prix | Son | Cote | Soliste | Orchestre | Chef | Éd. | Enr. |
|---|---|---|---|---|---|---|---|
| $$$ | 🔊 | ★★★ | Gil Shaham | London Symphony Orchestra | André Previn | DG | 1995 |
| $$$ | 🔊 | ★★ | Maxime Vengerov | London Symphony Orchestra | Mstislav Rostropovitch | Teldec | 1996 |

**Gil Shaham**
Excellente version de Shaham, pleine de fantaisie et de rythme, avec l'assistance d'un orchestre qui respecte et souligne les désirs interprétatifs du soliste. Une excellente prise de son achève de soulever notre enthousiasme.

**Maxime Vengerov**
Rostropovitch est parfois décevant dans Prokofiev, même s'il a connu personnellement le compositeur. Il réussit à discipliner son approche généralement passionnée pour offrir une réplique de qualité aux interjections du fantastique violoniste qu'est Vengerov. Le discours un peu plus décousu du *Deuxième Concerto* a, semble-t-il, suscité une interprétation de Vengerov un peu plus réservée que celle qu'il nous offrait dans le *Premier Concerto* enregistré deux ans plus tôt. Mais la réussite est quand même incontestable et ceux qui auront acquis le premier disque se devront de le compléter avec celui-ci. La prise de son de Teldec est tout simplement miraculeuse.

### *Symphonie n° 1 en ré majeur op. 25 (Symphonie classique)*

| Prix | Son | Cote | Orchestre | Chef | Éd. | Enr. |
|---|---|---|---|---|---|---|
| $$$ | 🔊 | ★★★ | Chamber Orchestra of Europe | Claudio Abbado | DG | 1990 |
| $$$ | | ★★ | Orpheus Chamber Orchestra | Orpheus | DG | 1987 |
| $ | | ★★ | London Symphony Orchestra | Michael Tilson-Thomas | Sony 2 CD | 1991 |

**Claudio Abbado**
Avec un orchestre virtuose et léger, rompu au répertoire authentiquement «classique», Abbado réussit un petit miracle avec cette *Symphonie classique* vive, pleine d'humour et de sous-entendus. Très belle prise de son.

**Orpheus**
L'Orpheus Chamber Orchestra joue sans chef, ce qui nous surprend toujours. La vivacité et l'unanimité de l'exécution sont bien sûr favorisées par le petit nombre d'instrumentistes. Il n'en demeure pas moins qu'arriver tous ensemble à la fin de ce finale bondissant relève de la gageure. Ce disque-valise est complété par des œuvres de Britten et de Bizet.

**Michael Tilson-Thomas**
Assisté par un LSO au sommet de sa forme, Tilson-Thomas présente une *Classique* vive et enjouée, pleine de rythme et de couleur instrumentale. Ce disque est offert par Sony dans un couplage de deux disques avec différentes œuvres, toutes de Prokofiev, heureusement.

### *Symphonie nº 5 en si bémol majeur op. 100*

| Prix | Son | Cote | Orchestre | Chef | Éd. | Enr. |
|---|---|---|---|---|---|---|
| $$$ | | ★★★ | SWR Stuttgart Rundfunk-Sinfonie-Orchester | Sergiu Celibidache | DG | 1979 |
| $$$ | | ★★ | Orchestre philharmonique de Leningrad | Mariss Jansons | Chandos | 1987 |
| $$ | | ★★★ | Berliner Philharmoniker | Herbert von Karajan | DG | 1968 |
| $ | | ★★ | London Symphony Orchestra | Michael Tilson-Thomas | Sony | 1991 |

**Sergiu Celibidache**
Les archives sonores s'ouvrent et, subitement, on est en train d'avoir à peu près tout le répertoire de Celibidache en CD. Et qui s'en plaindrait? La *Cinquième* de Prokofiev, cet espèce d'hommage à l'humanité triomphante, touchait particulièrement le cœur du chef roumain qui la dirige avec une ampleur que seul Karajan a pu approcher. Si le RSO de Stuttgart n'est pas Berlin, on sent la «patte» de Celi: la résonance massive des cordes en est un exemple; l'écrasante cathédrale sonore de la fin du premier mouvement en est un autre. Car la prise de son radiophonique a été considérablement améliorée par les procédés techniques de la DG; les bruits d'auditoire ont été tout à fait éliminés, y compris ces applaudissements qui pourraient agacer à l'écoute répétée.

**Mariss Jansons**
Jansons dispose son orchestre à la façon «classique», avec premiers et deuxièmes violons de part et d'autre du chef ainsi que les violoncelles et les contrebasses à l'extrême gauche. La discipline légendaire de l'orchestre de Mravinsky permet d'apprécier pleinement la solennité du discours symphonique. Jansons a tendance à presser le tempo, ce qui gâche un peu certains moments qu'on aimerait

plus réfléchis et accentue l'urgence au détriment de l'expression. La prise de son, réalisée à Dublin pendant une tournée de l'orchestre, est bien réussie.

**Herbert von Karajan**
Cette interprétation a traversé le temps sans prendre une ride. Peu porté sur la musique du XX^e siècle, Karajan aborde la *Cinquième Symphonie* comme une grande œuvre romantique et fait sonner son orchestre comme peu ont réussi à le faire. Il faut entendre la puissance écrasante des percussions à la fin du premier mouvement pour comprendre ce que je veux dire. La tension dramatique est maintenue de bout en bout et les tempi très larges permettent de bien saisir toutes les subtilités du discours.

**Michael Tilson-Thomas**
Avec un LSO en grande forme, Tilson-Thomas obtient une exécution pleine de panache et de vigueur dramatique. Le coût extrêmement bas de cette réédition (dans un coffret de deux disques) devrait attirer nombre de mélomanes désireux de connaître l'œuvre sans nécessairement vider leur portefeuille.

### *Roméo et Juliette op. 64*
### Ballet en trois actes

| Prix | Son | Cote | Orchestre | Chef | Éd. | Enr. |
|---|---|---|---|---|---|---|
| $$$ | | ★★★ | Berliner Philharmoniker (extraits du ballet et des trois suites) | Claudio Abbado | DG | 1996 |
| $$$ | | ★★★ | Orchestre royal du Concertgebouw d'Amsterdam (extraits des trois suites *op. 64a* et *b* et *op. 101*) | Myung-Whun Chung | DG | 1993 |
| $ | | ★★★ | Cleveland Orchestra (ballet complet) | Lorin Maazel | Decca 2 CD | 1973 |
| $ | | ★★ | London Symphony Orchestra (ballet complet) | André Previn | EMI 2 CD | 1973 |

**Claudio Abbado**
Abbado a façonné une suite collée d'assez près à l'action dramatique, à partir du ballet lui-même et des trois suites de concert qu'en a extrait Prokofiev (on sait que certains numéros sont assez différents dans les suites). La virtuosité de l'orchestre, la puissance de la prise de son et, surtout, l'affinité profonde d'Abbado pour le monde de Prokofiev et son lyrisme doux-amer font de ce disque pris en public une réussite à peu près totale. Durée totale: 68 minutes.

**Myung-Whun Chung**
Les extraits des suites assemblés par Chung font plus d'une heure et tracent un survol assez complet des meilleurs moments du ballet, dans un ordre dramatiquement vraisemblable. L'orchestre du Concertgebouw s'en donne à cœur joie, magnifiquement enregistré par un preneur de son des meilleurs jours. Chung trace un portrait saisissant de chacun des mouvements qu'il aborde, lesquels présentent

une vision très dramatique du récit en musique. Car il s'agit d'un véritable poème symphonique qui est construit devant nous ici.

**Lorin Maazel**

Voici une des plus belles choses produites par l'Orchestre de Cleveland au disque, avec Maazel très certainement. Premier enregistrement réalisé par celui-ci après sa prise de direction, le ballet se déroule avec toute la subtilité dramatique et la virtuosité instrumentale qui sont de mise. Szell était disparu moins de trois ans auparavant, mais son sens de la discipline et sa rigueur étaient encore tout à fait présents dans l'orchestre. Comme c'est le ballet complet, il faut deux disques – la durée totale est de 2 h 20. Et on ne s'ennuie pas un seul instant!

**André Previn**

Parue simultanément à celle de Maazel, la version a toujours un peu souffert d'une prise de son moins brillante que celle de sa rivale. Et les couleurs du LSO n'ont jamais été celles du Cleveland de la belle époque. Previn a un beau sens du discours dramatique de ce ballet, et son approche, très différente de celle de Maazel, privilégie la vigueur rythmique aux dépens de l'expression sentimentale. C'est une approche tout aussi valable. Mais, pour la prise de son, Maazel l'emporte.

# GIACOMO PUCCINI

Né à Lucques (Toscane), le 22 décembre 1858; mort à Bruxelles, le 29 novembre 1924.

Issu d'une dynastie de musiciens italiens remontant au XVIIe siècle, Puccini commence une carrière de compositeur d'opéra en 1880, à Milan. Son premier opéra, *Le Villi*, basé sur la même légende que le ballet *Giselle* d'Adolphe Adam, démontre une certaine influence wagnérienne. Mais son génie éclate véritablement avec son troisième opéra, *Manon Lescaut*, créé à Turin en 1893, où il amorce une collaboration de longue haleine avec les librettistes Giacosa et Illica. Dans cet opéra, Puccini révèle sa personnalité profonde; brillant orchestrateur, mélodiste hors pair et, surtout, dramatiste efficace, il sait «sentir» une action et écrire une musique parfaitement adaptée à l'atmosphère de la scène, qu'elle accompagne toujours d'une façon très évocatrice. Avec son opéra suivant, *La Bohème*, basé sur un roman de l'écrivain français Henry Murger, Puccini connaît le triomphe et s'inscrit dans la mouvance de l'école «vériste», qui met en scène des personnages réalistes et des sentiments véritables de la vie de tous les jours. Les deux drames suivants, *Tosca* (1900) et *Madama Butterfly* (1904) sont connus de tous les amateurs d'art lyrique. Toujours très difficile dans la sélection de ses livrets, Puccini observe un certain silence jusqu'à la création de *La Fille du Far-West* au Metropolitan Opera de New York en 1910. Miné par la maladie, il ne parvient pas à terminer son ultime opéra, *Turandot*, et meurt à Bruxelles où il était allé subir des traitements pour le cancer de la gorge qui l'étouffait.

**Pour commencer**: *Madama Butterfly*
**Un incontournable**: *Tosca*
**Pour aller plus loin**: *Turandot*

**Opéra**

*La Bohème*
*Madama Butterfly*
*Manon Lescaut*
*Tosca*
*Turandot*

## *La Bohème*

***Dramatis personæ* (personnages principaux pour référence des rôles des solistes dans le tableau)**

| | | |
|---|---|---|
| Rodolfo, ténor (1) | Mimi, soprano (2) | Marcello, baryton (3) |
| Musetta, soprano (4) | Colline, basse (5) | Schaunard, baryton (6) |

| Prix | Son | Cote | Soliste | Chœur/Orchestre | Chef | Éd. | Enr. |
|---|---|---|---|---|---|---|---|
| $$$ | H | ★★★ | Jussi Björling (1)<br>Victoria de Los Angeles (2)<br>Robert Merrill (3)<br>Lucine Amara (4)<br>Giorgio Tozzi (5)<br>John Reardon (6) | RCA Victor Chorus<br>The Columbus Boychoir<br>RCA Victor Orchestra | Sir Thomas Beecham | EMI 2 CD | 1956 |
| $$$ | | ★★★ | Luciano Pavarotti (1)<br>Mirella Freni (2)<br>Rolando Panerai (3)<br>Elizabeth Harwood (4)<br>Nicolai Ghiaurov (5)<br>Gianni Maffeo (6) | Chor der Deutschen Oper Berlin<br>Schönenberger Sängerknaben<br>Berliner Philharmoniker | Herbert von Karajan | Decca 2 CD | 1972 |
| $ | | ★★ | Carlo Bergonzi (1)<br>Renata Tebaldi (2)<br>Ettore Bastianini (3)<br>Gianna D'Angelo (4)<br>Cesare Siepi (5)<br>Renato Cesari (6) | Coro e Orchestra dell'Accademia Nazionale di Santa Cecilia, Roma | Tullio Serafin | Decca 2 CD | 1959 |

### Sir Thomas Beecham

Entre deux concerts en 1956, on avait réussi à trouver un moment de rencontre pour cette troupe exceptionnelle, fruit de la collaboration momentanée entre la EMI britannique et la RCA américaine (d'où l'identité bizarre de l'orchestre sur disques EMI). Des horaires plutôt serrés avaient forcé tous les protagonistes à donner leur meilleur dans un temps limité et la concentration était à son maximum. Il s'agit d'une troupe de rêve, avec la voix d'or du merveilleux Björling en Rodolfo et la non moins convaincante de Los Angeles dans un de ses meilleurs rôles. Ils étaient accompagnés par de splendides équipiers, au premier rang desquels on trouve Robert Merrill en Marcello. Beecham avait travaillé *La Bohème* avec Puccini, paraît-il: la direction est vivante et colorée en dépit de l'utilisation de ce qui est un orchestre *pickup* aux temps de répétition forcément limités. Le son est un mono «binaural» réalisé à l'époque où EMI expérimentait avec cette technologie bizarre consistant à faire entendre les voix d'un côté et l'orchestre de l'autre. C'est le seul point faible de ce disque légendaire.

### Herbert von Karajan

D'une légende à l'autre, nous avons ici affaire aux «monstres sacrés» Pavarotti et Karajan. Karajan d'abord, dramatique, caressant et somptueux comme il l'est toujours dans Puccini; Pavarotti, dans un de ces rôles lyriques qui lui conviennent si bien, lui qui est peu porté sur le vérisme généralement. La touchante Mirella Freni campe une Mimi à la fois fragile et décidée, vocalement parfaite, dramatiquement à point. La regrettée Elizabeth Harwood est Musetta avec tout l'abattage du rôle. Le vétéran Panerai reprend son rôle de Marcello et Ghiaurov donne la vigueur souhaitée à l'*Air du Manteau* de Colline.

**Tullio Serafin**

Serafin est un excellent chef d'opéra; il le démontre à nouveau ici, animant cette représentation dramatique et sentie sans verser dans le pathos larmoyant de certains de ses confrères. Il est servi par le magnifique et trop rare Bergonzi, un Rodolfo poétique, aristocratique même, à qui on ne pourrait reprocher que quelques gros sanglots un peu exagérés dans la scène finale. Tebaldi chante magnifiquement, à son habitude, mais n'entre pas pleinement dans le drame, à son habitude aussi. Un autre grand chanteur trop rare au disque, Ettore Bastianini, nous offre un Marcello parfait. Reparue dans une série superéconomique de la Decca, cette version est désormais munie d'un résumé détaillé à l'intention des amateurs novices, mais d'aucun livret.

## *Madama Butterfly*

***Dramatis personæ* (personnages principaux pour référence des rôles des solistes dans le tableau)**

Madama Butterfly [Cio-Cio San], soprano (1)
Il Bonzo [Le Bonze], basse (6)
Suzuki, mezzo-soprano (2)
Sharpless, baryton (4)
B. F. Pinkerton, ténor (3)
Goro, ténor (5)

| Prix | Son | Cote | Soliste | Chœur/Orchestre | Chef | Éd. | Enr. |
|---|---|---|---|---|---|---|---|
| $$$ | | ★★★ | Mirella Freni (1)<br>Christa Ludwig (2)<br>Luciano Pavarotti (3)<br>Robert Kerns (4)<br>Michel Sénéchal (5)<br>Marius Rintzler (6) | Wiener Staatsopernchor<br>Wiener Philharmoniker | Herbert von Karajan | Decca<br>3 CD | 1974 |
| $$$ | H | ★★ | Maria Callas (1)<br>Luca Danieli (2)<br>Nicolai Gedda (3)<br>Mario Borriello (4)<br>Renato Ercolani (5)<br>Plinio Clabassi (6) | Coro e Orchestra del Teatro alla Scala, Milano | Herbert von Karajan | EMI<br>2 CD | 1955 |
| $$ | | ★★ | Renata Scotto (1)<br>Anna di Stasio (2)<br>Carlo Bergonzi (3)<br>Rolando Panerai (4)<br>Piero de Palma (5)<br>Paolo Montarsolo (6) | Coro e Orchestra del Teatro dell'Opera di Roma | Sir John Barbirolli | EMI<br>2 CD | 1966 |

**Sir John Barbirolli**

Curieusement, après une réussite fulgurante à l'opéra en 1927, Barbirolli allait s'abstenir totalement du théâtre lyrique jusqu'à cet enregistrement réalisé 39 ans plus tard. Il démontre une très grande affinité pour la scène lyrique, en réussissant à maintenir la tension dramatique sans pousser le pathos outre mesure. Renata Scotto est une des plus convaincantes Butterfly, jouant de la voix comme d'un instrument de tragédie. Le Pinkerton racé et aristocratique de Bergonzi est parfaitement rendu, donnant à ce caractère une noblesse qu'il ne devrait peut-être pas avoir. Et, pour une fois, on a un Sharpless tout à fait à son affaire avec Panerai. La prise de son un peu floue n'avantage pas l'orchestre, mais on s'y habitue assez vite.

**Herbert von Karajan (1974)**
Les tempi larges adoptés par Karajan nécessitent trois disques, et au prix fort; c'est dire que la qualité se paie... Pavarotti est un Pinkerton plus lyrique que de coutume, avec une voix à son zénith et toute la présence dramatique que requiert ce séducteur falot et prétentieux. Freni est la meilleure Butterfly au disque, faisant tour à tour vivre la petite geisha émerveillée et naïve et la femme abandonnée et tragique avec tout autant de crédibilité dramatique et vocale. La Suzuki de Ludwig est une merveille de composition dramatique, et le Sharpless de Kerns est très à son affaire. La direction veloutée et enveloppante de Karajan restitue, avec passion mais sans sentimentalisme excessif, toute l'ampleur de l'orchestre de Puccini; il dispose pour ce faire des fantastiques couleurs de la virtuose Philharmonie de Vienne.

**Herbert von Karajan (1955)**
Callas restreint son lourd instrument vocal pour réaliser le personnage de la tragique petite geisha et elle y parvient à merveille, même si le timbre n'est pas le plus beau qui soit, comme on sait. Le Pinkerton aristocratique et raffiné de Gedda est presque trop beau. Le reste de la troupe est correct sans être remarquable; comme souvent dans les intégrales de Callas, on dirait que le plateau a été réuni dans le but de laisser la vedette à la *prima donna*. Toutefois, la direction d'orchestre lustrée et vivante de Karajan emporte la palme. La prise de son monophonique restreint forcément l'ampleur de la reproduction sonore d'une orchestration que l'on sait par ailleurs luxuriante et subtile. Mais les tempi un peu plus agrestes de Karajan permettent de tasser l'œuvre sur deux disques.

## *Manon Lescaut*

***Dramatis personæ* (personnages principaux pour référence des rôles des solistes dans le tableau)**

| | | |
|---|---|---|
| Manon Lescaut, soprano (1) | Lescaut, baryton (2) | Chevalier des Grieux, ténor (3) |
| Geronte de Ravoir, basse (4) | Edmondo, ténor (5) | Un Musico, mezzo-soprano (6) |

| Prix | Son | Cote | Soliste | Chœur/Orchestre | Chef | Éd. | Enr. |
|---|---|---|---|---|---|---|---|
| $$$ | | ★★ | Mirella Freni (1)<br>Renato Bruson (2)<br>Plácido Domingo (3)<br>Kurt Rydl (4)<br>Robert Gambill (5)<br>Brigitte Fassbaender (6) | Chorus of the Royal Opera House, Covent Garden<br>Phiharmonia Orchestra | Giuseppe Sinopoli | DG<br>2 CD | 1984 |
| $ | | ★ | Miriam Gauci (1)<br>Vincente Sardinero (2)<br>Kaludi Kaludov (3)<br>Marcel Rosca (4)<br>Donald George (5)<br>Lucienne Van Deyck (6) | Chœur philharmonique de la RTB<br>Chœur Jaak Gregoor<br>Orchestre philharmonique de la Radio-Télévision belge | Alexander Rahbari | Naxos<br>2 CD | 1992 |

**Alexander Rahbari**
Les habituels tempi languissants de Rahbari ne nous empêchent pas d'apprécier l'excellente soprano Miriam Gauci, qui allie intelligence du texte et beauté vocale.

Sardinero est un Lescaut bien usé, et Kaludov a ce timbre de ténor slave qui peut déranger certaines personnes.

### Giuseppe Sinopoli

Le couple Freni-Domingo est bien proche de remporter la palme du meilleur duo Manon-Des Grieux de l'histoire du disque. Freni sait rendre la personnalité fondamentalement ambiguë de Manon, alors que Domingo est cet amant aussi passionné que désargenté. La direction de Sinopoli souligne subtilement les moindres trouvailles de la partition et rend le célèbre *intermezzo* avec une intensité fulgurante. Une prise de son un peu baignoire rend toutefois les timbres un peu confus.

## *Tosca*

***Dramatis personæ*** **(personnages principaux pour référence des rôles des solistes dans le tableau)**

| | | |
|---|---|---|
| Floria Tosca, soprano (1) | Mario Cavaradossi, ténor (2) | Barone Scarpia, baryton (3) |
| Cesare Angelotti, basse (4) | Un sagrestano (Un sacristain), baryton (5) | Spoletta, ténor (6) |

| Prix | Son | Cote | Soliste | Chœur/Orchestre | Chef | Éd. | Enr. |
|---|---|---|---|---|---|---|---|
| $$$ | H | ★★★ | Maria Callas (1)<br>Giuseppe di Stefano (2)<br>Tito Gobbi (3)<br>Franco Calabrese (4)<br>Melchiorre Luise (5)<br>Angelo Mercuriali (6) | Coro e Orchestra del Teatro alla Scala, Milano | Victor de Sabata | EMI 2 CD | 1952 |
| $ | | ★★ | Montserrat Caballé (1)<br>José Carreras (2)<br>Ingvar Wixell (3)<br>Samuel Ramey (4)<br>Domenico Trimarchi (5)<br>Piero de Palma (6) | Chorus and Orchestra of the Royal Opera House, Covent Garden | Sir Colin Davis | Philips 2 CD | 1976 |

### Sir Colin Davis

Davis dispose de deux atouts maîtres: le soprano incomparable de Montserrat Caballé, vibrante, très à son aise dans ce personnage de diva jalouse auquel elle ressemble peut-être dans la vraie vie... et le ténor Carreras, pas encore gâté à cette époque par les abus de rôles trop lourds, puis la tragique maladie. Wixell réalise un Scarpia venimeux et méchant à souhait, et le tout jeune Samuel Ramey est le bref Angelotti. La direction attentive et vibrante de Davis enveloppe le drame de splendides couleurs orchestrales.

### Victor de Sabata

Cette version de légende présente la Callas flamboyante et électrique de ses débuts de carrière, et le ténor vibrant et splendide de Di Stefano. Bien sûr, c'est l'expression dramatique incroyable que Callas communique à son héroïne qui nous séduit au premier abord. Le Scarpia de Gobbi est un personnage venimeux et noir, le digne frère de son Iago (Verdi). La direction d'orchestre de De Sabata est une autre des vertus de cet enregistrement: jamais routinière, elle souligne le drame aux moments opportuns sans pousser inutilement les effets. La prise de son monophonique est très écoutable et son ampleur en surprendra plusieurs.

## *Turandot*

***Dramatis personæ*** **(personnages principaux pour référence des rôles des solistes dans le tableau)**

Turandot, soprano (1) Calaf, ténor (2) Timur, basse (3)
Liù, soprano (4)

| Prix | Son | Cote | Soliste | Chœur/Orchestre | Chef | Éd. | Enr. |
|---|---|---|---|---|---|---|---|
| $$ | | ★★★ | Birgit Nilsson (1)<br>Jussi Bjoerling (2)<br>Giorgio Tozzi (3)<br>Renata Tebaldi (4) | Coro e Orchestra del Teatro dell'Opera di Roma | Erich Leinsdorf | RCA<br>2 CD | 1959 |
| $$ | | ★★ | Birgit Nilsson (1)<br>Franco Corelli (2)<br>Bonaldo Giaiotti (3)<br>Renata Scotto (4) | Coro e Orchestra del Teatro dell'Opera di Roma | Francesco Molinari-Pradelli | EMI<br>2 CD | 1965 |

### Erich Leinsdorf

Les critiques préfèrent souvent la version Molinari-Pradelli de Nilsson; mais je la trouve mieux entourée ici, plus fraîche vocalement et tout aussi dramatique que dans l'autre enregistrement. Le Calaf de Bjoerling, un an avant sa mort prématurée, est superbe et vocalement héroïque; la Liù de Tebaldi suscite toujours notre enthousiasme approbateur. Reste la direction d'orchestre de Leinsdorf, qui réussit à faire magnifiquement sonner l'Orchestre de l'Opéra de Rome, ce qui est en soi un exploit. La prise de son revampée est considérablement améliorée et rend les timbres avec justesse et chaleur.

### Francesco Molinari-Pradelli

On préfère souvent cette version de Nilsson à celle qui est dirigée par Leinsdorf, et on a ses raisons. Nilsson va peut-être un peu plus loin dans le rôle ici, mais elle est plus fraîche vocalement dans l'autre enregistrement. Corelli a la puissance requise pour Calaf, mais la subtilité n'est pas son fort. Scotto présente une émouvante Liù, vocalement très réussie même si Tebaldi pouvait nous sembler encore plus fragile ailleurs. La direction d'orchestre est efficace, mais un peu prosaïque.

# *SERGHEÏ Vassilievitch RACHMANINOV*

Né à Oneg (Novgorod), le 20 mars 1873; mort à Beverley Hills (Californie), le 28 mars 1943.

Rachmaninov termine ses études au Conservatoire de Moscou en remportant une médaille d'or pour son opéra en un acte, *Aleko*, présenté au Bolchoï de Moscou en 1893. Professeur puis virtuose du piano, il mène une carrière itinérante, se produisant un peu partout dans le monde comme pianiste et chef d'orchestre. L'échec de sa *Première Symphonie*, en 1897, le plonge dans une dépression profonde dont la composition du *Deuxième Concerto pour piano* lui permet de sortir. La Révolution russe le contraint à l'exil et à mener une vie de virtuose en tournée perpétuelle. Compositeur à la mélodie généreuse, il a su dépeindre l'angoisse et la mélancolie typiques de l'âme russe dans ses grandes œuvres symphoniques. Ses nombreuses pièces pour piano, d'une virtuosité fulgurante, ont poussé la technique pianistique jusque dans ses derniers retranchements.

**Pour commencer:** *Concerto pour piano n° 2*
**Un incontournable:** *Concerto pour piano n° 3*
**Pour aller plus loin:** *Symphonie n° 2*

## Musique orchestrale

*Concerto pour piano n° 2*
*Concerto pour piano n° 3*
*Rhapsodie sur un thème de Paganini pour piano et orchestre*
*Symphonie n° 2*

### *Concerto pour piano n° 2 en ut mineur op. 18*

| Prix | Son | Cote | Soliste | Orchestre | Chef | Éd. | Enr. |
|---|---|---|---|---|---|---|---|
| $$ | | ★★★ | Vladimir Ashkenazy | Orchestre philharmonique de Moscou | Kyrill Kondrachine | Decca | 1963 |
| $$ |  | ★★★ | Van Cliburn | Chicago Symphony Orchestra | Fritz Reiner | RCA | 1962 |
| $$ | | ★★ | Julius Katchen | London Symphony Orchestra | Sir Georg Solti | Decca | 1958 |
| $ | | ★★ | Vladimir Ashkenazy | London Symphony Orchestra | André Previn | Decca 2 CD | 1971 |

**Vladimir Ashkenazy (1963)**
Avec ce disque, les trois versions d'Ashkenazy comme soliste de ce concerto (il en a également enregistré une comme chef avec le pianiste Jean-Yves Thibaudet) sont maintenant offertes sur le marché. Réalisé en Angleterre à l'occasion d'une tournée de l'orchestre soviétique, il est donc loin d'offrir ce son métallique et plat

des enregistrements russes de cette époque. Galvanisé par son chef, l'orchestre soutient admirablement un soliste nullement soucieux de démonstrations de virtuosité mais plutôt d'expression dramatique et musicale. Cette version de jeunesse est demeurée la meilleure du palmarès glorieux d'Ashkenazy avec ce compositeur.

**Vladimir Ashkenazy (1971)**
En 1971, Ashkenazy parcourait pour la première fois l'intégrale des concertos de Rachmaninov. Il avait pour partenaire Previn qui s'avéra un exceptionnel interprète de Rachmaninov, bien au fait de l'aspect romantique de cette musique et déterminé à le faire passer. Une prise de son légèrement étouffée gâche un peu cette audition aux tempi plutôt élargis, mais dont la tension dramatique n'est jamais relâchée. Ajoutons à cela un soliste au sommet de sa forme, maître de son clavier et capable de faire sonner son instrument, et on a là une version très réussie.

**Van Cliburn**
J'avoue avoir un faible pour le pianisme brillant et sonore de Cliburn dans les grands concertos romantiques comme celui-ci. Épaulé par Reiner dont le sens de la discipline orchestrale est légendaire, il produit une version très éclatante, aux graves sonores et aux tempi bien menés. La virtuosité de l'Orchestre de Chicago de cette époque est bien connue et la prise de son «revampée» de RCA est l'une des plus réussies qui soit, toutes époques confondues. Il s'agit ici d'un des derniers enregistrements de Reiner qui devait prendre sa retraite peu après à cause d'une santé défaillante (il est mort en 1963).

**Julius Katchen**
Cette version était très connue dans les années 1960. Le pianiste américain trop tôt disparu n'est pas sans rappeler Cliburn, avec cette sonorité ample et généreuse et ces tempi assez larges. Il est accompagné par Solti dont on connaît la rigueur dans la lecture des partitions; bien que peu présent dans Rachmaninov (c'est là, à ma connaissance, le seul enregistrement de Solti dans ce compositeur), il embarque dans l'envolée lyrique du *Deuxième Concerto* et suit son soliste à merveille. Une belle prise de son d'époque achève de nous convaincre.

### *Concerto pour piano n° 3 en ré mineur op. 30*

| Prix | Son | Cote | Soliste | Orchestre | Chef | Éd. | Enr. |
|---|---|---|---|---|---|---|---|
| $$$ | | ★★★ | Vladimir Horowitz | New York Philharmonic | Eugene Ormandy | RCA | 1978 |
| $$ | | ★★★ | Byron Janis | London Symphony Orchestra | Antal Dorati | Mercury | 1961 |
| $$ | | ★★★ | Vladimir Ashkenazy | London Symphony Orchestra | André Previn | Decca 2 CD | 1971 |

**Vladimir Ashkenazy**
En 1971, Ashkenazy en était déjà à sa deuxième version discographique du *Troisième Concerto*. Déjà, ce grand spécialiste de Rachmaninov nous comblait avec sa sonorité ample, son lyrisme caressant, sa virtuosité sans ostentation et son sens de la mélodie rachmaninovienne. Previn se faisait le miroir de cette interprétation en

adoptant une vision orchestrale ample et lyrique. Même si d'autres versions d'Ashkenazy ont bénéficié d'une prise de son un peu moins sèche, cette version-ci nous présente l'artiste dans sa première maturité avec un chef lui-même passé maître dans ce compositeur. Un *must*, offert à très bas prix (avec l'intégrale des concertos et en deux disques).

**Vladimir Horowitz**

Viendra, viendra pas? Les mélomanes qui emplissaient le Carnegie Hall en ce dimanche après-midi du 8 janvier 1978 étaient sans doute prêts à une autre des légendaires annulations du grand pianiste russe. Mais celui-ci vint – et triompha, comme on peut l'entendre à la fin du disque. Les tempi ne traînent pas et la légendaire articulation du pianiste se joue de toutes les difficultés de la partition. Accompagné par un grand disciple de Rachmaninov, et ayant lui-même fréquenté le compositeur, Horowitz nous offre une lecture romantique à souhait, qui souligne les passages les plus denses et qui fait bien valoir tout le contenu musical. La prise de son en public bénéficie de l'acoustique du Carnegie Hall d'avant les rénovations. Ce disque est légendaire et il le mérite.

**Byron Janis**

À quelques secondes près, cette version présente rigoureusement les mêmes minutages que l'enregistrement de 1957 avec Münch. C'est dire que l'interprétation de Janis était arrivée à maturité et qu'il avait un sentiment interne très fort de la mesure d'une pièce. Suivi par l'énergique Dorati, il nous livre donc une version excitante. Si on n'écoute pas un tel enregistrement avec la tête entre les deux mains, on n'en est pas moins enthousiasmé par un jeu romantique à souhait et une dynamique à l'emporte-pièce qui rend bien le côté brillant et virtuose de ce qui est, après tout, un des plus brillants et difficiles concertos du répertoire.

***Rhapsodie sur un thème de Paganini op. 43***

| Prix | Son | Cote | Soliste | Orchestre | Chef | Éd. | Enr. |
|---|---|---|---|---|---|---|---|
| $$$ | | ★★ | Van Cliburn | Orchestre Philharmonique de Moscou | Kyrill Kondrachine | RCA | 1972 |
| $$ | | ★★ | Julius Katchen | London Philharmonic Orchestra | Sir Adrian Boult | Decca | 1959 |
| $$ | | ★★★ | Artur Rubinstein | Chicago Symphony Orchestra | Fritz Reiner | RCA | 1956 |

**Van Cliburn**

J'avoue un faible pour le pianisme brillant et sonore de Cliburn dans les grandes œuvres du répertoire romantique. De retour sur les lieux de son grand triomphe du concours Tchaïkovski de 1958, Cliburn retrouve un peu de cette folie romantique qu'il avait grandement perdue alors, après une carrière tumultueuse qui en avait fait un peu un animal de spectacle. Avec son partenaire privilégié Kondrachine, il livre une *Rhapsodie* sonore, dont chacun des épisodes est bien marqué et qui garde malgré tout sa sonorité romantique caractéristique. Belle prise de son dans l'Union soviétique de l'époque de Brejnev.

### Julius Katchen

Cette version était très connue dans les années 1960. Le pianiste américain trop tôt disparu n'est pas sans rappeler Cliburn, avec cette sonorité ample et généreuse et ces tempi assez larges. Il est accompagné par Boult qu'on connaît davantage comme interprète des compositeurs anglais, mais qui a un sens romantique indéniable et qui peut suivre les méandres de la pensée de son soliste.

### Artur Rubinstein

Grand spécialiste de Chopin, Rubinstein fait valoir l'influence que ce compositeur a eue sur Rachmaninov et qui n'est pas toujours évidente dans l'approche «massive» de nombre de pianistes. Il bénéficie comme Cliburn de l'accompagnement discipliné et attentif de Reiner, qui sait faire chanter son orchestre malgré sa réputation de «sergent-major» de la direction.

## *Symphonie nº 2 en mi mineur op. 27*

| Prix | Son | Cote | Orchestre | Chef | Éd. | Enr. |
|---|---|---|---|---|---|---|
| $$$ | | ★★ | Orchestre national de Russie | Mikhaïl Pletnev | DG | 1993 |
| $$$ | | ★★★ | London Symphony Orchestra | André Previn | EMI | 1972 |
| $$ | H | ★★ | Orchestre philharmonique de Leningrad | Kurt Sanderling | DG | 1956 |

### Mikhaïl Pletnev

Le pianiste-chef d'orchestre nous livre ici une *Deuxième* point trop chargée sur le plan émotif – cette musique n'a d'ailleurs aucun besoin de surcharge. Un orchestre d'une rare virtuosité exécute les moindres nuances de la pensée de son chef et rend admirablement toute la brillance de cette musique merveilleusement orchestrée. Les tempi sont un peu plus rapides que d'ordinaire dans les deux derniers mouvements, et le premier mouvement dure à lui seul six minutes de moins que chez Gergiev. Pourtant, toutes les reprises sont faites et il s'agit bien de la version complète. Cette approche dramatise davantage les changements d'humeur qui sont le propre de cette musique. Tout ça est rendu dans une prise de son extraordinairement claire.

### André Previn

Cette version était l'une des premières à offrir la partition intégrale de Rachmaninov (on sait qu'avec la bénédiction du compositeur, la plupart des orchestres et des compagnies de disques «raccourcissaient» généreusement d'un bon 10-15 minutes cette symphonie jugée trop longue pour le public). Elle est demeurée légendaire plus de 25 ans après sa première parution. Non seulement avait-on toute la musique, mais Previn se permettait une lecture d'une rare sensualité, étirant les tempi là où il le faut et disposant d'un ensemble instrumental virtuose qui sonnait admirablement dans les passages touffus tout autant que dans les rêveries plus intimes. À plus de 15 minutes de durée, le fameux *adagio* du troisième mouvement est le plus long de notre discographie (trois minutes de plus que chez Pletnev), mais on n'a jamais l'impression que le mouvement traîne: du grand art.

**Kurt Sanderling**

En 1989, Sanderling a réenregistré la *Deuxième* avec le Philharmonia de Londres (Teldec). Si cette version me laissait un peu perplexe avec ses tempi incroyablement lents, je n'ai en revanche aucune réserve semblable pour cette exécution de 1956, enregistrée à Berlin à l'occasion d'une (autre) tournée de l'orchestre. La tension dramatique est maintenue avec un certain détachement, caractéristique de l'approche de Sanderling et de Mravinsky qui étaient codirecteurs de l'orchestre à l'époque. Cette «objectivé» toute relative ne préfigure toutefois aucunement une froideur de l'expression, et tous les grands moments lyriques sont rendus avec l'expressivité requise. La rumeur caractéristique des cuivres russes ajoute encore à la grandeur tragique de l'œuvre. Seule la prise de son, monophonique, laisse à désirer avec des tutti congestionnés, des basses sourdes et des aigus distorsionnés.

# *MAURICE Joseph RAVEL*

Né à Ciboure, Basses-Pyrénées, le 7 mars 1875; mort à Paris, le 28 décembre 1937.

Après des études musicales sérieuses, Ravel se lance sans tarder dans la composition de pièces pour piano et de mélodies. Un échec répété au Prix de Rome provoque un scandale en 1905 et le remplacement du directeur du Conservatoire, Théodore Dubois, par Gabriel Fauré, qui soutient l'art du jeune Ravel. Celui-ci compose l'essentiel de son œuvre entre 1905 et 1913. L'opéra *L'Heure espagnole*, créé en 1911, sera moins compris que le ballet *Daphnis et Chloé*, créé en 1912 sous la direction de Pierre Monteux. Fait de raffinement et d'expression subtile, l'art de Ravel évolue ensuite vers une plus grande sobriété d'expression. Sa célébrité ne le met pas à l'abri des caricatures; pour se moquer de ses *Valses nobles et sentimentales* pour piano, le facétieux Erik Satie parle de «trois valses distinguées du précieux dégoûté»!

Dans les années 1920, Ravel produit plusieurs pièces de chambre, et le célébrissime *Boléro* de 1928 est un peu un accident de parcours. Influencé par le jazz, surtout après sa rencontre avec Gershwin en 1928, Ravel écrit ses *Premier* et *Deuxième Concertos pour piano* en 1930-1931. Ce sont les derniers rougeoiements du soleil couchant: atteint d'une affection cérébrale de nature héréditaire, Ravel cesse totalement de composer; son état se dégrade rapidement à partir de 1933. Curieusement, son destin suit la même trajectoire que celle de son admirateur et collègue Gershwin: opéré au cerveau sans succès, il meurt le 28 décembre 1937, physiquement méconnaissable.

**Pour commencer:** *Boléro*
**Un incontournable:** *Daphnis et Chloé*
**Pour aller plus loin:** *Ma mère l'Oye*

## Musique orchestrale

*Boléro*
*Concerto pour piano en sol majeur*
*Concerto pour piano pour la main gauche*

## Musique de scène

*Daphnis et Chloé* (ballet)
*Ma Mère l'Oye* (ballet)

***Boléro***

| Prix | Son | Cote | Orchestre | Chef | Éd. | Enr. |
|---|---|---|---|---|---|---|
| $$$ | | ★★ | Orchestre symphonique de Montréal | Charles Dutoit | Decca | 1981 |
| $$ | | ★★★ | Berliner Philharmoniker | Herbert von Karajan | DG | 1965 |
| $ | | ★★ | Boston Symphony Orchestra | Seiji Ozawa | DG 2 CD | 1973 |

**Charles Dutoit**
*Boléro* est devenu la «signature» de Dutoit et de l'OSM. Cette pièce est le rappel pratiquement obligé des concerts d'été et des tournées de l'orchestre. La couleur instrumentale, le rythme langoureux quoiqu'un peu rapide, la gradation dynamique subtile, tout fait de cette exécution un modèle du genre. Une prise de son très belle complète le tout. Selon les pays, ce disque est offert au prix fort (c'est le cas à Montréal), à demi-prix ou à prix superéconomique; à noter qu'il n'est pas distribué partout.

**Herbert von Karajan**
Karajan avait un faible pour les œuvres des impressionnistes français, dans lesquelles son sens du *legato* ainsi que sa subtilité dynamique et rythmique trouvaient leur plein emploi. Cette version du *Boléro* est demeurée légendaire, d'abord par son extrême lenteur (plus de 16 minutes), mais aussi par le contrôle rigoureux que Karajan exerce de bout en bout sur la progression dynamique de l'ensemble. Les couleurs de l'orchestre sont presque françaises, avec une touche de brillance qui n'appartient qu'à la Philharmonie de Berlin.

**Seiji Ozawa**
Pour ses débuts comme directeur musical à Boston, il y a déjà 25 ans, Ozawa nous offrait cette quasi-intégrale Ravel qui allait faire date. Un *Boléro* lancinant, transparent, flexible et virtuose ouvre la marche. Münch était parti depuis à peine 10 ans et la tradition française qu'il avait instaurée était toujours bien présente, avec des vents clairs et précis ainsi que des cordes transparentes.

### *Concerto pour piano en sol majeur*

| Prix | Son | Cote | Soliste | Orchestre | Chef | Éd. | Enr. |
|---|---|---|---|---|---|---|---|
| $$$ | | ★★ | Martha Argerich | London Symphony Orchestra | Claudio Abbado | DG | 1984 |
| $$$ | | ★★★ | Arturo Benedetti-Michelangeli | Philharmonia Orchestra | Ettore Gracis | EMI | 1957 |
| $$$ | 🔊 | ★★★ | Krystian Zimerman | Cleveland Orchestra | Pierre Boulez | DG | 1994 |
| $$ | | ★★★ | Martha Argerich | Berliner Philharmoniker | Claudio Abbado | DG | 1967 |

**Martha Argerich (1967)**
Cette version légendaire mettait en présence la jeune Argerich (25 ans) et le jeune chef Abbado (34 ans) qui signait ici son premier enregistrement pour la DG et sa première rencontre avec la Philharmonique de Berlin, dont il allait devenir le chef 22 ans plus tard. La prise de son très brillante pour l'époque fait ressortir le raffinement des timbres et la vigueur rythmique de l'orchestre. L'incandescence du jeu pianistique n'a d'égal que la virtuosité confondante de la soliste. L'enthousiasme des deux jeunes protagonistes est communicatif. Une version pour les âges.

**Martha Argerich (1984)**
Dix-sept ans après, Argerich et Abbado remettent ça, à Londres cette fois. La prise de son un peu plus brillante encore permet de goûter les mêmes qualités de

couleur, de rythme et d'incandescence dramatique. L'exécution a perdu un zeste de spontanéité par rapport à la version de 1967.

**Arturo Benedetti-Michelangeli**
Le soliste était affligé d'un terrible rhume de cerveau lors de cet enregistrement, raconte-t-on. Il n'y paraît guère à entendre cette exécution foudroyante et colorée, magnifiquement accompagnée par les couleurs virtuoses du Philharmonia de la belle époque mené par l'obscur chef italien Ettore Gracis. Le son n'est plus de la première fraîcheur, mais l'intensité du moment transparaît et le jeu fantasque du soliste est bien dans l'esprit de divertissement classico-jazz qu'avait envisagé Ravel. Un grand classique du disque.

**Krystian Zimerman**
Décidément, le *Concerto en sol* a bien de la chance au disque. Voici une version dont le soliste découpe sa partie avec vivacité et aplomb, donnant en cela la réplique appropriée au parcours décapant et rigoureux du chef. Un Orchestre de Cleveland des beaux jours (ce qui n'est pas peu dire) procure un coloris orchestral inégalé, une netteté des timbres des vents et un soyeux des cordes qui confèrent une grande transparence à l'orchestration.

***Concerto pour piano en ré majeur pour la main gauche***

| Prix | Son | Cote | Soliste | Orchestre | Chef | Éd. | Enr. |
|---|---|---|---|---|---|---|---|
| $$$ | | ★★★ | Michel Beroff | London Symphony Orchestra | Claudio Abbado | DG | 1987 |
| $$$ | | ★★ | Leon Fleisher | Boston Symphony Orchestra | Seiji Ozawa | Sony | 1990 |
| $$$ | | ★★★ | Krystian Zimerman | London Symphony Orchestra | Pierre Boulez | DG | 1996 |

**Michel Beroff**
Beroff a peut-être perdu l'usage de sa main droite mais sûrement pas sa virtuosité confondante! Il traverse le *Concerto en ré* toutes voiles dehors et Abbado stimule l'orchestre dans son semi-jazz aux couleurs chatoyantes. La flexibilité rythmique, essentielle dans ce concerto, est très bien réussie (je ne dirai pas «avec rigueur»...).

**Leon Fleisher**
Après un long silence comme pianiste, Fleisher, lui aussi victime de cette paralysie de la main droite, revient au spectacle dans ce concerto. Ozawa, toujours excellent dans Ravel, accompagne le soliste avec toute la vigueur (considérable) dont il est capable. Très belle prise de son.

**Krystian Zimerman**
Zimerman est de cette sorte d'artiste qui réussit à s'impliquer dans toutes les musiques qu'il aborde, que ce soit Chopin, Brahms ou Lutoslawski. Boulez a une conception un peu brusque, brutale même, de ce concerto; Zimerman lui donne la réplique appropriée, produisant avec sa seule main gauche un volume sonore suffisant pour répondre au grand orchestre. Bien sûr, la prise de son très transparente aide à donner un impact dramatique à cette version extrêmement bien faite.

### *Daphnis et Chloé*
### Symphonie chorégraphique en trois parties, avec chœurs

| Prix | Son | Cote | Chœur/Orchestre | Chef | Éd. | Enr. |
|---|---|---|---|---|---|---|
| $$$ | | ★★ | London Symphony Chorus<br>London Symphony Orchestra | Claudio Abbado | DG | 1988 |
| $$$ | 🔊 | ★★ | Rundfunkchor Berlin<br>Berliner Philharmoniker | Pierre Boulez | DG | 1993 |
| $$$ | | ★★★ | Chœur de l'OSM<br>Orchestre symphonique de Montréal | Charles Dutoit | Decca | 1980 |

**Claudio Abbado**
Abbado a toujours été un champion de Ravel. Déjà à Boston en 1970, il réussissait une exceptionnelle deuxième suite de *Daphnis*. Dans le ballet complet, son sens du rythme et de la couleur et son velouté bien méditerranéen sont toujours présents, avec en prime une expérience accrue de la lisibilité ravélienne. Il dispose maintenant d'une phalange londonienne dont la flexibilité est légendaire. Fort belle prise de son pour agrémenter le tout.

**Pierre Boulez**
Boulez sait jouer des couleurs ravéliennes comme pas un. Il dispose ici de l'incroyable virtuosité de l'Orchestre de Berlin et d'une prise de son tout simplement phénoménale. Plus flexible que dans sa version antérieure de New York (Sony), il nous envoûte avec les couleurs chaleureuses de cette partition ondoyante.

**Charles Dutoit**
Ce disque a permis de lancer l'OSM sur la scène internationale grâce à une critique très élogieuse de la revue britannique *Gramophone* qui avait proclamé les Montréalais «*The best French orchestra today, whatever they think in Paris*». On peut sans craindre de se tromper affirmer la même chose aujourd'hui. Avec des tempi assez audacieux, notamment dans le finale joué à la diable, Dutoit impose une vision qui tient à la fois du ballet (qu'il dirigea beaucoup dans sa première carrière) et de la symphonie dont l'œuvre porte le titre. Avec des chœurs à la belle sonorité claire, le parcours est complet.

### *Ma mère l'Oye*
### Ballet en cinq tableaux

| Prix | Son | Cote | Orchestre | Chef | Éd. | Enr. |
|---|---|---|---|---|---|---|
| $$$ | | ★★★ | Orchestre symphonique de Montréal | Charles Dutoit | Decca | 1983 |
| $$$ | | ★★ | Boston Symphony Orchestra | Bernard Haitink | Philips | 1995 |
| $$$ | | ★★ | London Symphony Orchestra | Michael Tilson-Thomas | Sony | 1988 |

**Charles Dutoit**

La subtilité ravélienne suscite le meilleur de Dutoit comme interprète. Les demiteintes de ce pseudo-conte pour grands enfants sont rendues parfaitement par l'orchestre. Les subtiles gradations dynamiques et rythmiques sont rigoureusement observées et la prise de son est parfaitement adaptée à l'atmosphère mystérieuse de cette pièce.

**Bernard Haitink**

Tout le mystère rêveur de cette partition sympathique se retrouve dans cette belle version de Haitink; la prise de son un tant soit peu rapprochée est ma seule réserve. Les rythmes, parfaitement jugés, ne sonnent jamais pressés, et les timbres de l'orchestre sont idéaux dans cette musique française entre toutes.

**Michael Tilson-Thomas**

Excellent ravélien, Tilson-Thomas fait bien vivre l'atmosphère un peu irréelle de ce ballet fantastique. Les timbres plus français de l'orchestre de Dutoit nous font préférer ce dernier, mais le LSO n'a pas grand-chose à leur envier, car sa flexibilité est légendaire. Le sens de l'esthétique impressionniste est très présent chez ce chef qui réussit tout aussi bien Debussy.

# OTTORINO RESPIGHI

Né à Bologne, le 9 juillet 1879; mort à Rome, le 18 avril 1936.

Après des études musicales sérieuses, Respighi devient, en 1900, violoniste de l'Orchestre du Théâtre de Saint-Pétersbourg, où il a l'occasion de recevoir les leçons de Rimsky-Korsakov qui influenceront grandement son style orchestral. Nommé professeur de composition à l'Académie Sainte-Cécile de Rome en 1913, il sera directeur de cet établissement de 1923 à 1925. Il délaisse cette fonction pour se consacrer à la composition et à la direction d'orchestre. Ami du régime fasciste de Mussolini, il est nommé *Accademico d'Italia* en 1932.

D'abord influencé par l'école debussyste, Respighi incorpore des éléments des styles de Rimsky et de Strauss, puis il devient rapidement un «nationaliste italien», cherchant à ressusciter dans ses œuvres une part de la gloire de l'Empire romain. Il a écrit plusieurs opéras aujourd'hui oubliés et est surtout renommé pour sa *Trilogie romaine*, série de trois poèmes symphoniques écrits entre 1917 et 1929 pour évoquer la grandeur de Rome et de son histoire. Caractérisé par une orchestration luxuriante et efficace, son style orchestral donne de la couleur à une inspiration mélodique qui est plus ordinaire.

## Musique orchestrale

*Trilogie romaine*

### *Fontane di Roma (Fontaines de Rome)*
### **Poème symphonique (1916)**
### *Pini di Roma (Pins de Rome)*
### **Poème symphonique (1924)**
### *Feste Romane (Fêtes romaines)*
### **Poème symphonique (1928)**

| Prix | Son | Cote | Orchestre | Chef | Éd. | Enr. |
|---|---|---|---|---|---|---|
| $$$ | | ★★ | Orchestre symphonique de Montréal | Charles Dutoit | Decca | 1982 |
| $$$ | | ★★★ | Orchestra dell'Accademia Nazionale di Santa Cecilia | Daniele Gatti | Conifer | 1996 |
| $$$ | | ★★★ | Philadelphia Orchestra | Riccardo Muti | EMI | 1984 |

**Charles Dutoit**
Toujours un peu trop «poli» dans ces musiques qui se veulent barbares ou païennes, Dutoit obtient un raffinement de sonorité et une délicatesse de timbres qui donnent aux *Fêtes* une subtilité qu'on ne leur connaissait pas. L'*Épiphanie* est emportée à souhait, avec un rien de sagesse qui gâte un peu l'audition. Dans les *Fontaines*, Dutoit anime avec subtilité et finesse cette fresque debussyste aux timbres

chatoyants, bien mise en valeur par le preneur de son. Enfin, Dutoit se déboutonne dans ces *Pins de Rome* qui lui permettent de faire sonner avec vigueur son orchestre virtuose. La prise de son est très naturelle et, pour une fois, le rossignol du troisième mouvement est bien équilibré (et synchronisé) avec l'ensemble instrumental.

**Daniele Gatti**
Gatti a cette musique dans le sang, c'est le cas de le dire, et les brutales festivités de la plèbe romaine ne peuvent lui être inconnues. Il dirige l'orchestre même pour lequel furent écrites les pièces de la *Trilogie romaine*, et les musiciens de la vénérable Académie, pour une fois employés au disque dans leur répertoire de prédilection, donnent une exécution mémorable de vitalité et de virtuosité instrumentale. Très belle prise de son, naturelle et équilibrée, de la firme britannique Conifer.

**Riccardo Muti**
L'Orchestre de Philadelphie est un vieil habitué de ces pièces qu'il a enregistrées et jouées plusieurs fois avec son directeur musical précédent, Eugene Ormandy. Muti obtient une virtuosité instrumentale totale et il ne cherche pas à retenir les passions débridées dans l'*Épiphanie*. Son orchestre est magnifique, est-il besoin de le rappeler? La prise de son est un peu sèche.

# *NIKOLAÏ Andreïevitch RIMSKY-KORSAKOV*

Né à Tikhvin (gouvernement de Novgorod), le 6 mars 1844; mort à Lioubensk (près de Saint-Pétersbourg), le 8 juin 1908.

En 1862, Rimsky-Korsakov entame une carrière d'officier de marine, tout en développant ses aptitudes musicales. Ses premières œuvres pour orchestre lui valent d'être nommé professeur de composition et d'instrumentation au Conservatoire de Saint-Pétersbourg en 1871; il gardera ces fonctions jusqu'à sa mort. Il abandonne définitivement la marine en 1873. Il écrit plusieurs œuvres orchestrales et arrange les œuvres de ses amis Moussorgsky et Borodine; mais, obnubilé par l'écrasante personnalité de Tchaïkovski, ce n'est qu'à partir de la mort de ce dernier qu'il donne libre cours à sa passion pour l'opéra. Parmi ses derniers élèves, on retrouvera un certain Stravinski...

## Musique orchestrale

*Schéhérazade*

### *Schéhérazade op. 35*
### Suite symphonique d'après *Les Mille et Une Nuits*

| Prix | Son | Cote | Orchestre | Chef | Éd. | Enr. |
|---|---|---|---|---|---|---|
| $$$ | | ★★★ | SWR Stuttgart Rundfunk-Sinfonie-Orchester | Sergiu Celibidache | DG | 1982 |
| $$$ |  | ★★ | Orchestre de l'Opéra-Bastille | Myung-Whun Chung | DG | 1992 |
| $$ | | ★★★ | Royal Philharmonic Orchestra | Sir Thomas Beecham | EMI | 1957 |

**Sir Thomas Beecham**
Ce disque n'est jamais sorti du catalogue depuis sa parution en 1958; voilà un indice certain de la haute tenue de l'interprétation que nous avons ici. L'excellence des soli instrumentaux (au premier chef desquels on trouve le violon solo du Canadien Steven Staryk) n'est pas pour peu dans l'atmosphère orientale que réussit à créer Beecham. Le conte des *Mille et Une Nuits* prend vie et est mené avec enthousiasme et conviction du début à la fin. Maintenant publié dans la série EMI «Great Recordings of the Century», c'est sûrement un classique du disque.

**Sergiu Celibidache**
Les archives sonores s'ouvrent et, subitement, on est en train d'avoir à peu près tout le répertoire de Celibidache en CD. Et qui s'en plaindrait? La gradation dynamique très subtile de chacune des mesures qui ouvrent l'œuvre porte déjà la «patte» du chef, auquel on reprochait parfois un excès de raffinement. Mais c'est qu'il tient *Schéhérazade* pour une grande œuvre, et est décidé à nous faire vivre littéralement chacun des passages du récit fantastique imaginé par Rimsky-

Korsakov sur la base des *Mille et Une Nuits*! L'orchestre suit avec conviction, et, s'il n'est pas Berlin, il n'a rien à lui envier, se montrant l'égal des meilleures phalanges. Son violon solo, Hans Kalafusz, est à la hauteur de son importante partie soliste. Signalons enfin que l'exécution publique a été expurgée de tous les bruits de salle (y compris les applaudissements) par la DG, qui réussit une performance technique sans faille dans la restitution sonore.

**Myung-Whun Chung**
Il y a eu peu d'enregistrements récents de cette spectaculaire suite; Rimsky-Korsakov, comme bien d'autres, subit actuellement le mépris injustifié d'une coterie «bien-pensante» qui le trouve suranné et clinquant. Tant pis pour eux et tant pis pour nous aussi qu'ils privent ainsi des chefs-d'œuvre d'un des maîtres de l'orchestration, mélodiste hors pair et coloriste sans pareil. Chung, de toute évidence, ne partage pas ces préjugés: il nous présente la légende de *Schéhérazade* avec enthousiasme et poésie. Les tempi sont assez rapides, ce qui dépouille la musique de son aspect langoureux et un peu sucré qui a pu déplaire à nos critiques vinaigrés. La prise de son, excellente, détaille chacun des heureux passages de cette orchestration modèle. Le violon solo est fort bien tenu (par Frédéric Laroque), mais souvent inaudible.

# JOAQUÍN RODRIGO

Né à Sagunto (Espagne), le 22 novembre 1901; mort à Madrid, le 6 juillet 1999.

Rodrigo devient aveugle à l'âge de trois ans. Après ses études et quelques voyages, il se fixe à Paris en 1927. Il retourne en Espagne en 1939 et y obtient un succès fulgurant avec son *Concierto de Aranjuez pour guitare et orchestre*, qui évoque le charme classique des palais de la monarchie espagnole. Bien que pianiste virtuose, il sera surtout connu pour ses œuvres pour guitare. Refusant les dogmes à la mode dans le domaine de la composition, il écrira toujours dans ce style mélodieux et accessible qui n'appartient qu'à lui. Ses dernières œuvres datent des années 1980.

**Pour commencer:** *Concierto de Aranjuez* (pour guitare et orchestre)
**Un incontournable:** *Fantasía para un Gentilhombre* (pour guitare et orchestre)

### Musique orchestrale

*Concierto de Aranjuez*
*Fantasía para un Gentilhombre*

*Concierto de Aranjuez*
**Pour guitare et orchestre**

| Prix | Son | Cote | Soliste | Orchestre | Chef | Éd. | Enr. |
|---|---|---|---|---|---|---|---|
| $$$ | 🔊 | ★★ | Craig Ogden | BBC Philharmonic | Sachio Fujioka | Chandos | 1997 |
| $$ | | ★★ | Angel Romero | San Antonio Symphony Orchestra | Victor Alessandro | Mercury | 1967 |
| $ | | ★★★ | Carlos Bonell | Orchestre symphonique de Montréal | Charles Dutoit | London | 1981 |
| $ | | ★★ | Alfonso Moreno | London Symphony Orchestra | Enrique Bátiz | EMI | 1981 |

**Carlos Bonell**
Ce disque fantastique n'a jamais retenu l'attention des critiques, ce qui lui a valu d'être bradé dans les séries économiques. Ne le manquez pas! Vous y trouverez tout d'abord un excellent guitariste, parfaitement à l'aise pour faire chanter son instrument et jouer les passages plus rapides de ce concerto. Vous y entendrez aussi un excellent orchestre, très attentif à ne pas couvrir le soliste (et aidé en cela par une habile prise de son); la qualité des bois en particulier rend bien cette couleur assez française de l'orchestration de Rodrigo (qui a étudié à Paris, on le sait).

**Alfonso Moreno**
Cette édition moins connue faisait partie à l'origine d'une édition (rare au disque) des œuvres concertantes de Rodrigo. Une excellente prise de son sert bien un

soliste très habile et un orchestre parfaitement docile et à la sève rythmique imposée par son chef mexicain.

**Craig Ogden**
Le jeune guitariste australien nous surprend avec une interprétation d'une virtuosité confondante. Dès les premières mesures (à la guitare solo), nous sommes fixés sur ce qui va suivre: le son de la guitare est présent, juste et mené avec confiance. Le célèbre mouvement lent est pris ici avec une certaine lenteur, sans crainte d'un effet de sentimentalisme excessif. La prise de son nous permet de bien entendre la guitare et laisse une place naturelle à l'orchestre mené de main de maître.

**Angel Romero**
Un des membres du célèbre quatuor de guitaristes Los Romeros, Angel donne une lecture pleine de sève de ce concerto, qui peut paraître sentimental en des mains moins habiles. Il est accompagné par l'Orchestre de San Antonio, à l'occasion des uniques séances d'enregistrement (à ma connaissance) de l'histoire de cette obscure formation du sud des États-Unis. Les couleurs hispaniques sont évidemment fort bien rendues et le sens rythmique insufflé par Alessandro est parfait.

## *Fantasia para un Gentilhombre*
## Pour guitare et orchestre

| Prix | Son | Cote | Soliste | Orchestre | Chef | Éd. | Enr. |
|---|---|---|---|---|---|---|---|
| $$$ | | ★★ | Craig Ogden | BBC Philharmonic | Sachio Fujioka | Chandos | 1997 |

**Craig Ogden**
Cette suite orchestrale néoclassique avec guitare obligée trouve ses interprètes de prédilection avec le jeune guitariste australien et son accompagnateur japonais. La vigueur rythmique de l'ensemble est parfaitement rendue, et la prise de son, époustouflante de réalisme, permet de saisir les moindres nuances de l'orchestration habile de cette pièce.

# GIOACCHINO Antonio ROSSINI

Né à Pesaro, le 29 février 1792; mort à Paris, le 13 novembre 1868.

Fils de musiciens, Rossini débute très tôt dans le métier en donnant son premier opéra, *La Cambiale di Matrimonio*, à l'âge de 18 ans. Il obtient le succès et devient un compositeur très recherché par les théâtres italiens, produisant souvent plusieurs opéras dans la même année. Un tel rythme de travail l'oblige à réutiliser des pièces écrites pour des œuvres antérieures; c'est ainsi que la très célèbre ouverture du *Barbier de Séville* (1816) apparaît dans deux opéras précédents... Après avoir abordé aussi bien le genre tragique que l'opéra-bouffe, Rossini crée, à partir de 1817, le genre de l'opéra romantique en écrivant des drames de grande envergure, aux héros fantastiques. Déçu du public italien, il s'expatrie à Londres en 1823, puis à Paris en 1824. Il y dirige le Théâtre des Italiens pendant deux ans, puis devient compositeur du roi. La Révolution de 1830 lui fait perdre ses prébendes royales. Il obtient tout de même de beaux succès à l'Opéra de Paris. *Guillaume Tell*, créé en 1829, est un véritable triomphe, mais également son chant du cygne, puisqu'il n'écrira plus un seul opéra. Dégoûté du vedettariat des chanteurs du temps et déçu de la montée de puissants rivaux comme Meyerbeer, il préfère consacrer ses dernières années à écrire quelques œuvres de musique religieuse ainsi que des mélodies et, surtout, à savourer sa passion pour la gastronomie. De 1836 à 1853, il vit en Italie, puis revient finir ses jours en France, y écrivant plus de 200 pièces réunies sous le titre de *Péchés de vieillesse* et occupant un rôle de premier plan dans la vie musicale française. Il reçoit Wagner en 1861, qui déclare que «Rossini est le seul musicien d'envergure qu'il a rencontré à Paris». Contemporain de Beethoven et de Weber, Rossini sera comme eux un précurseur, mais dans le genre de la composition lyrique. Il élabore dans ses opéras un style d'écriture vocale très brillant, qui donne naissance au *bel canto* mis au point ensuite par ses successeurs, Bellini et Donizetti. On ne connaît aujourd'hui que quelques-uns de la soixantaine d'opéras qu'il a laissés à la postérité.

**Pour commencer:** *Il Barbiere di Siviglia (Le Barbier de Séville)*
**Un incontournable:** *La Cenerentola (Cendrillon)*
**Pour aller plus loin:** *Stabat Mater*

## Musique chorale

*Stabat Mater*

## Opéra

*Il Barbiere di Siviglia (Le Barbier de Séville)*
*La Cenerentola (Cendrillon)*

### *Stabat Mater*
### Pour solistes, chœur et orchestre

| Prix | Son | Cote | Soliste | Chœur/Orchestre | Chef | Éd. | Enr. |
|---|---|---|---|---|---|---|---|
| $$$ | | ★★★ | Luba Orgonasova, sop I<br>Cecilia Bartoli, sop II<br>Raul Gimenez, ténor<br>Roberto Scandiuzzi, basse | Wiener Staatsopernchor<br>Wiener Philharmoniker | Myung-Whun Chung | DG | 1995 |

## Myung-Whun Chung

Les versions du très grand *Stabat Mater* abondent, mais disparaissent vite des catalogues. Moins connue que les opéras-bouffes, cette œuvre atypique de Rossini saisit l'auditeur dès les premières secondes du disque de Chung. Des graves profondes jaillit la plainte du chœur, qui articule parfaitement son texte. Les solistes sont tous excellents, en particulier le ténor qui arrive à chanter son *Cujus animam* sans s'étouffer, pour une fois. La tension dramatique est maintenue d'un bout à l'autre et c'est dans l'enthousiasme général qu'on se lance dans le finale du *Amen*. Un grand moment du disque, puissamment enregistré dans une technique irréprochable.

### *Il Barbiere di Siviglia (Le Barbier de Séville)*

***Dramatis personæ*** **(personnages principaux pour référence des rôles des solistes dans le tableau)**

| | | |
|---|---|---|
| Il Conte di Almaviva, ténor (1) | Rosina, mezzo-soprano (2) | D$^{r}$ Bartolo, basse (3) |
| Don Basilio, basse (4) | Figaro, baryton (5) | Berta, soprano (6) |

| Prix | Son | Cote | Soliste | Chœur/Orchestre | Chef | Éd. | Enr. |
|---|---|---|---|---|---|---|---|
| $$$ | | ★★ | Luigi Alva (1)<br>Maria Callas (2)<br>Fritz Ollendorff (3)<br>Nicola Zaccaria (4)<br>Tito Gobbi (5)<br>Gabriella Carturan (6) | Philharmonia Chorus<br>Philharmonia Orchestra | Alceo Galliera | EMI<br>2 CD | 1957 |
| $$ | | ★★★ | Luigi Alva (1)<br>Teresa Berganza (2)<br>Enzo Dara (3)<br>Paolo Montarsolo (4)<br>Hermann Prey (5)<br>Stefania Malagú (6) | Ambrosian Opera Chorus<br>London Symphony Orchestra | Claudio Abbado | DG<br>2 CD | 1971 |
| $ | | ★★ | Ramon Vargas (1)<br>Sonia Ganassi (2)<br>Angelo Romero (3)<br>Franco de Grandis (4)<br>Roberto Servile (5)<br>Ingrid Kertesi (6) | Chœur de la Radio hongroise<br>Orchestre de chambre Failoni | Will Humburg | Naxos<br>3 CD | 1992 |

## Claudio Abbado

Le premier enregistrement d'Abbado est très supérieur à sa deuxième et décevante prestation (avec Domingo). Non seulement tous ses chanteurs sont-ils rompus au style de chant italien et belcantiste (exception peut-être de Prey qui s'adapte toutefois merveilleusement à son environnement), mais ils sont en plus d'excellents comédiens. Le Bartolo de Dara (vu au MET de New York 20 ans plus tard) est splendide de faconde et d'arrogance pédante. Le comte d'Alva, léger et aérien, surprend au premier abord, mais est très vrai. La Rosina de Berganza est parfaitement chantée, et s'avère une rusée compère. L'orchestre, vivant et bondissant, utilise une édition revue et corrigée avec, notamment, des timbales beaucoup plus discrètes que dans les éditions traditionnelles. Ajoutons que ces deux CD à prix moyen arrivent à peu près au prix de la version Naxos qui contient trois CD...

**Alceo Galliera**
Galliera était ce phénomène rare: chef italien, il se spécialisait dans le répertoire symphonique germanique. Appelé à remplacer au pied levé un collègue indisposé (je crois qu'il s'agissait de Giulini), il démontre une faconde et un brio qu'on ne lui soupçonnait guère dans cet opéra, on ne peut plus échevelé. Le duo de grands tragédiens Callas-Gobbi se transforme ici en champion de l'opéra-bouffe; les dons de comédiens de ces interprètes exceptionnels leur permettent des compositions humoristiques, vibrantes et naturelles. Alva est déjà cet Almaviva léger et aérien qui sera plus tard sublimé chez Abbado. Comme Abbado, Galliera tient en deux disques... mais au prix fort.

**Will Humburg**
Avec un plateau pratiquement inconnu, Humburg (spécialiste de la musique d'avant-garde) livre un *Barbier* surprenant de vie et de réalisme. Tous les chanteurs sont excellents et jouent leur rôle à la perfection; le positionnement stéréophonique des voix a particulièrement été étudié pour ajouter au réalisme de la «représentation» (de studio). Avec un orchestre point trop fourni, Humburg accompagne la comédie avec le sourire et le «tour de poignet», si cher aux chefs italiens d'antan.

## *La Cenerentola (Cendrillon)*
## Opéra-bouffe en deux actes

***Dramatis personæ*** **(personnages principaux pour référence des rôles des solistes dans le tableau)**

| | | |
|---|---|---|
| Don Ramiro, prince de Salerne, ténor (1) | Dandini, son valet, basse (2) | Don Magnifico, baron de Montefiascone, basse (3) |
| Clorinda e Tisbe, soprano et mezzo (4,5) | Angelina dite Cendrillon, mezzo-soprano (6) | Alidoro, philosophe (7) |

| Prix | Son | Cote | Soliste | Chœur/Orchestre | Chef | Éd. | Enr. |
|---|---|---|---|---|---|---|---|
| $$$ | | ★★★ | Luigi Alva (1)<br>Renato Capecchi (2)<br>Paolo Montarsolo (3)<br>Margherita Gugliemi (4)<br>Laura Zannini (5)<br>Teresa Berganza (6)<br>Ugo Trama (7) | Scottish Opera Chorus<br>London Symphony Orchestra | Claudio Abbado | DG<br>3 CD | 1971 |
| $$$ | 🔊 | ★★ | William Matteuzzi (1)<br>Alessandro Corbelli (2)<br>Enzo Dara (3)<br>Fernanda Costa (4)<br>Gloria Banditelli (5)<br>Cecilia Bartoli (6)<br>Michele Pertusi (7) | Orchestra e Coro del Teatro Communale di Bologna | Riccardo Chailly | Decca<br>2 CD | 1992 |

### Claudio Abbado

Ce plateau a été rodé à la scène du Festival d'Édimbourg et il y paraît. Le duo Alva-Berganza est toujours aussi sensationnel et il a pour partenaires un Capecchi et un Montarsolo bouffons comme ce n'est pas possible. Une très belle prise de son convainc totalement. L'édition utilisée allège sensiblement l'orchestration, ce qui nous permet d'apprécier la transparence de l'instrumentation et le génie de Rossini à cet égard.

### Riccardo Chailly

Un rien plus sérieux qu'Abbado, Chailly anime un plateau exceptionnel, dominé par la Cendrillon plus vraie que nature de Bartoli, toujours à son emploi dans ces rôles où la profondeur psychologique n'est pas demandée. Le beau chant est au rendez-vous, et il plaira à tous, exception faite du timbre ingrat de Matteuzzi auquel, décidément, je ne m'habitue pas. Dara a été enregistré tard dans sa carrière et sa voix est un peu sèche; mais il est toujours aussi bon comédien et fait bien passer ce personnage ridicule de Don Magnifico. Belle prise de son qui tient sur deux disques, ce qui est un avantage certain.

# CAMILLE Charles SAINT-SAËNS

Né à Paris, le 9 octobre 1835; mort à Alger, le 16 décembre 1921.

On oublie souvent que, né à l'époque de Schumann et de Mendelssohn, Saint-Saëns a vécu les débuts de Stravinski et de Schönberg! Pianiste au talent précoce, il donne son premier récital en 1846. Il devient très rapidement un virtuose renommé du piano, réputé pour son jeu clair et sans artifice. Liszt est un de ses admirateurs et Saint-Saëns écrit son *Premier Concerto pour piano* dans le style du maître hongrois (1858); il s'agit ici de la première œuvre écrite par un compositeur français dans ce genre. À partir de 1861, il est reconnu comme le premier compositeur français de son époque; ami de Sarasate, il dispose des conseils de celui-ci pour écrire ses cinq pièces pour violon et orchestre, dont trois concertos, entre 1859 et 1887. En 1871, il fonde avec Fauré (dont il est l'ami), Franck, Lalo, Castillon et d'autres, la Société nationale de musique, qui soutiendra les jeunes compositeurs français jusqu'alors écartés des salles de concert. Au théâtre, en dépit de nombreux essais, il obtient peu de succès. *Samson et Dalila*, son chef-d'œuvre du genre, est créé en 1877 à Weimar grâce au soutien de Liszt, car aucun théâtre français ne veut monter cette «légende biblique dépassée». Entre 1871 et 1877, il suit le modèle de Liszt en composant quatre poèmes symphoniques. En 1886, Saint-Saëns produit sa fameuse *Fantaisie zoologique pour piano et ensemble de chambre, Le Carnaval des Animaux*, et, dans un tout autre registre, la monumentale *Troisième Symphonie pour orgue et orchestre*. Par la suite, comblé d'honneurs, il compose de moins en moins, consacrant son temps aux écrits philosophiques, aux voyages et aux tournées de concert.

Infatigable propagandiste de la musique française de son temps, Saint-Saëns pratique un style à la fois classique et novateur, travaillant à l'intérieur de formes bien établies mais n'hésitant pas à faire preuve de créativité dans son instrumentation. Musicien élégant et raffiné, il représente très bien la France de la seconde moitié du XIXe siècle.

**Pour commencer:** *Le Carnaval des Animaux* (*Fantaisie zoologique*)
**Un incontournable:** *Symphonie n° 3 en ut mineur avec orgue*
**Pour aller plus loin:** *Samson et Dalila*

**Musique orchestrale**

*Concerto pour piano n° 2*
*Concerto pour piano n° 4*
*Concerto pour violoncelle n° 1*
*Concerto pour violon n° 3*
*Symphonie n° 3 avec orgue*

**Opéra**

*Samson et Dalila*

### *Concerto nº 2 pour piano et orchestre en sol mineur op. 22*

| Prix | Son | Cote | Soliste | Orchestre | Chef | Éd. | Enr. |
|---|---|---|---|---|---|---|---|
| $$$ | | ★★★ | Jean-Philippe Collard | Royal Philharmonic Orchestra | André Previn | EMI | 1985 |
| $ | | ★★ | Idil Biret | Philharmonia Orchestra | James Loughran | Naxos | 1988 |

**Idil Biret**
Voici une belle version, élégante et très sage, qui prend bien son temps. Cela donne au concerto une ampleur qui n'avait peut-être pas été prévue... L'orchestre suit de façon rigoureuse et attentive.

**Jean-Philippe Collard**
Le pianiste français a trouvé ici un partenaire de prédilection en Previn. L'orchestre est tour à tour puissant, serein, lyrique, et Jean-Philippe Collard a ce jeu élégant et fin qui est de mise dans Saint-Saëns. Les tempi sont ni trop lents ni trop rapides.

### *Concerto nº 4 pour piano et orchestre en ut mineur op. 44*

| Prix | Son | Cote | Soliste | Orchestre | Chef | Éd. | Enr. |
|---|---|---|---|---|---|---|---|
| $$$ | | ★★★ | Jean-Philippe Collard | Royal Philharmonic Orchestra | André Previn | EMI | 1985 |
| $ | | ★ | Idil Biret | Philharmonia Orchestra | James Loughran | Naxos | 1988 |

**Idil Biret**
Voici une belle version, élégante et très sage, qui prend bien son temps. Cela donne au concerto une ampleur qui n'avait peut-être pas été prévue... L'orchestre suit de façon rigoureuse et attentive.

**Jean-Philippe Collard**
Le pianiste français a trouvé ici un partenaire de prédilection en Previn. L'orchestre est tour à tour puissant, serein, lyrique, et Jean-Philippe Collard a ce jeu élégant et fin qui est de mise dans Saint-Saëns. Les tempi sont ni trop lents ni trop rapides.

### *Concerto nº 1 pour violoncelle et orchestre en la mineur op. 33*

| Prix | Son | Cote | Soliste | Orchestre | Chef | Éd. | Enr. |
|---|---|---|---|---|---|---|---|
| $$$ | | ★★★ | Mstislav Rostropovitch | Philharmonia Orchestra | Sir Malcolm Sargent | Testament | 1955 |
| $$ | | ★★ | Janos Starker | London Symphony Orchestra | Antal Dorati | Mercury | 1964 |
| $ | | ★★ | Leonard Rose | Philadelphia Orchestra | Eugene Ormandy | Sony | 1967 |

**Leonard Rose**

Le vétéran violoncelliste américain offre une version plutôt musclée du *Premier Concerto*, suivi par Ormandy qui a souvent tendance à presser le pas dans cette musique. La puissance et l'éloquence du soliste sont irrésistibles, tout comme la virtuosité brillante de l'orchestre. La prise de son très rapprochée occasionne un peu de distorsion dans les passages touffus.

**Mstislav Rostropovitch**

La sonorité ample et riche identifie le soliste dès les premières mesures. L'expression romantique ainsi que le jeu constamment dramatique et éveillé finissent de bien identifier «Rostro», qui signe un de ses meilleurs disques comme soliste. Le Saint-Saëns a été abordé à plusieurs reprises au disque par le violoncelliste, mais cette version-ci est jugée à bon droit comme sa plus accomplie. Le très grand – et très sous-estimé – Sir Malcom Sargent galvanise un Philharmonia des meilleurs jours. La prise de son accuse à peine son âge (c'est un des premiers essais de stéréophonie d'EMI et il est très réussi).

**Janos Starker**

Le violoncelliste hongrois, alors au sommet de sa carrière de virtuose, présente un Saint-Saëns noble sans grandiloquence et sensible quand il le faut. L'accompagnement de Dorati, ce grand chef mésestimé, est tout simplement remarquable de discrétion et de rigueur. Le LSO traversait alors une période faste et il le démontre avec virtuosité.

***Concerto pour violon et orchestre nº 3 en si mineur op. 61***

| Prix | Son | Cote | Soliste | Orchestre | Chef | Éd. | Enr. |
|---|---|---|---|---|---|---|---|
| $$$ | | ★★ | Joshua Bell | Orchestre symphonique de Montréal | Charles Dutoit | Decca | 1988 |
| $$$ | | ★★★ | Gil Shaham | New York Philharmonic | Giuseppe Sinopoli | DG | 1989 |

**Joshua Bell**

Le jeune violoniste américain a une personnalité souriante, tranquille et sereine, ce qui convient parfaitement à cette musique classique entre toutes, mais où un soupçon de flamme romantique jaillit à l'occasion. Dutoit suit avec bonheur et sans sentimentalité excessive; le son de l'orchestre est brillant et parfaitement équilibré avec celui de l'instrument soliste. Les tempi sont plutôt rapides.

**Gil Shaham**

Un des premiers disques de concertos du brillant violoniste israélo-américain, cet enregistrement le met en présence d'un des foudres de la direction actuelle. Les tempi sont audacieusement lents, ce qui permet d'obtenir une lecture très dramatique et en même temps un peu sentimentale. Cela ne gâte rien, car l'œuvre a bien été écrite comme cela! La technique violonistique est époustouflante, et le son de ce disque en séduira plus d'un.

### *Symphonie nº 3 en ut mineur avec orgue op. 78*

| Prix | Son | Cote | Soliste | Orchestre | Chef | Éd. | Enr. |
|---|---|---|---|---|---|---|---|
| $$ | | ★★★ | Marcel Dupré | Detroit Symphony Orchestra | Paul Paray | Mercury | 1957 |
| $$ | 🔊 | ★★ | Peter Hurford | Orchestre symphonique de Montréal | Charles Dutoit | Decca | 1982 |
| $$ | | ★★★ | Berj Zamkochian | Boston Symphony Orchestra | Charles Münch | RCA | 1959 |
| $ | | ★ | Bernard Gavoty | Orchestre national de l'O.R.T.F. | Jean Martinon | EMI 2 CD | 1975 |

**Marcel Dupré**
En 1957, Dupré retrouve son copain d'enfance Paul Paray, maintenant septuagénaire, pour un disque qui a fait date et qui sera leur unique collaboration enregistrée. Le son très «français» que Paray avait insufflé à cet orchestre de Detroit est l'écrin parfait pour le grand organiste «symphoniste-romantique» que fut Dupré. La prise de son est assez spectaculaire, même pour l'époque, et le son de l'orgue est tout simplement écrasant.

**Bernard Gavoty**
Cette version constitue le volet le moins passionnant, peut-être, d'une estimable intégrale des symphonies de Saint-Saëns réalisée par Martinon à la fin de sa vie. À moins d'un an de sa mort, ce dernier semble un peu craintif et manque de l'énergie requise pour bien faire passer le message symphonique. La prise de son est assez confuse. La précédente version de Martinon, avec Marie-Claire Alain (Erato, supprimé) donnait une meilleure idée du talent de ce grand chef français.

**Peter Hurford**
Ce disque permet d'entendre, dans une habile prise de son, le grand orgue Beckerath de l'oratoire Saint-Joseph de Montréal, trop peu enregistré à cause des problèmes de réverbération de la basilique où il se trouve; ces problèmes ont été habilement résolus par les preneurs de son de la Decca. Dutoit propose un commentaire orchestral vif, spectaculaire et très français dans une approche dépourvue de sentimentalité.

**Berj Zamkochian**
Voici un disque justement légendaire et qui permet d'entendre un des meilleurs résultats de la collaboration Münch/Boston Symphony. La sonorité très française de l'orchestre (qui comptait alors de nombreux solistes de l'*Hexagone*, amenés par le chef alsacien) est un écrin idéal pour l'orgue, puissant, massif et très spectaculaire, du Symphony Hall de Boston. Les tempi allègres que privilégiait habituellement Münch permettent d'obtenir un résultat très brillant, particulièrement dans le finale.

## *Samson et Dalila*
## Opéra en trois actes

***Dramatis personæ*** **(personnages principaux pour référence des rôles des solistes dans le tableau)**

| | | |
|---|---|---|
| Samson, ténor (1) | Dalila, mezzo-soprano (2) | Le Grand-Prêtre de Dagon, baryton (3) |

| Prix | Son | Cote | Soliste | Chœur/Orchestre | Chef | Éd. | Enr. |
|---|---|---|---|---|---|---|---|
| $$$ | 🔊 | ★★ | Plácido Domingo (1)<br>Waltraud Meier (2)<br>Alain Fondary (3) | Chœurs et Orchestre de l'Opéra-Bastille (Paris) | Myung-Whun Chung | EMI<br>2 CD | 1991 |
| $$$ | 🔊 | ★★★ | José Cura (1)<br>Olga Borodina (2)<br>Jean-Philippe Lafont (3) | London Symphony Chorus<br>London Symphony Orchestra | Sir Colin Davis | Erato<br>2 CD | 1998 |
| $$$ | | ★★ | Jon Vickers (1)<br>Rita Gorr (2)<br>Ernest Blanc (3) | Chœurs René-Duclos<br>Orchestre du Théâtre national de l'Opéra de Paris | Georges Prêtre | EMI<br>2 CD | 1962 |

### Myung-Whun Chung
La plus récente incarnation de l'Académie nationale de musique (nom officiel de l'Opéra de Paris) fait honneur à ses illustres devancières avec cette magnifique production de ce bon vieux *Samson et Dalila*, ici rendu dramatiquement par un Chung en pleine possession de ses moyens. Le Samson de Domingo est plus lyrique que puissant, ce qui rend crédible son attachement sentimental pour Dalila. Celle-ci est incarnée par le mezzo allemand Waltraud Meier, dont le timbre est fort beau mais peut-être pas assez français pour ce rôle. Le Grand-Prêtre de Fondary est un des meilleurs rôles de ce splendide chanteur-acteur, noir et sinistre comme le voulait le compositeur.

### Sir Colin Davis
Enfin, un Samson capable de rendre justice à ce rôle écrasant entre tous! Cura confirme ses grands dons en proposant un Samson noble, héroïque et solide. Pour une fois, son interjection «Qu'avec toi je me venge, Ô Dieu!» de la toute fin a cette sonorité véritablement pleine et forte, et non pas forcée comme chez nombre de ses rivaux. La prise de son, sans être spectaculaire, est fort bien faite et équilibre l'orchestre et les voix. La direction précise et efficace de Sir Colin Davis soutient admirablement l'action. Je m'en voudrais de ne pas souligner l'exceptionnelle Dalila d'Olga Borodina, dans une de ses rares incursions en territoire non russe. La froide séductrice, la fanatique religieuse, l'hypocrite dominatrice, toutes ces facettes du personnage complexe sont rendues avec un talent dramatique évident. Il ne faut pas confondre cette version avec l'autre version de Sir Colin Davis (Philips), qui proposait un plateau abominable avec, notamment, le très inadéquat Nesterenko au timbre gras et lourd dans le rôle du Grand-Prêtre, la froide et inexistante Te Kanawa dans le rôle de Dalila et un Carreras fatigué dans celui de Samson.

### Georges Prêtre
Eh oui, même Prêtre n'est pas arrivé à déparer ce plateau de légende, réuni en 1962, qui comprend le grand ténor canadien Jon Vickers. Véritable ténor héroïque,

ce dernier rend à Samson cette puissance écrasante qui est le propre de ce superhéros biblique. La Dalila de l'immortelle Rita Gorr lui rend une réplique vivante, crédible et dramatique, en jouant à la fois l'amoureuse hypocrite et la prêtresse païenne triomphante avec un art du chant et du jeu dramatique qui nous confond. Le Grand-Prêtre d'Ernest Blanc est à la hauteur des deux autres protagonistes. L'orchestre fait bien ce qu'il a à faire et soutient ses chanteurs en dépit de la direction un peu brouillonne de Prêtre (mais on commence à le connaître).

# *FRANZ SCHUBERT*

Né à Vienne, le 31 janvier 1797; mort à Vienne, le 19 novembre 1828.

Douzième enfant d'un instituteur de Liechtental, faubourg de Vienne, Schubert fait preuve d'un talent musical très vite reconnu et devient «petit chanteur» de l'empereur en 1808. Dès 1811, il écrit des symphonies pour l'orchestre d'étudiants du Stadtkonvikt où il étudie. Salieri le rencontre en 1813 et l'encourage à tenter sa chance à l'opéra, domaine où, malgré de nombreux essais, Schubert n'arrivera jamais à faire sa marque. En revanche, il se met très tôt à composer des *lieder* allemands, courtes compositions pour voix qui assurent sa renommée. À partir de 1816, il mène une vie de bohème, subsistant grâce à des postes de maître de musique trouvés ici et là. Toujours à la recherche de la «grande forme symphonique» illustrée par Beethoven, il ne découvrira le chemin de celle-ci qu'à compter de 1822 avec sa célèbre *Symphonie inachevée* dont la première exécution n'aura lieu qu'en 1865. En 1825, il compose sa *Grande Symphonie en ut majeur*. Un premier (et dernier, de son vivant) concert public de ses œuvres a lieu en mars 1828; rebuté par la difficulté d'exécution de la *Grande Symphonie*, l'orchestre lui substitue la *Sixième Symphonie*, beaucoup plus légère. Mais le destin attend déjà Schubert au détour: atteint depuis longtemps d'une syphilis chronique, symbole de son peu de succès auprès des dames, il succombe en novembre de la même année à une fièvre typhoïdale. Dans les dernières semaines de sa vie, il avait entrepris des études théoriques d'harmonie et de contrepoint...

Maître incontesté de la mélodie germanique, remarqué pour le choix judicieux de ses textes, Schubert est également un spendide compositeur de musique de chambre. Les grandes œuvres symphoniques de ses dernières années donnent une idée des sommets qu'il aurait pu atteindre.

**Pour commencer:** *Quintette Die Forelle* (*La Truite*)
**Un incontournable:** *Symphonie n° 8* (*Inachevée*)
**Pour aller plus loin:** *Symphonie n° 9* (*La Grande*)

### Musique orchestrale

*Symphonie n° 5*
*Symphonie n° 8* (*Unvollendete – Inachevée*)
*Symphonie n° 9* (*La Grande*)

### Musique de chambre

*Quatuor à cordes Der Tod und das Mädchen* (*La Mort et la Jeune Fille*)
*Quintette pour piano, violon, alto, violoncelle et contrebasse Die Forelle* (*La Truite*)

### *Symphonie n° 5 en si bémol majeur D. 485*

| Prix | Son | Cote | Orchestre | Chef | Éd. | Enr. |
|---|---|---|---|---|---|---|
| $$$ | | ★★★ | Chamber Orchestra of Europe | Claudio Abbado | DG | 1986 |
| $$ | | ★★ | Royal Philharmonic Orchestra | Sir Thomas Beecham | EMI | 1958 |
| $ | | ★★ | Berliner Philharmoniker | Karl Böhm | DG | 1966 |

**Claudio Abbado**

L'approche élégante et subtile d'Abbado avec son petit orchestre joue bien dans les symphonies de jeunesse de Schubert. La *Cinquième* est particulièrement réussie et bénéficie de l'agilité des cordes virtuoses du Chamber Orchestra of Europe. L'excellent équilibre vents-cordes permet d'entendre les «voix intérieures» de l'orchestration légère de cette très mozartienne symphonie.

**Sir Thomas Beecham**

Musicien autodidacte, Beecham a un *feeling* très spécial pour ces œuvres faussement légères auxquelles appartient la *Cinquième* de Schubert. La vivacité des cordes fait plaisir à entendre, et la discipline générale de l'ensemble fait bien ressortir cette heureuse combinaison de classicisme viennois et de romantisme.

**Karl Böhm**

Cette belle version de Böhm illustre encore le très grand art de ce chef dans le répertoire germanique de base. La plus mozartienne des symphonies de Schubert le montre particulièrement inspiré, menant un orchestre de Berlin léger et guilleret. Une version très classique, dans le bon sens du terme.

### *Symphonie n° 8 (7) en si mineur D. 759 (Unvollendete – Inachevée)*

| Prix | Son | Cote | Orchestre | Chef | Éd. | Enr. |
|---|---|---|---|---|---|---|
| $$$ | 🔊 | ★★★ | Berliner Philharmoniker | Günter Wand | RCA 2 CD | 1995 |
| $$ | | ★★ | Philharmonia Orchestra | Otto Klemperer | EMI | 1963 |
| $$ | | ★★ | Wiener Philharmoniker | Josef Krips | Decca | 1969 |
| $$ | | ★★★ | New York Philharmonic | Bruno Walter | Sony | 1958 |
| $ | | ★★★ | Berliner Philharmoniker | Karl Böhm | DG | 1966 |

**Karl Böhm**

Cette belle version illustre le très grand art de ce chef dans le répertoire germanique de base. Le drame est là, sans emphase ni sentimentalisme excessif, avec un parfait équilibre des masses sonores qui est la marque de commerce de Böhm dans tous les répertoires qu'il a abordés, de Mozart à Berg. La qualité des cordes emporte l'adhésion.

**Otto Klemperer**

Le son de Klemperer est massif et profond, et la régularité rythmique qu'il impose permet aux «divines longueurs» de ne point paraître si longues mais, au contraire, fort logiques. Le Philharmonia était un fameux orchestre et la version très classique du chef emporte l'adhésion.

**Josef Krips**
Un des grands maîtres de Schubert, Krips dirige ici le Philharmonique de Vienne en très grande forme dans une lecture classique, tout en équilibre et bien en place.

**Bruno Walter**
Cette version fut mon introduction à l'*Inachevée*, et on comprendra que je lui garde une affection particulière. Avec un Philharmonique de New York des grands jours, Walter trace un parcours inexorable, de la légèreté diaphane des cordes de l'introduction jusqu'à l'appesantissement tragique des cuivres du deuxième mouvement. Cette lecture s'impose par sa logique profonde et son sens de la poésie schubertienne.

**Günter Wand**
Prise à l'occasion d'un concert à Berlin, cette version de Wand est remarquable; la tension est maintenue avec discrétion et les cordes d'une grande virtuosité déroulent les longues mélodies schubertiennes avec emphase et justesse. La prise de son permet d'entendre les moindres subtilités de l'orchestration, et les nombreux passages *pianissimo* sont parfaitement audibles, pour une fois.

### *Symphonie n° 9 en ut majeur D. 944 (La Grande)*

| Prix | Son | Cote | Orchestre | Chef | Éd. | Enr. |
|---|---|---|---|---|---|---|
| $$$ | | ★★ | Wiener Philharmoniker | John Eliot Gardiner | DG | 1997 |
| $$$ | | ★★ | Berliner Philharmoniker | Günter Wand | RCA 2 CD | 1995 |
| $$ | H | ★★★ | Berliner Philharmoniker | Wilhelm Furtwängler | DG | 1951 |
| $$ | | ★★★ | London Symphony Orchestra | Josef Krips | Decca | 1958 |
| $$ | | ★★★ | Wiener Philharmoniker | Sir Georg Solti | Decca | 1981 |
| $ | | ★★★ | Berliner Philharmoniker | Karl Böhm | DG | 1963 |

**Karl Böhm**
L'équilibre et le classicisme de la version Böhm de Berlin sont restés insurpassés; on sent ici un très grand sens dramatique et une tension maintenue sans relâche mais sans exagération non plus. Comme il est de mise dans les versions «classiques», Böhm ne fait aucune reprise, ce qui montre bien l'inutilité de celles-ci. L'Orchestre de Berlin est alors à son sommet et le preneur de son était certes en forme ce jour-là!

**Wilhelm Furtwängler**
Furt n'aimait pas le studio, dit-on, mais cette *Neuvième* est une de ses plus grandes réussites à cet égard. Le disque nous permet d'entendre le Berlin d'après-guerre qui n'a que peu à céder à son successeur de l'ère Karajan. La tension dramatique de cette lecture est incroyable pour qui ne connaît pas Furtwängler. Évidemment, aucune reprise n'est observée, et on ne s'en plaindra pas. La prise de son monophonique est fort bien faite pour l'époque.

**John Eliot Gardiner**
La tradition orchestrale de Vienne semble avoir eu raison des velléités «neutralisantes» du style habituel de direction de Gardiner avec ses ensembles d'instruments anciens. Ici, point de réthorique ni de dogmatisme; l'orchestre joue une œuvre qu'il a dans le sang et Gardiner a le bon sens de laisser ses instrumentistes s'exprimer. Une certaine flexibilité rythmique agrémente cette lecture (prise en concert), fort bien enregistrée au demeurant.

**Josef Krips**
Un des grands maîtres de Schubert, Krips dirige ici le LSO en très grande forme dans une lecture romantique à l'emporte-pièce, dans laquelle les cuivres sont déchaînés et les cordes, d'une agilité époustouflante. Le sens de l'équilibre et de l'argument symphonique du chef font merveille et confèrent à cette version le statut le plus élevé. Fort belle prise de son des débuts de la stéréophonie.

**Sir Georg Solti**
Surprise! Avec le Philharmonique de Vienne, Solti réussit une superbe lecture de cette *Neuvième*, dramatique sans excès, subtile et rigoureuse. Toutes les sections de l'orchestre brillent à tour de rôle, et la plupart des reprises sont omises, ce qui est un plus dans cette œuvre.

**Günter Wand**
Troisième version au disque de Wand, cette *Neuvième* de Berlin est sans doute sa meilleure. Elle dispose du meilleur orchestre, pris en public mais très discipliné et confondant de virtuosité. L'approche de Wand, on le sait, est plutôt objective et il ne cherche pas à se mettre en vedette en dirigeant la partition avec chaleur et dynamisme, mais sans dramatisation excessive ou artificielle (ce qu'un critique méchant appelait la «sinopolisation»...). Il s'agit ici d'un coffret de deux disques, vendus au prix d'un seul, qui présente en complément de programme une *Inachevée* mémorable.

***Quatuor à cordes en ré mineur D. 810 (Der Tod und das Mädchen – La Mort et la Jeune Fille)***

| Prix | Son | Cote | Ensemble | Éd. | Enr. |
|---|---|---|---|---|---|
| $$$ | | ★ | I Musici de Montréal<br>Yuli Turovsky (chef) | Chandos | 1990 |
| $$ | | ★★★ | Amadeus Quartett | DG | 1959 |

**Yuli Turovsky**
Yuli Turovsky et son orchestre nous offrent l'arrangement pour orchestre à cordes de Gustav Mahler qui, il faut bien l'avouer, n'ajoute ni à la gloire de son auteur ni à celle de Schubert. L'enthousiasme est palpable et le disque est intéressant pour son aspect de curiosité, mais, pour la vérité de ce quatuor, on préférera la version originale.

**Amadeus**
Les Amadeus ont une vision à la fois dynamique, sereine et dramatique de ce quatuor, certes parmi les plus émotifs de la musique de chambre. Leur vision classique

permet à la musique de s'exprimer avec tout l'impact qu'elle peut contenir. Cette version vieille de 40 ans n'a pas pris une ride.

***Quintette pour piano, violon, alto, violoncelle et contrebasse en la majeur D. 667 (Forellen – La Truite)***

| Prix | Son | Cote | Ensemble | Éd. | Enr. |
|---|---|---|---|---|---|
| $$$ | | ★★★ | Emanuel Ax (piano)<br>Yo-Yo Ma (violoncelle)<br>Pamela Frank (violon)<br>Rebecca Young (alto)<br>Edgar Meyer (contrebasse) | Sony | 1995 |
| $$ | | ★★ | Emil Gilels (piano)<br>Amadeus Quartett<br>Rainer Zepperitz (contrebasse) | DG | 1975 |
| $$ | | ★★ | Sir Clifford Curzon (piano)<br>Wiener Oktett | Decca | 1957 |

**Emanuel Ax**
Cette version met en scène des artistes du Festival de Marlboro au Vermont (É.-U.). Elle respire jeunesse, enthousiasme et candeur, même si Ma et Ax ne sont quand même pas de jeunes poulains. La prise de son, qui favorise quelque peu le piano, demeure fort naturelle et bien faite.

**Emil Gilels**
La version Gilels-Amadeus est renommée pour sa grande humanité et la chaleur agreste des participants. L'immense virtuose que fut Gilels fond sa sonorité à celle de ses partenaires pour donner un vrai festival de musique de chambre.

**Sir Clifford Curzon**
Parmi les solistes de l'Octuor de Vienne, on retrouve Boskovsky, violon solo et chef occasionnel du Philharmonique de Vienne. Voilà une version très équilibrée qui chante comme pas une. Les partenaires s'entendent comme larrons en foire et on ne s'ennuiera pas un seul instant à cette écoute.

# *ROBERT Alexander SCHUMANN*

Né à Zwickau (Saxe), le 8 juin 1810; mort à Endenich (près de Bonn), le 29 juillet 1856.

Malgré son talent précoce de pianiste, son père l'oblige à suivre des études de droit, qu'il abandonne bien vite pour se consacrer à la musique. Une blessure à une main le force à renoncer à ses ambitions de pianiste pour se consacrer à la composition. Il écrit d'abord de nombreuses pièces pour piano, dont certaines sont d'une très grande difficulté technique et peuvent se comparer aux œuvres d'un Liszt. Après des fiançailles longues et difficiles, Schumann épouse, en 1840, la jeune pianiste Clara Wieck (1819-1896) avec qui il aura sept enfants. C'est aussi à cette époque qu'il aborde les œuvres orchestrales avec ses deux premières symphonies (*n*° *1* [*du Printemps*] et *n*° *4*, qui sera publiée beaucoup plus tard). En proie depuis 1833 à une maladie mentale héréditaire, il a fréquemment de graves crises d'hallucinations qui mettent en danger l'équilibre de sa vie. En 1850, la nécessité de soutenir sa famille nombreuse l'oblige à accepter un poste de *kapellmeister* à Düsseldorf, mais les soucis achèvent de miner son fragile équilibre mental. Le 27 février 1854, une très grave crise d'hallucinations auditives l'amène à se jeter dans le Rhin. Rescapé de justesse, il est interné à Endenich, où il survivra encore deux ans avec quelques moments de lucidité.

Archétype du compositeur romantique allemand, Schumann a écrit dans tous les genres, y compris l'opéra; mais c'est dans ses pièces pour piano qu'il a exprimé l'essentiel de son génie. Réputées lourdes et mal orchestrées, ses symphonies ont eu tout de même du succès auprès des mélomanes et ont inspiré le style d'orchestration de Brahms.

**Pour commencer:** *Concerto pour piano et orchestre op. 54*
**Un incontournable:** *Symphonies* (4)

## Musique orchestrale

*Concerto pour piano et orchestre op. 54*
*Symphonies* (4)

### *Concerto pour piano en la mineur op. 54*

| Prix | Son | Cote | Soliste | Orchestre | Chef | Éd. | Enr. |
|---|---|---|---|---|---|---|---|
| $$$ | | ★★ | Krystian Zimerman | Berliner Philharmoniker | Herbert von Karajan | DG | 1981 |
| $$ | | ★★ | Van Cliburn | Chicago Symphony Orchestra | Fritz Reiner | RCA | 1960 |
| $$ | | ★★ | Stephen Kovacevich | BBC Symphony Orchestra | Sir Colin Davis | Philips | 1970 |
| $$ | H | ★ | Dinu Lipatti | Philharmonia Orchestra | Herbert von Karajan | EMI | 1948 |

**Van Cliburn**
Avec Cliburn et Reiner, nous avons l'approche «grand concerto romantique». Orchestre d'une virtuosité inégalable et d'une sonorité très brillante, soliste à sonorité très ample sans être massive, chef attentif et rigoureux dans son accompagnement, et prise de son tout simplement remarquable pour l'époque: un très grand disque.

**Stephen Kovacevich**
Kovacevich (ex-Bishop) réussit très bien le *Concerto pour piano* de Schumann; netteté de l'articulation, vigueur du jeu, souplesse du rythme et accompagnement attentif de Davis: voilà ce qui caractérise ce disque. Une très belle version donc, à peine gâtée par une prise de son trop distante.

**Dinu Lipatti**
La version Lipatti est un «classique du classique» pratiquement depuis sa parution. Le pianiste disparu prématurément apportait ici une lecture d'une poésie inégalée et d'une virtuosité confondante; il était suivi par un orchestre très brillant galvanisé par le tout jeune Karajan. La prise de son, bien que monophonique (évidemment), est très réussie pour l'époque. Un disque émouvant, un grand moment de musique.

**Krystian Zimerman**
J'ai toujours été un admirateur du pianiste polonais, qui signe ici son unique collaboration au disque avec Karajan. Le jeu est brillant, emporté; l'esprit romantique règne en maître et l'accompagnement de Karajan ne se laisse pas distancer. L'Orchestre de Berlin connaît cette œuvre comme le fond de sa poche et en livre une lecture plus que brillante. La prise de son récemment retouchée rend honneur à cette production remarquable.

### *Symphonies* (4)

| Prix | Son | Cote | Orchestre | Chef | Éd. | Enr. |
|---|---|---|---|---|---|---|
| $$ | | ★★ | Berliner Philharmoniker | Herbert von Karajan | DG 2 CD | 1971 |
| $ | | ★★★ | Berliner Philharmoniker | Rafael Kubelík | DG 2 CD | 1963 |
| $ | | ★★ | Symphonie-Orchester des Bayerischen Rundfunks | Rafael Kubelík | DG 2 CD | 1979 |
| $ | | ★★★ | Staatskapelle Dresden | Wolfgang Sawallisch | EMI 2 CD | 1972 |
| $ | | ★★ | Kölner Rundfunk-Sinfonie-Orchester | Hans Vonk | EMI 2 CD | 1991-1993 |

**Herbert von Karajan**
Au début des années 1970, Karajan a réalisé une intégrale des symphonies exceptionnelle. S'il fréquentait souvent la *Première Symphonie*, il n'en va pas de même des trois autres. Pourtant, tout ici est passé au «moule Karajan», avec un *legato* des cordes, des cuivres brillants et une discipline orchestrale époustouflante. L'approche est très dynamique et rien ne traîne. Une version brillante.

**Rafael Kubelík (1963)**
Avec l'orchestre de Karajan, Kubelík a réalisé au début des années 1960 une magistrale intégrale des symphonies. Moins brillant peut-être que Karajan, il n'en est

pas moins inspiré et fait bien ressortir l'individualité de chacune des symphonies en lui donnant le caractère voulu. S'il sait jouer des beaux timbres de l'orchestre, il n'en abuse pas dans ces pièces souvent tourmentées et inquiètes, où le «beau son» ne rend pas toujours justice à l'inspiration musicale. Une remarquable prestation d'un immense chef trop méconnu.

**Rafael Kubelík (1979)**
Avec son orchestre dévoué de Munich, Kubelík récidive presque son coup d'éclat de Berlin. Il est ici desservi un peu par une prise de son fort lointaine qui gomme passablement l'envol dramatique qu'on pourrait attendre. Pour le reste, on retrouve les qualités de l'interprétation de 1963. La division antiphonale des violons que pratiquait ce chef est particulièrement indiquée dans ces partitions où le jeu des premiers et des deuxièmes violons se doit d'être clairement différencié.

**Wolfgang Sawallisch**
La grande tradition germanique est admirablement représentée par Sawallisch qui dispose du plus vieil orchestre du monde, un orchestre pratiquement «né» dans ce répertoire et qui a toute la couleur instrumentale requise pour le bien défendre. Une prise de son un peu réverbérée gâche à peine l'audition de ces interprétations tout simplement remarquables de dynamisme et de virtuosité.

**Hans Vonk**
Avec une phalange surtout reconnue pour son travail en musique contemporaine, Vonk réussit une très belle intégrale des symphonies, parfaitement équilibrée et aux transitions jugées impeccablement (ce qui n'est pas toujours évident). La tradition germanique se fait encore entendre ici dans un registre moins brillant mais tout aussi justifié qu'avec d'autres formations plus renommées (Dresde, Berlin). À ce prix, une interprétation très alléchante.

# *JEAN [Johan Julius Christian] SIBELIUS*

Né à Hämeenlinna/Tavastehus (Finlande), le 8 décembre 1865; mort à Järvenpäa (près de Helsinki), le 20 septembre 1957.

Sibelius étudie d'abord le droit, puis il abandonne ce domaine en 1886 pour se consacrer à la musique. Il se met au violon et à la composition, puis se rend à Berlin pour travailler, notamment avec Goldmark (1890-1891). De retour à Helsinki, il adopte les positions de l'école nationaliste, qui défend l'indépendance de la Finlande (alors un Grand Duché de l'Empire russe). La création de son poème symphonique *Finlandia*, en 1892, lui assure une célébrité instantanée dans son pays. Il exerce des activités d'enseignement entre 1892 et 1910 et mène une carrière de chef d'orchestre, assurant la création de la plupart de ses grandes œuvres. Pensionné de l'État finlandais à compter de 1896, il se retire à la villa Ainola (nommée en l'honneur de son épouse) de Järvenpäa à compter de 1904 et y passe le reste de son existence, ne la quittant que pour des voyages d'agrément et des tournées de concert. À partir de 1908, son style devient de plus en plus austère, délaissant les légendes bardiques de sa jeunesse pour adopter une vision plus sombre du monde, qui reflète l'âpreté des paysages nordiques qui l'environnent. L'émergence des compositeurs atonaux entraîne chez Sibelius une crise de conscience. Refusant de se plier à la nouvelle «religion», il écrit la *Septième Symphonie* (sa dernière) en 1925; après la création de son poème symphonique *Tapiola* en 1926, il cesse totalement de composer, un silence qui durera jusqu'à sa mort.

Intimement liée à la Finlande, la musique de Sibelius est toute faite de retenue et peut surprendre l'auditeur au premier abord. Dédaignant le concept traditionnel de développement de la symphonie classique, ses mouvements symphoniques proposent un enfilement de «moments» surgissant souvent abruptement.

**Pour commencer:** *Finlandia*
**Un incontournable:** *Concerto pour violon*
**Pour aller plus loin:** *Symphonie n° 4*

**Musique orchestrale**

*Concerto pour violon*
*Finlandia* (poème symphonique)
Symphonie n° *2*
*Symphonie n° 4*
*Symphonie n° 5*
*Tapiola* (poème symphonique)

### *Concerto pour violon et orchestre en ré mineur op. 47*

| Prix | Son | Cote | Soliste | Orchestre | Chef | Éd. | Enr. |
|---|---|---|---|---|---|---|---|
| $$$ | | ★★★ | Leonidas Kavakos (deux versions) | Sinfonia Lahti | Osmo Vänskä | BIS | 1991 |
| $$$ | 🔊 | ★★★ | Anne-Sophie Mutter | Staatskapelle Dresden | André Previn | DG | 1995 |
| $$$ | | ★★ | Viktoria Mullova | Boston Symphony Orchestra | Seiji Ozawa | Philips | 1985 |
| $$ | | ★★ | Kyung-Wha Chung | London Symphony Orchestra | André Previn | Decca | 1970 |

**Kyung-Wha Chung**
La version de la Coréenne Chung est pleine d'engagement. Même le difficile finale et son rythme de «danse de l'ours» deviennent plausible dans cette interprétation pensée, où la virtuosité est mise au service de la pensée musicale.

**Leonidas Kavakos**
Le violoniste grec nous offre non pas une, mais les deux versions du *Concerto pour violon*. Bien que la première version soit plus discursive et moins ramassée que la version finale, elle a aussi son intérêt. D'autant plus que l'interprétation qu'en donnent Kavakos et Vänskä est en tout point remarquable; intensité dramatique, virtuosité du soliste, excellence de l'orchestre sont tous au rendez-vous.

**Viktoria Mullova**
Le tempérament nordique de la violoniste est occasionnellement taxé de sérieux excessif ou de cérébralité. Dans le *Concerto pour violon* de Sibelius, Mullova semble avoir trouvé une œuvre correspondant à son tempérament d'artiste et elle livre une version enflammée mais sous contrôle, aidée par la direction disciplinée et rigoureuse d'Ozawa.

**Anne-Sophie Mutter**
Avec le splendide accompagnateur de concertos qu'est Previn, Mutter nous offre un exceptionnel concerto de Sibelius, où l'expressivité romantique et la couleur ne cèdent rien à la rigueur et à la virtuosité de l'exécution. Les belles couleurs de l'orchestre, excellemment équilibré avec le violon solo, sont en elles-mêmes une recommandation pour l'achat de ce disque. Mais les *fans* de Mutter – dont je suis – n'auront pas besoin de longs discours pour être convaincus.

### *Finlandia op. 26 nº 7*
### Poème symphonique

| Prix | Son | Cote | Orchestre | Chef | Éd. | Enr. |
|---|---|---|---|---|---|---|
| $$$ | | ★★ | Berliner Philharmoniker | Herbert von Karajan | DG | 1983 |
| $$ | | ★★ | Berliner Philharmoniker | Herbert von Karajan | EMI | 1976 |
| $$ | | ★★★ | Berliner Philharmoniker | Herbert von Karajan | DG | 1964 |
| $$ | H | ★★ | Philharmonia Orchestra | Herbert von Karajan | EMI | 1952 |

**Herbert von Karajan (1952)**
La première version de Karajan est caractérisée par un emportement dramatique et une expression qui seront un peu gommées plus tard par le souci de la beauté sonore. Il faut dire que la prise de son ancienne ne favorise pas vraiment la beauté du son ici, et *Finlandia* est une œuvre à qui la monophonie ne réussit guère. Il est fascinant de suivre l'évolution de ce chef à travers une période de trois décennies.

**Herbert von Karajan (1964)**
Il s'agit de la deuxième des quatre versions de Karajan au disque. La version monophonique de 1952 est tout aussi éloquente mais décidément déficiente du point de vue de la technique de prise de son. Cette version-ci est presque parfaite, avec un tempo très large qui permet aux grandes mélodies solennelles de faire leur effet, et aux brillants cuivres berlinois d'apporter leur contribution à la réussite du disque.

**Herbert von Karajan (1976)**
Le geste est toujours aussi ample et il y a, dans cette version du milieu des années 1970, une tension dramatique plus grande, au détriment de la beauté sonore qui marque les autres exécutions. La prise de son a été sérieusement «revampée» pour cette réédition très estimable mais à la distribution assez confidentielle.

**Herbert von Karajan (1983)**
Une fois que Karajan a fixé une interprétation, il n'en change presque rien. Cette version de *Finlandia*, enregistrée presque 20 ans après celle de 1964, a une durée identique à quelques secondes près. L'approche est la même, ce qui laisse la différence entre les mains du preneur de son, qui semble avoir perdu beaucoup de son talent en 1983. Les sonorités sont épatées et sèches, l'image stéréophonique est floue et les aigus ont un son métallique plutôt désagréable, comme il arrivait souvent dans les productions DG des débuts du numérique.

### *Symphonie nº 2 en ré majeur op. 43*

| Prix | Son | Cote | Orchestre | Chef | Éd. | Enr. |
|---|---|---|---|---|---|---|
| $$ | | ★★ | New York Philharmonic | Leonard Bernstein | Sony 2 CD | 1966 |
| $$ | | ★★★ | Philharmonia Orchestra | Herbert von Karajan | EMI | 1960 |
| $ | | ★★ | Boston Symphony Orchestra | Sir Colin Davis | Philips 2 CD | 1976 |

**Leonard Bernstein**
Bernstein se perd moins dans les brumes nordiques qu'avec sa dernière version (Wiener Philharmoniker, DG). Il mène la *Deuxième Symphonie* tambour battant et emporte les musiciens dans un finale à l'enthousiasme débridé.

**Sir Colin Davis (1976)**
Davis cherche à gommer le côté légèrement pompier de l'œuvre, ce qui gâte quelque peu l'effet monumental voulu par le compositeur au finale. Néanmoins, les belles couleurs de l'orchestre, la rythmique très appuyée du chef et une prise de son efficace sinon spectaculaire sauvent le spectacle et permettent à cette version de concurrencer les meilleures.

### Herbert von Karajan
Les ingénieurs du son de la EMI des années 1960 savaient mieux y faire que leurs successeurs de l'époque numérique... du moins si on compare cette splendide version de Karajan avec sa mouture subséquente de 1980. Les timbres sont naturels, il n'y a pas de distorsion et l'image stéréophonique est très réaliste. La vision est toujours la même: lyrisme des cordes, puissance et sonorité des cuivres, discrétion de la percussion. Il n'y a pas encore ce *legato* qui entachera les prestations de Karajan à compter des années 1970. Les amateurs de Sibelius et les fans de Karajan n'hésiteront pas à acquérir ce témoignage exceptionnel du séjour londonien du chef.

## *Symphonie nº 4 en la mineur op. 63*

| Prix | Son | Cote | Orchestre | Chef | Éd. | Enr. |
|---|---|---|---|---|---|---|
| $$$ | 🔊 | ★★ | London Symphony Orchestra | Sir Colin Davis | RCA | 1994 |
| $$ | H | ★★ | Philharmonia Orchestra | Herbert von Karajan | EMI | 1953 |
| $$ | | ★★★ | Berliner Philharmoniker | Herbert von Karajan | DG 2 CD | 1964 |
| $ | | ★ | Boston Symphony Orchestra | Sir Colin Davis | Philips 2 CD | 1976 |

### Sir Colin Davis (1976)
Voici le moins bon volet de cette remarquable intégrale bostonienne. Davis semble chercher sa voie dans cette déroutante symphonie où il n'arrive pas vraiment à trouver le ton juste. L'orchestre joue magnifiquement toutefois, comme dans les autres volets de l'intégrale, et la prise de son un peu éloignée offre une perspective de concert réaliste à défaut d'être spectaculaire.

### Sir Colin Davis (1994)
Avec beaucoup plus d'expérience dans ce répertoire, Davis arrive finalement à trouver le chemin de l'interprétation convaincante de l'énigmatique *Quatrième*. Les épisodes sont présentés les uns après les autres et il ne cherche plus à imposer une vision homogène qui n'était pas le propos du compositeur au départ. Belle prise de son.

### Herbert von Karajan (1953)
Karajan fut un des premiers chefs non scandinaves (et, à ce jour, le seul Allemand) à diriger Sibelius. À cette époque, la *Quatrième* était une nouveauté au disque et le Philharmonia ne devait pas l'avoir fréquentée très souvent. Mais les splendides instrumentistes assemblés par Walter Legge se jouent des difficultés (nombreuses) de la partition; la prise de son (monophonique) est très belle, transparente et avec très peu de distorsion. La direction de Karajan est déjà ce qu'elle sera dans sa légendaire version berlinoise (voir ci-dessous): ample, diaphane, subtile, elle joue à la fois des capacités de puissance de l'orchestre et de la subtilité de ses *pianissimi*. Ni résolument grise ni trop colorée, cette *Quatrième* pointe vers l'avenir avec sérieux et rigueur.

### Herbert von Karajan (1964)
Récemment rééditée dans l'excellente série «The Originals» de la DG, cette légendaire version présente les mêmes qualités que la version Philharmonia de 1953

avec, en prime, une splendide prise de son stéréophonique des années 1960 et un orchestre de Berlin qui ne le cède en rien aux virtuoses londoniens. En fait, Karajan a poli à un niveau extrême son interprétation. La perfection plastique du jeu des instrumentistes soutient une vision décantée à l'extrême et une tension dramatique qui servent à merveille l'univers désolé imaginé par Sibelius.

### *Symphonie n<sup>o</sup> 5 en mi bémol majeur op. 82*

| Prix | Son | Cote | Orchestre | Chef | Éd. | Enr. |
|---|---|---|---|---|---|---|
| $$$ | | ★★ | London Symphony Orchestra | Sir Colin Davis | RCA | 1992 |
| $$$ | | ★★ | Sinfonia Lahti (version originale) | Osmo Vänskä | BIS | 1995 |
| $$ | | ★★★ | Berliner Philharmoniker | Herbert von Karajan | DG 2 CD | 1964 |
| $ | | ★★★ | Boston Symphony Orchestra | Sir Colin Davis | Philips 2 CD | 1975 |

**Sir Colin Davis (1975)**
Cette version a été une révélation pour plusieurs: voilà un chef sérieux, respecté, qui aborde les symphonies de Sibelius avec un grand orchestre américain plus connu pour ses interprétations de musique française. D'emblée, le ton est établi: une tension dramatique intense, violente presque, des cuivres écrasants et une percussion très présente (fin du premier mouvement). L'allure est allègre sans précipitation et l'effet est garanti: fulgurant!

**Sir Colin Davis (1992)**
Sir Colin avait le défi d'en remettre sur son exceptionnelle version de Boston (voir ci-dessus). Si la nouvelle approche est intéressante, elle est quand même un peu moins convaincante que l'ancienne. La tension dramatique intense de la version précédente est gommée ici au profit de l'expression lyrique. Il est vrai que l'œuvre de Sibelius peut prêter à des approches diverses, et celle-ci est tout aussi justifiée que l'autre, d'autant plus que le preneur de son se surpasse dans la transparence et le naturel des timbres instrumentaux.

**Herbert von Karajan**
La perfection de l'Orchestre de Berlin est quelque chose à entendre; et, loin de chercher l'effet spectaculaire, Karajan nous offre un Sibelius hiératique, sans concession. Chaque moment est pensé, pesé et étudié pour produire l'effet maximal avec un minimum d'affectation.

**Osmo Vänskä**
Cette version a la particularité de nous offrir la composition originale de Sibelius, très différente de la version finale. La *Symphonie* est alors en quatre mouvements (plutôt que trois) et le finale original dure presque deux fois plus longtemps. Sibelius sera plus concis dans sa mouture définitive qui est plus dramatique et moins dispersée, mais l'exécution des musiciens finlandais est convaincue et enthousiaste. Les amateurs soucieux de connaître «tout Sibelius» et, surtout, d'avoir une idée de son processus créatif se laisseront séduire. Publiée avec la version originale

du poème symphonique *En Saga*, cette version est aussi offerte en couplage avec la version définitive de la *Symphonie*.

## *Tapiola op. 112*
## Poème symphonique

| Prix | Son | Cote | Orchestre | Chef | Éd. | Enr. |
|---|---|---|---|---|---|---|
| $$$ | | ★★ | London Symphony Orchestra | Sir Colin Davis | RCA | 1992 |
| $$ | | ★★ | Berliner Philharmoniker | Herbert von Karajan | EMI | 1976 |
| $$ | | ★★★ | Berliner Philharmoniker | Herbert von Karajan | DG | 1964 |

**Sir Colin Davis**

Dans sa «revisitation» du *Tapiola* (qu'il avait déjà enregistré en 1976, à Boston, pour Philips), Davis apporte un peu plus de tension dramatique à sa lecture, autrefois plutôt placide. Le LSO des meilleurs jours répond bien et le preneur de son a réussi un petit chef-d'œuvre de naturel et de transparence. Chose plus surprenante, RCA-BMG a daigné distribuer ce disque au Canada – seul volet de la série Sibelius-LSO offert ici.

**Herbert von Karajan (1964)**

Il s'agit ici de la deuxième des quatre versions de Karajan au disque. La version monophonique de 1953 est tout aussi éloquente mais décidément déficiente du point de vue de la technique de prise de son. Cette version-ci est presque parfaite, avec un tempo élargi qui permet à la tension dramatique d'être encore plus lancinante. À la vérité, l'angoisse de ce «royaume des morts» est presque insoutenable. Un des grands moments de Karajan au disque.

**Herbert von Karajan (1976)**

Cette version est la plus dramatique des quatre de Karajan au disque. L'orchestre est littéralement déchaîné, et le tempo global est un peu plus rapide que dans les versions antérieures. Cette vision très noire est bien réalisée par le preneur de son, qui n'est pas l'égal de ses collègues de la DG.

# BEDRICH SMETANA

Né à Litomysl (Bohême), le 2 mars 1824; mort à Prague, le 12 mai 1884.

D'abord professeur de musique, Smetana obtient un poste de chef d'orchestre à Göteborg, en Suède (1856-1861), qui lui permet de développer ses aptitudes pour la composition orchestrale. À son retour à Prague, il subsiste de leçons musicales et de cachets de concert, tout en abordant le genre de l'opéra, celui où il aura le plus de succès. Toutefois, ses œuvres sont – et seront – assez peu jouées en dehors de la République tchèque, mis à part son opéra-comique *La Fiancée vendue*. En 1871, Smetana devient chef d'orchestre au Théâtre national de Prague nouvellement créé. Il garde ce poste jusqu'à ce qu'il soit atteint de surdité profonde, en 1874. Il vit ses dernières années dans une solitude marquée par la pauvreté, composant ses deux quatuors à cordes et, surtout, son cycle de six poèmes symphoniques, intitulé *Ma Patrie*, qui a assuré sa célébrité et dont le deuxième mouvement, *La Moldau* ou *Vltava*, est connu de tous les mélomanes.

**Pour commencer:** *Má Vlast* (*Ma Patrie*) (cycle de six poèmes symphoniques)
**Un incontournable:** *La Fiancée vendue*

### Musique orchestrale

*Má Vlast* (*Ma Patrie*) (cycle de six poèmes symphoniques)

### Opéra

*La Fiancée vendue*

***Má Vlast (Ma Patrie)*, cycle de poèmes symphoniques:**
***Vysehrad; Vltava (La Moldau); Sarka;***
***Par les prés et les bois de Bohême; Tábor; Blanik***

| Prix | Son | Cote | Orchestre | Chef | Éd. | Enr. |
|---|---|---|---|---|---|---|
| $$$ | | ★★★ | Symphonie-Orchester des Bayerischen Rundfunks | Rafael Kubelík | Orfeo 2 CD | 1984 |
| $$$ | | ★★ | Orchestre philharmonique tchèque | Rafael Kubelík | Supraphon | 1990 |
| $$ | | ★★ | Orchestre philharmonique tchèque | Karel Ancerl | Supraphon | 1963 |
| $$ | | ★★ | Boston Symphony Orchestra | Rafael Kubelík | DG | 1970 |
| $$ | H | ★★ | Chicago Symphony Orchestra | Rafael Kubelík | Mercury | 1952 |
| $$ | H | ★★★ | Orchestre philharmonique tchèque | Václav Talich | Supraphon | 1954 |
| $ | | ★ | Wiener Philharmoniker | Rafael Kubelík | Decca | 1958 |

**Karel Ancerl**

Comme ses prédécesseurs Talich et Kubelík, Ancerl jouait *Ma Patrie* comme une sorte d'hymne à la liberté nationale perdue. Il allait d'ailleurs en tirer les conclusions qui s'imposent en quittant cette patrie après l'invasion soviétique de 1968. Disque rempli de signification donc, chaque mesure semblant chargée de toute l'émotion d'un pays. Dommage que la prise de son soit aussi mauvaise! Les *tutti* son obscurcis par la distorsion, et on a du mal à croire que ce disque est stéréophonique tellement la prise de son semble contemporaine de celle de la version Talich! C'est tout de même un témoignage de l'art d'un très grand chef, d'un très grand orchestre (à l'époque).

**Rafael Kubelík (1952)**

Il est fascinant de suivre l'évolution de Kubelík, nationaliste tchèque exilé volontairement de son pays à la fin des années 1940, et dirigeant ce cycle tchèque entre tous jusqu'à son retour dans la patrie libérée en 1990. Cette version, qui date de 1952, est déjà remarquable de sève et de vie, et on sent la ferveur de l'exilé récent. La prise de son a un peu vieilli, mais elle demeure remarquablement claire et sans distorsion.

**Rafael Kubelík (1958)**

Voici la moins bonne des cinq versions de Kubelík. Cette rencontre avec le Philharmonique de Vienne ne fut peut-être pas heureuse: les tempi sont bousculés, les cuivres sont rauques et les cordes, pas très soyeuses. La prise de son très métallique n'aide pas non plus. Ce disque est valable surtout pour ceux qui cherchent à acquérir toutes les versions de ce chef. Ajoutons que la personnalité de Kubelík domine quand même le disque et lui donne une valeur certaine, puisqu'il se maintient vaille que vaille sur le marché.

**Rafael Kubelík (1970)**

Avec le BSO, qui était, jusqu'alors, le meilleur orchestre avec lequel il avait gravé ces œuvres, Kubelík trace un parcours chaleureux, lyrique, où la violence de certaines pages est gommée pour accentuer la valeur lyrique et nostalgique de l'ensemble. La prise de son, qui était un peu lointaine en microsillon, a acquis passablement de brillance en CD et flatte considérablement les cuivres du Boston Symphony.

**Rafael Kubelík (1984)**

Avec ces musiciens de Munich, qui furent longtemps les siens et qui en étaient venus à sonner comme une authentique phalange tchèque, Kubelík dirige la plus achevée de toutes ses versions de *Ma Patrie*. D'emblée, les accords de harpe, bien audibles, du début situent l'atmosphère: grandiose, éloquente, sereine aussi. À cette époque, Kubelík pouvait peut-être penser qu'il ne reverrait jamais sa patrie, ou alors qu'il n'aurait plus l'occasion d'y diriger un orchestre. Le cycle, dynamique et senti comme toujours, prend une couleur automnale accentuée par certains tempi plus retenus que dans les autres versions. La prise de son des techniciens de la Radio bavaroise est très naturelle et bien équilibrée. Parue à l'origine en deux CD, cette indispensable exécution est maintenant offerte en un seul CD.

## *La Fiancée vendue*
## Opéra-comique en trois actes

***Dramatis personæ* (personnages principaux pour référence des rôles des solistes dans le tableau)**

| | | |
|---|---|---|
| Marenka, soprano (1) | Jeník, ténor (2) | Vasek, ténor (3) |
| Kecal, basse (4) | Micha, basse (5) | Krusina, baryton (6) |

| Prix | Son | Cote | Soliste | Chœur/Orchestre | Chef | Éd. | Enr. |
|---|---|---|---|---|---|---|---|
| $$$ | | ★★ | Gabriela Benacková (1)<br>Peter Dvorský (2)<br>Miroslaw Kopp (3)<br>Richard Novák (4)<br>Jaroslav Horacek (5)<br>Jindrich Jindrák (6) | Chœur philharmonique tchèque<br>Orchestre philharmonique tchèque | Zdenek Kosler | Supraphon 3 CD | 1981 |

### Zdenek Kosler

Les bonnes versions ou même les versions tout court de *La Fiancée vendue* ne courent pas les rues en Amérique du Nord, où l'on préfère offrir une cinquante-cinquième version de *La Traviata*... Cette version-ci a tout d'abord le riche avantage d'être chantée en tchèque, et non pas dans ce lourd allemand de *Die Verkaufte Braut* qu'on nous sert trop souvent. Les deux principaux protagonistes, Benacková et Dvorský, sont les meilleurs chanteurs tchèques de leur génération et ils sont d'excellents comédiens, ce qui compte dans cette folle course qu'est *La Fiancée*. Les partenaires sont à la hauteur, dont le truculent Kecal de Novák. L'Orchestre philharmonique tchèque est mené de main de maître par un vieux routier qui connaît ce répertoire à fond; les célèbres danses sont rendues avec la vigueur et la couleur requises. Le disque n'est pas facile à trouver, du moins en Amérique, mais la recherche sera récompensée.

# *JOHANN STRAUSS II*

Né à Vienne, le 25 octobre 1825; mort à Vienne, le 2 juin 1899.

Qui pense à Vienne pense immédiatement aux valses de la dynastie des Strauss. Fils du compositeur Johann Strauss (1804-1849), c'est contre la volonté de celui-ci que Johann II apprend la musique, puis fait ses débuts très remarqués de chef d'orchestre en 1844. À la mort de son père, Johann II hérite de son orchestre et de son surnom de «roi de la valse». Il étendra son rayonnement en réalisant avec son ensemble plusieurs tournées de concert en Europe et dans les Amériques. De 1855 à 1871, il est engagé chaque été à Pavlovsk près de Saint-Pétersbourg. Strauss est également fameux pour ses créations destinées à la scène; il a d'ailleurs écrit 16 opérettes dans lesquelles il transpose ses trouvailles en musique de danse. Ses 169 valses constituent le matériau de prédilection des Concerts du Nouvel An de Vienne (fondés en 1940 par le chef d'orchestre Clemens Krauss).

**Musique orchestrale**

*Valses et polkas* (collections)

**Musique de théâtre**

*Die Fledermaus* (*La Chauve-Souris*)

### Collections de valses et de polkas

| Prix | Son | Cote | Orchestre | Chef | Éd. | Enr. |
|---|---|---|---|---|---|---|
| $ | | ★★ | Wiener Philharmoniker | Willy Boskovsky | Decca 2 CD | 1958-1976 |
| **Les Concerts du Nouvel An à Vienne** | | | | | | |
| $$$ | | ★★★ | Wiener Philharmoniker | Herbert von Karajan | DG | 1987 |
| $$$ | | ★★★ | Wiener Philharmoniker | Carlos Kleiber | Sony 2 CD | 1989 |
| $$$ | | ★★★ | Wiener Philharmoniker | Carlos Kleiber | Sony | 1992 |
| $$ | | ★★★ | Wiener Philharmoniker | Willi Boskovsky | Decca 2 CD | 1979 |

**Willy Boskovsky (collection)**

Ce repiquage présente Boskovsky dans des enregistrements studio réalisés sur une longue période. Si l'expertise du répertoire est toujours là, la variété des prises de son et la forme variable de l'orchestre constituent une réserve de taille. Mais le prix est alléchant et le répertoire le plus célèbre s'y trouve, alors...

**Willy Boskovsky (1979)**

Cet enregistrement du concert d'adieu de Boskovsky, le 1er janvier 1979, est passé à la légende dès sa parution. Dirigeant comme à son habitude, soit en tenant la partie de violon solo, Boskovsky insuffle à son ensemble une vigueur et un sens du rythme typiquement viennois, qui ont fait la renommée de ces concerts du Nouvel An. Les applaudissements et la prise de son très claire contribuent à l'atmosphère de ce disque réussi.

**Herbert von Karajan**
On dit que Karajan travailla tellement à préparer ce concert, qu'il mina sa santé et abrégea probablement sa vie de quelques mois... C'est dur à prouver, mais il reste que la qualité du travail de Karajan est indéniable et qu'on lui trouve ici un humour et une joie de vivre qu'on ignorait sur ses multiples prestations berlinoises un peu prussiennes, il faut bien le dire. Déjà, dans les années 1950, il avait montré une affinité certaine pour le répertoire léger avec ses disques du Philharmonia (EMI). Il renoue ici avec bonheur dans un genre qui lui a toujours réussi. Peu de pièces inconnues, sinon la *Geliebte Annen-Polka* (qui, dans la vidéocassette du concert, accompagnait une «danse» de ballet équestre), mais de grands succès, tous merveilleusement chantés – notamment par Kathleen Battle, qui est soliste dans *Les Voix du Printemps*.

**Carlos Kleiber (1989)**
Concert légendaire, une fois encore. On y entend quelques curiosités, comme la *Bauern-Polka* ou la *Plappermaulchen-Polka*, mais, pour l'essentiel, on a droit à un répertoire connu, joué d'une façon géniale. Ce concert bouge et virevolte comme pas un! L'emprise du chef sur ses musiciens est totale.

**Carlos Kleiber (1992)**
Comme dans son précédent concert, Kleiber n'essaie pas d'innover dans le répertoire. Tout est joué avec cette vigueur qui est la marque de commerce du chef. L'orchestre est déchaîné, les spectateurs aussi; bref, on est à la fête. Un régal!

## *Die Fledermaus (La Chauve-Souris)*
## Opérette en trois actes

***Dramatis personæ*** **(personnages principaux pour référence des rôles des solistes dans le tableau)**

| | | |
|---|---|---|
| Alfred, ténor (1) | Adele, soprano (2) | Rosalinde, soprano (3) |
| Gabriel von Eisenstein, baryton (4) | Doktor Blind, ténor (5) | Doktor Falke, baryton (6) |
| Frank, baryton (7) | Prinz Orlofsky, mezzo-soprano (8) | |

| Prix | Son | Cote | Soliste | Chœur/Orchestre | Chef | Éd. | Enr. |
|---|---|---|---|---|---|---|---|
| $$$ | | ★★ | Giuseppe Zampieri (1)<br>Erika Köth (2)<br>Hilde Gueden (3)<br>Waldemar Kmentt (4)<br>Peter Klein (5)<br>Walter Berry (6)<br>Eberhard Wächter (7)<br>Regina Resnik (8) | Wiener Staatsoperchor<br>Wiener Philharmoniker | Herbert von Karajan | Decca<br>2 CD | 1960 |
| $ | 🔊 | ★★★ | Richard Leech (1)<br>Edita Gruberova (2)<br>Kiri Te Kanawa (3)<br>Wolfgang Brendel (4)<br>Anton Wendler (5)<br>Olaf Bär (6)<br>Tom Krause (7)<br>Brigitte Fassbaender (8) | Wiener Staatsoperchor<br>Wiener Philharmoniker | André Previn | Philips<br>2 CD | 1990 |

**Herbert von Karajan**
Cette somptueuse version nous offre en prime une «séquence de gala», comme il est de tradition dans les représentations de *La Chauve-Souris*, où l'on peut entendre les artistes de passage à la maison d'opéra. Pour notre représentation, nous avons Tebaldi, Corena, Birgit Nilsson (dans un inénarrable *I Could Have Danced all Night*), Del Monaco, Sutherland, Björling, Leontyne Price, Simionato, Bastianini, Ljuba Welitsch... Excusez du peu! Une Adele au timbre aigre et désagréable ternit une distribution par ailleurs splendide, dominée par la belle Rosalinde de Hilde Gueden. Resnik campe un prince Orlofsky caricatural et décadent à souhait, et le grand Walter Berry nous honore en Falke, comme Eberhard Wächeter en Frank. Karajan avait les meilleurs chanteurs... et le meilleur orchestre pour Strauss.

**André Previn**
Le plateau est homogène et presque parfait, la direction est sensationnelle de vie et la prise de son est à l'envi: voici une *Chauve-Souris* de très haute tenue, où le Philharmonique de Vienne prouve qu'il est le meilleur dans ce Strauss-là. Rosalinde est un des meilleurs rôles de Te Kanawa; il lui permet de faire briller la beauté de son timbre tout en ne lui demandant pas un engagement émotif qu'elle n'a jamais su avoir. Brendel est un Eisenstein comique et crédible, Fassbaender un prince Orlofsky qui rrrroule ses r et campe la décadence et l'ennui avec un réalisme très poussé.

# RICHARD Georg STRAUSS

Né à Munich, le 11 juin 1864; mort à Garmisch-Partenkirchen (Bavière), le 8 septembre 1949.

Son père, Franz Strauss, était premier corniste du Théâtre royal de Munich. Strauss fut donc, dès son plus jeune âge, immergé dans le milieu musical. En 1882, il accompagne son père à Bayreuth pour la création de *Parsifal* (contrairement à son père, Strauss était un admirateur de Wagner). En 1884, il devient chef adjoint de von Bülow à Meiningen, puis, en 1887, troisième chef d'orchestre à l'Opéra de Munich. C'est à cette époque que, influencé par Liszt, il compose ses premiers poèmes symphoniques: *Aus Italien* et *Don Juan*. Son premier opéra, un drame wagnérien titré *Guntram*, est monté à Weimar en 1894. Sa carrière de chef prend de l'essor, puisqu'il devient premier chef de l'Opéra de Munich en 1896 et, la même année, chef de la Philharmonique de Berlin. Ces postes lui permettent de diriger ses propres œuvres. Il poursuit la composition de poèmes symphoniques, mais c'est en 1905, avec son troisième opéra, *Salome*, créé à partir d'un texte d'Oscar Wilde, qu'il connaît enfin le triomphe sur la scène lyrique. C'est également sa première collaboration avec le librettiste Hugo von Hoffmansthal, avec qui il travaillera pour ses opéras les plus importants: *Elektra*, *Der Rosenkavalier*, *Ariadne auf Naxos*, *Die Frau ohne Schatten*, *Arabella*. Malgré de multiples tâches de direction et d'enseignement, il prend la tête de l'Opéra de Vienne (1919-1924), puis se retire définitivement de la scène pour se consacrer à la composition. Compositeur officiel du Reich en 1933, il entre en froid avec le régime nazi après avoir collaboré avec le librettiste juif Stefan Sweig (*Die Schweigsame Frau*, 1935) et se retire progressivement dans ses terres. En 1945, il se réfugie en Suisse avec sa femme. Après une tournée triomphale en Grande-Bretagne en 1948, il revient à Garmisch, où il meurt subitement le 8 septembre 1949.

Ses œuvres orchestrales révèlent une maîtrise parfaite des possibilités du grand orchestre symphonique, alliée à un sens mélodique des plus sûrs. Dans ses œuvres lyriques, il montre un talent pour l'écriture vocale, particulièrement pour la voix de soprano (sa femme était une chanteuse d'opéra célèbre en son temps), de même qu'une compréhension étonnante de la psychologie féminine.

**Pour commencer:** *Also Sprach Zarathusta* (poème symphonique d'après Nietzsche)
**Un incontournable:** *Der Rosenkavalier* (opéra en trois actes)
**Pour aller plus loin:** *Elektra* (opéra en un acte)

## Musique orchestrale

*Also Sprach Zarathustra* (*Ainsi parlait Zoroastre*)
*Don Juan*
*Don Quixote*
*Ein Heldenleben* (*Une Vie de héros*)
*Till Eulenspiegels lustige streiche* (*Les Joyeuses Équipées de Till l'Espiègle*)
*Tod und Verklärung* (*Mort et Transfiguration*)

## Musique vocale

*Vier Letzte Lieder* (*Quatre derniers lieder*)

## Opéra

*Elektra*
*Der Rosenkavalier* (*Le Chevalier à la rose*)
*Salome*

### *Also Sprach Zarathustra (Ainsi parlait Zoroastre) op. 30*
### Poème symphonique pour grand orchestre

| Prix | Son | Cote | Orchestre | Chef | Éd. | Enr. |
|---|---|---|---|---|---|---|
| $$ | | ★★★ | Berliner Philharmoniker | Herbert von Karajan | DG | 1973 |
| $$ | | ★★ | Wiener Philharmoniker | Herbert von Karajan | Decca | 1959 |
| $$ | | ★★ | Staatskapelle Dresden | Rudolf Kempe | EMI 3 CD | 1971 |
| $$ | | ★★★ | Chicago Symphony Orchestra | Fritz Reiner | RCA | 1954 |

**Herbert von Karajan (1959)**
Cette version est restée légendaire, car il s'agit précisément du disque qui a servi de trame sonore au fil *2001 Odyssée de l'espace* de Stanley Kubrik, qui a rendu célèbre le prélude de *Zarathustra* (*Lever du Soleil*). En vérité, c'est une exécution tout simplement écrasante, où le *legato* de Karajan, joint à son sens profond de l'évocation du surhomme selon Nietzsche, réussit tout simplement des miracles. Une stéréophonie un peu clinquante et un orchestre de Vienne pas encore tout à fait revenu à ses sommets d'avant-guerre nous font toutefois préférer la version ultérieure de Berlin.

**Herbert von Karajan (1973)**
Ce disque trône depuis longtemps au sommet de la discographie de *Zarathustra*. Avec un orchestre de Berlin des meilleurs jours, Karajan recrée sa vision miraculeuse du chef-d'œuvre philosophico-musical de Strauss. Les cordes de Berlin ont la puissance requise pour donner le change aux écrasants cuivres, et toute la vision baigne dans cette atmosphère de grandeur «fin de siècle» qui marque plusieurs œuvres de cette époque. Un des meilleurs disques de Karajan... un des meilleurs Strauss... un sommet, tout simplement.

**Rudolf Kempe**
Dans le cadre d'une intégrale orchestrale Strauss, Kempe renouait avec l'orchestre qui fut sien après la guerre et qui créa nombre d'œuvres du compositeur bavarois.

Une tradition de discipline orchestrale plusieurs fois centenaire, des cuivres et des cordes virtuoses, une sonorité envoûtante et un chef pleinement pénétré de cette pâte sonore particulière à l'univers straussien, voilà tous les ingrédients requis pour obtenir une très grande version, à peine ternie par une prise de son plutôt baignoire (c'était l'époque de la calamiteuse quadraphonie où se fourvoya complètement EMI). Mais – intégrale oblige – il s'agit d'un coffret de trois CD qui, malgré son échelle de prix moyenne, ne sera pas à la portée de toutes les bourses.

**Fritz Reiner**
Les mélomanes qui hésitent devant la date d'enregistrement (1954) peuvent se rassurer: il s'agit non seulement d'un des premiers disques légendaires de la série «Living Stereo» de RCA, mais aussi d'un «démonstrateur» sonore qui peut en remontrer à bien des productions numériques contemporaines. Reiner fut un des plus grands spécialistes de Strauss de son époque, et il entraîne son orchestre virtuose dans un déchaînement sonore qui laisse l'auditeur pantois. Bref, un des très grands disques Strauss de tout le répertoire. Ne pas confondre cette version avec l'enregistrement de 1962, très inférieur et, lui aussi, offert sur le marché.

### *Don Juan op. 20*
### Poème symphonique d'après Nikolaus Lenau

| Prix | Son | Cote | Orchestre | Chef | Éd. | Enr. |
|---|---|---|---|---|---|---|
| $$$ | | ★★★ | Wiener Philharmoniker | Herbert von Karajan | Decca | 1960 |
| $$ | | ★★ | Chicago Symphony Orchestra | Fritz Reiner | RCA | 1954 |
| $$ | | ★★★ | Cleveland Orchestra | George Szell | Sony | 1961 |
| $ | | ★★ | Orchestre royal du Concertgebouw | Bernard Haitink | Philips 2 CD | 1981 |

**Bernard Haitink**
Les incursions de Haitink chez Strauss sont presque toujours couronnées d'un succès éclatant. Dans ce magnifique coffret de poèmes symphoniques célèbres, il nous offre un *Don Juan* mystérieux, séducteur, qui joue sur les couleurs sombres du Concertgebouw et rend bien l'atmosphère inquiète et troublante du poème de Lenau.

**Herbert von Karajan**
Karajan déchaîne son orchestre sans vergogne. Il traverse le *Don Juan* à une allure peut-être pas aussi démoniaque que certains de ses confrères, mais quand même assez rapide pour bien faire saisir toute l'urgence du personnage et de sa course tragique vers l'abîme. Les couleurs instrumentales de Vienne n'ont rien à envier à celles de Berlin; elles ont même un certain charme lyrique qu'on ne retrouve pas toujours avec les instrumentistes prussiens. Quoi qu'il en soit, ce disque, paru dans la série «The Classic Sound», mérite sa renommée.

**Fritz Reiner**
L'orchestre est tenu bien en mains, les cuivres sonores et ronds, les cordes pleines et justes, et, surtout, la vision large mais sans complaisance du chef font de ce disque un des meilleurs témoignages de l'art straussien. Ajoutons que la prise de

son de 1954, stéréophonique, en fera baver plus d'un technologue déçu des pauvres résultats de certaines prises numériques récentes.

**George Szell**
Szell ne prend pas son temps et n'est pas celui qui s'endormira dans les miasmes du sentimentalisme sucré. Il en ressort une version du *Don Juan* sans complaisance, à la prise de son un peu rapprochée, où les virtuoses du Cleveland s'en donnent à cœur joie, tant les cordes, soyeuses, que les cuivres, puissants et justes. Le tempo général, très rapide, permet de participer pleinement au drame de ce Don Juan qui court vers l'abîme et s'évanouira en fin de parcours, vidé d'énergie et de sens.

### *Don Quixote op. 35*
### Variations fantastiques sur un thème de caractère chevaleresque

| Prix | Son | Cote | Soliste (violoncelle) | Orchestre | Chef | Éd. | Enr. |
|---|---|---|---|---|---|---|---|
| $$$ | | ★★★ | Pierre Fournier | Berliner Philharmoniker | Herbert von Karajan | DG | 1965 |
| $$$ | | ★★ | Pierre Fournier | Cleveland Orchestra | George Szell | Sony | 1960 |
| $$ | | ★★ | Antonio Janigro | Chicago Symphony Orchestra | Fritz Reiner | RCA | 1959 |
| $$ | | ★★ | Mstislav Rostropovitch | Berliner Philharmoniker | Herbert von Karajan | EMI | 1975 |

**Pierre Fournier (1960)**
Fournier a été le grand interprète de *Don Quixote* et Szell, un exceptionnel straussien qui dirigea l'œuvre à Cleveland plus d'une demi-douzaine de fois, presque toujours avec Fournier comme soliste. Le côté picaresque de la partie soliste est rendu avec verve et brio. Le commentaire orchestral n'est pas dénué d'humour, tout en sachant se faire tendre aux moments clés. L'orchestre était alors l'un des meilleurs du monde, et seule la rencontre ultérieure avec Karajan lui permettra d'aller encore plus loin dans la profondeur.

**Pierre Fournier (1965)**
Karajan s'identifiait profondément, dit-on, à ce personnage de Don Quixote. Il dirigea l'œuvre maintes fois et nous laisse au disque trois versions. La dernière en date est également la plus grande; prise de son parfaite, le grand Fournier qui campe le chevalier à la triste mine avec un aplomb et une candeur qui lui sont habituels, un orchestre au sommet de sa forme. Ce disque légendaire n'en décevra pas beaucoup.

**Antonio Janigro**
Le grand violoncelliste italien, trop rare au disque, nous offre ici un très beau *Don Quixote*, habilement soutenu par la baguette experte de Fritz Reiner et de son orchestre de virtuoses accomplis. L'humour est toujours présent, ce qui ne surprendra guère ceux qui connaissent l'art de Reiner. Et la conclusion douce-amère est amenée avec une subtilité rare. La prise de son est plutôt rapprochée, ce qui permet de ne perdre aucune des interventions du soliste, qui peuvent être enterrées par la très lourde orchestration quand on n'y prend pas garde.

**Mstislav Rostropovitch**
«Rostro» a un côté quichottesque bien connu de son entourage, et il s'amuse comme un fou dans cette équipée avec le grand straussien Karajan. Ce dernier a toujours eu un faible pour ce poème symphonique de Strauss; le côté à la fois ridicule et surhumain du triste héros le fascinait littéralement. La prise de son est très réverbérée et affligée de distorsion à l'occasion.

### *Ein Heldenleben (Une Vie de héros) op. 40*
### Poème symphonique pour grand orchestre

| Prix | Son | Cote | Orchestre | Chef | Éd. | Enr. |
|---|---|---|---|---|---|---|
| $$$ | | ★★ | Wiener Philharmoniker | André Previn | Telarc | 1988 |
| $$ | | ★★★ | Berliner Philharmoniker | Herbert von Karajan | DG | 1959 |
| $$ | | ★★★ | Chicago Symphony Orchestra | Fritz Reiner | RCA | 1954 |

**Herbert von Karajan**
Ce disque fut le premier de Karajan pour la DG de l'ère stéréophonique. Et il s'y mit avec cœur, proposant un Heldenleben un peu plus agressif que ses incarnations ultérieures chez EMI et chez DG (années 1980). La prise de son DG est un modèle d'équilibre, restituant les explosions de cuivres et les grandes envolées de cordes avec un réalisme surprenant. On savait enregistrer dans les années 1950... C'est Schwalbé qui est au violon solo et on ne s'en plaindra pas. Karajan a toujours su bien réussir Strauss, et ce disque en est la preuve. On dit aussi (méchamment) que Karajan se voyait lui-même dans ce «héros» louangé par Strauss. Les grands artistes ont un côté mégalomane qui fait leur charme...

**André Previn**
La prise de son miraculeuse de ce disque fait peut-être paraître la direction de Previn plus géniale qu'elle ne l'est en réalité. Mais le soyeux des cordes, la rondeur des cuivres et, surtout, l'abord très macho, presque arrogant que Previn impose dès les premières mesures sont tout à fait dans l'esprit de ce héros autosatisfait et triomphant. La Telarc américaine prouve ici qu'il est très possible de faire de bons enregistrements à la Musikvereinsaal, pourtant réputée difficile. Les tempi sont assez larges, ce qui permet aux grandes mélodies de bien se développer et au passage final – où le héros se retire du monde et de ses turpitudes – de donner son impact émotionnel et dramatique.

**Fritz Reiner**
On lit la date d'enregistrement et on se dit: «C'est impossible, il y a une coquille, on veut sûrement dire 1974 ou 1994!» Eh non! sachez qu'en 1954, RCA avait découvert la stéréophonie et enregistrait de façon remarquable, même en ne sachant pas comment on pourrait faire de ses bandes des disques (la technologie de fabrication des microsillons stéréophoniques n'allait voir le jour que quatre ans plus tard). Reiner a connu personnellement Strauss, et ses interprétations portent toujours la marque d'une autorité non démentie: cuivres puissants et ronds, cordes soyeuses, vives et justes, et conception d'ensemble qui impose la puissante

respiration de ce héros plus grand que nature. N'oublions pas que, côté ego, Reiner ne le cédait que peu à Strauss...

### *Till Eulenspiegels lustige Streiche op. 28*
### *(Les Joyeuses Équipées de Till l'Espiègle)*
### **D'après une vieille légende picaresque**

| Prix | Son | Cote | Orchestre | Chef | Éd. | Enr. |
|---|---|---|---|---|---|---|
| $$$ | 🔊 | ★★ | Berliner Philharmoniker | Claudio Abbado | Sony | 1992 |
| $$ | | ★★ | Berliner Philharmoniker | Herbert von Karajan | DG | 1973 |
| $$ | | ★★★ | Wiener Philharmoniker | Herbert von Karajan | Decca | 1960 |
| $ | | ★★ | Orchestre royal du Concertgebouw, Amsterdam | Bernard Haitink | Philips 2 CD | 1981 |

**Claudio Abbado**
Voici un des meilleurs moments du concert de la Saint-Sylvestre de 1992. Abbado entraîne un orchestre en grande forme dans un *rondo* époustouflant, l'image même de ce Till que rien ne peut arrêter, pas même la mort. La longue tradition straussienne de Berlin apporte un plus à cet enregistrement public fort bien fait.

**Bernard Haitink**
La vieille légende trouve en Haitink un interprète plein d'humour, prêt à faire chatoyer les moindres couleurs de son brillant orchestre du Concertgebouw.

**Herbert von Karajan (1960)**
Das Wunder Karajan, en 1960, n'a pas davantage froid aux yeux que le Till de la légende, et il amène la Philharmonie de Vienne dans un tourbillon de sonorités et de mouvement qui laissera l'auditeur pantois. La prise de son a été excellemment revampée et l'exécution instrumentale est irréprochable. Un disque superbe, une démonstration d'orchestre fulgurante.

**Herbert von Karajan (1973)**
En même temps qu'un certain relâchement du tempo, on note chez Karajan une attitude un peu plus «léchée» et prudente dans ce poème symphonique. La tension et la vigueur sont toujours là cependant, et les instrumentistes de Berlin sont excellents dans ce répertoire écrit pour eux.

### *Tod und Verklärung (Mort et Transfiguration) op. 24*

| Prix | Son | Cote | Orchestre | Chef | Éd. | Enr. |
|---|---|---|---|---|---|---|
| $$$ | 🔊 | ★★ | Wiener Philharmoniker | André Previn | Telarc | 1987 |
| $$ | | | Royal Scottish National Orchestra | Neeme Järvi | Chandos 2 CD | 1989 |
| $ | | ★★ | Orchestre royal du Concertgebouw, Amsterdam | Bernard Haitink | Philips 2 CD | 1981 |

### Bernard Haitink

Voici un autre des jalons de cette excellente série Strauss avec Haitink et le Concertgebouw dont les couleurs sombres font merveille dans cette musique un peu nostalgique, fortement inspirée de la *Faust-Symphonie* de Liszt; Strauss ne se gêne d'ailleurs pas pour reproduire un des thèmes du premier mouvement! Les tempi sont plutôt relâchés, mais Haitink sait garder tout son orchestre bien en main pour éviter les débordements ou le relâchement de la tension dramatique.

### Neeme Järvi

Järvi sait comment faire sonner un orchestre, et il a un flair certain pour la musique de Strauss. L'Orchestre national d'Écosse n'est toutefois pas l'égal des plus grands, en particulier dans les cordes, et cette belle lecture doit s'accommoder d'une prise de son exagérément réverbérée.

### André Previn

Les lectures de Previn sont toujours intéressantes, probes et bien rendues. Sans verser dans un sentimentalisme excessif, Previn fait parfaitement ressortir les belles mélodies qui émaillent l'œuvre; il dispose, pour ce faire, des cordes du Philharmonique de Vienne en pleine forme. Les tempi sont plutôt relâchés, toutefois.

## *Vier letzte lieder (Quatre derniers lieder)*
## Pour soprano et orchestre

| Prix | Son | Cote | Soliste | Orchestre | Chef | Éd. | Enr. |
|---|---|---|---|---|---|---|---|
| $$$ | 🔊 | ★★ | Arleen Augér | Wiener Philharmoniker | André Previn | Telarc | 1988 |
| $$$ | 🔊 | ★★ | Renée Fleming | Houston Symphony Orchestra | Christoph Eschenbach | RCA | 1995 |
| $$$ | | ★★★ | Elisabeth Schwarzkopf | Radio-Sinfonie-Orchester Berlin | George Szell | EMI | 1965 |
| $$ | | ★★★ | Gundula Janowitz | Berliner Philharmoniker | Herbert von Karajan | DG | 1973 |

### Arleen Augér

Le soprano délicat d'Arleen Augér et la musicalité parfaite de cette chanteuse sont enveloppés d'un écrin soyeux par la direction souple et élégante de Previn. Prise de son très naturelle, sans être spectaculaire.

### Renée Fleming

Accompagnée par l'excellent pianiste-chef d'orchestre Christoph Eschenbach, un spécialiste de la mélodie, Fleming fait étalage d'une voix magnifique et d'un investissement total dans ces mélodies, à la fois simples et complexes, et aux atmosphères si ténues. L'orchestre de Houston fait preuve d'une subtilité qu'on ne lui a pas toujours connue.

### Gundula Janowitz

Le soprano aérien au vibrato très peu accentué de Janowitz rend à ces pages leur coupe classique et permet d'en apprécier la profondeur sans verser dans le sentimentalisme sirupeux toujours possible. Le commentaire orchestral, il est vrai, a rarement été aussi subtil avec un orchestre de Berlin des meilleurs jours et un Karajan décidé à laisser la vedette à sa soliste, pour une fois.

**Elisabeth Schwarzkopf**
Cette version s'est maintenue au catalogue – et au prix fort – depuis sa parution en 1965. Elle occupe toujours les sommets des discographies et pour cause: la subtilité et l'investissement de la chanteuse sont entourés d'un écrin orchestral sublime, contrôlé de main de maître par Szell, qui sait faire passer l'émotion sans verser dans le sentimentalisme. Un grand moment du chant, un grand moment de la musique tout court.

## *Elektra*

***Dramatis personæ*** **(personnages principaux pour référence des rôles des solistes dans le tableau)**

Elektra, fille d'Agamemnon, soprano (1)
Klytämnestra, veuve d'Agamemnon, soprano (3)
Chrysothemis, fille d'Agamemnon, soprano (2)
Aegisth, amant de Klytämnestra, ténor (4)
Oreste, fils d'Agamemnon, baryton (5)

| Prix | Son | Cote | Soliste | Chœur/Orchestre | Chef | Éd. | Enr. |
|---|---|---|---|---|---|---|---|
| $$$ | 🔊 | ★★ | Eva Marton (1)<br>Cheryl Studer (2)<br>Marjana Lipovsek (3)<br>Hermann Winkler (4)<br>Bernd Weikl (5) | Chor des Bayerischen Rundfunks<br>Symphonie-Orchester des Bayerischen Rundfunks | Wolfgang Sawallisch | EMI<br>2 CD | 1990 |
| $$$ | | ★★★ | Birgit Nilsson (1)<br>Marie Collier (2)<br>Regina Resnik (3)<br>Gerhard Stolze (4)<br>Tom Krause (5) | Wiener Staatsopernchor<br>Wiener Philharmoniker | Sir Georg Solti | Decca<br>2 CD | 1967 |
| $$ | | ★★ | Inge Borkh (1)<br>Marianne Schech (2)<br>Jean Madeira (3)<br>Fritz Uhl (4)<br>Dietrich Fischer-Dieskau (5) | Chor der Staatsoper Dresden<br>Staatskapelle Dresden | Karl Böhm | DG<br>2 CD | 1960 |

**Karl Böhm**
Excellent mozartien, Böhm était également un disciple fidèle de Richard Strauss, dont il créa nombre d'œuvres lors de son passage à l'Opéra de Dresde dans les années 1930. Dès les premières mesures, martelées aux cuivres, du thème d'Agamemnon, on est saisi de ce qui va suivre: il s'agit d'une profonde tragédie, d'un drame psychologique intense, sur fond de cruauté barbare et d'ambitions inhumaines. La redoutable Inge Borkh est une inoubliable Elektra, agressive et terrible dans ses chants de vengeance, mais d'une douceur infinie dans la scène de la reconnaissance qui en gagne en crédibilité. Le splendide Oreste de Fischer-Dieskau fait la paire, avec cette fausse neutralité et cet air détaché qui est celui du personnage dans l'antre du pouvoir. Madeira est une Klytämnestra décadente, répugnante et démoniaque; Marianne Schech est une Chrysothemis un peu anonyme, et Fritz Uhl réussit sa brève intervention dans le falot macho qu'est Aegisth.

La Staatskapelle brille de tous ses feux, qui sont considérables dans ce répertoire. Et l'enregistrement a fort bien été repiqué.

**Wolfgang Sawallisch**
Marton n'a pas une belle voix, et c'est tant mieux, car elle rend ainsi la laideur fondamentale du personnage d'Elektra, que la haine et le désir de vengeance font vivre. La Chrysothemis de Studer est parfaite de naturel, c'est-à-dire un peu tarte et tremblotante. La contralto Lipovsek réussit une composition hallucinante de la décadente Klytämnestra, aux prises avec les cauchemars de son passé. L'Aegisth est correct, et l'Oreste de Bernd Weikl est rendu avec tout ce faux détachement caractéristique de l'ambitieux et dissimulateur personnage. La direction de Sawallisch prouve sa grande expérience de ce répertoire; assurément, il sait faire sonner un orchestre, en l'occurrence celui de la Radio bavaroise, un des meilleurs d'Allemagne et une formation que Sawallisch connaît bien pour l'avoir longtemps côtoyée à Munich. Une belle prise de son suscite l'adhésion.

**Sir Georg Solti**
L'agressivité démontrée par Solti quand il dirige Strauss trouve son emploi parfait ici, et la tragédie grecque saisit l'auditeur à la gorge dès les premières – et terribles – mesures du thème d'Agamemnon. Est-il besoin de louer la prestation de Nilsson, terrible, terrifiante, horrible même? La Chrysothemis de Marie Collier est parfaite; la chanteuse rend bien ce personnage un peu falot et insipide. La grande Regina Resnik réussit une composition magistrale dans la décadente et angoissée Klytämnestra, et le rire satanique qu'elle lance à l'annonce (fausse) de la mort d'Oreste glacera le sang de l'auditeur. Que dire de la prestation de Stolze pour le macho décadent et lâche qu'est Aegisth? La scène des meurtres est particulièrement réaliste, et je me souviens d'une soirée où les hurlements d'agonie de Klytämnestra avaient précipité mon chat sous un fauteuil dans une terreur incoercible... Ce disque a été légendaire dès sa parution et il demeure, aujourd'hui encore, une réussite difficile à égaler dans un opéra qui n'est pas à la portée de toutes les oreilles, il faut bien le dire.

## *Der Rosenkavalier (Le Chevalier à la rose)*
## Opéra en trois actes

***Dramatis personæ* (personnages principaux pour référence des rôles des solistes dans le tableau)**

Die Feldmarschallin [La Maréchale], soprano (1)
Sophie Faninal, soprano (5)
Der Baron Ochs auf Lerchenau, basse (2)
Octavian, mezzo-soprano (3)
Le chanteur italien, ténor (6)
Herr von Faninal, baryton (4)

| Prix | Son | Cote | Soliste | Chœur/Orchestre | Chef | Éd. | Enr. |
|---|---|---|---|---|---|---|---|
| $$$ | | ★ | Kiri Te Kanawa (1) Kurt Rydl (2) Anne Sofie von Otter (3) Franz Grundheber (4) Barbara Hendricks (5) Richard Leech (6) | Staatsopernchor Dresden Knaben des Dresdener Kreuzchores Staatskapelle Dresden | Bernard Haitink | EMI 3 CD | 1990 |
| $$$ | | ★★★ | Elisabeth Schwarzkopf (1) Otto Edelmann (2) Christa Ludwig (3) Eberhard Wächter (4) Teresa Stich-Randall (5) Nicolai Gedda (6) | Philharmonia Chorus Loughton High School for Girls & Bancroft's School Philharmonia Orchestra | Herbert von Karajan | EMI 3 CD | 1956 |
| $$ | H | ★★ | Maria Reining (1) Ludwig Weber (2) Sena Jurinac (3) Alfred Poell (4) Hilde Gueden (5) Anton Dermota (6) | Wiener Staatsoperchor Wiener Philharmoniker | Erich Kleiber | Decca 3 CD | 1954 |

### Bernard Haitink
Comme l'avaient démontré ses enregistrements des poèmes symphoniques (Philips), le chef batave a une affinité particulière pour la musique de Strauss. Il dispose ici de l'orchestre-Strauss par excellence et les résultats sont à la hauteur des attentes, en dépit d'une prise de son un peu floue et réverbérée. Le rôle de la Maréchale, avec son «noble détachement», est tout naturel pour la réserve aristocratique du chant de Kiri Te Kanawa, qu'on aurait toutefois aimée un peu plus jeune. L'Octavian de von Otter est très bien, un peu réservé lui aussi peut-être, cette chanteuse n'étant pas renommée pour ses débordements d'émotion. L'Ochs de Rydl est correct, pas assez ridicule peut-être, mais point n'était le propos de Strauss. La Sophie de Hendricks avec son timbre voilé est peut-être le volet le plus contestable de ce plateau très correct à défaut d'être légendaire.

### Herbert von Karajan
Cet enregistrement légendaire utilise une stéréophonie un peu primitive, où la scène initiale semble se passer dans un lit de 100 mètres de largeur et où les effets ping-pong sont légion. Une version monophonique (à prix fort) du même enregistrement est offert sur le marché, mais je crois que, malgré ses défauts, cette stéréophonie primitive est quand même préférable. Quant au plateau, pourquoi insister? Chacun de ses protagonistes représente le *nec plus ultra* de son rôle, à commencer par la Maréchale aristocratique mais non dépourvue de sentiments de

Schwarzkopf et l'Octavian passionnée de la toute jeune Christa Ludwig. Karajan enveloppe tout son monde d'un écrin sonore somptueux, avec le Philharmonia des grandes années. Cet enregistrement n'est jamais sorti du catalogue en plus de 40 ans, c'est un message.

### Erich Kleiber

Un plateau et un chef légendaires se réunissaient, en mai 1954, pour produire ce splendide enregistrement, débordant de vie, où le père Kleiber montre d'où son fils tient son charisme de chef. Si la Philharmonie de Vienne a connu de meilleurs jours depuis, elle est très présente ici et compense ses limites instrumentales par un engagement total sous la baguette de Kleiber. La Maréchale de Reining a été enregistrée un peu sur le tard pour cette chanteuse qui a dominé ce rôle dans les années 1940. Mais le reste du plateau est excellent, fiable et engagé sur le plan dramatique. Ces disques sentent leur théâtre, et cela ne s'achète pas.

## *Salome*

***Dramatis personæ* (personnages principaux pour référence des rôles des solistes dans le tableau)**

*Salome, fille d'Hérodias, soprano (1)* — *Herodias, épouse de Herodes, mezzo-soprano (2)* — *Herodes, tétrarque de Judée, ténor (3)*

*Jochanaan [Jean-Baptiste], baryton (4)* — *Narraboth, capitaine de la garde, ténor (5)*

| Prix | Son | Cote | Soliste | Orchestre | Chef | Éd. | Enr. |
|---|---|---|---|---|---|---|---|
| $$$ | | ★★ | Hildegard Behrens (1)<br>Agnes Baltsa (2)<br>Karl-Walter Böhm (3)<br>José Van Dam (4)<br>Wieslaw Ochman (5) | Wiener Philharmoniker | Herbert von Karajan | EMI 2 CD | 1977 |
| $$$ | 🔊 | ★★ | Inga Nielsen (1)<br>Anja Silja (2)<br>Rainer Goldberg (3)<br>Robert Hale (4)<br>Deon van der Walt (5) | Orchestre symphonique de la Radio Nationale Danoise | Michael Schønwandt | Chandos 2 CD | 1997 |
| $$$ | | ★★★ | Birgit Nilsson (1)<br>Grace Hoffman (2)<br>Gerhard Stolze (3)<br>Eberhard Wächter (4)<br>Waldemar Kmentt (5) | Wiener Philharmoniker | Sir Georg Solti | Decca 2 CD | 1961 |

### Herbert von Karajan

Cette version a toujours eu la palme d'une certaine critique (surtout française). Elle présente de nombreuses qualités, il est vrai, à commencer par la direction souple et somptueuse de Karajan, qui souligne chaque moment avec une grande subtilité. L'Orchestre Philharmonique de Vienne sonne comme il peut le faire. Parmi les solistes, se détache la Salome hors série de Hildegard Behrens, signant là son premier disque et assassinant d'un seul coup la compétition – du moins, celle de la même époque. José Van Dam est déjà ce Jochanaan noble et un peu grandiloquent, et le Hérode de Karl-Walter Böhm est décadent et psychopathe à souhait. L'urgence dramatique n'est toutefois pas aussi frénétique que chez un Solti, par exemple, et la prise de son souffre d'un certain manque de netteté, problème assez fréquent chez EMI à cette époque.

**Michael Schønwandt**
Ce *sleeper*, comme disent les anglo-saxons, présente tout simplement la plus remarquable *Salome* des 30 dernières années. Oubliez Behrens qui n'a jamais eu la voix du rôle, de toute façon (même chose pour Studer). En revanche, Inga Nielsen est non seulement une soprano dramatique de tout premier ordre, à la voix puissante et juste sur tout le registre avec un minimum de vibrato, elle a également un tempérament flamboyant; d'ailleurs, son *Gib mir den kofp des Jochanaan* jette un froid dans le dos. C'est Anja Silja, fameuse Salomé en son temps, qui est Herodias; une Herodias bien usée et au vibrato envahissant, certes, mais tout à fait le personnage décadent voulu par le compositeur. Rainer Goldberg, souvent inégal sur scène, joue ici un Hérode vibrant et dramatique, dont il rend bien les hantises hallucinées. Van der Walt séduit en Narraboth tendre et lyrique, au ténor puissant et juste. C'est Robert Hale, fameux Wotan, qui est Jochanaan, un prophète à la voix de stentor qui écrase son auditoire sous la puissance de sa sagesse inébranlable; on peut regretter toutefois que la citerne ne soit pas plus profonde, et on le dirait constamment sur scène sinon avec un écho accru lorsqu'il est «prisonnier». La direction d'orchestre n'atteint pas la puissance incandescente d'un Solti, et elle rappelle davantage l'élégance d'un Karajan; l'atmosphère de soirée tropicale est mieux créée ainsi, par un orchestre qui ne le cède en rien aux phalanges européennes plus fameuses. La prise de son est splendide.

**Sir Georg Solti**
Non seulement ce disque n'est-il jamais disparu du catalogue depuis sa parution, mais il s'est toujours maintenu dans les séries au prix fort, ce qui est un indice de la qualité tangible de l'interprétation offerte. La grande Nilsson, si elle n'a rien de la petite fille (faussement) naïve, joue de sa voix comme d'un violon et fait passer l'émotion rattachée à ce personnage taré qu'est Salomé. Le Hérode de Stolze est, comme toujours avec ce merveilleux chanteur-acteur, une composition d'une insoutenable vérité, comme l'est le Jochanaan du grand et mésestimé Eberhard Wächter. La direction urgente et rigoureuse de Solti ne ménage aucun effet et laisse l'auditeur pantois.

# IGOR Feodorovitch STRAVINSKI

Né à Oranienbaum, près de Saint-Pétersbourg, le 5 juin 1882; mort à New York, le 9 avril 1971.

Le père de Stravinski, Feodor Ignatievitch Stravinski (1843-1902), était un célèbre chanteur du Théâtre Mariinsky de Saint-Pétersbourg. Diplômé en droit, Stravinski s'oriente très tôt vers la composition musicale, devenant élève de Rimsky-Korsakov (1905-1908). Sous l'influence de son maître, Stravinski devient très vite un maître de l'orchestration. Remarqué par l'impresario de ballet Diaghilev, il est invité à composer un ballet pour la saison 1910 des Ballets russes à Paris. Ce sera *L'Oiseau de feu*, qui assure à son auteur un triomphe total et une célébrité instantanée. Stravinski affirme sa personnalité de compositeur dans le ballet suivant, *Petrouchka* (1911), puis, surtout, dans *Le Sacre du printemps*, dont la création en 1913 fut l'objet d'un des plus célèbres scandales de l'histoire de la musique. Bloqué en Suisse par la guerre de 1914, il se voit définitivement chassé de son pays par la Révolution d'octobre 1917. À partir de 1919, il amorce un «retour» au classicisme, produisant des partitions de ballet et de concert inspirées du style des musiciens du XVIII$^e$ siècle; style qu'il conservera jusqu'à son opéra *The Rake's Progress* créé en 1951. À partir de 1923, pour arrondir ses revenus, il mène une carrière de pianiste et de chef d'orchestre et se rend aux États-Unis. Invité en 1939 par l'Université Harvard pour une série de conférences, il se trouve bloqué par la Deuxième Guerre mondiale. Après la guerre, et sous l'influence de son adjoint Robert Craft, il découvre les possibilités de la technique dodécaphonique et les incorpore à ses nouvelles compositions à compter de 1952. Comme presque toutes les œuvres composées selon ce dogme, les compositions sérielles de Stravinski sont aujourd'hui bien oubliées. Beaucoup plus important pour lui, l'avènement du microsillon permet à Stravinski de nous laisser des enregistrements de ses principales œuvres, réalisés sous sa direction. Chef d'orchestre moyen, il avait tout de même une façon très particulière de faire sonner ses partitions, et nous avons ainsi un précieux témoignage d'un important compositeur dirigeant sa propre musique.

**Pour commencer:** *L'Oiseau de feu*
**Un incontournable:** *Le Sacre du printemps*
**Pour aller plus loin:** *Œdipus-Rex*

### Musique de théâtre

*Œdipus-Rex* (*Œdipe-Roi*) (opéra-oratorio)
*L'Oiseau de feu* (ballet)
*Petrouchka* (ballet)
*Le Sacre du printemps* (ballet)

## *Œdipus-Rex (Œdipe-Roi)*
## Opéra-oratorio de Jean Cocteau d'après *Sophocle*

***Dramatis personæ* (personnages principaux pour référence des rôles des solistes dans le tableau)**

Le Récitant (parlé) (1) — Œdipe, roi de Thèbes, ténor (2) — Jocaste, mezzo-soprano (3)
Créon, baryton-basse (4) — Tirésias, basse (5) — Le Messager, baryton-basse (6)
Le berger, ténor (7)

| Prix | Son | Cote | Soliste | Chœur/Orchestre | Chef | Éd. | Enr. |
|---|---|---|---|---|---|---|---|
| $$$ | | ★★ | Michel Piccoli (1)<br>Thomas Moser (2)<br>Jessye Norman (3)<br>Siegmund Nimsgern (4, 6)<br>Roland Bracht (5)<br>Alexandru Ionita (7) | Chor des Bayerischen Rundfunks Symphonie-Orchester des Bayerischen Rundfunks | Sir Colin Davis | Orfeo | 1983 |
| $$$ | 🔊 | ★★ | Jules Bastin (1)<br>Philip Langridge (2)<br>Florence Quivar (3)<br>James Morris (4, 6)<br>Jan Hendrik Rootering (5)<br>Donald Kaasch (6) | Chicago Symphony Chorus<br>Chicago Symphony Orchestra | James Levine | DG | 1991 |
| $$$ | 🔊 | ★★★ | Georges Wilson (1)<br>Peter Schreier (2)<br>Jessye Norman (3)<br>Bryn Terfel (4)<br>Harry Peeters (5)<br>Michio Tatara (6)<br>Robert Swensen (7) | Shinyukai Male Choir<br>Saito Kinen Orchestra | Seiji Ozawa | Philips | 1992 |

### Sir Colin Davis

Orfeo semble respecter les interprétations stravinskiennes de Davis davantage que la maison de disques Philips, qui a supprimé ses excellentes versions des grands ballets et des symphonies. La seule faiblesse de cette version est le récitant qui en met trop: il devient hystérique dès le début, et pratiquement aphone par la suite à force de hurler. Le grand ténor dramatique Thomas Moser est un Œdipe torturé et puissant, et, en 1983, Jessye Norman est au sommet de sa forme vocale et dramatique. Toute l'exécution est pleine de l'urgence dramatique de la tragédie grecque.

### James Levine

L'orchestre et les chœurs sont splendides. Comme à son habitude, Levine sait faire sonner sa vaste troupe avec toute la force requise. Son expérience du théâtre lyrique lui permet de faire vivre le sombre drame. Si James Morris et Florence Quivar sont un peu hors de propos, on ne peut dire la même chose de l'excellent Philip Langridge ni, surtout, du récitant Jules Bastin, ce très bon chanteur-comédien qui fait vivre le texte de Cocteau sans histrionisme.

### Seiji Ozawa

Que de chemin Ozawa a parcouru dans l'interprétation de Stravinski depuis son très médiocre *Sacre du printemps* de Chicago, en 1968! Les moments forts de la partition sont soulignés avec justesse, la tension rythmique et dramatique est maintenue de bout en bout et les solistes sont les meilleurs de la discographie, en particulier la grande Jessye Norman et Bryn Terfel, qui en était au début de sa carrière internationale et qui a connu depuis une grande renommée. Le Récitant (francophone malgré son nom) fait vivre le texte de Cocteau à la perfection et le tout est enregistré à l'aide d'une technique très réussie. On ne s'ennuie pas un seul instant malgré le statisme relatif de l'action imaginée par Cocteau et Stravinski et malgré le côté «monumental» de l'opéra-oratorio. Cette exécution existe aussi en vidéo, mais la narration y est alors faite en japonais, ce qui gâte un peu les choses...

### *L'Oiseau de feu*
### Conte dansé en deux tableaux

| Prix | Son | Cote | Orchestre | Chef | Éd. | Enr. |
|---|---|---|---|---|---|---|
| $$$ | | ★★ | Chicago Symphony Orchestra | Pierre Boulez | DG | 1992 |
| $$$ | | ★★★ | Orchestre symphonique de Montréal | Charles Dutoit | Decca | 1984 |
| $$ | | ★★ | Columbia Symphony Orchestra | Igor Stravinski | Sony | 1961 |

**Pierre Boulez**
Par rapport à sa précédente version faite à New York pour la CBS (future Sony Classical), cette version-ci de Boulez se démarque par une prise de son bien supérieure et par un orchestre en bien meilleure forme que la Philharmonique de New York des années 1970. En vieillissant, Boulez semble moins porté à gommer le côté chatoyant et «romantique» de la partition qui est fortement inspirée de Rimsky-Korsakov. Mais sa précision rythmique et instrumentale est toujours au rendez-vous de sorte que l'on a ici un fort bel *Oiseau de feu*.

**Charles Dutoit**
Dutoit a commencé sa carrière comme chef de ballet et il se veut l'émule du chef suisse Ernest Ansermet, grand interprète de Stravinski. Disposant d'un orchestre bien supérieur à ce qu'eut jamais Ansermet, il se permet donc un *Oiseau de feu* spectaculaire, très «dansant» et dont la couleur instrumentale est parfaitement en place. Les coups de grosse caisse de la scène finale font trembler les murs! Les partitions colorées trouvent toujours le meilleur de Dutoit, et celle-ci ne fait pas exception.

**Igor Stravinski**
À l'époque de cet enregistrement, Stravinski avait élaboré un style de direction «sec» et neutre qui ne convient pas tout à fait à cette partition très colorée où le chatoiement des timbres doit bien passer la rampe. À 79 ans, Stravinski voyait ce «conte dansé» d'un autre œil que le Stravinski de 27 ans qui l'avait créé... De plus, nous avons droit ici à la version «californienne» du Columbia Symphony Orchestra, nettement moins brillant que son homonyme new-yorkais; de plus, les talents de chef de Stravinski n'ont jamais fait l'unanimité. Néanmoins, cette exécution du compositeur est essentielle à tout admirateur de Stravinski et elle porte indéniablement la «patte» du compositeur.

*Petrouchka*
**Ballet burlesque en quatre tableaux**

| Prix | Son | Cote | Orchestre | Chef | Éd. | Enr. |
|---|---|---|---|---|---|---|
| $$$ | 🔊 | ★★ | Cleveland Orchestra (version 1911) | Pierre Boulez | DG | 1991 |
| $$$ | 🔊 | ★★ | Orchestre symphonique de Montréal (version 1911) | Charles Dutoit | Decca | 1986 |
| $$ | | ★★★ | London Symphony Orchestra (version 1911) | Claudio Abbado | DG | 1980 |
| $$ | | ★ | Columbia Symphony Orchestra (version 1911) | Igor Stravinski | Sony | 1960 |

### Claudio Abbado
Le lyrisme méditerranéen d'Abbado donne à Stravinski un aspect un peu moins austère qu'il n'est coutume. Abbado ne cherche pas à faire «moderne»; il veut tout simplement rendre l'esprit de cette burlesque avec panache et fini. Et il y réussit admirablement bien. Le LSO est au sommet de sa forme. Au Québec, cette réédition économique est offerte en importation spéciale seulement et doit donc être payée au prix fort.

### Pierre Boulez
Par rapport à sa précédente version faite à New York pour la CBS (future Sony Classical), cette version-ci de Boulez se démarque par une prise de son bien supérieure et par un orchestre en bien meilleure forme que la Philharmonique de New York des années 1970. L'humour acerbe de cette partition convient au style de direction précis et rigoureux du chef français.

### Charles Dutoit
Dutoit a commencé sa carrière comme chef de ballet et il se veut l'émule du chef suisse Ernest Ansermet, grand interprète de Stravinski. Disposant d'un orchestre bien supérieur à ce qu'eut jamais Ansermet, il se permet donc un *Petrouchka* spectaculaire, très «dansant» et dont la couleur instrumentale est parfaitement en place. Les instruments solistes se détachent très bien et les nombreux changements de rythme sont abordés avec facilité. Dans les années 1970, Dutoit avait déjà abordé *Petrouchka* chez DG; comme cette version mettait en scène le London Symphony Orchestra, nul doute que la revue britannique *Gramophone* va préférer cette dernière si jamais elle ressort en CD. Toutefois, à mon avis, la version OSM démontre une bien meilleure maîtrise.

### Igor Stravinski
Dans *Petrouchka*, le style «sec» caractéristique de la direction tardive de Stravinski convient à l'humour acerbe de la partition. L'orchestre n'est pas très virtuose, en particulier la trompette qui est plutôt criarde dans la danse russe du quatrième tableau; de plus, la précision rythmique de Stravinski laisse souvent à désirer. Il s'agit malgré tout d'un enregistrement qui porte la «patte» du compositeur, même

un demi-siècle après la composition; et, pour cette raison, nul amateur de Stravinski ne saurait s'en passer.

### *Le Sacre du printemps*
### Tableaux de la Russie païenne en deux parties

| Prix | Son | Cote | Orchestre | Chef | Éd. | Enr. |
|---|---|---|---|---|---|---|
| $$$ | | ★★★ | Philharmonia Orchestra | Igor Markévitch | Testament | 1959 |
| $$ | | ★★★ | New York Philharmonic | Leonard Bernstein | Sony | 1958 |
| $$ | | ★★ | Berliner Philharmoniker | Herbert von Karajan | DG | 1976 |
| $$ | | ★ | Columbia Symphony Orchestra | Igor Stravinski | Sony | 1960 |

**Leonard Bernstein**
Bernstein voyait dans le *Sacre* un cérémonial barbare où la civilisation n'a pas sa place. Après avoir écouté ce disque, le toujours laconique Stravinski n'eut qu'un seul commentaire: *Wow!* Et c'est un peu la réaction que nous avons, nous aussi, en constatant la vigueur rythmique et dramatique continuelle que Bernstein insuffle à ses musiciens.

**Herbert von Karajan**
Ce disque nous offre une des meilleures prestations stravinskiennes de Karajan qui n'était pas particulièrement porté vers la sauvagerie barbare, mais qui se laisse aller ici à des extrémités qui peuvent surprendre. L'orchestre sonne comme si sa vie en dépendait. Évidemment, les passages plus lyriques sortent mieux que les scènes plus barbares, puisque toujours Karajan cherche «le beau son»; une sorte d'exploit, dans cette œuvre-ci.

**Igor Markévitch**
L'interprétation de Markévitch, dernier disciple de Diaghilev, est demeurée légendaire. La sauvagerie quasi bestiale de la partition est rendue avec une précision rythmique et instrumentale désarmante. Les tempi sont parfaitement jugés et toutes les couleurs voulues par Stravinski sont bien rendues. On revit le drame païen conçu par Roehrich et Stravinski en 1913. La version stéréo présente une plus-value sonore indéniable par rapport à la version de 1951 et ses tempi sont légèrement plus retenus (1,5 minute de plus au minutage de 1959), ce qui lui gagne ma préférence.

**Igor Stravinski**
Stravinski ne cherche pas à recréer l'atmosphère spectaculaire d'un Bernstein. L'accent est mis plutôt sur l'inexorabilité du déroulement. Le compositeur dispose pour ce faire de l'incarnation new-yorkaise du Columbia Symphony, qui est nettement préférable à sa cousine californienne et dont le fini est passablement plus brillant. La précision rythmique laisse parfois un peu à désirer. Il s'agit malgré tout d'un enregistrement qui porte la «patte» du compositeur, et nul amateur de Stravinski ne saurait s'en passer.

# PIOTR Ilitch TCHAÏKOVSKI

Né à Votkinsk (République autonome oudmourte), le 25 avril 1840; mort à Saint-Pétersbourg, le 6 novembre 1893.

Fils d'un ingénieur des mines, Tchaïkovski fait des études de droit (1852-1959) tout en prenant des leçons de musique. Il entame ensuite une carrière de fonctionnaire, puis il abandonne rapidement celle-ci pour entrer au Conservatoire de Saint-Pétersbourg (1863). Il devient professeur au Conservatoire de Moscou en 1867. De cette époque datent ses premières œuvres, essentiellement pour l'orchestre. Pianiste médiocre, il écrit des pièces de salon à la difficulté modérée (*Les Saisons*, 1875-1876) et de la musique de chambre. Subissant l'influence de Liszt et de Berlioz, il écrit de nombreux poèmes symphoniques; le poème symphonique *Manfred*, vaste symphonie en quatre mouvements de près d'une heure de durée, est directement inspiré du *Harold en Italie* de Berlioz. Après un mariage malheureux avec une de ses élèves en 1877, il vient près du suicide. Une bienfaitrice qu'il ne rencontrera jamais, Nadejda Von Meck, assurera ses finances jusqu'en 1890; cela lui permettra de composer ses plus grands chefs-d'œuvre et de se produire à l'étranger comme chef d'orchestre. En 1891, il dirige ses œuvres aux États-Unis et connaît un très grand succès; c'est à Boston qu'avait été créé, en 1881, son très célèbre *Premier Concerto pour piano*. Au sommet de la gloire, il dirige la création de sa *Symphonie pathétique* et meurt neuf jours plus tard dans des circonstances mal éclaircies, ayant contracté le choléra après avoir bu de l'eau qu'il savait contaminée.

Fait d'une combinaison d'expressivité lyrique russe et de classicisme européen, son style a dominé toute la production russe du XIX^e^ siècle. Même s'il a écrit dans tous les genres, Tchaïkovski a particulièrement marqué le ballet avec ses trois grandes partitions: *Le Lac des cygnes*, *La Belle au bois dormant* et *Casse-Noisette*. À l'opéra, il a créé de nombreux chefs-d'œuvre; *Eugène Onéguine* et *La Dame de pique* sont ceux qui sont le plus souvent présentés hors de Russie. Ses trois dernières symphonies, son *Concerto pour violon* et son *Premier Concerto pour piano* font partie du répertoire régulier de tous les orchestres du monde.

**Pour commencer:** *Le Lac des Cygnes* (ballet)
**Un incontournable:** *Symphonie n° 6 (Pathétique)*
**Pour aller plus loin:** *La Dame de pique*

### Musique orchestrale

*Concerto pour piano nº 1*
*Concerto pour violon*
*L'année 1812* (ouverture solennelle)
*Roméo et Juliette* (ouverture-fantaisie)
*Symphonie nº 4*
*Symphonie nº 5*
*Symphonie nº 6 (Pathétique)*

### Opéra/Musique de théâtre

*Casse-Noisette* (ballet)
*La Belle au bois dormant* (ballet)
*Le Lac des cygnes* (ballet)
*Yevguéni Onéguine* (opéra)
*La Dame de pique* (opéra)

**_Concerto pour piano nº 1 en si bémol mineur op. 23_**

| Prix | Son | Cote | Soliste | Orchestre | Chef | Éd. | Enr. |
|---|---|---|---|---|---|---|---|
| $$$ | 🔊 | ★★ | Martha Argerich | Berliner Philharmoniker | Claudio Abbado | DG | 1994 |
| $$$ | | ★★ | Van Cliburn | RCA Symphony Orchestra | Kyrill Kondrachine | RCA | 1958 |
| $$$ | | ★★ | Yevguéni Kissine | Berliner Philharmoniker | Herbert von Karajan | DG | 1988 |
| $$ | | ★★ | Emil Gilels | Chicago Symphony Orchestra | Fritz Reiner | RCA | 1955 |
| $$ | | ★★★ | Sviatoslav Richter | Wiener Symphoniker | Herbert von Karajan | DG | 1962 |

**Martha Argerich**
Tout aussi remarquable qu'en 1970 avec Dutoit (et bien meilleure que dans sa décevante prestation avec Kondrachine en 1980), Argerich trouve en Abbado l'un de ses complices de toujours, un chef attentionné et lyrique à la fois, qui sait faire chanter son orchestre tout en suivant les tempi souvent très rapides de la pianiste enflammée. Pas de routine ici, mais une approche un peu moins spontanée qu'avec Dutoit. Notons qu'il s'agit d'une prise de concert, mais que la prise de son particulièrement brillante fait sonner l'œuvre avec tout le panache requis.

**Van Cliburn**
Ce disque saluait le triomphe du jeune pianiste texan au concours Tchaïkovski de 1958. Il profitait d'une tournée américaine avec son accompagnateur du concours pour commettre au disque cette remarquable interprétation, poétique, dynamique et racée, qui établissait un grand maître du piano romantique. Puissante sonorité du piano, tempi allègres mais non précipités, *rubato* discret, tout ceci nous mettait en présence d'une interprétation qui n'a pas vieilli et qui s'est toujours maintenue dans les séries à prix fort.

### Emil Gilels (1955)

Le grand pianiste russe signait, en 1955, une très belle version du *Premier Concerto*. Il était accompagné par Reiner, qui n'avait pas son pareil pour faire chanter un orchestre dans Tchaïkovski, qu'il dirigea beaucoup d'ailleurs. Les tempi sont très rapides (près de ceux d'Argerich) et l'approche privilégie le dynamisme aux dépens de l'expression lyrique.

### Yevguéni Kissine

Dernière des nombreuses versions de ce concerto dirigée par Karajan, celle-ci est presque perverse avec son tempo très relâché (durée de près de 40 minutes, alors que la moyenne se tient à 34-35 minutes). Le jeune Kissine aurait-il été impressionné par le chef octogénaire? Peut-être pas, puisqu'il nous a donné au disque d'autres exemples de sa propension aux tempi quasi immobiles (notamment dans Rachmaninov et dans Schumann). Ce disque est quand même précieux, puisqu'il conserve le souvenir du dernier concert de Karajan à Berlin. Cette approche «introspective» est néanmoins défendable même si elle ne plaira pas aux amateurs de pianisme «tonnerre et éclairs».

### Sviatoslav Richter

Première incarnation de cette fameuse interprétation «ralentie» de Karajan, la version Richter est quand même un peu moins lente que les versions ultérieures avec Weissenberg, Berman et Kissine. La durée totale de 35 minutes est très acceptable. Richter présente un style retenu, réfléchi qui surprit à l'époque et qui suscite encore la discussion aujourd'hui. Ce disque présente l'unique rencontre en studio de Karajan et de l'orchestre dont il fut un temps le conseiller musical. On est surpris du son brillant et ample de cet orchestre qui, entre d'autres mains, n'est pas connu pour sa virtuosité. Un autre exemple du génie du chef autrichien.

## *Concerto pour violon en ré majeur op. 35*

| Prix | Son | Cote | Soliste | Orchestre | Chef | Éd. | Enr. |
|---|---|---|---|---|---|---|---|
| $$$ | | ★★ | Sarah Chang | London Symphony Orchestra | Sir Colin Davis | EMI | 1992 |
| $$$ | | ★★★ | Anne-Sophie Mutter | Wiener Philharmoniker | Herbert von Karajan | DG | 1988 |
| $$$ | | ★★ | Maxime Vengerov | Berliner Philharmoniker | Claudio Abbado | Teldec | 1995 |
| $$ | | ★★★ | Kyung-Wha Chung | London Symphony Orchestra | André Previn | Decca | 1970 |
| $$ | | ★★ | Jascha Heifetz | Chicago Symphony Orchestra | Fritz Reiner | RCA | 1957 |

### Sarah Chang

La soliste n'avait que 11 ans au moment de l'enregistrement. Sa technique, déjà phénoménale, est mise au service d'une pensée musicale surprenante chez une enfant de cet âge. Le soutien du vétéran Colin Davis à l'orchestre est certes un secours inestimable en la matière. Nous aimerons retrouver Chang dans ce concerto dans quelques années. Très belle prise de son.

**Kyung-Wha Chung**
Cet enregistrement faisait découvrir la jeune violoniste coréenne au public mélomane. Soutenue par un magnifique chef tchaïkovskien, Chung allie justesse technique et poésie musicale comme peu de violonistes savent le faire. La prise de son très revampée de cette réédition estimable est un plus pour cette version exceptionnelle.

**Jascha Heifetz**
Heifetz fut peut-être le plus grand virtuose du violon du XXe siècle. Cette version brillante à l'extrême permet d'entendre des passages qui passent inaperçus dans d'autres versions où le soliste «savonne» les notes... Les tempi très vifs et l'approche musclée de Reiner empêchent le *Concerto pour violon* de verser dans la mièvrerie sucrée. En presque 10 minutes de moins que Mutter avec Karajan, Heifetz et Reiner saisissent Tchaïkovski à bras-le-corps et nous convainquent totalement.

**Anne-Sophie Mutter**
Cette prise de son d'un concert du Festival de Salzbourg nous offre le souvenir de la dernière rencontre de Mutter et de son mentor Karajan. Il y a une forte dose d'émotion dans l'air même si l'approche extrêmement lente de Karajan peut en agacer certains. Mutter s'engage pleinement dans ce concerto où elle profite d'une maturité d'interprète qu'elle n'avait pas dans ses premiers disques avec le chef autrichien.

**Maxime Vengerov**
C'est la marque des grands interprètes de rendre intéressantes les œuvres archi-rebattues du répertoire courant. Ce concerto de Tchaïkovski est tout sauf routinier: l'orchestre donne une réplique vive et enjouée à Vengerov, qui présente une sonorité pleine et ample, très russe et authentique dans ce répertoire. On comparera cette interprétation géniale avec la version plus timide de Midori, prise dans la même salle avec le même orchestre et le même chef durant la même saison... La prise de son un peu sèche est le seul point faible de cet excellent disque.

## *L'année 1812 op. 49*
## Ouverture solennelle

| Prix | Son | Cote | Orchestre | Chef | Éd. | Enr. |
|---|---|---|---|---|---|---|
| $$$ | 🔊 | ★ | Cincinnati Symphony Orchestra | Erich Kunzel | Telarc | 1978 |
| $$$ | 🔊 | ★ | Symphonie-Orchester des Bayerischen Rundfunks | Lorin Maazel | RCA | 1995 |
| $$ | 🔊 | ★★★ | Minneapolis Symphony Orchestra | Antal Dorati | Mercury | 1958 |
| $ | | ★★ | Royal Philharmonic Orchestra | Adrian Leaper | Naxos | 1991 |

**Antal Dorati**
Cette version légendaire vient d'être rééditée par la firme Mercury. Une prise de son tout à fait fracassante permet à Dorati d'étaler sa très grande technique de chef dans cette partition, où le spectaculaire l'emporte sur la profondeur musicale.

Il dispose d'une authentique fanfare militaire de même que de vrais canons pour ébranler les murs de votre salon.

**Erich Kunzel**
Cette version vaut davantage par sa prise de son que par la subtilité de l'interprétation. L'Orchestre de Cincinnati n'est pas une phalange virtuose et Kunzel n'a rien de Karajan. Mais tout cela fait pas mal de bruit et les canons enregistrés ici seront un bon test pour le haut-parleur de basses de votre système.

**Adrian Leaper**
Prise de son très bien faite même si elle n'est pas aussi spectaculaire que ses rivales. Leaper est un vrai musicien et il extrait de l'argument symphonique toute la profondeur qui peut s'y trouver. À bon prix, voici une proposition alléchante.

**Lorin Maazel**
Maazel a toujours raffolé des *sound spectaculars* qui le mettaient en vedette. Il est, d'autre part, un excellent interprète de Tchaïkovski et il dispose ici d'une des meilleures phalanges de l'Allemagne, augmentée d'une authentique fanfare militaire. Les canons sont plus fracassants ailleurs, toutefois. Mais la prise de son est très naturelle et apte à faire trembler les murs du mélomane enthousiaste. La meilleure des versions récentes de la *1812*.

## *Roméo et Juliette* Ouverture-fantaisie

| Prix | Son | Cote | Orchestre | Chef | Éd. | Enr. |
|---|---|---|---|---|---|---|
| $$$ | | ★★ | Orchestre philharmonique de Saint-Pétersbourg | Vladimir Ashkenazy | Decca 2 CD | 1996 |
| $$$ | | ★ | Philharmonia Orchestra | Plácido Domingo | EMI | 1993 |
| $$ | | ★★★ | Boston Symphony Orchestra | Claudio Abbado | DG | 1970 |
| $ | | ★★ | Washington National Symphony Orchestra | Antal Dorati | Decca 2 CD | 1974 |

**Claudio Abbado**
Cette rencontre d'Abbado et de l'Orchestre de Boston m'a enthousiasmé dès sa parution; un autre de ces microsillons que j'ai eu l'occasion d'user à la corde avant de le convertir en CD. Je regrette d'ailleurs que DG n'ait pas senti le besoin d'inclure cette exceptionnelle réalisation dans sa série de rééditions «The Originals» (le couplage original était un tout aussi exceptionnel *Poème de l'extase de scriabine*). Peut-être n'est-il pas trop tard? Sans pousser le pathos, Abbado nous fait vivre pleinement le drame des amants de Vérone. Pour une fois, on entend parfaitement le sourd roulement de timbales de la coda, ce qui ajoute à l'expression dramatique intense de cette réalisation.

**Vladimir Ashkenazy**
Après avoir joué les concertos, voici qu'Ashkenazy se lance à la direction des grandes pièces orchestrales. Beau sens du rythme et du pathos slaves, un orchestre qui brille de toutes ses couleurs: que demander de plus?

**Plácido Domingo**
Ce n'est pas une erreur typographique: comme on sait sans doute, le célébrissime ténor espagnol est chef d'orchestre à ses heures. J'avouerai tout de go que je n'ai jamais été convaincu par ses prestations de chef, sauf ici où son sens musical allié à son expérience théâtrale font merveille et où, pour une fois, il semble avoir bien en main un orchestre décidé à le suivre. Mentionnons toutefois que, pour sa peine, il nous donne les tempi les plus étirés de notre discographie (plus de 22 minutes, alors que la moyenne tourne autour de 18-20 minutes). Disons que nos amants s'étendent... sur le sujet. Mais c'est très senti et très réussi.

**Antal Dorati**
L'Orchestre de Washington n'a peut-être pas le fini des plus grandes formations, mais il nous offre ici une vision parfaitement poétique du chef-d'œuvre de Tchaïkovski. Tout cela chante! Nous voici transportés à Vérone-en-Russie, si on peut dire. Beau sens théâtral du chef qui sauve l'ensemble.

### *Symphonie nº 4 en fa mineur op. 36*

| Prix | Son | Cote | Orchestre | Chef | Éd. | Enr. |
|---|---|---|---|---|---|---|
| $$$ | | ★★ | Orchestre philharmonique d'Oslo | Mariss Jansons | Chandos | 1984 |
| $$ | | ★★★ | Orchestre philharmonique de Leningrad | Yevguéni Mravinsky | DG 2 CD | 1960 |
| $$ | H | ★★ | Orchestre philharmonique de Leningrad | Kurt Sanderling | DG 2 CD | 1956 |

**Mariss Jansons**
Parmi les versions récentes, celle qui ressemble le plus à la vision de Mravinsky est certainement la version du chef letton Jansons qui fut, justement, l'un des adjoints de Mravinsky à la Philharmonie de Leningrad. S'il ne saurait atteindre à l'intensité dramatique proprement démentielle de son maître, Jansons maintient quand même une tension continue tout au long de l'œuvre. La prise de son est remarquable de présence et assure à l'orchestre toute la sonorité souhaitée, particulièrement dans le rapide *crescendo* des dernières mesures du finale, qui laissent l'auditeur pantois sur sa chaise. Un grand moment de la discographie!

**Yevguéni Mravinsky**
Âmes faibles, s'abstenir! La version sans concession de Mravinsky s'impose hors de tout doute. Nous nageons ici dans le drame le plus noir, avec des rythmes martelés, des cuivres hurlants et des cordes lancinantes. Le finale est un authentique *allegro con fuoco:* il est – et de loin – le plus rapide de la discographie et sa fausse joie haletante ne nous laisse pas de doute sur l'issue fatale du drame. Mravinsky n'hésite jamais à jouer des variations de tempo (non écrites) pour ajouter de l'expression à sa lecture. La prise de son est remarquable pour l'époque et accuse à peine son âge. L'Orchestre de Leningrad (aujourd'hui Saint-Pétersbourg) est le plus «européen» des orchestres russes et ses cuivres ne percent pas les oreilles comme ceux de certaines autres formations de ce pays. Il joue avec un ensemble et une cohésion remarquables. Cette version fut enregistrée en Angleterre à l'occasion d'une tournée de l'orchestre.

**Kurt Sanderling**
À l'occasion d'une autre tournée en 1956, la Philharmonie de Leningrad avait déjà confié à la DG les enregistrements des trois dernières symphonies de Tchaïkovski. Pour la quatrième, le deuxième chef Sanderling était au pupitre. Son approche, bien qu'elle soit inspirée par celle de Mravinsky, est beaucoup moins tendue et vigoureuse. Le lyrisme de la partition sonne davantage ici. Belle prise de son monophonique (qui est d'ailleurs la raison pour laquelle la DG s'est sentie obligée de produire son *remake* stéréophonique de 1960).

### *Symphonie nº 5 en mi mineur op. 64*

| Prix | Son | Cote | Orchestre | Chef | Éd. | Enr. |
|---|---|---|---|---|---|---|
| $$$ | | ★★★ | Wiener Philharmoniker | Valery Gergiev | Philips | 1998 |
| $$$ | | ★★ | Orchestre philharmonique d'Oslo | Mariss Jansons | Chandos | 1983 |
| $$ | | ★★★ | Orchestre philharmonique de Leningrad | Yevguéni Mravinsky | DG 2 CD | 1960 |
| $$ | | ★★ | Berliner Philharmoniker | Herbert von Karajan | DG | 1975 |

**Valery Gergiev**
Il fait toujours plaisir de voir une vedette du disque aborder une œuvre aussi rebattue que la *Cinquième* sans aucune routine. Gergiev anime le discours avec beaucoup d'expressivité et, à l'image des anciens interprètes de l'ère romantique, il n'hésite pas à «jouer» du tempo et de la dynamique pour souligner certains passages. Un philharmonique de Vienne des beaux jours «embarque» à fond dans le jeu et la réaction enthousiaste de l'auditoire (il s'agit d'un *live* du Festival de Salzbourg 1998) est tout à fait justifiée. Les tempi sont du côté assez rapide, mais le célèbre *Andante cantabile, con alcuna licenza* est tout de même joué avec beaucoup de lyrisme et d'expression.

**Mariss Jansons**
Parmi les versions plus récentes, celle qui ressemble le plus à la vision de Mravinsky est certainement la version du chef letton Jansons qui fut, justement, l'un des adjoints de Mravinsky à la Philharmonie de Leningrad. S'il ne saurait atteindre l'intensité dramatique proprement démentielle de son maître, Jansons maintient quand même une tension continue tout au long de l'œuvre. Le finale est particulièrement excitant, dans la manière Mravinsky, en fouettant brutalement le tempo après l'introduction lente.

**Herbert von Karajan**
Comme le temps file... je me souviens de la parution de cette version qui était la troisième ou la quatrième de Karajan au disque et que tous les mélomanes s'arrachaient chez le disquaire. Celle-ci offrait la meilleure prise de son et présentait la Philharmonie de Berlin des meilleurs jours, particulièrement dans l'*Andante cantabile* célèbre, où les cordes berlinoises font des merveilles de subtilité et de justesse.

**Yevguéni Mravinsky**
Âmes faibles, s'abstenir! La version sans concession de Mravinsky s'impose hors de tout doute. Nous nageons ici dans le drame le plus noir, avec des rythmes

martelés, des cuivres hurlants et des cordes lancinantes. Mravinsky n'hésite jamais à jouer des variations de tempo (non écrites) pour ajouter de l'expression à sa lecture. La prise de son est remarquable pour l'époque et accuse à peine son âge. L'Orchestre de Leningrad (aujourd'hui Saint-Pétersbourg) est le plus «européen» des orchestres russes et ses cuivres ne percent pas les oreilles comme ceux de certaines autres formations de ce pays. Il joue avec un ensemble et une cohésion remarquables. Cette version fut enregistrée en Angleterre à l'occasion d'une tournée de l'orchestre.

### *Symphonie nº 6 en si mineur op. 74 (Pathétique)*

| Prix | Son | Cote | Orchestre | Chef | Éd. | Enr. |
|---|---|---|---|---|---|---|
| $$$ | | ★★ | Orchestre philharmonique d'Oslo | Mariss Jansons | Chandos | 1986 |
| $$$ | | ★ | Wiener Philharmoniker | Herbert von Karajan | DG | 1984 |
| $$$ | | ★★★ | Orchestre philharmonique de Leningrad | Yevguéni Mravinsky | DG | 1960 |
| $$ | | ★★ | Berliner Philharmoniker | Herbert von Karajan | DG | 1964 |

**Mariss Jansons**
Parmi les versions plus récentes, celle qui ressemble le plus à la vision de Mravinsky est certainement le version du chef letton Jansons qui fut, justement, l'un des adjoints de Mravinsky à la Philharmonie de Leningrad. S'il ne saurait atteindre l'intensité dramatique proprement démentielle de son maître, Jansons maintient quand même une tension continue tout au long de l'œuvre. Les tempi sont très dynamiques et le troisième mouvement est fracassant.

**Herbert von Karajan (1964)**
Très bel exemple de l'approche Karajan de la haute maturité. Cette symphonie – qu'il enregistra au moins six fois – était proche du grand chef autrichien. Pas de pathos exagéré, mais une discipline orchestrale incroyable qui illustre le destin inéluctable dépeint par Tchaïkovski dans cette ultime. Peut-être la plus réussie des prises de son accordées à Karajan.

**Herbert von Karajan (1984)**
Ultime expression de la «vision Karajan» de la *Pathétique*, cette version tardive le trouve en rupture de ban avec la Philharmonie de Berlin. La discipline de l'Orchestre de Vienne n'est pas parfaite ici et quelques écarts de justesse et d'ensemble montrent un certain relâchement de la célèbre «poigne» du chef autrichien. Malgré tout, cela demeure un très beau témoignage de ce style d'interprétation qui a marqué l'histoire du disque pendant un demi-siècle.

**Yevguéni Mravinsky**
Âmes faibles, s'abstenir! La version sans concession de Mravinsky s'impose hors de tout doute. Nous nageons ici dans le drame le plus noir, avec des rythmes martelés, des cuivres hurlants et des cordes lancinantes. La prise de son est remarquable pour l'époque et accuse à peine son âge. L'Orchestre de Leningrad (aujourd'hui Saint-Pétersbourg) est le plus «européen» des orchestres russes et ses cuivres ne percent pas les oreilles comme ceux de certaines autres formations de ce pays. Cette version fut enregistrée en Angleterre à l'occasion d'une tournée de l'orchestre.

*Casse-Noisette op. 71*

| Prix | Son | Cote | Orchestre | Chef | Éd. | Enr. |
|---|---|---|---|---|---|---|
| $$$ | | ★★ | Orchestre symphonique de Montréal | Charles Dutoit | Decca 2 CD | 1991 |
| $$$ | H | ★★★ | London Symphony Orchestra | Sir Charles Mackerras | Telarc 2 CD | 1992 |
| $ | | ★★ | Royal Philharmonic Orchestra | André Previn | EMI 2 CD | 1986 |

**Charles Dutoit**
Dutoit a débuté sa carrière en dirigeant le ballet de l'Opéra de Vienne. Il en a gardé un sens de la chorégraphie et du mouvement qui lui permet de réussir un très beau *Casse-Noisette* où la couleur des bois de l'OSM fait merveille.

**Sir Charles Mackerras**
Habité par le théâtre et familiarisé avec les partitions slaves, Mackerras insuffle une vie incroyable à cette partition. Il est assisté d'une des prises de son spectaculaires à la Telarc avec, notamment, des canons assez fracassants dans la scène de la bataille (une ouverture *1812* avant la lettre). Pourtant, les tempi sont parfaitement jugés, et cet enregistrement, qui a servi de bande sonore à un film très réussi, vaut certes son pesant d'or.

**André Previn**
Une version enregistrée avec le LSO dans les années 1970 souffrait un peu d'une de ces prises de son confuses d'EMI. Voici qui est réparé dans ce magnifique enregistrement de 1986 avec le Royal Philharmonic. Certes, cet orchestre est moins fameux que son voisin londonien, mais il est tout aussi virtuose sous la baguette de Previn, le directeur musical d'alors. Mouvement, lyrisme et sens chorégraphique sont caractéristiques de cette version qui n'est pas spectaculaire mais combien efficace.

*La Belle au bois dormant op. 66*

| Prix | Son | Cote | Orchestre | Chef | Éd. | Enr. |
|---|---|---|---|---|---|---|
| $$$ |  | ★★★ | Orchestre national de Russie | Mikhail Pletnev | DG 2 CD | 1997 |
| $$ | | ★★ | London Symphony Orchestra | André Previn | EMI 2 CD | 1974 |

**Mikhail Pletnev**
Le pianiste converti en chef d'orchestre fait des miracles avec cette partition que j'avais toujours trouvée un peu longuette... avant de connaître cette extraordinaire interprétation de l'orchestre russe. Virtuoses confondants, convaincus de la valeur de l'œuvre, Pletnev et ses musiciens jouent à fond la carte de la beauté absolue, thème caché de ce ballet très poétique et souvent mal compris. Une des meilleures réalisations récentes de la musique de ballet de Tchaïkovski.

**André Previn**
Previn joue le jeu de ce ballet et n'essaie pas d'en gommer les longueurs. Comme il est éminemment convaincu de la valeur de cette musique, il réussit à en tirer tout le «jus» possible avec un LSO en grande forme et une prise de son flatteuse d'EMI.

## *Le Lac des cygnes op. 20*

| Prix | Son | Cote | Orchestre | Chef | Éd. | Enr. |
|---|---|---|---|---|---|---|
| $$$ | | ★★ | Orchestre symphonique de Montréal | Charles Dutoit | Decca 2 CD | 1991 |
| $$$ | | ★★★ | Philadelphia Orchestra | Wolfgang Sawallisch | EMI 2 CD | 1994 |
| $ | | ★★ | London Symphony Orchestra | André Previn | EMI 2 CD | 1976 |

**Charles Dutoit**
Dutoit a débuté sa carrière en dirigeant le ballet de l'Opéra de Vienne. Il en a gardé un sens de la chorégraphie et du mouvement qui lui permet de réussir un *Lac des cygnes* parfaitement en place. Prise de son à l'avenant, tout serait à citer dans ce remarquable enregistrement où on ne s'ennuie pas un instant. Chantal Juillet exécute les difficiles soli de violon.

**André Previn**
Cette version n'a pas pris une ride depuis sa parution. Le mélange de dynamisme et de lyrisme caractéristique de la direction de Previn permet une exécution très chantante, très romancée, où les différents numéros gardent bien leur individualité propre. On peut trouver cette version à l'intérieur d'un grand coffret offrant l'intégrale des trois ballets, le tout à un prix moindre que celui d'un seul ballet au prix fort.

**Wolfgang Sawallisch**
Les tempi ne sont point précipités et conviendraient parfaitement à une exécution de ballet. La plus-value de cet enregistrement réside en partie dans le fait que c'est le plus complet de la discographie. Deux passages obscurs pour violon solo et orchestre sont restaurés. L'Orchestre de Philadelphie, dont la virtuosité incroyable est connue de tous les discophiles, a une tradition d'interprétation de Tchaïkovski qui remonte à Ormandy. L'excellence bien connue des cordes est ici accompagnée de cuivres souples et brillants qui confèrent à ce disque son caractère mémorable. À ma connaissance, s'il a enregistré la suite très souvent, c'est toutefois la première fois que l'orchestre aborde la partition complète. Il s'agit ici d'un des enregistrements les plus brillants qu'EMI ait réussi à Philadelphie.

## *Yevguéni Onyéguine op. 24*

***Dramatis personæ*** **(personnages principaux pour référence des rôles des solistes dans le tableau)**

| | | |
|---|---|---|
| Tatyana, soprano (1) | Olga, mezzo-soprano (2) | Yevguéni Onyéguine, baryton (3) |
| Lensky, ténor (4) | Prince Grémine, basse (5) | Triquet, ténor (6) |

| Prix | Son | Cote | Soliste | Chœur/Orchestre | Chef | Éd. | Enr. |
|---|---|---|---|---|---|---|---|
| $$$ | | ★★★ | Nuccia Focile (1)<br>Olga Borodina (2)<br>Dmitri Hvorostovsky (3)<br>Neil Schicoff (4)<br>Aleksandr Anisimov (5)<br>Francis Egerton (6) | Chœur de chambre de Saint-Pétersbourg<br>Orchestre de Paris | Semyon Bychkov | Philips<br>2 CD | 1992 |

### Semyon Bychkov

La direction ductile de Bychkov soutient à merveille un plateau de rêve où domine le Onyéguine séducteur et blasé de Hvorostovsky, qui se transforme en amant passionné au troisième acte et se révèle parfaitement convaincant. Schicoff trouve en Lensky un de ses meilleurs rôles et, pour une fois, son style un peu larmoyant devient tout à fait vraisemblable dans ce personnage de *loser* sentimental et tragique. Que dire de la splendide Tatyana de la jeune Nuccia Focile, sinon que l'intelligence musicale est servie par une voix d'un rare velouté? Avec une prise de son moderne de studio, nous avons là une version qui dominera la discographie pour de longues années, surtout que ses principales rivales potentielles sont toutes supprimées pour le moment.

## *Pikovaya Dama, op. 68*
## *(La Dame de pique)*

***Dramatis personæ*** **(personnages principaux pour référence des rôles des solistes dans le tableau)**

| | | |
|---|---|---|
| Herman, ténor (1) | Lisa, soprano (2) | Le comte Tomsky, baryton (3) |
| Le prince Yeletsky, baryton (4) | La comtesse, mezzo-soprano (5) | Pauline, contralto (6) |

| Prix | Son | Cote | Soliste | Chœur/Orchestre | Chef | Éd. | Enr. |
|---|---|---|---|---|---|---|---|
| $$$ | | ★★ | Guégam Grégorian (1)<br>Maria Gouléguina (2)<br>Nikolai Poutiline (3)<br>Vladimir Tchernov (4)<br>Irina Arkhipova (5)<br>Olga Borodina (6) | Chœur du Kirov<br>Orchestre du Kirov, Saint-Pétersbourg | Valéry Gergiev | Philips<br>3 CD | 1992 |
| $$$ | | ★★★ | Vladimir Atlantov (1)<br>Mirella Freni (2)<br>Serguéi Leiferkus (3)<br>Dmitri Hvorostovsky (4)<br>Maureen Forrester (5)<br>Katherine Ciesinski (6) | Tanglewood Festival Chorus<br>Boston Symphony Orchestra | Seiji Ozawa | RCA<br>3 CD | 1991 |

**Valery Gergiev**

*Tre karty... tre karty...* Dès les premières mesures de cet enregistrement, on est saisi du fameux thème de l'obsession tragique de Herman. Les meilleurs chanteurs russes du moment sont réunis dans cette exécution *live*. Le Herman un peu poussé de Gregorian a pour vis-à-vis la tendre Lisa de Maria Gouléguina, qui confie ses peines à la solide Olga Borodina. C'est la légendaire Arkhipova qui est la vieille comtesse et qui réussit cette difficile composition. Soulignons encore le très lyrique Yeletsky du baryton Tchernov (vedette du MET de New York). Direction d'orchestre urgente et attentive. Du vrai théâtre.

**Seiji Ozawa**

Dans cet enregistrement de concert, Ozawa disposait d'un plateau de rêve avec, au premier rang, la douce Lisa de l'indestructible Mirella Freni (qui a quelques rôles tchaïkovskiens dans son répertoire, comme on le sait). Le splendide baryton de Hvorostovsky réunit ce mélange de noblesse, de jeunesse et de sentimentalisme qu'est le prince Yeletsky et l'horrible vieille comtesse est parfaitement réussie par l'expérimentée bête de scène qu'est Maureen Forrester. Parmi les petits rôles, mentionnons la Québécoise Dominique Labelle (Macha). Direction très animée d'Ozawa, qui soutient ses chanteurs et maintient la tension dramatique de bout en bout.

# GIUSEPPE (Joseph Fortunin François) VERDI

Né à La Roncole (prov. de Parme), le 10 octobre 1813; mort à Milan, le 27 janvier 1901.

Le père de Verdi tenait un modeste commerce à La Roncole, alors sous la domination française (ce qui explique ses prénoms de baptême). Après des études musicales privées, Giuseppe obtient des postes de direction d'orchestre. Son premier opéra, *Oberto*, est représenté à La Scala de Milan en 1839 et obtient un bon succès. En revanche, son opéra-bouffe *Un giorno di Regno*, présenté l'année suivante, est un four: Verdi avait composé cette comédie en pleine période de tragédie personnelle, ayant perdu à quelques mois d'intervalle ses deux enfants et sa jeune femme. Toutefois, il a vite l'occasion de se ressaisir avec *Nabucco*, drame héroïque sur le thème de la patrie opprimée, qui triomphe à Milan en mars 1842 et est présenté un peu partout en Italie. Les années suivantes sont ce que Verdi lui-même appellera ses «années de galère», produisant un et souvent même deux opéras chaque année pour répondre à la demande du public. C'est en 1851 que son premier chef-d'œuvre, *Rigoletto*, basé sur une tragédie de Victor Hugo, voit le jour; il est bientôt suivi du drame vériste *La Traviata*, d'après un roman d'Alexandre Dumas fils, et de *Il Trovatore*, tous deux créés en 1853. Après quelques années creuses où ses productions ne sont pas du même niveau, Verdi renoue avec le succès grâce à son opéra *La Forza del Destino*, présenté à Saint-Pétersbourg en 1862. Se permettant désormais de n'accepter que les commandes qui lui agréent, il ralentit considérablement sa production, dont les sommets seront *Don Carlos*, écrit pour l'Opéra de Paris en 1867; *Aida* en 1871; *Otello* en 1887 et *Falstaff*, ultime chef-d'œuvre, en 1893. Personnage de la politique italienne, Verdi avait été un temps membre du Parlement lors du *Risorgimento*. En 1873, la mort du poète Manzoni lui inspire un chef-d'œuvre de la musique liturgique, son très théâtral *Requiem*. C'est pour l'église qu'il écrira ses dernières œuvres, *Quatro Pezzi Sacri*, en 1898. Comblé de gloire et d'honneurs, c'est toute l'Italie qui porte son deuil quand il s'éteint en janvier 1901.

Si ses 26 opéras ne sont pas tous des chefs-d'œuvre, les meilleurs d'entre eux sont caractérisés par une union réussie d'un livret dramatiquement crédible et d'une musique instinctive, qui explose littéralement pour jeter le drame à la face de l'auditeur. Son écriture vocale flatte le chanteur et lui donne l'occasion de se mettre en évidence.

**Pour commencer:** *La Traviata*
**Un incontournable:** *Don Carlos*
**Pour aller plus loin:** *Otello*

## Musique chorale

*Messa da requiem* (*Requiem Manzon*)

## Opéra

*Aida*
*Un ballo in maschera (Un bal masqué)*
*Don Carlos*
*Falstaff*
*Otello*
*Rigoletto*
*La Traviata*
*Il Trovatore (Le Trouvère)*

### *Messa da Requiem*

| Prix | Son | Cote | Soliste | Chœur/Orchestre | Chef | Éd. | Enr. |
|---|---|---|---|---|---|---|---|
| $$$ | 🔊 | ★★ | Michèle Crider (s)<br>Markella Hartziano (ms)<br>Gabriel Sadé (t)<br>Robert Lloyd (b) | London Symphony Chorus<br>London Symphony Orchestra | Richard Hickox | Chandos | 1995 |
| $$$ | | ★ | Joan Sutherland (s)<br>Marylin Horne (ms)<br>Luciano Pavarotti (t)<br>Martti Talvela (b) | Wiener Staatsopernchor<br>Wiener Philharmoniker | Sir Georg Solti | Decca 2 CD | 1967 |
| $ | | ★★ | Elena Filipova (s)<br>Gloria Scalchi (ms)<br>César Hernández (t)<br>Carlo Colombara (b) | Chœur de l'Opéra d'État hongrois<br>Orchestre de l'Opéra d'État hongrois | Pier Giorgio Morandi | Naxos 2 CD | 1996 |

**Richard Hickox**
Mentionnons d'entrée de jeu que les tempi dynamiques de Hickox permettent de présenter l'œuvre sur un seul disque, ce qui rend son prix intéressant. Quatuor de solistes bien équilibré, chœur dynamique et engagé, orchestre vivant et très présent, voilà une grande version moderne du *Requiem Manzoni*.

**Pier Giorgio Morandi**
Cette version à très bon marché nous permet d'entendre un chef d'orchestre dynamique et des solistes honnêtes et convaincus, à défaut d'être de grandes vedettes. Au moins, on ne nous impose pas des chanteurs hongrois malgré le lieu de l'enregistrement. La prise de son est un peu sèche, comme d'habitude pour Naxos à Budapest.

**Sir Georg Solti**
Version assez nerveuse de Solti qui est affligé d'une soprano à la diction pâteuse et molle et au vibrato très prononcé. En effet, Sutherland venait d'amorcer sa période «bouche molle» qui allait gâter nombre de ses prestations. Un jeune ténor du nom de Pavarotti tient un de ses premiers engagements au disque et ne dépare pas l'ensemble... Horne a un timbre un peu nasillard qui agace et son abattage dramatique est un peu hors de propos dans une œuvre liturgique. Le grand Talvela présente une basse sonore. Les chœurs et l'Orchestre de l'Opéra de Vienne sont en belle forme.

## *Aida*

***Dramatis personæ*** **(personnages principaux pour référence des rôles des solistes dans le tableau)**

| | | |
|---|---|---|
| Aida, soprano (1) | Amneris, mezzo-soprano (2) | Amonasro, baryton (3) |
| Radamès, ténor (4) | Ramfis, basse (5) | |

| Prix | Son | Cote | Soliste | Chœur/Orchestre | Chef | Éd. | Enr. |
|---|---|---|---|---|---|---|---|
| $$$ | H | ★★ | Maria Callas (1)<br>Fedora Barbieri (2)<br>Tito Gobbi (3)<br>Richard Tucker (4)<br>Giuseppe Modesti (5) | Coro e Orchestra del Teatro alla Scala | Tullio Serafin | EMI<br>3 CD | 1955 |
| $$ | | ★★ | Renata Tebaldi (1)<br>Giulietta Simionato (2)<br>Cornell Macneil (3)<br>Carlo Bergonzi (4)<br>Arnold van Mill (5) | Wiener Singverein<br>Wiener Philharmoniker | Herbert von Karajan | Decca<br>3 CD | 1959 |
| $ | | ★★★ | Leontyne Price (1)<br>Rita Gorr (2)<br>Robert Merrill (3)<br>Jon Vickers (4)<br>Giorgio Tozzi (5) | Coro e Orchestra dell'Opera di Roma | Sir Georg Solti | Decca<br>2 CD | 1962 |

### Herbert von Karajan

Cet enregistrement date de l'époque où Karajan était considéré comme le *generalmusikdirektor* de l'Europe. Avec un plateau de monstres sacrés, il nous offre une *Aida* spectaculaire et dramatique à la fois, enregistrée de façon brillante par la Decca-London des meilleures années. Si Tebaldi n'est pas la plus tragique des Aida, elle est, en revanche, une des plus belles vocalement. Côté drame, évidemment, on n'a rien à redire avec Simionato déchaînée dans sa jalousie meurtrière et Macneil convaincant dans son désir de vengeance. Le grand Bergonzi est Radamès, un rôle peut-être un peu lourd pour lui, mais qu'il aborde avec toute l'intelligence verdienne qu'on lui connaît. La direction d'orchestre est remarquable.

### Tullio Serafin

Si vous voulez un instantané de cet enregistrement, essayez le début du 3e acte et le duel vocal Amonasro-Aida avec Callas et Gobbi à leur sommet d'intensité dramatique (ce qui n'est pas peu dire dans leur cas). Avec Barbieri pour camper une Amneris inoubliable, et la direction envoûtante et parfaite de Serafin, il nous reste à regretter un peu un Radamès plutôt braillard et un Ramfis pas trop méchant. Le son monophonique est très acceptable, ce qui permet à EMI de nous offrir cet enregistrement... au prix fort. Mais ça vaut le détour si vous ne tenez pas absolument à un *sonic spectacular* dans cet opéra.

### Sir Georg Solti

Oui, les trompettes de l'orchestre dell'Opera di Roma sont bien criardes dans la *Grande Marche*, mais bien authentiquement italiennes aussi! La direction de Solti est précise, urgente et dramatique. Et quel plateau! Dominé par le Radamès plus vrai que nature de Vickers, et l'Aida lyrique et tragique de Price, ce disque nous offre l'inoubliable Amneris de la grande tragédienne Rita Gorr et le mémorable

Amonasro de Robert Merrill. C'est ce disque qui m'a fait découvrir *Aida*, et j'ai usé complètement ma copie 33 tours avant de la convertir au format CD qui, heureusement, ne s'use pas. Pour un moment magique, écoutez le prélude orchestral du troisième acte et vous serez transporté instantanément sur les bords du Nil, par une chaude soirée d'été. Inoubliable. Offert jusqu'à tout récemment au prix fort seulement et en trois CD, le coffret vient d'être converti par la Decca en une série superéconomique de deux disques seulement, démunie toutefois de livret mais agrémentée d'un résumé très détaillé à l'intention des débutants. Alors précipitez-vous, car la qualité, c'est rare, mais la qualité exceptionnelle à bon marché, c'est rarissime!

### *Un ballo in maschera (Un bal masqué)*

***Dramatis personæ* (personnages principaux pour référence des rôles des solistes dans le tableau)**

Remarque: il existe deux versions du livret du *Bal masqué*. Dans la version la plus courante, l'action se déroule à Boston aux temps de la colonie. Dans la version originale, modifiée pour raisons de censure, l'action se déroule à la cour royale de Suède au XVIIIe siècle. Je donne ici les personnages de la version courante et, entre crochets, leur équivalent dans la version originale.

| | | |
|---|---|---|
| Riccardo [Gustavo III], ténor (1) | Amelia, soprano (2) | Renato [Anckarström], baryton (3) |
| Sam [Ribbing], basse (4) | Tom [Horn], basse (5) | Oscar, soprano (6) |
| Ulrica [Arvidson], contralto (7) | | |

| Prix | Son | Cote | Soliste | Chœur/Orchestre | Chef | Éd. | Enr. |
|---|---|---|---|---|---|---|---|
| $$$ | 🔊 | ★★★ | Luciano Pavarotti (1)<br>Margaret Price (2)<br>Renato Bruson (3)<br>Robert Lloyd (4)<br>Malcolm King (5)<br>Kathleen Battle (6)<br>Christa Ludwig (7) | London Opera Chorus<br>National Philharmonic Orchestra | Sir Georg Solti | Decca<br>2 CD | 1983 |
| $$ | | ★★ | Plácido Domingo (1)<br>Katia Ricciarelli (2)<br>Renato Bruson (3)<br>Ruggero Raimondi (4)<br>Giovanni Foiani (5)<br>Edita Gruberova (6)<br>Elena Obraztsova (7) | Coro del Teatro alla Scala<br>Orchestra del Teatro alla Scala | Claudio Abbado | DG<br>2 CD | 1980 |

**Claudio Abbado**

Cette version présente la meilleure direction d'orchestre, un Riccardo fantasque, tendre et très en voix, et un Renato que l'on sait excellent comédien et splendide baryton-Verdi. Chez les femmes, c'est plus discutable, avec une Amelia correcte mais à la voix peu sympathique, et un duo de voix slaves pour les personnages d'Ulrica et d'Oscar. S'il n'y paraît guère pour Gruberova qui est familiarisée avec l'opéra italien, il n'en est pas de même pour Obraztsova, qu'on croirait échappée de quelque Boris. Dans un des petits rôles de conspirateurs, un certain Raimondi complète ce plateau quand même très beau. Prise de son correcte.

**Sir Georg Solti**

Riccardo est l'un des meilleurs rôles de Pavarotti, qui, pour une rare fois, entre avec vigueur dans ce personnage royal et sentimental. Le timbre est l'un des plus beaux qui soit et l'enregistrement le trouve au zénith de sa forme vocale. Amelia est tout aussi extraordinaire avec la grande Margaret Price. Et que dire de l'Ulrica de Christa Ludwig, sinon qu'on y croit vraiment! L'excellent Bruson recrée son rôle de Renato avec tout le panache qu'on lui avait vu avec Abbado. Et la direction de Solti, nerveuse et dramatique, suit attentivement le drame en respectant les moindres inflexions de la partition. Une prise de son très réussie achève de nous rallier.

## *Don Carlos*

***Dramatis personæ* (personnages principaux pour référence des rôles des solistes dans le tableau)**

Remarque: *Don Carlos* est présenté la plupart du temps dans sa traduction italienne de *Don Carlo*. Je donne ci-après les noms français des personnages; les lecteurs pourront facilement faire le lien avec les personnages italiens qui portent les mêmes noms italianisés. La version de Solti utilise le texte italien, mais pas celle de Pappano.

| | | |
|---|---|---|
| Élisabeth de Valois, soprano (1) | La princesse Eboli, mezzo-soprano (2) | Don Carlos, ténor (3) |
| Rodrigue, marquis de Posa, baryton (4) | Philippe II, basse (5) | Le Grand Inquisiteur, basse (6) |

| Prix | Son | Cote | Soliste | Chœur/Orchestre | Chef | Éd. | Enr. |
|---|---|---|---|---|---|---|---|
| $$$ | | ★★★ | Karita Mattila (1)<br>Waltraud Meier (2)<br>Roberto Alagna (3)<br>Thomas Hampson (4)<br>José Van Dam (5)<br>Eric Halfvarson (6) | Chœur du Théâtre du Châtelet<br>Orchestre de Paris | Antonio Pappano | EMI<br>3 CD | 1996 |
| $$$ | | ★★ | Renata Tebaldi (1)<br>Grace Bumbry (2)<br>Carlo Bergonzi (3)<br>Dietrich Fischer-Dieskau (4)<br>Nicolai Ghiaurov (5)<br>Martti Talvela (6) | Chorus and Orchestra of the Royal Opera House, Covent Garden | Sir Georg Solti | Decca<br>3 CD | 1965 |

### Antonio Pappano

Le point faible de cette version est la prise de son de concert, distante et étouffée, qui oblige à placer le volume à des hauteurs vertigineuses pour obtenir un peu de présence sonore. Cela dit, c'est une exécution exceptionnelle de la version française et quasi complète en cinq actes (il manque environ la moitié du premier acte). Le Philippe II de Van Dam est sombre et royal; il fait bien ressortir toute l'introspection désespérée de ce personnage tragique. Alagna est un Carlos très romantique, avec son timbre très reconnaissable fort bien projeté et son engagement total. Le Rodrigue est exceptionnel; pour une fois, on a une voix jeune et claire et l'idéalisme du comte de Lerma devient plausible. Qui plus est, on restaure une grande partie de la scène du quatrième acte à la prison, ce qui permet d'accroître la plausibilité dramatique de ce personnage. La voix puissante et les dons dramatiques de Karita Mattila conviennent parfaitement à Élisabeth, et le Grand Inquisiteur est non seulement visuellement monstrueux (à en croire les photos du spectacle) mais vocalement effrayant, comme il se doit. Meier en Eboli sait, elle aussi, rendre justice aux facettes multiples de ce personnage complexe. La direction de Pappano est parfaite d'ampleur, de mouvement et de soutien discret dans les passages les plus intimistes. Une version mémorable à tous points de vue.

## Sir Georg Solti

On peut se douter ici que la direction de Solti privilégie les moments «spectaculaires» et, en effet, ceux-ci sont particulièrement bien envoyés. Tebaldi est sur la pente douce de sa glorieuse carrière et son investissement émotif est toujours aussi mince même si la voix est encore très belle. Le Carlos de Bergonzi est cependant remarquable, comme toujours chez cet intelligent ténor-Verdi, s'il en fut. Le Rodrigo de Fischer-Dieskau est plus discutable; le timbre, sombre et guttural, fait ressembler Rodrigo au père de Carlo plutôt qu'à son ami. Rien à redire sur l'Eboli dramatique de Bumbry ni, surtout, sur le puissant duo de basses Ghiaurov-Talvela pour Philippe et l'Inquisiteur. La prise de son est très bien faite.

# *Falstaff*

***Dramatis personæ*** **(personnages principaux pour référence des rôles des solistes dans le tableau)**

| | | |
|---|---|---|
| Sir John Falstaff, baryton (1) | Fenton, ténor (2) | Ford, baryton (3) |
| Dr Caïus, ténor (4) | Alice Ford, soprano (5) | Nanetta, soprano (6) |
| Mrs Meg Page, mezzo-soprano (7) | Mrs Quickly, contralto (8) | |

| Prix | Son | Cote | Soliste | Chœur/Orchestre | Chef | Éd. | Enr. |
|---|---|---|---|---|---|---|---|
| $$$ |  | ★★ | Rolando Panerai (1)<br>Frank Lopardo (2)<br>Alan Titus (3)<br>Piero de Palma (4)<br>Sharon Sweet (5)<br>Julie Kaufmann (6)<br>Susan Quittmeyer (7)<br>Marilyn Horne (8) | Chor des Bayerischen Rundfunks<br>Symphonie-Orchester des Bayerischen Rundfunks | Sir Colin Davis | RCA 2 CD | 1991 |
| $$$ | | ★★★ | Tito Gobbi (1)<br>Luigi Alva (2)<br>Rolando Panerai (3)<br>Tomaso Spataro (4)<br>Elisabeth Schwarzkopf (5)<br>Anna Moffo (6)<br>Nan Merriman (7)<br>Fedora Barbieri (8) | Philharmonia Chorus<br>Philharmonia Orchestra | Herbert von Karajan | EMI 2 CD | 1956 |
| $$$ | | ★★ | Juan Pons (1)<br>Ramon Vargas (2)<br>Roberto Frontali (3)<br>Ernesto Gavazzi (4)<br>Daniela Dessì (5)<br>Maureen O'Flynn (6)<br>Delores Ziegler (7)<br>Bernadette Manca di Nissa (8) | Coro del Teatro alla Scala<br>Orchestra del Teatro alla Scala | Riccardo Muti | Sony 2 CD | 1993 |

## Sir Colin Davis

Sir Colin est un estimable verdien que les critiques ont souvent tendance à oublier lorsque vient le temps d'établir des discographies. Cet excellent *Falstaff* respire le théâtre et est doté d'une très belle prise de son. Si certains éléments du plateau peuvent être discutables (par exemple, le Ford un peu essouflé de Titus), l'ensemble est quand même bien vivant. Il ne faut pas oublier que cet opéra n'est pas un faire-valoir de vedettes individuelles, mais bien un travail d'équipe, et c'est ce que nous avons ici. Mentionnons le spirituel Falstaff du vétéran Panerai et la rusée Quickly de l'excellente Marylin Horne.

**Herbert von Karajan**
Ce plateau de monstres sacrés est devenu une légende dès la parution du disque, qui est sur le marché depuis plus de 40 ans. À la direction, Karajan est spirituel et enjoué comme il ne lui arrivait pas souvent au théâtre; le Philharmonia de cet époque était, on le sait, le plus grand orchestre du monde, y compris Berlin qui se relevait à peine de la guerre. Gobbi a la voix un peu sèche déjà, mais il est ce Falstaff madré, désabusé et rebelle à la fois. Panerai (un futur Falstaff), alors en début de carrière, campe un Ford très dramatique. Son épouse est nulle autre que la célèbre madame Tête-Noire, cantatrice germanique dont le timbre n'était pas nécessairement très verdien, mais sa compréhension du drame shakespearien, sublime. Dans le petit rôle de Nanetta, c'est Anna Moffo, future supervedette du théâtre lyrique. Cet autre monstre sacré qu'est la terrible Barbieri est ici une Quickly spirituelle et enjôleuse, une merveilleuse démonstration de chant et de sens de la comédie.

**Riccardo Muti**
Cette version *live* respire son théâtre et l'impulsion n'est relâchée à aucun moment. On peut évidemment compter sur la direction tellurique de Muti, rapide comme à son habitude, et sur l'excellent orchestre de la Scala de Milan. À l'exception du Falstaff, le plateau est constitué pour l'essentiel de jeunes chanteurs pleins d'enthousiasme et tous vocalement à point. Pons se tire bien d'affaire dans le rôle éponyme.

## *Otello*

***Dramatis personæ* (personnages principaux pour référence des rôles des solistes dans le tableau)**

| | | |
|---|---|---|
| Otello, ténor (1) | Iago, baryton (2) | Cassio, ténor (3) |
| Roderigo, ténor (4) | Lodovico, basse (5) | Desdemona, soprano (6) |

| Prix | Son | Cote | Soliste | Chœur/Orchestre | Chef | Éd. | Enr. |
|---|---|---|---|---|---|---|---|
| $$$ | 🔊 | ★★★ | Plácido Domingo (1)<br>Sergueï Leferkus (2)<br>Ramon Vargas (3)<br>Michael Schade (4)<br>Ildebrando d'Arcangelo (5)<br>Cheryl Studer (6) | Chœurs de l'Opéra-Bastille<br>Orchestre de l'Opéra-Bastille | Myung-Whun Chung | DG<br>2 CD | 1993 |
| $$ | | ★★ | Mario del Monaco (1)<br>Aldo Protti (2)<br>Nello Romanato (3)<br>Athos Cesarini (4)<br>Fernando Corena (5)<br>Renata Tebaldi (6) | Wiener Staatsopernchor<br>Wiener Philharmoniker | Herbert von Karajan | Decca<br>2 CD | 1961 |
| $ | | ★★ | Jon Vickers (1)<br>Tito Gobbi (2)<br>Florindo Andreolli (3)<br>Mario Carlin (4)<br>Ferruccio Mazzoli (5)<br>Leonie Rysanek (6) | Coro dell'Opera di Roma<br>Orchestra dell'Opera di Roma | Tullio Serafin | RCA<br>2 CD | 1960 |

**Myung-Whun Chung**

C'est ici le meilleur des trois Otello laissés au disque par Domingo (les deux autres sont dirigés par James Levine et Lorin Maazel). Ce plateau très homogène nous propose la tendre Desdemona de Cheryl Studer et le sinistre Iago de l'excellent chanteur-acteur Leferkus. Les rôles secondaires sont tous bien chantés et l'orchestre fracassant est tenu de main de maître par Chung. Cela respire le théâtre et l'émotion. Une performance qui ne laissera personne indifférent, surtout que la prise de son est exceptionnelle.

**Herbert von Karajan**

Karajan nous démontre pourquoi il a laissé un souvenir profond. Un orchestre tout à fait déchaîné et fracassant nous accueille dans l'orage initial et tout s'ensuit avec une tension dramatique et un raffinement instrumental qui se maintiennent de bout en bout. Tebaldi et del Monaco, qui ont tous deux une approche mûre, sont galvanisés par un chef perfectionniste; ils évoquent brillamment un drame auquel on croit immédiatement. La prise de son est assez spectaculaire.

**Tullio Serafin**

Le timbre de Vickers n'est pas vraiment celui d'un ténor italien (*Otello* est d'ailleurs le seul Verdi qu'il chantait), mais sa compréhension du personnage est magique. Pour lui faire face, une Rysanek jeune, enflammée, à la voix pure et puissante, mais aussi tendre et retenue dans les moments d'intimité. L'Iago de Gobbi est le meilleur de la discographie: son *Credo* est tout simplement effrayant de vérité, à faire frémir le plus blasé des auditeurs. Et la direction de Serafin est l'une des meilleures dans l'opéra italien, qui n'est plus une suite d'airs, mais bien un drame théâtral et musical. On aimerait une réédition «revampée», mais le repiquage actuellement offert est quand même très acceptable.

## *Rigoletto*

***Dramatis personæ* (personnages principaux pour référence des rôles des solistes dans le tableau)**

| | | |
|---|---|---|
| Il duca di Mantova, ténor (1) | Rigoletto, baryton (2) | Il conte di Monterone, baryton (3) |
| Sparafucile, basse (4) | Maddalena, contralto (5) | Gilda, soprano (6) |

| Prix | Son | Cote | Soliste | Chœur/Orchestre | Chef | Éd. | Enr. |
|---|---|---|---|---|---|---|---|
| $$$ | | ★★ | Plácido Domingo (1)<br>Piero Cappuccilli (2)<br>Kurt Moll (3)<br>Nicolai Ghiaurov (4)<br>Elena Obraztsova (5)<br>Ileana Cotrubas (6) | Wiener Staatsopernchor<br>Wiener Philharmoniker | Carlo-Maria Giulini | DG<br>2 CD | 1979 |
| $$$ | H | ★★★ | Giuseppe di Stefano (1)<br>Tito Gobbi (2)<br>Plinio Clabassi (3)<br>Nicola Zaccaria (4)<br>Adriana Lazzarini (5)<br>Maria Callas (6) | Coro del Teatro alla Scala<br>Orchestra del Teatro alla Scala | Tullio Serafin | EMI<br>2 CD | 1955 |

| Prix | Son | Cote | Soliste | Chœur/Orchestre | Chef | Éd. | Enr. |
|---|---|---|---|---|---|---|---|
| $$ | | ★★ | Carlo Bergonzi (1)<br>Dietrich Fischer-Dieskau (2)<br>Lorenzo Testi (3)<br>Ivo Vinco (4)<br>Fiorenza Cossotto (5)<br>Renata Scotto (6) | Coro del Teatro alla Scala<br>Orchestra del Teatro alla Scala | Rafael Kubelík | DG<br>2 CD | 1964 |

### Carlo-Maria Giulini

Giulini a une vision extrêmement sombre de ce drame qui n'est déjà pas très rigolo, on le sait. Dès le prélude fracassant, le ton de ce qui va suivre est fixé. La malédiction de Monterone tombe comme la foudre et l'excellent Cappuccilli est désormais une victime bien plus qu'un tourmenteur. Comme toujours lorsqu'il a affaire à un chef à la forte personnalité, Domingo est en pleine forme vocale et dramatique. La Gilda de Cotrubas est très belle, très «petite fille»; la voix est pure et magnifiquement menée. Le couple de spadassins est chanté par une paire de voix slaves très célèbres qui sont noires à souhait.

### Rafael Kubelík

Une des rares incursions au disque de Kubelík dans l'opéra italien (sinon la seule), cette prestation est une incontestable réussite, en grande partie attribuable au duc de Mantoue du merveilleux ténor verdien qu'était Bergonzi. Une toute jeune Scotto campe Gilda, vocalement parfaite même si le sentiment profond du personnage viendra plus tard chez cette chanteuse. Le bouffon malheureux est Fischer-Dieskau, qui dompte ici son timbre normalement guttural pour offrir un Rigoletto très convaincant. Le couple de spadassins est représenté par deux vieilles gloires du chant italien, dont la grande Cossotto. La direction de Kubelík a toute la flexibilité requise et permet aux chanteurs de s'épanouir pleinement.

### Tullio Serafin

Ce disque est légendaire, tout d'abord parce qu'il présente la grande Callas dans sa seule incarnation de Gilda (qu'elle ne chantait pas sur scène). La grande tragédienne réduit ici la taille de son ample instrument pour se mouler parfaitement à la jeune victime naïve. Le Rigoletto de Gobbi est dramatiquement vrai et vocalement remarquable, comme toujours chez cet immense baryton. Et di Stefano présente le duc pour ce qu'il est, un fat bellâtre fier de lui-même et peu sensible au mal qu'il cause. La direction de Serafin accompagne merveilleusement ce plateau légendaire et le son monophonique est bien fait. Consciente de la valeur de son matériel, EMI nous l'offre d'ailleurs généreusement... à prix fort malgré ses 45 ans bien sonnés.

## *La Traviata*

***Dramatis personæ*** **(personnages principaux pour référence des rôles des solistes dans le tableau)**

Alfredo Germont, ténor (1) | Giorgio Germont, baryton (2) | Violetta Valery, soprano (3)

| Prix | Son | Cote | Soliste | Chœur/Orchestre | Chef | Éd. | Enr. |
|---|---|---|---|---|---|---|---|
| $$$ | | ★★★ | Plácido Domingo (1)<br>Sherill Milnes (2)<br>Ileana Cotrubas (3) | Bayerisches Staatsopernchor<br>Bayerisches Staatsorchester | Carlos Kleiber | DG<br>2 CD | 1976 |
| $$$ | | ★★ | Carlo Bergonzi (1)<br>Sherrill Milnes (2)<br>Montserrat Caballé (3) | RCA Italiana Opera Chorus<br>RCA Italiana Opera Orchestra | Georges Prêtre | RCA<br>2 CD | 1967 |

### Carlos Kleiber

Kleiber enregistre fort peu: moins d'une demi-douzaine de prestations d'opéra. Et comme toujours avec lui, c'est le chef-d'œuvre. Chaque tournant dramatique est souligné, les tempi sont parfaitement jugés, les chanteurs sont galvanisés, en particulier Domingo qui, on le sait, a besoin d'une direction forte pour donner une bonne performance. Cotrubas est touchante dans le rôle de la courtisane phtisique et Milnes est dans un de ses meilleurs rôles.

### Georges Prêtre

J'ai été considérablement surpris à l'écoute de cet enregistrement qu'on mentionne rarement dans les discographies des «connaisseurs». Pourtant, la Violetta de Caballé est vocalement parfaite et très touchante; la cantatrice espagnole est capable de grandes performances quand elle s'y met (et que le rôle ne présente pas de dangers particuliers pour sa précieuse voix). Il est vrai que l'Alfredo de Bergonzi est supérieur d'intelligence et de chant verdien, et que le Giorgio de Milnes est tout simplement sublime. Ceux qui auront connu le Milnes plutôt mat et étouffé des dernières années seront surpris ici de la santé vocale du baryton qui est presque trop jeune pour le rôle du père. La direction de Prêtre est correcte, malgré son habituelle tendance à ne pouvoir maintenir un tempo régulier et un orchestre *pickup* italien qui n'est pas au niveau des plus grands.

## *Il Trovatore (Le trouvère)*

***Dramatis personæ*** **(personnages principaux pour référence des rôles des solistes dans le tableau)**

Il conte di Luna, baryton (1) | Ferrando, basse (2) | Manrico, ténor (3)
Leonora, soprano (4) | Azucena, mezzo-soprano (5)

| Prix | Son | Cote | Soliste | Chœur/Orchestre | Chef | Éd. | Enr. |
|---|---|---|---|---|---|---|---|
| $$$ | H | ★★★ | Rolando Panerai (1)<br>Nicola Zaccaria (2)<br>Giuseppe di Stefano (3)<br>Maria Callas (4)<br>Fedora Barbieri (5) | Coro e Orchestra del Teatro alla Scala, Milano | Herbert von Karajan | EMI<br>2 CD | 1956 |

| Prix | Son | Cote | Soliste | Chœur/Orchestre | Chef | Éd. | Enr. |
|---|---|---|---|---|---|---|---|
| $$ | | ★★ | Sherill Milnes (1)<br>Bonaldo Giaiotti (2)<br>Plácido Domingo (3)<br>Leontyne Price (4)<br>Fiorenza Cossotto (5) | Ambrosian Opera Chorus<br>New Philharmonia Orchestra | Zubin Mehta | RCA<br>2 CD | 1969 |
| $ | | ★★★ | Ettore Bastianini (1)<br>Ivo Vinco (2)<br>Carlo Bergonzi (3)<br>Antonietta Stella (4)<br>Fiorenza Cossotto (5) | Coro e Orchestra del Teatro alla Scala, Milano | Tullio Serafin | DG<br>2 CD | 1962 |

**Herbert von Karajan**
Un mois après cet enregistrement, les principaux protagonistes se retrouvaient à Berlin pour une mémorable *Lucia di Lammermoor*. C'est dire qu'entre les membres de ce plateau régnait alors une complicité rare et que, pour une fois, presque tout le monde était en pleine santé vocale. Callas est une Leonora noble et touchante; di Stefano fait un Manrico un peu reître sur les bords, mais héroïque vocalement; Barbieri est une Azucena noire et sinistre à souhait; et Panerai est un comte de Luna presque lyrique, très noble et vocalement très solide. La direction de Karajan est fantastique et l'orchestre est littéralement soulevé. On réussit à croire à ce drame improbable et embrouillé.

**Zubin Mehta**
Une belle distribution internationale se donne ici avec abandon sous la direction agissante du jeune Mehta (qui était alors loin du routinier blasé qu'il est depuis devenu). Dès les premières mesures du prélude, on est saisi de l'urgence du drame qui s'amorce. La grande Cossotto est une Azucena très dramatique et vocalement parfaite. Price est alors dans sa pleine maturité vocale et campe une Leonora sans peur. Comme toujours lorsqu'il a affaire à un chef à la forte personnalité, Domingo est à son meilleur, vocalement et dramatiquement. Milnes est à son sommet vocal, lui aussi.

**Tullio Serafin**
Inexplicablement, la DG a attendu presque 30 ans avant de rééditer cet exceptionnel témoignage de l'art du grand ténor verdien, Bergonzi. Pas d'histrionisme vocal ici, mais une grande présence dramatique. On a aussi l'occasion d'entendre cette grande rivale de Callas, Antionetta Stella, qui fit une carrière météorique au début des années 1960 et qui ne nous déçoit pas. Bien sûr, le timbre plutôt lyrique de Stella est très différent du soprano sombre de Callas. Cossotto réalise une Azuceca dramatiquement très à point et c'est le grand baryton Bastianini, si rare au disque, qui incarne un comte de Luna tourmenté et tragique. Serafin est égal à lui-même, c'est-à-dire parfait, dans une de ses dernières prestations d'une glorieuse carrière lyrique.

# *ANTONIO Lucio VIVALDI*

Né à Venise, le 4 mars 1678; mort à Vienne, le 26 ou 27 juillet 1741.

Son père, violoniste à la chapelle ducale de Saint-Marc de Venise, fut probablement son premier maître. Orienté vers la prêtrise, Vivaldi reçoit les ordres en 1703, mais il doit abandonner son ministère l'année suivante à cause de sa santé fragile. Il est nommé professeur au Conservatoire de la Pietà, que fréquentaient exclusivement des jeunes filles de bonne famille. Dirigeant l'orchestre de l'institution, il crée un immense corpus de plusieurs centaines de concertos pour divers instruments, principalement le violon. Également actif à l'opéra, il s'absente souvent pour faire représenter ses dernières créations. Dans le domaine de la musique d'église, il écrit de nombreuses partitions destinées à tirer parti de l'acoustique généreuse de la basilique Saint-Marc. Il correspond avec les principaux musiciens d'Europe. Invité à Vienne, il y meurt mystérieusement et est enterré au cimetière des pauvres.

Ses concertos sont les œuvres qui ont assuré sa renommée: utilisant le plus souvent une forme en trois mouvements, ils permettent à l'instrument soliste de briller tout en s'intégrant à l'ensemble des cordes. Sa musique vocale, souvent très brillante, gagne à être connue, mais ses opéras, dans la meilleure tradition baroque, sont d'une durée rédhibitoire pour un public du XXIe siècle, puisqu'ils étaient conçus pour accompagner des journées entières de «représentation», un événement social alors en Italie. Johann Sebastian Bach a retranscrit certains des concertos de Vivaldi, ce qui montre l'influence de ce dernier à son époque.

**Pour commencer:** *Le Quattro Stagioni (Les Quatre Saisons)*
**Un incontournable:** *Gloria R. 589*

## Musique orchestrale

*Le Quattro Stagioni (Les Quatre Saisons)*

## Musique chorale

*Gloria R. 589*

### *Le Quattro Stagioni (Les Quatre Saisons) op. 8 nos 1-4*
### Quatre concertos pour violon, cordes et continuo

| Prix | Son | Cote | Soliste | Orchestre | Chef | Éd. | Enr. |
|---|---|---|---|---|---|---|---|
| $$$ | | ★★ | Nigel Kennedy | English Chamber Orchestra | Nigel Kennedy | EMI | 1986 1989 |
| $$$ | 🔊 | ★★★ | Anne-Sophie Mutter | Les Solistes de Trondheim | Anne-Sophie Mutter | DG | 1999 |
| $$$ | 🔊 | ★★★ | Gil Shaham | Orpheus Chamber Orchestra | – | DG | 1993 |

| Prix | Son | Cote | Soliste | Chœur/Orchestre | Chef | Éd. | Enr. |
|---|---|---|---|---|---|---|---|
| $ | | ★★★ | Felix Ayo | I Musici | – | Philips 2 CD | 1959 |
| $ | 🔊 | ★★ | Giulio Franzetti | I Solisti dell'Orchestra Filarmonica della Scala, Milano | Riccardo Muti | EMI | 1993 |

**Felix Ayo**
Première au disque des quatre versions des célèbres I Musici italiens, cette interprétation a établi la réputation de l'ensemble, et on peut comprendre pourquoi. Dès les premières mesures du *Printemps*, on est littéralement transporté sur une place Saint-Marc baignée du soleil aveuglant de l'Adriatique. Jouant avec habileté de la dynamique et des contrastes, l'ensemble fait preuve d'un enthousiasme débridé qui convainc totalement. Rien de bousculé ici, pas de «Stravinski à la baroque» mais de la musique, tout simplement. Ce disque a été la première découverte des *Quatre Saisons* pour nombre de mélomanes contemporains, et on lui doit beaucoup.

**Giulio Franzetti**
Dans sa série superéconomique «Red Line», EMI nous propose cette version très bien jouée qui écrase sans contredit la version Naxos correspondante vendue au même prix. Évidemment, Muti est un vrai chef avec une forte personnalité qu'il insuffle dans sa vision; ici, nulle préoccupation de reconstitution muséologique n'entre en ligne de compte. Au contraire, nous avons un parfum très net de la lagune de Venise (je ne parle évidemment pas de ses odeurs célèbres) et une atmosphère méditerranéenne à nulle autre pareille. Les cordes de l'Orchestre de la Scala sont exceptionnelles, les meilleures d'Italie peut-être, et n'oublions pas que l'Italie est aussi la patrie de Stradivari da Cremona. Chaque concerto dispose d'une mise en place qui lui est propre, et le soliste, membre de l'orchestre, s'intègre parfaitement à l'ensemble.

**Nigel Kennedy**
«Nige» ne fait jamais rien comme les autres et nous propose des *Quatre Saisons* assez rock'n'roll merci. Avec un orchestre très enthousiaste, il nous emporte dans une virevolte de mouvements où l'ennui n'existe pas. Si le minutage total est plutôt chiche et l'ambiance générale un tantinet vulgaire, il est certain que plusieurs amateurs apprécieront, comme le prouvent les ventes records de ce disque sur le marché classique.

**Anne-Sophie Mutter**
Encore une autre version des *Quatre Saisons*! Commercialisme de bas étage, direz-vous. Et pourtant, ASM n'a certes pas besoin d'argent ni d'une autre version, puisqu'elle avait déjà «son» disque, fait à Vienne avec Karajan en 1984... Justement, voici plutôt une version très personnelle, repensée à la lumière d'une rencontre avec un peintre allemand. Lumineuse, presque cinématographique, cette version-ci utilise un orchestre très peu fourni, dynamique, vivant et agreste, transformant ces paysages mille fois visités en une nouveauté déconcertante. La qualité exceptionnelle de la prise de son permet d'entendre les moindres nuances de ce

subtil ensemble. Les musiciens norvégiens sont à la hauteur de leur soliste et chef; on sent l'esprit d'équipe qui a mené à cette réalisation sensationnelle.

**Gil Shaham**
L'aérien Orpheus (qui joue sans chef) n'a pas ici les problèmes d'équilibre sonore qu'il peut avoir quand il joue des concertos plus complexes musicalement. Les tempi sont généralement du côté vif et la virtuosité du jeune violoniste israélo-américain est tout simplement étonnante. Ce qui l'est moins, c'est l'expressivité qu'il met dans son jeu et qui permet de bien saisir les différentes atmosphères de chacun des mouvements.

### *Gloria en ré majeur pour solistes, chœur et orchestre R. 589*

| Prix | Son | Cote | Soliste | Chœur/Orchestre | Chef | Éd. | Enr. |
|---|---|---|---|---|---|---|---|
| $$$ | | ★★ | Dawn Upshaw (s)<br>Penelope Jensen (s)<br>Marietta Simpson (ms) | Atlanta Chamber Chorus<br>Atlanta Symphony Orchestra | Robert Shaw | Telarc | 1988 |
| $ | | ★★★ | Margaret Marshall (s)<br>Ann Murray (ms)<br>Birgit Finnilä (c) | John Alldis Choir<br>English Chamber Orchestra<br>+ *Introduzione al Gloria R. 642* | Vittorio Negri | Philips 2 CD | 1976 |

**Vittorio Negri**
Dans les années 1970, Negri était le spécialiste de Vivaldi sur instruments modernes. Il avait alors enregistré une mémorable somme en cinq CD de la musique chorale de Vivaldi, dont ce chef-d'œuvre de *Gloria* maintenant offert en série économique et accompagné de son *Introduzione* pour soprano solo qui fera vivre d'heureux moments aux amateurs de beau chant. Les solistes sont excellentes, aériennes et vocalement justes; et l'ensemble bouge avec vigueur et aplomb. Regrettons un instant l'accent anglais assez prononcé des choristes; mais ceci ne devrait en rien réduire le mérite exceptionnel de cette réalisation historique.

**Robert Shaw**
Surprise! Shaw dirige un *Gloria* bondissant et vif, lui qui est habituellement assez lourd et compassé dans la musique du XVIIIe siècle. Il est vrai que la partition de Vivaldi se défend d'elle-même. Ce disque bénéficie de splendides solistes, au premier rang desquelles on doit mentionner le soprano aérien et pur de Dawn Upshaw (qui, depuis, a fait une carrière plus que respectable au disque et à la scène). Le chœur, agile, chante avec souplesse et ensemble. Une belle prise de son, mais pas parmi les meilleures de Telarc, qui semble avoir un peu de difficulté à réussir les œuvres chorales.

# RICHARD Wilhelm WAGNER

Né à Leipzig, le 22 mai 1813; mort à Venise, le 13 février 1883.

Après avoir appris la musique en autodidacte, Wagner fait des études à l'Université de Leipzig. Après quelques compositions pour chant, piano ou orchestre, il produit ses trois premiers opéras de jeunesse, *Die Hochzeit*, inachevé (1832); *Die Feen* (1834); *Das Liebesverbot* (1835). Dans ces premiers opéras, le style belcantiste de Donizetti n'est jamais bien loin, et leur découverte surprendra les amateurs des opéras de la maturité. Après quelques années d'errance, il propose son opéra *Rienzi* au Théâtre de Dresde, puis il s'installe dans cette ville. Le succès de *Rienzi* (1842) et du *Vaisseau fantôme* (1843) lui permet d'obtenir le poste de maître de chapelle de la Cour. C'est à cette époque qu'il conçoit l'ébauche de son grand œuvre, *L'Anneau des Nibelung*. En 1848, il participe aux soulèvements républicains et est chassé de Dresde. Il vivra encore de longues années d'errance, se liant d'amitié avec Liszt qui le soutiendra. Il conçoit *Tristan und Isolde* en 1857-1859. En 1860, il donne à Paris trois concerts qui ont un succès retentissant, mais qui sont des échecs financiers. Il y produit une version de *Tannhäuser*, composé en 1845, qu'il agrémente d'un ballet pour satisfaire aux goûts des Parisiens. En proie à de graves difficultés financières, il est appelé à Munich par le roi de Bavière, Louis II, qui le soutiendra à son tour et permettra la création de *Tristan*, en 1865. Les finances de Louis lui permettront éventuellement de faire bâtir son Festpielhaus à Bayreuth pour y faire enfin présenter son *Anneau des Nibelung*, en 1876. L'ultime chef-d'œuvre *Parsifal* est créé à Bayreuth à l'été 1882. Wagner a l'intention de se remettre à la composition de symphonies, mais il meurt subitement d'une crise cardiaque, le 13 février 1883. Il est enterré dans le jardin de la villa de Wahnfried qui avait été sa résidence à Bayreuth.

Le style théâtral de Wagner est unique; le compositeur a réussi une fusion presque parfaite du texte (qu'il écrivait lui-même) et de la musique. Inspirés des vieilles légendes germaniques ainsi que des philosophies occidentales et orientales, ses livrets sont d'une force poétique difficile à décrire. Ses techniques d'écriture pourraient alimenter un livre à elles seules; soulignons qu'une connaissance approfondie des livrets est nécessaire à l'appréciation de ces opéras dont la durée, qui atteint souvent les quatre heures, taxe la patience de ceux qui ne comprennent pas l'allemand!

**Pour commencer:** *Lohengrin*
**Un incontournable:** *Der Ring des Nibelungen (L'Anneau des Nibelung), cycle de 4 opéras (La Tétralogie)*
**Pour aller plus loin:** *Parsifal*

## Opéra

*Die Fliegende Holländer* (*Le Vaisseau fantôme*)
*Lohengrin*
*Die Meistersinger von Nürnberg* (*Les Maîtres chanteurs de Nüremberg*)
*Parsifal*
*Der Ring des Nibelungen* (*L'Anneau des Nibelung*), cycle de quatre opéras :
– *Das Rheingold* (*L'Or du Rhin*)
– *Die Walküre* (*La Walkyrie*)
– *Siegfried*
– *Götterdämmerung* (*Le Crépuscule des Dieux*)
*Tannhäuser*
*Tristan und Isolde (Tristan et Isolde)*

### *Der Fliegende Holländer (Le Vaisseau fantôme)*

***Dramatis personæ* (personnages principaux pour référence des rôles des solistes dans le tableau)**

| | | |
|---|---|---|
| Daland, basse (1)<br>Mary, contralto (4) | Senta, soprano (2)<br>Der Steuerman,<br>[Le Timonier], ténor (5) | Erik, ténor (3)<br>Der Holländer<br>[Le Hollandais], baryton (6) |

| Prix | Son | Cote | Soliste | Chœur/Orchestre | Chef | Éd. | Enr. |
|---|---|---|---|---|---|---|---|
| $$$ | | ★★ | Kurt Rydl (1)<br>Hildegard Behrens (2)<br>Josef Protschka (3)<br>Iris Vermillion (4)<br>Uwe Heilmann (5)<br>Robert Hale (6) | Wiener Staatsopernchor<br>Wiener Philharmoniker | Christoph von Dohnanyi | Decca<br>2 CD | 1991 |
| $$ | | ★★★ | Giorgio Tozzi (1)<br>Leonie Rysanek (2)<br>Karl Liebl (3)<br>Rosalind Elias (4)<br>Richard Lewis (5)<br>George London (6) | Chorus and Orchestra of the Royal Opera House, Covent Garden | Antal Dorati | Decca<br>2 CD | 1960 |

### Christoph von Dohnanyi

Chef lyrique d'expérience et magistral meneur d'orchestre, Dohnanyi est également un wagnérien hors pair. S'il ne surcharge pas l'émotion des grands canevas wagnériens, il n'en est pas moins très au fait des arguments dramatiques qui doivent porter et il réalise les partitions avec une précision remarquable. Non seulement dispose-t-il ici du merveilleux Philharmonique de Vienne et d'une prise de son exceptionnelle, mais il a également sous la main une troupe de chanteurs qui vivent littéralement le drame du Hollandais volant. La grande Hildegard Behrens est bouleversante d'émotion en Senta, et son vis-à-vis Robert Hale campe à merveille le Hollandais. Toute la troupe serait à mentionner. Une grande présentation, sans doute la meilleure version moderne de cet opéra.

### Antal Dorati

Quand on observe les distributions wagnériennes du début des années 1960, on ne peut que jeter un soupir de nostalgie. La jeune Rysanek, déchaînée en Senta;

l'immense London, un Hollandais tragique et noble à la fois, tout entier sous le poids de sa malédiction et vocalement parfait; le méconnu Tozzi, un Daland naïf et bonhomme; le splendide Richard Lewis (qui chantait la partie de ténor du *Das Lied von der Erde* à la même époque) dans le petit rôle du Timonier; la grande Rosalind Elias en Mary... et l'incomparable Dorati qui anime un orchestre déchaîné et dramatique à souhait. Cet enregistrement mémorable, paru à l'origine chez RCA, a été repiqué avec succès par London dans sa série semi-économique. Du mouvement, du drame, de l'émotion et de la musique: que demander de plus? Le meilleur Hollandais, toutes catégories confondues. N'hésitez pas!

## *Lohengrin*

***Dramatis personæ* (personnages principaux pour référence des rôles des solistes dans le tableau)**

König Heinrich der Vogler [roi Henri L'Oiseleur], basse (1)
Lohengrin, ténor (2)
Elsa von Brabant, soprano (3)
Friedrich von Telramund, baryton (4)
Ortrud, mezzo-soprano (5)
Der Heerrufer des Königs [Le héraut du roi], baryton (6)

| Prix | Son | Cote | Soliste | Chœur/Orchestre | Chef | Éd. | Enr. |
|---|---|---|---|---|---|---|---|
| $$$ | | ★★★ | Gottlob Frick (1)<br>Jess Thomas (2)<br>Elisabeth Grümmer (3)<br>Dietrich Fischer-Dieskau (4)<br>Christa Ludwig (5)<br>Otto Wiener (6) | Wiener Staatsopernchor<br>Wiener Philharmoniker | Rudolf Kempe | EMI<br>3 CD | 1963 |
| $$ | | ★★ | Karl Ridderbusch (1)<br>James King (2)<br>Gundula Janowitz (3)<br>Thomas Stewart (4)<br>Gwyneth Jones (5)<br>Gerd Nienstedt (6) | Chor des Bayerischen Rundfunks<br>Symphonie-Orchester des Bayerischen Rundfunks | Rafael Kubelík | DG<br>3 CD | 1971 |

### Rudolf Kempe

Si vous n'avez jamais entendu Kempe diriger, voilà l'occasion ou jamais. Dans ce magnifique enregistrement de *Lohengrin*, tout serait à signaler. Mais parlons d'abord de l'orchestre, magnifique, attentif, respectueux des moindres nuances de la partition, très poétique dans les moments tendres et puissant quand il le faut: une réussite! Et quelle troupe wagnérienne! Le grand ténor américain Jess Thomas a un timbre un peu gras, certes, mais il vit son rôle comme peu ont réussi à le faire. Grümmer est Elsa, douce, touchante, une victime noble et lyrique à souhait. Fischer-Dieskau est ce Telramund noir, mauvais, hypocrite, comploteur que le rôle demande; il y est inspiré par l'Ortrud de Ludwig, une autre grande composition de cette immense artiste. Frick est le roi Henri, et on a Otto Wiener comme héraut: c'est tout dire. Un sommet du disque de toutes les époques, une introduction merveilleuse au monde des grandes fresques chevaleresques de Wagner.

### Rafael Kubelík

Kubelík avait peu de pairs dans l'opéra germanique; malgré un orchestre souvent fourni et agissant, il savait faire respirer ses chanteurs et ne cherchait jamais à leur voler la vedette. Son orchestre de prédilection est magnifique, comme à son habitude, et le chœur de la radio est non moins remarquable, surtout par son excellente articulation du texte. James King est un Lohengrin vibrant, noble et puissant, comme il se doit; Janowitz est la victime non pas résignée mais suppliante qu'il faut en Elsa, et la pureté de son timbre fait merveille de même que sa pointure vocale, qui la place justement au milieu de cette troupe de géants. Le grand chanteur-acteur Thomas Stewart est un Telramund noir à souhait, avec la grande voix de soprano dramatique de Gwyneth Jones dans le rôle de la sorcière Ortrud – ce rôle n'est pas fait pour une belle voix, et ce n'est sûrement pas une «belle» voix qu'on a ici. Jones peut d'ailleurs aller chercher ses notes graves avec une aisance qui nous fait soupçonner qu'elle aurait fait peut-être une meilleure mezzo...

### *Die Meistersinger von Nürnberg (Les Maîtres chanteurs de Nüremberg)*

***Dramatis personæ* (personnages principaux pour référence des rôles des solistes dans le tableau)**

| | | |
|---|---|---|
| Hans Sachs, basse ou baryton (1)<br>Walther von Stolzing, ténor (4)<br>Magdalena, mezzo-soprano (7) | Veit Pogner, basse (2)<br>David, ténor (5)<br>Ein Nachtwächter [un veilleur de nuit], basse (8) | Sixtus Beckmesser, basse ou baryton (3)<br>Eva, soprano (6) |

| Prix | Son | Cote | Soliste | Chœur/Orchestre | Chef | Éd. | Enr. |
|---|---|---|---|---|---|---|---|
| $$$ | | ★★ | Theo Adam (1)<br>Karl Ridderbusch (2)<br>Geraint Evans (3)<br>René Kollo (4)<br>Peter Schreier (5)<br>Helen Donath (6)<br>Ruth Hesse (7)<br>Kurt Moll (8) | Chor der Staatsoper Dresden<br>Chor des Leipziger Rundfunks<br>Staatskapelle Dresden | Herbert von Karajan | EMI<br>3 CD | 1970 |
| $$$ | 🔊 | ★★ | Bernd Weikl (1)<br>Kurt Moll (2)<br>Siegfried Lorenz (3)<br>Ben Heppner (4)<br>Deon van der Walt (5)<br>Cheryl Studer (6)<br>Cornelia Kallisch (7)<br>René Pape (8) | Chor der Bayerischen Staatsoper<br>Bayerisches Staatsorchester | Wolfgang Sawallisch | EMI<br>3 CD | 1993 |

**Herbert von Karajan**

Cette unique (à ma connaissance) rencontre au disque de Karajan et de la célébrissime Staatskapelle produit des étincelles. L'orchestre est d'une virtuosité incomparable, qui convient parfaitement à l'aspect spectaculaire de cette présentation à grand déploiement. Le chœur est fourni et articulé à souhait. Le plateau est parfaitement à son aise, avec un Theo Adam très «pensé», mais peut-être un peu fatigué (on dit qu'il sortait d'une série de représentations au moment de l'enregistrement); le tout jeune Kollo est un très bon Walther, un rien raide peut-être; une Eva très délicate avec Donath; et un Beckmesser caricatural à souhait avec le grand Geraint Evans. Kurt Moll fait un veilleur de nuit de luxe, c'est le moins qu'on puisse dire. La multiplicité des composantes fait qu'il est difficile d'accorder la note parfaite à un enregistrement de cet opéra, mais cette production-ci en serait bien proche.

## Wolfgang Sawallisch

La prise de son moderne avantage décidément cet opéra spectaculaire entre tous. Sawallisch est un spécialiste de Wagner qu'il a enregistré presque en entier et qu'il a longuement dirigé à Bayreuth et à Munich. Il a une vision grandiose de l'œuvre, ce qui ne l'empêche pas de souligner les passages plus intimistes comme le monologue de Sachs au troisième acte. L'orchestre est parfaitement à l'aise dans cette partition. Le Sachs de Weikl est l'un des plus beaux qui soient, enregistré peut-être un peu trop tard pour ce grand chanteur. On ne saurait faire le même reproche au Walther de Heppner qui éclate de santé vocale et de vérité dramatique. La soprano passe-partout Studer nous donne ici une Eva très sentimentale, très amoureuse, très «petite fille» finalement, comme c'est le propre de ce rôle. Le Beckmesser de Lorenz est plus noir qu'à l'accoutumée; on a ici un authentique méchant plutôt que le bouffon ridicule de la tradition. La meilleure version moderne de l'opéra, qui combine à la fois la vision poétique d'un Jochum et le sens du spectaculaire d'un Solti.

# *Parsifal*

***Dramatis personæ* (personnages principaux pour référence des rôles des solistes dans le tableau)**

| | | |
|---|---|---|
| Amfortas, souverain du Royaume | Titurel, ancien roi, basse (2) | Gurnemanz, doyen des chevaliers, basse (3) |
| Parsifal, ténor (4) | Klingsor, magicien, basse (5) | Kundry, soprano (6) |

| Prix | Son | Cote | Soliste | Chœur/Orchestre | Chef | Éd. | Enr. |
|---|---|---|---|---|---|---|---|
| $$$ | 🔊 | ★★★ | José Van Dam (1)<br>John Tomlinson (2)<br>Matthias Hölle (3)<br>Siegfried Jerusalem (4)<br>Günter von Kannen (5)<br>Waltraud Meier (6) | Chor der Deutschen Oper Berlin<br>Berliner Philharmoniker | Daniel Barenboïm | Teldec<br>3 CD | 1990 |
| $$$ | | ★★ | Dietrich Fischer-Dieskau (1)<br>Hans Hotter (2)<br>Gottlob Frick (3)<br>René Kollo (4)<br>Zoltan Kélémen (5)<br>Christa Ludwig (6) | Wiener Staatsopernchor<br>Wiener Sängerknaben<br>Wiener Philharmoniker | Sir Georg Solti | Decca<br>3 CD | 1972 |

## Daniel Barenboïm

L'expérience de Bayreuth a profité à Barenboïm, qui signe ici non seulement un de ses meilleurs enregistrements, mais l'un des plus grands *Parsifal* de la discographie. Le tourmenté Amfortas est chanté par José Van Dam: profond, sérieux, ascétique, tout le portrait de ce personnage. L'excellent Tomlinson, qui chante Wotan à ses heures, est ici Titurel: sa voix peut être caverneuse à souhait pour rendre ce rôle fantomatique. Matthias Hölle nous livre un Gurnemanz noble et digne, à la voix pleine et ronde. Le Parsifal de Jerusalem est excellent, on le sait; il a la voix, la prestance et l'abattage qu'il faut pour jouer les naïfs et les héros. La Kundry de Waltraud Meier est incroyable de vérité; séductrice, sorcière, pénitente, elle est tout cela avec une voix d'une flexibilité et d'une expressivité remarquables. Le

Klingsor est excellent: noir, méchant, toute l'image du sinistre magicien. L'Orchestre de Berlin se couvre de gloire à des tempi point trop pressés mais corrects; les cuivres en particulier sonnent magnifiquement bien et apportent à la représentation une grandeur et une solennité inégalées. Un sommet du disque.

**Sir Georg Solti**
En 1972, Solti prenait tout le monde par surprise en produisant un *Parsifal* solennel, mesuré et contrôlé comme on ne le croyait pas capable d'en faire. Plusieurs grands noms ornaient le plateau: Fischer-Dieskau apportait son sens dramatique à la composition du tourmenté Amfortas; le vétéran Hans Hotter (identifié comme «Hatter» sur la pochette du CD) était le vieux roi Titurel, avec une sonorité un peu diminuée peut-être, mais un abattage parfaitement adapté à ce rôle de monarque au tombeau. Kollo était encore en très bonne voix à cette époque pour nous donner un Parsifal contrasté comme il le faut, et pour bien camper l'évolution psychologique de ce personnage entre le chasseur naïf et le thaumaturge héroïque. Le couple maudit est exceptionnel ici, avec l'immense chanteur-acteur Kélémen en Klingsor et la non moins immense Ludwig en Kundry, une Kundry sorcière, séductrice, pénitente, damnée, tourmentée, bref, toute la vérité complexe d'un des plus intéressants personnages wagnériens. Prise de son à l'avenant.

## *Das Rheingold (L'Or du Rhin)*

***Dramatis personæ*** **(personnages principaux pour référence des rôles des solistes dans le tableau)**

| | | |
|---|---|---|
| Wotan, baryton-basse (1) | Loge, ténor (2) | Fricka, mezzo-soprano (3) |
| Erda, contralto (4) | Fasolt, baryton-basse (5) | Fafner, basse (6) |
| Alberich, baryton-basse (7) | Mime, ténor (8) | |

| Prix | Son | Cote | Soliste | Orchestre | Chef | Éd. | Enr. |
|---|---|---|---|---|---|---|---|
| $$$ | | ★★ | John Tomlinson (1)<br>Graham Clark (2)<br>Linda Finnie (3)<br>Birgitta Svendén (4)<br>Matthias Hölle (5)<br>Philip Kang (6)<br>Günter von Kannen (7)<br>Helmut Pampuch (8) | Orchester der Bayreuther Festspiele | Daniel Barenboïm | Teldec<br>2 CD | 1991 |
| $$$ | | ★★ | James Morris (1)<br>Heinz Zednik (2)<br>Marjana Lipovsek (3)<br>Jadwiga Rappé (4)<br>Hans Tschammer (5)<br>Kurt Rydl (6)<br>Theo Adam (7)<br>Peter Haage (8) | Symphonie-Orchester des Bayerischen Rundfunks | Bernard Haitink | EMI<br>2 CD | 1988 |
| $$$ | | ★★★ | George London (1)<br>Set Svanholm (2)<br>Kirsten Flagstad (3)<br>Jean Madeira (4)<br>Walter Kreppel (5)<br>Kurt Böhme (6)<br>Gustav Neidlinger (7)<br>Paul Kuen (8) | Wiener Philharmoniker | Sir Georg Solti | Decca<br>2 CD | 1958 |

**Daniel Barenboïm**
Ce *Ring* de Bayreuth est l'une des meilleures réalisations de Barenboïm au disque. La troupe est parfaitement homogène et montre l'expérience de cette production sur scène. Tomlinson, qu'on a connu moins en voix dans des emplois qui ne lui convenaient pas, est ici parfaitement à son affaire, rempli de noblesse, de dignité et de fausse sincérité. Le Loge de Graham Clark est très bien joué, lui aussi; Clark apporte à ce rôle une dimension noble que ne lui donnent pas toujours les ténors de composition qui lui sont associés. Les deux géants sont peut-être un peu plus légers qu'il n'est coutume, mais l'Alberich et son sinistre frère Mime sont d'excellents chanteurs-acteurs qui ont toute la mesure de ces rôles de personnages sinistres et répugnants. L'Orchestre de Bayreuth sonne très bien ici.

**Bernard Haitink**
Pour le premier volet de son *Ring*, Haitink nous offre une lecture parfaitement en place, avec une prise de son aux effets sonores spéciaux particulièrement étudiés. L'orchestre est très familiarisé avec cette partition; plusieurs de ses membres ont l'occasion de la jouer l'été à Bayreuth. Haitink ne recherche pas l'effet pompier, mais souligne plutôt chaque moment fort de la partition comme il se doit. Au premier rang d'une fort belle troupe, soulignons le Wotan exceptionnel de James Morris dont la séduction vocale est ici alliée à une noblesse de ton particulièrement appropriée. Le sirupeux Zednik lui donne une réplique admirable dans le rôle de Loge. Les autres rôles sont très honorablement tenus.

**Sir Georg Solti**
Ce premier volet du premier *Ring* stéréophonique inaugurait une série qui fut légendaire en son temps et qui demeure, 40 ans après, une exceptionnelle réussite. D'abord,soulignons la direction d'orchestre attentive, précise, énergique et inspirée de Solti avec un orchestre déchaîné et merveilleusement enregistré dans cette conception «spatiale» de l'ancien preneur de son John Culshaw qui fit date. La scène des enclumes fera trembler vos murs! Et quel plateau: le grand Wotan de George London se fait donner la réplique par la mémorable Fricka de Kirsten Flagstad en fin de carrière! Quelle compréhension du drame wagnérien! C'est encore le venimeux Neidlinger qui est Alberich. Soulignons aussi la résonance de la caverneuse basse Kurt Böhme qui sera encore présent dans le Siegfried de Solti. Un moment légendaire du disque, et pour cause!

## *Die Walküre (La Walkyrie)*

***Dramatis personæ* (personnages principaux pour référence des rôles des solistes dans le tableau)**

| | | |
|---|---|---|
| Wotan, baryton-basse (1) | Siegmund, ténor (2) | Sieglinde, soprano (3) |
| Brünnhilde, soprano (4) | Hunding, basse (5) | Fricka, mezzo-soprano (6) |

| Prix | Son | Cote | Soliste | Orchestre | Chef | Éd. | Enr. |
|---|---|---|---|---|---|---|---|
| $$$ | | ★★ | Thomas Stewart (1)<br>Jon Vickers (2)<br>Gundula Janowitz (3)<br>Régine Crespin (4)<br>Martti Talvela (5)<br>Josephine Veasey (6) | Berliner Philharmoniker | Herbert von Karajan | DG 4 CD | 1967 |

| Prix | Son | Cote | Soliste | Orchestre | Chef | Éd. | Enr. |
|---|---|---|---|---|---|---|---|
| $$ | | ★★★ | George London (1)<br>Jon Vickers (2)<br>Gré Brouwenstijn (3)<br>Birgit Nilsson (4)<br>David Ward (5)<br>Rita Gorr (6) | London Symphony Orchestra | Erich Leinsdorf | Decca 4 CD | 1961 |
| $$ |  | ★★★ | Hans Hotter (1)<br>James King (2)<br>Régine Crespin (3)<br>Birgit Nilsson (4)<br>Gottlob Frick (5)<br>Christa Ludwig (6) | Wiener Philharmoniker | Sir Georg Solti | Decca 4 CD | 1965 |

## Herbert von Karajan

Karajan souligne davantage le drame intérieur que le clinquant extérieur. La moindre nuance de la partition est explorée avec subtilité. L'orchestre n'est pas un orchestre d'opéra, mais il suit parfaitement les chanteurs. Le plateau est toutefois une illustration de cette propension du chef autrichien à distribuer ses rôles une pointure trop petite. La Brünnhilde est chantée par Régine Crespin, une excellente Sieglinde par ailleurs (voir Solti); la Sieglinde est donnée par Gundula Janowitz, un soprano lyrique très pur qui en a ici plein les mains. La Fricka de Veasey trouve cette chanteuse à son affaire, malgré une voix qui n'est pas la plus belle de la discographie. C'est le Siegmund de Vickers qui est le point fort de cette lecture, malgré tout le meilleur volet du *Ring* de Karajan. Le Wotan de Thomas Stewart ne laisse pas une impression très forte.

## Erich Leinsdorf

Encore une autre version «orpheline», cette *Walkyrie* mémorable fut publiée par la Decca-London en 1962, ce qui explique sans doute pourquoi Solti dut attendre trois ans avant d'enregistrer la sienne. D'autant plus qu'on y trouve déjà Birgit Nilsson en Brünnhilde, en voix éclatante comme toujours. Le couple des jumeaux est particulièrement héroïque avec Vickers, dont la compréhension du rôle et le sens dramatique compensent un timbre pas nécessairement séduisant mais très reconnaissable, et la grande soprano batave Gré Brouwenstijn, dont voici une des rarissimes prestations au disque. Le Wotan de George London est l'égal de sa performance avec Solti dans *L'Or du Rhin:* noble, puissant, engagé et vocalement très à point. La Fricka est la grande Rita Gorr; le mezzo français démontre ici de belles qualités wagnériennes. Seul le Hunding est plus quelconque, mais ce n'est pas le rôle principal. La prise de son est très réussie par le producteur Erik Smith, fils du grand chef allemand Hans Schmidt-Isserstedt.

## Sir Georg Solti

Ce deuxième volet du premier *Ring* stéréophonique fut en fait enregistré en tout dernier par Solti, qui avait alors acquis la pleine mesure du *Ring* et qui pouvait donner une interprétation nuancée et vivante, très dramatique et même déchaînée par moments. Le plateau est idéal encore une fois, avec le jeune James King et la magnifique Régine Crespin dans le couple Siegmund-Sieglinde, le grand Hans Hotter en Wotan et la remarquable Ludwig en Fricka beaucoup plus forte vocalement qu'avec Levine 23 ans plus tard. Le Hunding sombre et caverneux de Gottlob Frick est tout autant apprécié que l'éclatante Walkyrie de Birgit

Nilsson alors au sommet de son art vocal et dont le fameux *Hojotoho* allait encore résonner lors d'un gala du MET 30 ans plus tard.

### *Siegfried*

***Dramatis personæ* (personnages principaux pour référence des rôles des solistes dans le tableau)**

| | | |
|---|---|---|
| Wotan «Der Wanderer» [Le voyageur errant], baryton-basse (1) | Siegfried, ténor (2) | Alberich, baryton-basse (3) |
| Brünnhilde, soprano (4) | Fafner, basse (5) | Mime, ténor (6) |
| Erda, contralto (7) | Waldvogel [L'Oiseau de la forêt], soprano (8) | |

| Prix | Son | Cote | Soliste | Orchestre | Chef | Éd. | Enr. |
|---|---|---|---|---|---|---|---|
| $$$ | | ★★ | John Tomlinson (1)<br>Siegfried Jerusalem (2)<br>Günter von Kannen (3)<br>Anne Evans (4)<br>Philip Kang (5)<br>Graham Clark (6)<br>Birgitta Svendén (7)<br>Hilde Leidland (8) | Orchester der Bayreuther Festspiele | Daniel Barenboïm | Teldec 4 CD | 1991 |
| $$ | | ★★ | Hans Hotter (1)<br>Wolfgang Windgassen (2)<br>Gustav Neidlinger (3)<br>Birgit Nilsson (4)<br>Kurt Böhme (5)<br>Gerhard Stolze (6)<br>Marga Höffgen (7)<br>Joan Sutherland (8) | Wiener Philharmoniker | Sir Georg Solti | Decca 4 CD | 1962 |

## Daniel Barenboïm

Ce *Ring* de Bayreuth est l'une des meilleures réalisations de Barenboïm au disque. La troupe est parfaitement homogène et montre l'expérience de cette production sur scène. Tomlinson, qu'on a connu moins en voix dans des emplois qui ne lui convenaient pas, est un Wanderer remarquable, mystérieux, autoritaire, anxieux et dramatique à souhait. Le Siegfried de Jerusalem est excellent, sonore et bien senti. Le Mime de Graham Clark est tout aussi intéressant que dans *L'Or du Rhin;* ce personnage cauteleux et gluant trouve ici un interprète de talent. Le reste du plateau est à l'avenant. Une belle prise de son suscite encore notre adhésion.

## Sir Georg Solti

Ce troisième volet du *Premier Ring* stéréophonique nous permet d'entendre encore le noble Wanderer-Wotan de Hans Hotter. La compréhension du monde wagnérien de ce chanteur est incomparable. Le Siegfried, hélas, est chanté par Windgassen, alors sur une pente qui n'allait pas cesser de descendre. La puissante et sombre Höffgen campe une Erda mystérieuse et profonde. Le Fafner de Böhme est toujours aussi puissant et caverneux, et les effets sonores imaginés par John Culshaw font merveille dans la scène du duel où on a l'impression que les combattants vont sauter dans notre salon. L'Oiseau de la forêt de Joan Sutherland présente les qualités et les défauts habituels de cette cantatrice: aigus aériens, pureté du chant, mais articulation assez molle. Solti suscite notre adhésion avec une lecture attentive aux moindres indications de la partition, dramatique et lyrique à souhait. L'Orchestre de Vienne joue comme si sa vie en dépendait et la prise de son est toujours remarquable 35 ans plus tard.

### *Götterdämmerung (Le Crépuscule des Dieux)*

***Dramatis personæ* (personnages principaux pour référence des rôles des solistes dans le tableau)**

| | | |
|---|---|---|
| Siegfried, ténor (1) | Gunther, baryton (2) | Alberich, baryton-basse (3) |
| Hagen, basse (4) | Brünnhilde, soprano (5) | Gutrune, soprano (6) |
| Waltraute, mezzo-soprano (7) | | |

| Prix | Son | Cote | Soliste | Chœur/Orchestre | Chef | Éd. | Enr. |
|---|---|---|---|---|---|---|---|
| $$$ | | ★★ | Siegfried Jerusalem (1)<br>Bodo Brinkmann (2)<br>Günter van Kannen (3)<br>Philip Kang (4)<br>Anne Evans (5)<br>Eva-Maria Bundschuh (6)<br>Waltraud Meier (7) | Chor der Bayreuther Festspiele<br>Orchester der Bayreuther Festspiele | Daniel Barenboïm | Teldec 4 CD | 1991 |
| $$ | | ★★ | Wolfgang Windgassen (1)<br>Dietrich Fischer-Dieskau (2)<br>Gustav Neidlinger (3)<br>Gottlob Frick (4)<br>Birgit Nilsson (5)<br>Claire Watson (6)<br>Christa Ludwig (7) | Wiener Staatsopernchor<br>Wiener Philharmoniker | Sir Georg Solti | Decca 4 CD | 1964 |

## Daniel Barenboïm

Ce *Ring* de Bayreuth est l'une des meilleures réalisations de Barenboïm au disque. La troupe est parfaitement homogène et montre l'expérience de cette production sur scène. La Brünnhilde d'Anne Evans est un peu le maillon faible de ce cycle, qui bénéficie en revanche du splendide Siegfried de Jerusalem, de l'Alberich parfaitement composé de van Kannen et du Hagen froid et cauteleux de Kang. Belle prise de son.

## Sir Georg Solti

Ce dernier volet du *Premier Ring* stéréophonique nous ramène le pauvre Windgassen en fin de carrière et dont la prestation est héroïque, certes, mais sans doute pas dans le bon sens du terme! Heureusement, il y a aussi Nilsson, éblouissante, puissante et déchaînée comme toujours dans Brünnhilde; Neidlinger est peut-être le meilleur Alberich du siècle; Fischer-Dieskau campe un Günther plus vrai que nature, à la fois noble, ambitieux et lâche; Ludwig présente une Waltraute urgente, déterminée et très en voix. Comme partout dans ce *Ring* mémorable, l'orchestre endiablé, déchaîné de Solti respecte les moindres nuances de la partition et profite d'une prise de son légendaire aux effets sonores particulièrement réussis (la scène de l'Immolation vous fera vous demander si votre maison est en train de s'écrouler). Une grande conclusion à ce qui demeure, à mon avis, le meilleur *Ring* enregistré de l'histoire.

## *Tannhäuser oder Der Sängerkrieg auf dem Wartburg (ou le Tournoi des chanteurs à la Wartburg)*

***Dramatis personæ* (personnages principaux pour référence des rôles des solistes dans le tableau)**

Hermann, Landgrave von Thüringen, basse (1)
Elisabeth, nièce du Landgrave, soprano (4)
Tannhäuser, ténor (2)
Wolfram von Eschenbach, baryton (3)
Venus, soprano (5)

| Prix | Son | Cote | Soliste | Chœur/Orchestre | Chef | Éd. | Enr. |
|---|---|---|---|---|---|---|---|
| $$$ | | ★★ | Matti Salminen (1)<br>Plácido Domingo (2)<br>Andreas Schmidt (3)<br>Cheryl Studer (4)<br>Agnes Baltsa (5) | Chorus of the Royal Opera House, Covent Garden<br>Philharmonia Orchestra | Giuseppe Sinopoli | DG<br>3 CD | 1988 |
| $$$ | | ★★★ | Hans Sotin (1)<br>René Kollo (2)<br>Victor Braun (3)<br>Helga Dernesch (4)<br>Christa Ludwig (5) | Wiener Staatsopernchor<br>Wiener Sängerknaben<br>Wiener Philharmoniker | Sir Georg Solti | Decca<br>3 CD | 1970 |

### Giuseppe Sinopoli

Une première incursion de Sinopoli dans Wagner fort réussie à tous points de vue. Les chœurs et l'orchestre ne sont pas cependant des spécialistes de ce répertoire, où ils sonnent un peu plus clair que les phalanges germaniques. C'est Domingo qui est Tannhäuser, et il a ici un chef qui le galvanise à une composition idéale de ce personnage tourmenté qui ne pouvait qu'intéresser le psychiatre Sinopoli. L'Elisabeth de Studer est fortement lyrique et tragique, et très bien chantée en prime; ceux qui ont vu la cassette vidéo réalisée à Bayreuth peu après sauront à quel point cette chanteuse vit ce rôle sur scène. Le Wolfram de Schmidt est l'un des plus émouvants de la discographie. La *Romance à l'étoile* est l'un des forts moments de cette production remarquable, à la prise de son éblouissante.

### Sir Georg Solti

Solti dispose d'un plateau presque idéal pour réaliser sa vision très contrastée de ce grand opéra. Kollo est en belle voix pour nous dépeindre un Tannhäuser séduisant et tourmenté. L'excellent baryton canadien Victor Braun présente un Wolfram idéal, émouvant, lyrique et retenu. L'Elisabeth de Dernesch est bien contrôlée, et la Venus de Ludwig est idéale avec un chant très pur, très sensuel et une parfaite compréhension de la dramatique de ce rôle. On a également droit à une intervention du Chœur des garçons de Vienne qui ne gâte pas l'atmosphère. Même les petits rôles sont tenus par de très grands chanteurs comme Werner Hollweg, Manfred Jungwirth, Kurt Equiluz et Norman Bailey. Un beau moment du disque, une des meilleures réussites de Solti dans Wagner.

## *Tristan und Isolde (Tristan et Isolde)*

***Dramatis personæ* (personnages principaux pour référence des rôles des solistes dans le tableau)**

| | | |
|---|---|---|
| Tristan, ténor (1) | Isolde, soprano (3) | Brangaene, mezzo-soprano (5) |
| König Marke [roi Marc], basse (2) | Kurwenal, baryton (4) | Ein Hirt [un berger], ténor (6) |
| Melot, ténor (ou baryton) (7) | Ein junger Seemann [un jeune marin], ténor (8) | |

| Prix | Son | Cote | Soliste | Chœur/Orchestre | Chef | Éd. | Enr. |
|---|---|---|---|---|---|---|---|
| $$$ | H | ★★★ | Ludwig Suthaus (1)<br>Josef Greindl (2)<br>Kirsten Flagstad (3)<br>Dietrich Fischer-Dieskau (4)<br>Blanche Thebom (5)<br>Rudolf Schock (6,8)<br>Edgar Evans (7) | Chorus of the Royal Opera House, Covent Garden<br>Philharmonia Orchestra | Wilhelm Furtwängler | EM<br>3 CDI | 1952 |
| $$ | | ★★★ | Wolfgang Windgassen(1)<br>Martti Talvela (2)<br>Birgit Nilsson (3)<br>Eberhard Waechter (4)<br>Christa Ludwig (5)<br>Erwin Wohlfahrt (6)<br>Claude Heater (7)<br>Peter Schreier (8) | Chor der Bayreuther Festspiele<br>Orchester der Bayreuther Festspiele | Karl Böhm | DG<br>3 CD | 1966 |

### Karl Böhm

Il s'agit d'une très grande interprétation, enregistrée sur le vif (mais il n'y paraît guère). Nilsson signe ici la meilleure de ses Isolde du disque, avec la puissance, l'autorité, la noblesse et le sens dramatique que ce rôle écrasant exige de sa protagoniste; elle est entourée d'une troupe de rêve avec le roi Marc du grand Talvela, sombre, aristocratique et humain à la fois; la Brangaene de Christa Ludwig au sommet de son art vocal; le Kurwenal d'Eberhard Waechter qui, par ailleurs, chantait Jokanaan dans *Salome*... Hélas! on a aussi Windgassen en Tristan: à bout de force, vocalement fini et en fin de carrière, il compense toutefois par un sens de la scène incroyable; au moins, on peut dire qu'au troisième acte, la scène du Tristan blessé et mourant est vocalement très réussie... L'orchestre est mené par Böhm sans traînerie, comme souvent avec ce chef en public; Tristan dure donc ici 20 minutes de moins que les quatre heures habituelles. La prise de son, bien que publique, est très belle et rend bien compte de l'acoustique particulière de ce lieu. En son temps, ce disque fut une légende et il l'est encore aujourd'hui.

### Wilhelm Furtwängler

Voici un signe de l'immortalité de cette prestation: presque 50 ans après sa parution, et en son monophonique, on vend encore ses quatre disques à plein prix. Furtwängler profite de la virtuosité du Philharmonia de l'époque pour élargir un peu le tempo et nous donner une vraie méditation métaphysique sur le sens de l'existence. Suthaus est un grand Tristan et il démontre ici ses qualités de ténor héroïque. Flagstad est alors sur le déclin (il paraît qu'elle a eu l'aide de la jeune Elizabeth Schwarkopf pour boucler quelques aigus difficiles pour elle)... mais qu'importe quand on a un tel sens du drame, un tel investissement dans un personnage! Fischer-Dieskau réalise son premier (et son meilleur) Kurwenal au disque; quelle voix! quel sens dramatique! Le grand Josef Greindl campe un roi Marc émouvant et noble, comme il se doit. C'est Blanche Thebom qui est Brangaene, une autre gloire du chant wagnérien de l'immédiat après-guerre. La prise de son est très bien faite même si le son est monophonique. Un document hors du temps.